数字化应急预案情景表示与动态生成机制研究

黄卫东　曹　杰　盛昭瀚　著

科学出版社
北　京

内 容 简 介

应急预案是非常规突发事件应急管理的核心，数字化视域为应急预案的语义模型构建、动态生成及综合评估下的智能反馈提供科学性和可操作性。本书从三个层次研究应急预案体系：一是应急预案结构要素和框架机理研究；二是基于情景的领域本体语义模型构建和语义互操作性研究，通过本体进化，丰富应急领域本体语义模型；三是根据动态和复杂变幻的时空环境信息，研究应急预案处置中的复杂流程组合管理，构建情景演化模式下的应急预案动态生成机制，提升应急预案的问题适应性和环境应变性，在突发事件演进中建立动态追踪评价机制，探索应急预案的反馈和演进管理。

本书既可以作为应急领域进阶的研究生指导书，也可以为从事应急管理相关工作的科技人员提供建模支撑和应用服务。

图书在版编目（CIP）数据

数字化应急预案情景表示与动态生成机制研究 /黄卫东，曹杰，盛昭瀚著. —北京：科学出版社，2022.5

ISBN 978-7-03-069425-6

Ⅰ. ①数… Ⅱ. ①黄… ②曹… ③盛… Ⅲ. ①数字技术-应用-突发事件-研究 Ⅳ. ①D035.34

中国版本图书馆 CIP 数据核字（2021）第 154113 号

责任编辑：陶 璇 / 责任校对：刘 芳
责任印制：张 伟 / 封面设计：无极书装

科学出版社 出版
北京东黄城根北街 16 号
邮政编码：100717
http://www.sciencep.com

北京盛通商印快线网络科技有限公司 印刷
科学出版社发行 各地新华书店经销

*

2022 年 5 月第 一 版 开本：720×1000 B5
2022 年 5 月第一次印刷 印张：20
字数：400 000

定价：208.00 元

（如有印装质量问题，我社负责调换）

序

就应急管理而言，应对突发公共事件的基因深深镌刻在人类社会发展史上，其管理能力和治理水平也随着社会发展，从一般性处置管理上升到系统性协同管理阶段。尤其是进入 21 世纪以来，随着人类对自然认知的加深，人类与人类、人类与自然互动的频度与烈度不断提升，我们所面对的不确定性日益增强，面临的挑战和困难也前所未有。从人与自然互动的视角看，各种自然灾害和社会危机引致的安全风险愈加频繁，并不断拓展演化边界，变异性和传播速度大大超出预期和承受范围，加之新技术导致人与自然互动能量指数增长所致的安全风险叠加出现，如药物对自然生态的破坏频发，不断变异的病毒致使重大疫情持续蔓延，与民生密切相关的能源危机愈演愈烈，两极分化（物质和意识）引发的恐怖主义与极端主义猖獗，地区冲突、民族矛盾、宗教纷争不断……突发公共事件的高危、频繁和复杂性挑战着我们的应对能力，不仅影响到局部的社会生活和政府治理，而且其影响边界已经突破了区域的范畴，向全球蔓延，其影响的深度也从物质形态发展到精神层面。当前，突发公共事件应急管理已成为世界性的研究热点。

2018 年 3 月，中华人民共和国应急管理部成立，各省市纷纷设立应急管理局，自此拉开中国应急全面协同治理的大幕。从治理实践来看，中国的应急管理早期强调高层规划，各级政府重视应急预案、应急管理体制、法治建设。2019 年底，习近平总书记提出“社会治理共同体建设”，标志着党对加强和创新社会治理已经有了更高标准的战略规划。中国的社会治理主体正在从一元向多元化迈进，跨界治理及治理共同体的作用和价值更是受到社会各界的广泛重视。尤其在疫情常态化背景下，构建起党的十九届四中全会提出的“人人有责、人人尽责、人人享有的社会治理共同体”，意味着中国的社会治理将迈向党委、政府、社会、公众共同治理的崭新局面。为实现社会治理共同体理念，中国社会治理正在向线上线下融合，向更加注重社会协同治理转变，中国的应急管理也正在开启数字化、智能化的数字应急新征程。在理论构建层面，政府各级部门高度重视应急管理的理论研究，国家自然科学基金委员会、国家规划办、各省市主管部门持续资助应急管理相关课题，积极推动管理科学、信息科学、行为科学等多学科融合，以期实现中国数字应急管理领域从基础理论到研究方法的蝶变和创新。

笔者的应急管理研究起步于 2006 年江苏省人民政府应急指挥调度中心的实践项目。2008 年获国家自然科学基金项目资助，开始尝试数字化视角研究，2009 年跟随盛昭瀚教授攻读博士学位后，应急管理研究的视野进一步拓展。其间与同是长期研究应急管理的曹杰教授相识，两种不同的研究思路和研究风格在碰撞后试图在数字化领域实现并轨，此时，盛昭瀚教授提出的“管理从系统性到复杂性”成为指路明灯。任何管理活动既是系统的实践，也是实践的系统。随着人类社会的发展，管理实践与本质属性在整体上均呈现出从系统性到复杂性的演变趋势，复杂整体性已是各种复杂管理形态的重要起因和深刻内涵，这是在当今管理领域通过实现多学科融合，破解复杂性难题的理论逻辑与实践逻辑。鉴于此，我们开始致力于将复杂系统管理引入中国的应急管理实践，恪守把科研做在中国大地上的信念，紧跟时代步伐，在深度和广度上对应急管理研究进行拓展和延伸。本书基于复杂系统理念，引入全景式决策，在考虑应急管理生命周期内整体性和过程性的前提下，专注应急管理底层运用逻辑，构建数字化应急预案的情景模型，重点研究应急预案数字化管理中知识检索机制，基于情景感知的应急知识需求和知识推送机制，以及基于流程建模的应急响应动态生成机制，给出了数字化应急预案的评估方案。

本书作为国家社会科学基金重大招标项目“中国社会应急救援服务体系建设研究”的重要成果，将长期从事的应急管理理论与实践相结合，专注应急管理本体复杂性、应急管理主体行为复杂性与管理环境复杂性及彼此之间的逻辑关联形成的应急复杂系统管理，探索复杂系统管理的中国实践。在研究过程中，得到了高校和科研院所的同仁、政府主管部门和相关企业的朋友，以及前后各个课题组中不断接力的各届研究生的大力支持，在此一并表示感谢。期望本书对于我国应急管理运用大数据、云计算、区块链、人工智能等前沿技术推动城市应急管理手段、管理模式、管理理念创新，实现应急管理从数字化到智能化再到智慧化的复杂管理有积极的现实意义和理论指导意义。

黄卫东

2021 年 11 月

目 录

第 1 章　突发事件应急管理基础

根据 2007 年 11 月 1 日起施行的《中华人民共和国突发事件应对法》第一章第三条，突发事件是指突然发生，造成或者可能造成严重社会危害，需要采取应急处置措施予以应对的自然灾害、事故灾难、公共卫生事件和社会安全事件。

突发事件首先是突然发生的事情：一是事件发生、发展的速度很快，出乎意料；二是事件难以应对，必须采取非常规方法来处理。从定义和性质可以看出，突发事件是人类社会一直面对，也将永远面对的永恒话题。从“国家突发事件预警信息发布网”（http://www.12379.cn/index.shtml）上，我们可以发现突发事件覆盖的部门最广泛，回顾历史，可以发现突发事件也是最古老的话题。

1.1　突发事件应急管理

人类社会在适应自然界环境规律的同时，也在不断探索和改造自然。人类在与恶劣自然环境的抗争中，逐渐将自然和社会环境中发生的各类事件分为两大类，即常规性事件及突发性事件。

常规就是一般规律或规则，在这个基础上产生的事件即常规性事件。例如，太阳每天东升西落，南北半球季节相反，南北极看不到太阳，等等。这些都是在既定规律基础上产生的事件，即常规性事件。在人类社会中，除了上述规律性事件，人们也把经常性安排的任务称为常规性事件，同样反映的是事件以规律性态势发生的频数。在自然规律下产生的事件可以根据已有总结出来的规则进行理解和解决。

突发性事件有时也称为非常规突发事件（unconventional emergency）。突发事件就是发生的没有预兆、没有防备的事件。过去由于没有先进技术，类似地震、海啸、龙卷风等自然灾害事件是无法预测的，它们的出现是突发的、无法预测的。即使在现代社会，也无法做到百分之百的自然灾害准确预测。因此，像此类事件到现在都属于突发事件的范畴。人类社会中的小概率偶发事件通常也称为突发事件。

对于区分这两类事件，不同的人有不同的看法，也有不同时期、不同知识背景下认知上的异同。有人认为，如果从可预测性上看待突发性事件的话，突发性也可以分为非常态偶发和常态化偶发。但笔者不把常态化偶发事件作为讨论突发事件的一个关注点，而是把重点放在非常态偶发事件上。

常态化偶发事件是指以固有姿态、固有状态，在较小概率下会发生的事件。这里的偶发，和上文所说的突发是不同的。它指的是事件的发生原因不可控、不可溯源。偶发性是具有突发性的，而突发性不一定具有偶发性。在日常生活中，如日食这一自然现象，发生的概率极低，具有偶发性，也是一种常态的、有规律可循的、有固有状态的天体活动。因为大家基本知晓日食，且大多数人都从不同媒介中见过这一自然现象，所以像日食等偶发事件可以称为常态化偶发事件。

非常态偶发事件相对于常态化偶发事件的理解，就是发生了与常态相悖的或者是差异很大的状态。例如，基因突变这一现象，人们无法预测突变之后的基因是怎样的，而且这一现象也是在特定条件及极低概率下发生的。我们难以想象和接受这种非常态偶发事件，也难以对它进行监控和预测。

常态化偶发事件和非常态偶发事件两者之间存在转化关系。例如，地震这一自然灾害在过去乃至现在都可以列为非常态偶发事件，但是随着科技的发展、时代的进步和技术条件的不断成熟，在未来的某一天，地震也可能会成为常态化偶发事件，变得可预测、可防范、有规律可循。

近年来，伴随着经济全球化的快速推进、政治经济社会发展的不平衡、自然环境的不断恶化及全球气候变化日益加剧等多种因素的联合作用，非常规突发事件从“非常态化的偶发”转变为“常态化的频发”，同时，由于社会系统组织程度不断增加，不同社会子系统间的关联度和依赖性日益增强，局部和常规性突发事件也越来越容易演变为具有严重危害的非常规突发事件。对突发事件的应急处置，考验着各国政府的应急管理能力。突发公共事件考验多元化和高密集性的城市综合承载能力，快速的应急响应需要依据专家知识整合各类有效资源并迅速准确地处置。据此，应急系统知识管理的研究正成为国内外研究的热点。

1.1.1 突发事件的概念定义与内涵

在 2003 年严重急性呼吸综合征（severe acute respiratory syndrome，SARS）事件以后，“突发事件”“应急管理”这两个概念开始逐步进入公众的视线。最近几年，这两个概念已经逐渐为公众所接受，但对于这两个概念的认识还需要进一步明晰。

1. 突发事件的含义

根据百度百科和维基百科的解释，突发事件是指突然发生，造成或者可能造成严重社会危害，需要采取应急处置措施予以应对的自然灾害、事故灾难、公共卫生事件和社会安全事件。根据《牛津字典》的解释，突发事件是指突然、意外地发生的，且必须要立即处理的事件。如本章开头所述，我国政府也对突发事件给出了明确的定义。

从广义上看，突发事件是指突然发生并会造成不良后果的事件，它会给我们带来危害和破坏性影响。它不仅包括人为造成的所有突然发生的，对人类产生各方面危害的，以及对社会产生不良后果和影响的事件，也包括自然造成的所有突然发生的，对人类产生各方面危害的，以及对社会产生不良后果和影响的事件。

从狭义上看，突发事件是在一定范围、一定条件下产生的。在不同的环境和条件下，突发事件发生的种类多样，主要包括社会性突发事件和自然性突发事件，如示威游行、流感暴发和地区性疫情，工厂爆炸、实验室爆炸和住宅区着火等。总的来说，突发事件存在于我们生活的方方面面，关系到个人安全、家庭安全、社区安全、社会安全、国家安全、环境安全和自然安全。每时每刻都在发生的突发事件有很大的危害和影响。

目前，我国将突发事件主要分为四类。

（1）自然灾害类，主要包括水旱灾害、气象灾害、地震灾害、海洋灾害、生物灾害及森林火灾等。

（2）事故灾难类，主要包括各类安全事故、交通运输事故、核与辐射事故、重大环境污染和生态破坏事故等。

（3）公共卫生事件类，主要包括重大传染病疫情、群体性不明原因疾病、食品安全和职业危害、动物疫情及其他严重影响公众健康和生命安全的事件。

（4）社会安全事件类，主要包括恐怖袭击事件、民族宗教事件、经济安全事件和网络袭击事件等。

2. 突发事件的基本特点

根据对突发事件定义的理解，我们发现，突发事件具有以下五个基本特点。

1）引致突发性

突发事件的“突发性”是迄今为止无法由人类准确预测到的，如自然灾害。它是由一定的征兆和诱因演变而来的，而这些先天的发生基础又有一定的偶然性和隐蔽性，我们无法掌握其行踪、范围、趋势等因素。全球每时每刻都在发生各种各样的突发事件，我们无法准确地预测到什么时间、什么地点会发生什么具体的突发事件。

2）发生非常规性

非常规性主要是指非常规突发事件瞬息万变，难以快速应对，且一旦爆发往往伴随着对社会基础设施的破坏，存在引发其他事故的潜在危害，一旦发生，就会使人猝不及防，会迅速地蔓延和扩散，而且变化莫测，最终造成不可避免的损失。非常规突发事件发生频率高，对人们的生活和社会层面产生了严重的负面影响，因此，制订合理的应急预案（emergency plan，EP），制定高效的应急处理和响应机制是有效应对非常规突发事件和应急管理的前提和基础。

3）演化不确定性

突发事件具有强烈的不确定性，人们在一般情况下难以客观地对突发事件的形成、发展、演变做出一个非常明确的判断，进而使得灾害造成的影响成倍放大，呈现链式扩散效应。例如，由于人们对于SARS疫情知之甚少，对其产生的原因、传染的方式没有正确把握，疫情发生之后，影响面越来越大，危害越来越严重。又如，蓝藻污染，普通百姓甚至当地政府，一开始都没有预料到此后会酿成重大的灾难性事故。因此，使得突发事件最终演化为重大灾难的重要原因正是不确定性。

4）呈现多样性

多样性是指突发事件一旦发生，势必会一带二、二带三、三带多，不断影响扩散。而且，在不同的条件下，突发事件会呈现不同的特点。社会上发生的任何一项突发事件，肯定会和人发生必然的联系，从而牵扯到一些个人的利益。

5）目标公共性

所有非自然的突发事件，都有其目标和欲望。因为当我们选择和做出行为的时候，都是为了达成某种特定的需求。在处理突发事件的整个过程中，我们都是向着一个特定的目标去努力的。

1.1.2 应急管理的概念定义与内涵

在人类应对突发事件的进程中，由于技术条件等限制，人们无法预测到未来某个时间点将会发生什么样的突发事件，对它所带来的后果危害性大小、规模等也无法预测，早期只能“坐以待毙”，或者在突发事件来临后，运用经验等进行紧急地被动性应对。这种毫无应对机制的应急管理措施缺乏科学性、针对性和规范性。随着技术的精进、科技的发展，人们开始将应急管理措施制度化、规范化，将事故应急管理分门别类，进行针对化的应对。从一开始的经验化到如今的制度化、法治化，应急管理正在逐步走向规范化。

1. “应急管理”的引入

应急管理属于风险管理的高级别阶段范畴。根据风险后果破坏程度的大小，突发事件可被分为干扰事件（如大雾、冰雪等天气原因造成的高速公路封锁、航班晚点等）、危机事件（如高端核心技术人才流失造成的企业破产危机等）和突发灾害事件等三类事件，影响程度由低到高，控制管理由易到难。干扰事件和危机事件可通过建立相关预警机制、及时启动应急预案等措施得到有效控制，而突发灾害事件由于其自身的罕见性、强破坏性、突发性等特征，很难通过以上措施进行控制。因此，作为风险管理的最高事件管理层次，应急管理是一个新型、独立划分的风险管理研究领域（Green and Kolesar，2004），如何进行高效率、高质量的应急管理成为政府部门和广大学术界共同关注的重要课题。

2. 应急管理的历史溯源

当突发事件的高危时期到来时，就会从无到有地催生应急管理机制。古语有“凡事预则立，不预则废”。可见，古人亦知突发事件需要预测应对，其中烽火通信就是应急管理最古老的例证。应急管理作为风险管理举措，不只是现在才有，而是自古有之，并且突发事件（公共危机）的应对在世界上也有史可查。

1）国外应急管理的历史

每个国家都拥有自己独有的应急管理特色，这里以美国的应急管理发展为例，简要阐述一下国外应急管理的历史发展。

在美国，下到国民，上到政要，无一不重视和学习应急管理知识和应对突发事件的实习演练，这样可以比较全面地提高全国人民的危机意识和应对危机的能力。这在美国表现得尤为明显。美国因为 9・11 事件的发生，增加了对恐怖袭击事件的演练频率，从医生、消防员到公民等不同身份的群体一起进行过多次定期性的全面演习，这就能将应急管理意识彻底地深入人心。

在这之前，美国的应急管理发展经历了不断的演化和变革。

为了应对经济危机带来的影响，1933 年美国成立了国家应急管理委员会，并于 1939 年更名为应急管理办公室，在第二次世界大战后主要应对各种自然灾害。随着国际问题的不断变化，美国在应急管理方面逐渐衰弱，直到 1979 年联邦政府才成立了联邦事务管理局，来承认应急管理存在的必要性和重要性。

但是，1950 年通过了《1950 年民防法》以后，美国民防事业的崛起再一次打压了应急管理体系和模式的正常运行，管理方式变得杂乱无章。第二次世界大战之后，灾害解决问题被放在了民防问题之后，甚至渐渐被取代。整个应急管理工作呈现一种瘫痪状态，无法正常展开。

在《1950 年民防法》诞生不久，飓风、龙卷风和地震不断出现在美国的土地上，与之相关的机构和部门几乎束手无策。于是，国防民事整备署和联邦应急管理局成立，并提出综合应急管理范式：准备、应对、恢复和减灾四个应急管理步骤。1988 年诞生的《斯塔福德减灾和紧急援助法》补充说明了这些步骤和措施，使其更加完备化、规范化。20 世纪 90 年代，因为所颁布的一些法案的漏洞和缺陷，无法对具体应急事件具体应对，所以克林顿政府又重新定位了快速高效的应急管理改革措施，即可持续发展应对和“抗灾社区”概念。

2000年，布什政府成立了国家准备办公室。但是，美国在受到了9·11事件的冲击之后，其各大应急管理相关部门元气大伤，该结果说明美国的应急管理工作做得不到位。直到2002年，布什政府成立了国土安全部，形成了涵盖各类突发事件的应急管理体系，并在之后发布了《国家事故管理系统》《国家反应计划》《国家应对框架》等书面规范性文件，才渐渐将国家的应急管理工作带入正轨。

2）国内应急管理的历史

农耕文化作为人类文明之根、之始，也是长期植根于中国社会文化的元素之一。中国古代科技不发达，一直苦于受到各种灾害的折磨。纵览整个中国历史，所记载的灾害种类、数量不在少数。在联合国发布的20世纪54个最严重的自然灾害中，其中8个发生在中国，造成高达500亿元的损失（王强等，2009）。

在古代，发生突发事件的原因可以总结为两点，即自然原因和社会原因。

其一，自然原因。据统计，中国从殷商时代到20世纪30年代的将近4 000年间，各种灾害共计发生5 258次，其中水灾1 058次，旱灾1 074次、地震705次（张介明，2009）。由此可见，自然灾害自古以来在中国发生的种类之多、数量之多，成为突发事件形成的主要原因之一。

其二，社会原因。以封建专制主义中央集权制度为基础的古代中国社会，一直在不断地进行朝代的更替。统治者的昏庸、连年的饥荒和灾害使得社会动荡、人心涣散，从而造成大规模的农民起义、人口迁移等。有关史籍统计，仅清朝嘉庆十五年（1810年）至光绪十四年（1888年）的79年间，灾荒中死亡的人口合计为6 278万人（邓去特，1960）。在古代，人力作为第一生产力是支撑整个社会经济运转的主要动力。社会动荡、政局紊乱造成的大量人口死于灾荒、战争和迁移的事件也是突发事件形成的主要原因之一。

那么，古人的应急管理措施又是怎样实施的？春秋时期，左丘明曾写过《车者论梁山崩》：“梁山崩，以传召伯宗，遇大车当道而覆，立而辟之，曰：避传。对曰：传为速也，若俟吾避，则加迟矣，不如捷而行。伯宗喜，问其居，曰：绛人也。伯宗曰：何闻？曰：梁山崩而以传召伯宗。伯宗问曰：乃将若何？对曰：山有朽壤而崩，将若何？夫国主山川，故川涸山崩，君为之降服、出次、乘缦、不举，策于上帝，国三日哭，以礼焉。虽伯宗亦如是而已，其若之何？问其名，不告；请以见，不许。伯宗及绛，以告，而从之”[①]。

从文学家左丘明的这篇文章可以看出，对于突发事件的处理，古人也有自己的解决章法和解决套路，这些解决章法和解决套路也就是今天所称的应急预案。这个“车者论梁山崩”的历史故事具体描述了在古时候，国家遇到灾祸时，领导层采取的应急措施，即应急预案的核心是为了留住人心，目的是解决突发事件。

---

① 晋语·车者论梁山崩原文. https://so.gushiwen.cn/guwen/bookv_46653FD803893E4FE1285767516ED7BA.aspx.

这样的应急管理是政治上的管理，更是社会性的安抚。

再有就是要尊重自然规律、顺应天道。在古代，科技不发达，人们不知道应该如何应对自然灾害，更多地将它们的发生和存在寄托于神鬼之说。人们常常将自己的主观意识强加于此，进而产生所谓因果报应之说。其实，大自然有其发展的规律，如果不顺应自然规律，则会受到相应的报复。荀子曾说过“天行有常，不为尧存，不为桀亡。应之以治则吉，应之以乱则凶。强本而节用，则天不能贫；养备而动时，则天不能病；修道而不贰，则天不能祸。故水旱不能使之饥，寒暑不能使之疾，妖怪不能使之凶”。因此，在古代，贤明的统治者往往会在适当的季节发布政令，告知百姓灾害有可能会降临。例如，在夏季发布旱涝政令，百姓就会提前做好抗涝抗旱的防护措施；在虫害季节发布虫害政令，百姓就会提前做好防虫的防护措施。

在突发事件发生之后，有前车之鉴的思想非常重要，因此古人进一步提出了“前事之不忘，后事之师”。荀子也说：“不知戒，后必有。”在古代，有许多自然灾害无法避免，但是多难兴邦，古人明白只要能够及时总结教训和经验，就会在今后的突发事件中更好地应对，减少损失。

可是，随着应急管理历史的发展，在很长一段时间内都没有形成过一套成文的、自成体系的详细预案。直到2003年SARS事件发生，政府部门为了抗击SARS，提出了“一案三制”，它是由应急预案、管理体制、机制、法制组成的。2004年9月，党的十四届六中全会提出党的执政能力建设，其中对提高处置突发事件能力提出了明确的要求。2005年，国务院起草了国家总体应急预案和专项预案，2006年又出台了《国务院关于全面加强应急管理工作的意见》。2007年，应急预案管理法治化，全国人民代表大会审核通过了《中华人民共和国突发事件应对法》。总结以上应急管理的发展历程，主要分为四个阶段，即预案阶段、体制阶段、机制阶段和法制阶段。

如今，随着社会的不断进步，应急管理制度不断完善。不容忽视的是，中国现在已经进入突发事件多发时期，而且会持续面临这一状况。应急管理机制的建立不仅可以最大限度地抵御突发事件带来的后果和危害，也可以为以后多种多样的突发事件的发生提供更加精准的预测、预防、解决和善后。

3. 应急管理的特点

根据应急管理的定义，应急管理具有以下基本特点。

1）全民参与性

《中华人民共和国突发事件应对法》规定公民、法人和其他组织有义务参与突发事件应对工作。这是在法律上确立了应急管理的全民参与性特点。国家和社会由人组成，突发事件发生后产生的后果最终直接影响到的还是人类本身，因此我们有义务、有责任为应急管理工作贡献自己的力量，否则较低的参与性不会对突发事件的处理产生好的成效。

2）行政强制性

在突发事件发生的状态下，所有的条件都不允许有任何的松懈，此时行政部门的权力就更加集中，其遵循的规范准则也会得到简化，从而行政行为就会更加具有强制性。同时，对于应急管理，国家颁布了法律，这些法律作为这些行政行为的保障，更加有利于行政措施的实施，从而约束和规范整个突发事件的处理过程，确保整个应急管理工作高效地落实。

3）目标明确性

根据突发事件的定义、内涵和特点，不难发现，应急管理机制产生的目的很明确，就是为了社会安全、社会稳定和人民群众的生命财产安全得到保障，从而使老百姓得以安居乐业。这是应急管理产生的初衷和期望，是为了全民服务的产物。因此，应急管理具有目标明确性的特点。

4）针对局限性

首先，由突发事件的不确定性和突发性可知，相应的应急管理实施具有局限性，也就是说，一个突发事件的产生无法寻找到完全与之匹配的应急管理措施。其次，整个应急管理过程也是一个大工程，它的调度和安排的难度都是不容小觑的，而且在突发事件发生后的整个阶段里，氛围多是消极的、紧张的、不稳定的，这也加大了应急管理的难度，成为其局限的一方面。

5）政府主导性

《中华人民共和国突发事件应对法》规定国家建立统一领导、综合协调、分类管理、分级负责、属地管理为主的应急管理体制。县级人民政府对本行政区域内突发事件的应对工作负责；涉及两个以上行政区域的，由有关行政区域共同的上一级人民政府负责，或者由各有关行政区域的上一级人民政府共同负责。国家和政府具有权威性，动员能力强大，只有由它们主导，才能调动最大程度的人力、物力、财力等资源对突发事件进行应急管理。

4. 应急管理的处置方式

在应急管理过程中，决策的准确、恰当与否与应急管理的成败之间有着直接联系。非常规突发事件的应急管理决策面对的是一类情形紧急、时间有限、信息匮乏的极度不确定的问题环境。应急管理决策主体必须在短时间内对突发事件信息进行收集、融合处理，包括对各种常规预案筛选、合并处理，在此基础上确定并实施相应的处置方案，在事态得到控制之前持续调整处置方案以应对变化的事件。在这个过程中，选择、确定实施方案直接关系到应对决策是否得当，进而影响整个应急管理的效果，而当前对确定实施方案的研究主要集中于针对某一类事件，如地质灾害、地震灾害、气候灾害、传染疾病等。至于专业性决策问题的解决，大多数研究采用以下思路：全面分析紧急情景下的致灾因素，以此对应急管理决策构造模型，并进行处置方案求解，及时做出应急响应，最终达到损失最小化的目的。考虑到非常规突发事件信息模糊的特性，一些研究构建模糊群决策模型，以期提高应急处置的准确性和针对性。

5. 应急管理的处置流程

应急管理的处置流程如图 1-1 所示。

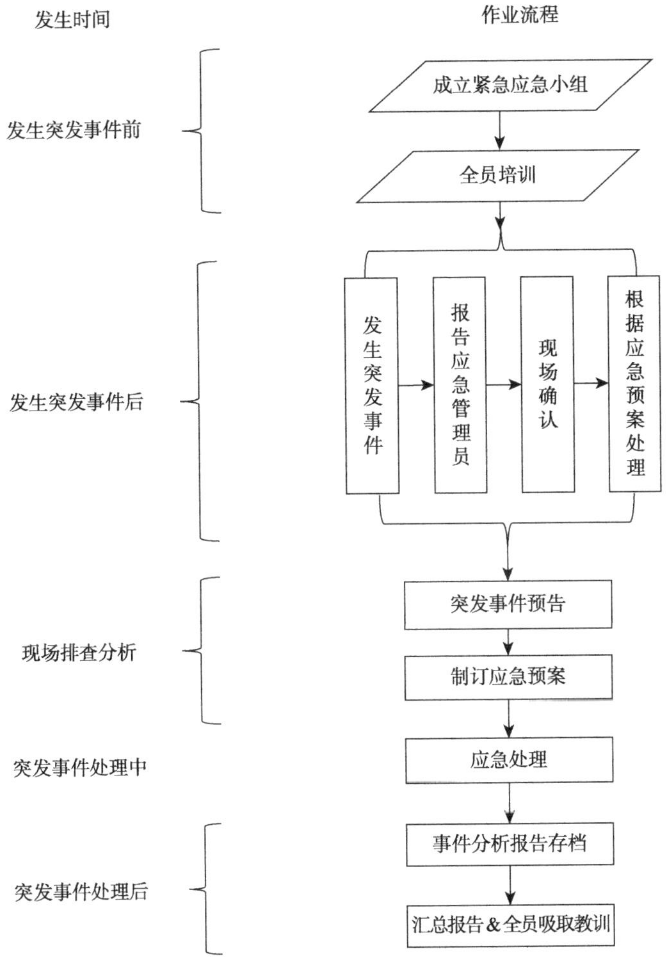

图 1-1　应急管理的处置流程

1.1.3　突发事件应急管理体系

1. 什么是应急管理体系

根据百度百科的词条解释，应急管理体系是指国家层面处理紧急事务或突发事件的行政职能及其载体系统，是政府应急管理的职能与机构之和。本书研究的非常态偶发事件的应急管理体系是一个复杂的开放性系统，具有多因素、多主体、多变性、多尺度的特征（寇纲等，2012）。应急管理体系研究遵循理论与实际相结合，是涵盖多领域的复合式理论研究。应急管理是应急管理决策主体为了降低突发事件造成的危害和损失，对其产生原因、过程、影响等进行分析，并组织人员和资源，采取应急救援措施，从而形成对突发事件有效预警、控制和处置的整个过程（张海波和童星，2015）。应急管理的本质是对突发事件进行有效应对及合理处置，使得损失尽可能降到最低。应急管理的有效性是指应急方案的可行性、合理性及准确性。另外，对突发事件的防范和预警也是应急管理工作体系中的重要组成部分。

2. 应急管理体系的总体框架

由应急预案、管理体制、机制、法制组成的“一案三制”构成了我国应急管理体系的基本框架，其中管理体制是基础，机制是关键，法制是保障，应急预案是前提，各自具有不同的内涵和定位，是应急管理体系的核心要素。应急管理体系如图 1-2 所示。

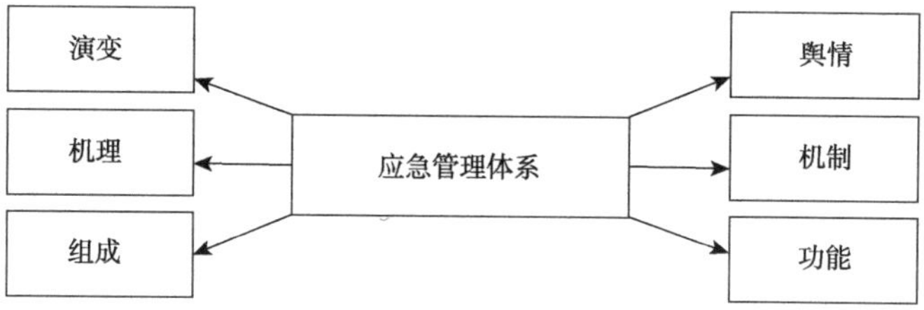

图 1-2　应急管理体系示意

在实际的社会生活中，应急管理体系也存在于各项社会工作的方方面面，图 1-3 代表了应急管理体系组织之间的关系。在实际应用中这些阶段经常交叉，但每个阶段都有各自的任务，且彼此之间的工作紧密联系。

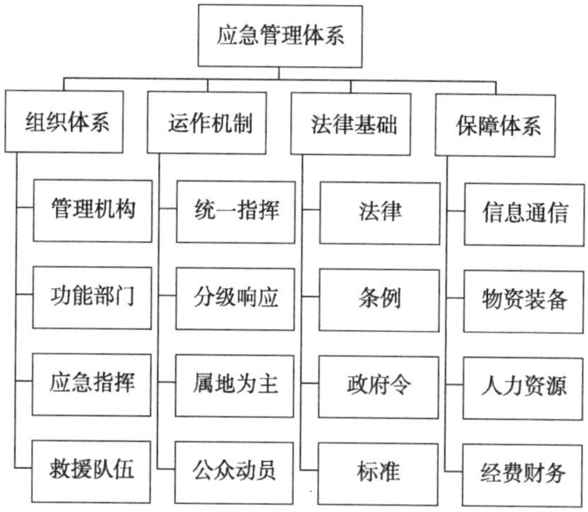

图 1-3　应急管理体系组织之间的关系

1.2　应急预案及其管理机制

从国家应急管理体系的“一案三制”可以看出应急预案在应急管理体系中的重要地位和作用。那么，何谓应急预案？如果说应急管理是面对突发事件时我们的处置之道，应急预案则是处置之道中具体问题的执行逻辑，也就是可行的作业方案。

1.2.1　应急预案的引入

应急预案主要是在应对突发事件时有助于有效地进行应急管理的制度化、文字性应急管理文件。应急管理在前期的重点任务是做好事故监控和信息发布等预防预警的工作，中期的重点任务是有效应对和处置突发事件或者灾害，而最重要的且不可缺少的后期工作就是应急预案的编写，以及善后处置、总结经验，完善应急管理体系和已有的应急预案。

1.2.2　应急预案的定义与内涵

1. 应急预案的定义

应急预案又叫应急计划或应急救援方案，是应急管理的文本体现，具体是指为应对潜在的突发事件，保证高效、迅速、有序地实施应急和救援行动，降低事件危害和造成的损失而事先制订的方案或计划。

2. 应急预案的特点

从目前编制的大量应急预案来看，其特点总的来说包含以下方面。

1）应急预案具有系统全面性

应急预案包括事前预防预警、事发监控识别、事中应对处置、事后恢复重建等方面的内容，贯穿于应急管理的整个过程，这是全面性的体现。应急预案本身作为应急管理的重要组成部分，对应急救援工作有很好的指导作用，涵盖每个环节，预案之间层次分明又相互关联，构成应急预案体系（emergency plan system，EPS）。突发事件发生后，有关部门会根据实际情况选择相应的应急预案，在事态严重之后，又会启动相关联的更高级别的应急预案，这些是系统性的体现。

2）应急预案具有针对性

应急预案的应对处置对象非常明确。对象往往是一种或者一类灾害事件，如国家突发公共卫生事件应急预案，国家防汛抗旱应急预案，国家处置重特大森林火灾应急预案，国家安全生产事故灾难专项预案，等等。这些应急预案都有明确的应急范围和特定的应对事故种类。

3）应急预案具有层次性

应急预案的类别上至国家层面，下至地方部门甚至社区，行政级别的层次性导致应急预案也具有相应的层次性。至于应急预案自身的编制内容，其包含应急处置总则、组织机构和职责、预测预警的监控、资源和信息保障、应急响应和处置步骤等，这些在应急预案中的呈现也具有清晰的结构和鲜明的特点。

3. 应急预案的分类

（1）按照应急预案的功能和目标，可分为综合预案、专项预案和现场预案。三者之间的关系如图 1-4 所示。若是按照突发事件的类型，应急预案可分为自然灾害类预案、公共卫生事件类预案、事故灾害类预案和社会安全事件类预案。

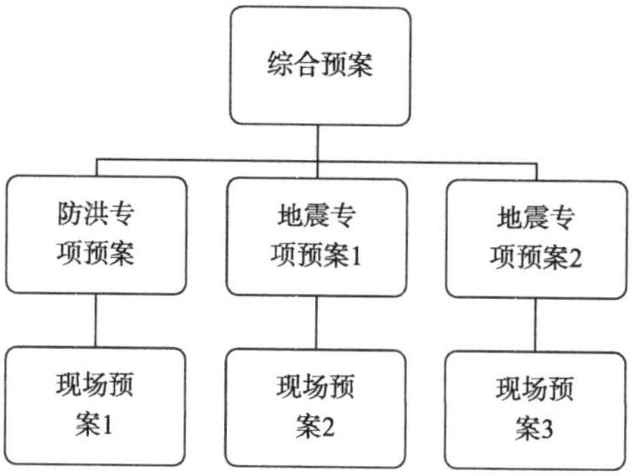

图 1-4　综合预案、专项预案、现场预案的关系

（2）按照应急预案生成的方式和过程，可分为静态应急预案和动态应急预案。静态应急预案是在灾害事故发生之前生成的，用于预防某类灾害事故发生或灾害事故发生后提供基本应对步骤的应急预案；动态应急预案是在灾害事故发生之后，根据具体情景为处置当前事故而生成的应对预案。动态应急预案是在静态应急预案的基础上，根据灾害事故的情景演化结合地理信息系统（geographic information system，GIS）生成的，用于应对灾害事故的“个性”问题。静态应急预案是为了应对灾害事故的“共性”问题。

4. 应急预案组成部分

通过对各类应急预案的概括，可归纳出应急预案的主要内容框架结构，如图 1-5 所示。应急预案主要包括总则、组织体系、运行机制、应急保障、监督管理和附则，其中组织体系、运行机制和应急保障是应急预案的核心部分。常规应急预案只是对这三方面分别进行概括性阐述，是在突发事件发生前制订的不具备事件情景针对性的解决方案。根据事件情景特征，将这三方面进行融合，动态生成应急解决方案，需要引入数字化技术方能实施，这部分会在 2.3 节具体阐述。

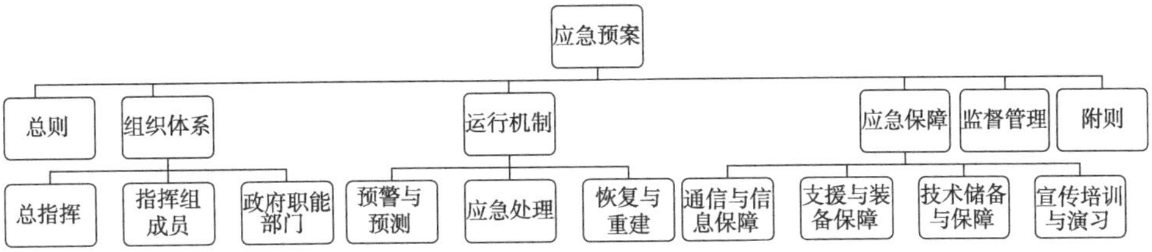

图 1-5　应急预案的主要内容框架结构

1.2.3　应急预案管理体系特点

1. 国外的应急预案管理体系特点

1）应急预案管理体系法治化

回顾国外应急预案管理，其最大的特点就是管理体系法治化。以美国为例，协调美国庞大应急管理体系的是法制、体制和机制。法制方面，美国的安全生产、应急救援相关法律形成了一个体系。体制方面，美国实行联邦政府、州和地方的三级反应机制。联邦应急管理局（Federal Emergency Management Agency，FEMA）是联邦政府应急管理的核心协调决策机构，2003 年 3 月被划拨给当时新成立的国土安全部，其下属的"紧急事务预备与应对办公室"有约 2 500 名专职雇员和 5 000 名后备人员。机制上，联邦应急管理局、商务部、国防部等 27 个部门及机构在 1992 年签署了《联邦紧急反应计划》，综合了各联邦机构预防、应对突发紧急事件的措施，通过全国突发事件管理系统，为各州和地方政府应对恐怖袭击、灾难事故和其他突发事件提供指导。

2）应急预案管理数字化

数字化应急预案是高科技在应急管理领域应用而产生的新技术成果之一，是提高应急预案的科学性、有效性和针对性的最好方式。近年来，各种高新技术突飞猛进，深刻推动着各种工程应用手段的大幅变革。从国外现状来看，目前较为成功的数字化应急预案系统已经实现了应急预案流程的自动分析执行功能，能够根据突发事件后果模拟进行应急处置方案分析，并通过现场视频监控摄像头和三维仿真环境实现事发现场的可视化。

应急预案管理数字化的直接结果是应急预案管理高度的智能化和高度的实时化。针对某一典型的突发事件，通过建立完备的应急知识和应急案例数据库，将应急处置常识按照突发事件发生演化的时间顺序和不同应急阶段的特征进行顺序分条存储。运用智能化技术建立应急处置推理机，分析突发事件发展的某个阶段所应采取的应急处置措施，形成高度智能化的突发事件应急处置专家系统。综合运用全球定位系统（global position system，GPS）、物联网等现代化定位跟踪技术，实现应急预案各种相关资源信息的实时动态跟踪；开发更加精确的突发事件监测和参数提取技术手段，使应用系统中的突发事件模拟更加贴近真实演化过程，实现数字化应急预案的高度实时化，确保分析结果的准确性。

3）应急体制社会共治化

在美国等发达国家，应急体制实现了社会共治化。美国的应急预案把政府各部门和机构的能力与美国红十字会的能力组合成一种紧急事件支援小组（emergency support form，ESF），提供规划、支援、资源、计划和执行，以及应急事件处理期间可能最需要的应急服务。必要时，政府通过完全或部分启动紧急事件支援职能来应对紧急事件。紧急事件支援小组作为一种协调组织，向各地方政府，或者向担负主要职责的部门和机构提供帮助。如果形势需要，紧急事件支援小组可为各地区的应急协调中心及相关结构提供人员。

当其他方面的救援已无法进行时，非政府组织应与第一责任人、各级政府及其他机构和组织合作，为维持生命、减少身体和心理伤害、促进受灾群众的恢复提供救助服务。

美国大约有 30 个得到承认可在灾难中进行救助活动的全国志愿者组织（national volunteer organization，NVO），它们对灾难管理和各级政府的应急努力提供重要的帮助。

私人部门在全国性紧急事件期间的任务、责任和参与程度根据组织的性质、事件的类型与影响而不尽相同。私人部门根据地方的公共—私人应急计划、互助协定或政府要求可提供应急资源（emergency resource），其中包括专业队伍、设备和先进技术；在州或地方的紧急事件应对和准备行动中充当政府的积极伙伴，与政府分享信息、确认风险、提供捐助和赠予等。某些私营公用事业和高危企业的业主和经营者也担负起准备、预防和应对意外事故的责任。

公民团体和组织是政府强有力的伙伴，为事故管理、预防、准备、应对、恢复和缓解提供援助。美国公民协会将这些团体联合在一起，通过教育、培训和志愿服务帮助社区变得更安全、更强大，并更有准备地应对恐怖主义威胁、犯罪、公共健康问题和各种疾病。

地方公民协会理事会贯彻执行公民协会的纲领，纲领中包括组织社区应急状态应对小组、医疗预备协会、街道护卫、警察服务志愿者等。

公民协会接纳纲领通过与其他一些诸如为公共教育、发展、培训提供资源，代表有志于帮助社区变得更安全的支援者，或者为支援第一责任人、灾难救助活动和社区安全努力提供志愿服务机会之类的计划和组织合作，扩大了地方社区可利用的资源和物资。其他不属于公民协会的计划也为组织起来的公民提供参与支援联邦政府应对全国性大灾难的机会。例如，全美动物卫生紧急应对协会（National

Animal Health Emergency Response Association，NAHERA）在某种国外动物疾病大规模暴发时，通过启用州和私人的动物卫生技术员及兽医预备人员，与威胁美国牲畜和家禽的疾病展开斗争，以保护公众的健康。

总之，应急体制社会共治化能够大幅度提高应急响应能力，这对应急管理具有重要的借鉴意义。

2. 国内的应急预案管理体系特点

1）应急预案管理网络化

在对数字化应急预案进行概念界定及特征分析之前，先对应急预案的基本情形进行阐述。目前，我国应急预案体系已经逐渐形成，呈现从中央到省、地、市、县层次化、网络化特征分布，应急预案的分类（自然灾害、事故灾害、公共卫生事件和社会安全事件四大类）在应对非常规突发事件时，往往不能仅依靠一类或一项预案，需要根据事件的具体情景，联合启动多项、多领域的应急预案。这一过程也可以理解为应急预案融合生成的网络化管理。

2）应急预案管理体系法治化

从 2003 年到 2007 年再到现在，我国应急预案管理的发展分为五个阶段，即预案建设、体制建设、机制建设、法治建设和法制完善化建设。在 2003 年以前，我们对应急预案的研究只是局限于灾害管理方面，经过 SARS 的洗礼，我们总结了经验和教训，在公共卫生、经济、生活方面受到影响后，党和国家认识到这方面的缺失，决定在应急预案、突发事件应急管理方面做出改变。

2003 年 7 月，党中央、国务院第一次明确提出，政府管理除了常态管理以外，要高度重视非常态的管理，并提出了"一案三制"，争取建立健全公共卫生突发事件应急机制，提高公共卫生突发事件应急能力。同年 10 月，党的十六届三中全会通过《中共中央关于完善社会主义市场经济体制若干问题的决定》。2004 年 9 月，党的十六届四中全会做出《中共中央关于加强党的执政能力建设的决定》。2005 年，国务院召开第一次全国应急管理工作会议，颁布了《国家突发公共事件总体应急预案》，此时，我国走上了正式的法治化应急管理道路。2006 年 1 月，国务院授权新华社全文播发了《国家突发公共事件总体应急预案》。2007 年，国务院下发《国务院办公厅关于加强基层应急管理工作的意见》，全国人大常委会通过《中华人民共和国突发公共事件应对法》。2008 年至今，我国应急预案体系建设仍在不断完善。

3）应急预案体系社会化

如今，我国的法律法规明确指出了应急管理与社会力量的关系。我国正在将社会力量更好地运用于应急管理工作中去，并不断发挥政府的主导性作用，形成了政府与社会力量共同努力的应急管理体系。我国还会进一步加强和完善应急预案文本化的编制和修改，把提高社会力量在应对突发事件方面的能力作为目标而不断努力。

根据国务院发布的《国家突发公共事件总体应急预案》，全国突发公共事件应急预案体系包括以下几个部分。

（1）突发公共事件总体应急预案。总体应急预案是全国应急预案体系的总纲，是国务院应对特别重大突发公共事件的规范性文件。

（2）突发公共事件专项应急预案。专项应急预案主要是国务院及其有关部门为应对某一类型或某几种类型突发公共事件而制订的应急预案。

●国家自然灾害救助应急预案

●国家防汛抗旱应急预案

●国家地震应急预案

●国家突发地质灾害应急预案

●国家处置重、特大森林火灾应急预案

●国家安全生产事故灾难应急预案

●国家处置铁路行车事故应急预案

●国家处置民用航空器飞行事故应急预案

●国家海上搜救应急预案

●国家处置城市地铁事故灾难应急预案

●国家处置电网大面积停电事件应急预案

●国家核应急预案

●国家突发环境事件应急预案

●国家通信保障应急预案

●国家突发公共卫生事件应急预案

●国家突发公共事件医疗卫生救援应急预案

●国家突发重大动物疫情应急预案

●国家重大食品安全事故应急预案

●国家粮食应急预案（待发布）

●国家金融突发事件应急预案（待发布）

●国家涉外突发事件应急预案（待发布）

（3）突发公共事件部门应急预案。部门应急预案是国务院有关部门根据总体应急预案、专项应急预案和部门职责为应对突发公共事件而制订的预案。

●建设系统破坏性地震应急预案

●铁路防洪应急预案

●铁路破坏性地震应急预案

●铁路地质灾害应急预案

●农业重大自然灾害突发事件应急预案

- 草原火灾应急预案
- 农业重大有害生物及外来生物入侵突发事件应急预案
- 农业转基因生物安全突发事件应急预案
- 重大沙尘暴灾害应急预案
- 重大外来林业有害生物应急预案
- 重大气象灾害预警应急预案
- 风暴潮、海啸、海冰灾害应急预案
- 赤潮灾害应急预案
- 三峡葛洲坝梯级枢纽破坏性地震应急预案
- 中国红十字总会自然灾害等突发公共事件应急预案
- 国防科技工业重特大生产安全事故应急预案
- 建设工程重大质量安全事故应急预案
- 城市供气系统重大事故应急预案
- 城市供水系统重大事故应急预案
- 城市桥梁重大事故应急预案
- 铁路交通伤亡事故应急预案
- 铁路火灾事故应急预案
- 铁路危险化学品运输事故应急预案
- 铁路网络与信息安全事故应急预案
- 水路交通突发公共事件应急预案
- 公路交通突发公共事件应急预案
- 互联网网络安全应急预案
- 渔业船舶水上安全突发事件应急预案
- 农业环境污染突发事件应急预案
- 特种设备特大事故应急预案
- 重大林业生态破坏事故应急预案
- 矿山事故灾难应急预案
- 危险化学品事故灾难应急预案
- 陆上石油天然气开采事故灾难应急预案
- 陆上石油天然气储运事故灾难应急预案
- 海洋石油天然气作业事故灾难应急预案
- 海洋石油勘探开发溢油事故应急预案
- 国家医药储备应急预案
- 铁路突发公共卫生事件应急预案
- 水生动物疫病应急预案

●进出境重大动物疫情应急处置预案
●突发公共卫生事件民用航空器应急控制预案
●药品和医疗器械突发性群体不良事件应急预案
●国家发展改革委综合应急预案
●煤电油运综合协调应急预案
●国家物资储备应急预案
●教育系统突发公共事件应急预案
●司法行政系统突发事件应急预案
●生活必需品市场供应突发事件应急预案
●公共文化场所和文化活动突发事件应急预案
●海关系统突发公共事件应急预案
●工商行政管理系统市场监管应急预案
●大型体育赛事及群众体育活动突发公共事件应急预案
●旅游突发公共事件应急预案
●新华社突发公共事件新闻报道应急预案
●外汇管理突发事件应急预案
●人感染高致病性禽流感应急预案

（4）突发公共事件地方应急预案。具体包括：省级人民政府的突发公共事件总体应急预案、专项应急预案和部门应急预案；各市（地）、县（市）人民政府及其基层政权组织的突发公共事件应急预案。上述预案在省级人民政府的领导下，按照分类管理、分级负责的原则，由地方人民政府及其有关部门分别制订。

（5）企事业单位根据有关法律法规制订的应急预案。

（6）开展大规模的会展及各类重大活动时，主办方应该提前制订应急预案。

各类预案将根据实际情况变化不断补充、完善。

1.3 应急预案的构成与演化

1.3.1 应急预案的基本要素和构成

应急预案的构成主要分为预防阶段预案、准备阶段预案、响应阶段预案、恢复阶段预案和总预案。应急预案应形成体系，针对各级各类可能发生的事故和所有危险源制订专项应急预案和现场处置方案，并明确事前、事发、事中、事后的各个过程中相关部门和有关人员的职责。生产规模小、危险因素少的生产经营单位，综合应急预案和专项应急预案可以合并编写。

1. 综合应急预案

综合应急预案是从总体上阐述事故的应急方针、政策，应急组织（emergency organization）结构及相关应急职责，应急行动、措施和保障等基本要求和程序，是应对各类事故的综合性文件。

2. 专项应急预案

专项应急预案是针对具体的事故类别（如煤矿瓦斯爆炸、危险化学品泄漏等事故）、危险源和应急保障而制订的计划或方案，是综合应急预案的组成部分，应按照应急预案的程序和要求组织制订，并作为综合应急预案的附件。专项应急预案应制定明确的救援程序和具体的应急救援措施。

3. 现场处置方案

现场处置方案是针对具体的装置、场所或设施、岗位所制定的应急处置措施。现场处置方案应具体、简单、针对性强。现场处置方案应根据风险评估及危险性控制措施逐一编制，做到事故相关人员应知应会，熟练掌握，并通过应急演练，做到迅速反应、正确处置。

1.3.2　应急预案的发展与演化

从本质上来说，应急管理与应急预案有着密不可分的关系。在与自然灾害等突发事件长期抗争的过程中，人类不断地摸索应对突发事件的方法和措施。自古以来，“居安思危，思则有备，有备无患”等应急文化不断深入人心。我国应急预案的发展阶段与演化历程可以大致分为五个阶段（图1-6）。

第一阶段为中华人民共和国成立之前。这一时间点之前的应急管理中并没有包含应急预案，甚至根本没有一个有关应急预案的标准化文件存在。在这一时期，人们主要依靠发生过的突发事件得出的结论和经验教训的记录作为下一次应对突发事件的范本和前例，并不断地寻找事件发生的共同点，以寻求新的突发事件的解决方法和流程。在这个阶段，应急预案属于萌芽期，因为人们已经有了解决事件寻找参照物的意识。

第二阶段为中华人民共和国成立之初到改革开放之前。随着中华人民共和国的成立，国家各项工作走上了正轨。该阶段我国建立了国家地震局[①]、水利部、林业部（现国家林业和草原局）、中央人民政府气象局（现中国气象局）等专业性的减灾防灾机构。这些机构自上而下又设立相关部门和应急救援队伍，形成了分管而治，更加针对性地分散管理，形成了“单项应对模式”的应急管理，此时已经开始经历单项应急预案阶段，大多都是以“人治”的形式对突发事件进行处

① 1998年更名为中国地震局，2018年由应急管理部管理。

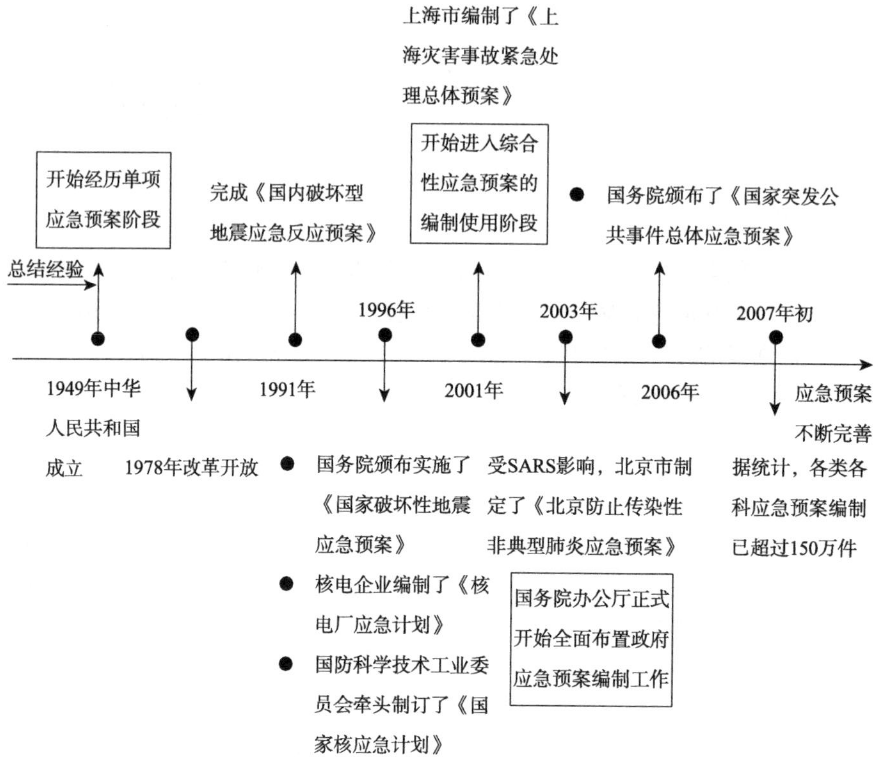

图 1-6　应急预案的发展阶段与演化历程

理，还没有将整个处理过程体制化、文案化。此时应急预案的发展处于成长期。

第三阶段为改革开放到 2003 年 SARS 事件发生。我国于 1989 年成立了中国国际减灾十年委员会，后在 2000 年改名为中国国际减灾委员会。2001 年，我国正式进入综合性应急预案的编制使用阶段。2002 年，广西南宁市社会应急联动中心的运行成功，标志着“应急资源整合”的思想正式形成。这种分散协调、临时相应的应急管理模式成为后续应急预案文案化的前身和撰写基础。

第四阶段为 SARS 事件发生后到 2018 年初。SARS 事件的发生，引起了一系列的突发公共事件，促使国家开始高度重视应急管理工作。国务院、县级及以上人民政府等都陆续成立了应急管理领导机构和办事处，形成了“国家建立统一领导、综合协调、分类管理、分级负责、属地管理为主的应急管理体制”格局。

第五阶段为 2018 年初至今。2018 年 4 月，我国成立了应急管理部，以防止特大安全风险带来的巨大损失，并能在第一时间整合资源，更好地把握应急管理，形成了具有中国特色的应急管理体制。

第2章　数字化应急预案结构要素和体系特征

应急预案作为人类对突发事件响应知识的总结，可以为突发事件提供较好的指导作用。各个国家和地区已经针对各种突发事件制订了各类应急预案。对突发事件的应急处置，关乎并考验着各国政府的应急管理能力。

中国发展亦是如此，经过持续不懈的努力，国家应急管理体系的大致轮廓日益清晰，它由应急管理“一案三制”构成，即应急预案和应急体制、机制、法制。应急预案是应急管理的核心，是快速响应和有效救援的基本保证。应急预案是针对可能的重大事故（件）或灾害，为保证迅速、有序、有效地开展应急与救援行动、降低事故损失而预先制订的有关计划或方案，不仅可以辨识和评估潜在的重大危险、事故类型、发生的可能性、发生过程、事故后果及影响严重程度，而且对应急机构与职责、人员、技术、装备、设施（备）、物资、救援行动及其指挥与协调等方面能够预先做出具体安排。即它明确了在突发事件发生前、发生中及结束后，谁负责做什么，何时做，如何做，以及相应的策略和资源等。

但是，纵观我们收集到的 8 000 多篇国内应急预案，发现这些应急预案在内容结构上缺少规范化标准，在表达上相同含义的词汇缺乏统一性，在表示方式和存储结构上仍保留在 Word 或 Txt 文本的传统形式上，静态的非结构化文本应急知识无法使计算机直接理解和自动处理，因而对计算机应急辅助决策支持不足。为了改善这种现状，数字化应急预案被提出并成为一种研究发展趋势，数字化应急预案能够实现应急知识的共享性，为应急组织的协同配合做好辅助指导，进而提高应急组织联动救援的有效性。

2.1 数字化应急预案的演化历程

2.1.1 数字化预案的引入

2003 年，SARS 危机的发生，使我国认识到加强应急管理的重要性，在此之后，国家加快了突发事件应急管理体系的建设。党的十六届三中全会、党的四中全会明确提出，要建立健全预警体系，提高保障公共安全和处理突发事件的能力。国内开始推行以“一案三制”（应急预案、应急体制、机制、法制）为核心的综合应急管理体系。2005 年之后，我国的应急管理体系建设逐步健全和完善，应急管理开始步入规范化、制度化、法治化的轨道。从中央到地方、从管理部门到行业企业，都针对属地范围内可能发生的突发事件及时编制了应急预案，形成了较为完备的“横向到边、纵向到底”的应急预案体系。

1. 文本形式应急预案的不足

在突发事件的处理过程中，人们逐渐认识到文本形式应急预案所存在的不足。文本形式应急预案的数字化和可操作性都比较低，在真正发生突发事件的时候，管理人员往往拿着一本厚厚的应急预案，却不知道要从哪里查起。另外，一些在大型市级应急联动中心的工作人员认为，虽然目前的应急管理平台已经录入了几万例应急预案，但是不实用，在事故发生时往往不能智能化地进行救援，包括组织救援、资源调配等方面的工作。总的来说，文本形式应急预案具有如下缺点。

1）文本形式应急预案冗长

文本形式应急预案一般都是厚厚的手册，在非常规突发事件发生时，各相关单位需要根据所发生事件的情景来查阅相关的应急预案，事故处理人员往往需要花费很长时间才能找到与事件相对应的应急预案，这就拖延了事件救援速度，对非常规突发事件的处理造成障碍。

2）文本形式应急预案编制后不便于自查、修改和完善

在文本形式应急预案编制完成后，如果在事件处理流程上有了新的改变，或者对该类事件有了新的、更好的处理方案，对文本形式应急预案进行修改、补充或者是重新编制就需要耗费大量的人力、物力，非常不方便。

3）文本形式应急预案表现形式单一

文本形式应急预案一般含有大段的文字内容，图表等内容较少，比较枯燥，这就容易导致事故处理人员在进行应急预案培训的时候遇到困难，不利于培训工

作的展开。

4）文本形式应急预案在组织各层次间的传递、保存、查阅不方便

文本形式应急预案在编制完成后一般通过纸质材料在相关单位的各层次之间传递，而大量纸质材料的传递、保存和查阅是很麻烦的，需要消耗一定的人力、物力进行保存和传递。

2. 数字化应急预案的定义

由此可以看出，应急预案应该能体现一个动态的过程，而不是设计完成后就一成不变，应该具有一定的生命周期。伴随着应急管理的“预警预测—计划准备—响应处置—评估恢复”管理闭环的演进，应急预案也应该经历一个被修订、被学习遵守、被执行、被对比、被修改和完善的周期。

在我们看来，应急预案的实质是知识。除了记载“指导思想”“目的”等“虚”的东西以外，还要传达一些实实在在的具体信息——如应急管理的责任体系，一些资源的分布情况，等等。除此以外，一个好的应急预案还凝聚了大量的技术和管理原理及突发事件处理经验，教人们在什么时候怎样决策、采取什么措施。因此，每一个应急预案都是智慧的结晶，是意志的记录，是一个综合的知识体。然而，知识的表现和利用光靠白纸黑字是不够的，它需要借助合适的表现形式，借助一定的技术手段。我们针对应急预案的一般模板进行初步分析（表 2-1）。

表 2-1　应急预案的一般模板

构成部分	内容特点	适合表现形式
基本预案	非结构化为主，部分结构化	文字、结构图
应急功能设置	非结构化、结构化并存	文字、流程图
特殊风险预案	结构化为主	文字、流程图
标准操作设置	结构化为主	流程图、表格
支持附件	非结构化、结构化并存（视不同内容而定）	文字，各种图、表

可见，从应急预案本身承载的内容来说，它的形式应该是多种多样的。那些结构化已经很好的信息和知识本身就应该图文并茂、便于检索和使用；过分拘泥于严谨、单一的文字表达，显然会造成人为的信息和知识的损失，降低应急预案效用。那些只是“录入”和“打印”一下的应急预案，不管它有多厚，最终都只能成为一个没有生命力的摆设。我们需要的是一个可以保持文本形式应急预案的有效描述，并能随着事件演化和发展及时做出调整，提供基于过程的逻辑处置步骤和信息，贴近应急真实情况，并将更新过的行动方案迅速展示给相关人员的数字化应急预案；除了事件发生时的应急处理，历次数字化应急预案的积累还可以作为日常培训和演练的依据；事后能够更加容易地根据真实情况下的行动方案对应急预案进行评价、修正和调整。这样的应急预案显然比一大堆文本更接近预案

的知识本质和我们编制应急预案的初衷。因此，人们开始研究如何运用计算机信息技术、网络技术、仿真模拟技术等现代技术来达到上述功能，由此产生了数字化应急预案的概念。

2.1.2 数字化应急预案的发展历程

数字化应急预案的想法一经提出，就获得大量相关工作人员的支持，它也表现出了强大的生命力。关于数字化应急预案，目前尚没有标准的定义，国内的一些研究机构和学者提出的定义是将各种数字技术，如地理信息技术、全球定位技术、遥感（remote sensing，RS）技术、灾害预测与演变模拟技术、三维图像显示技术等，应用于应急预案的执行过程中，根据突发事件的处置流程，在事态发展即时信息的基础上，将文本形式应急预案开发成一系列可以随突发事件演化过程而顺序执行的应急操作程序，根据事态自动分析预警级别、响应级别、恢复重建等应急节点，提示应急策略，优选处置方案，能够辅助决策者判断何时该做什么、怎么做的预案，大大提高了突发事件应急处置的效率。数字化应急预案的功能应该包括对突发事件的发展预测及影响分析，预警分析和发布，人群疏散与避难评估，应急方案的优化筛选与启动，动态应急管理决策指挥和资源配置，应急行动评估，应急行动的结束、记录与总结，等等。其发展过程大致经历了如下四个阶段。

1. 应急预案的数字化

以基础信息管理系统为基础，实现应急预案的文本编辑、分类查询、添加、删除等功能，以及应急预案电子文本的组织管理。在这个阶段，数字化应急预案的研究主要集中于数字化应急预案系统的建立，从数字化应急预案系统的功能、结构进行描述，把数字化应急预案系统作为改善文本形式应急预案执行效果的有效途径，数字化应急预案的主要功能在于将文本形式应急预案中规定的工作流程与职能固化到系统中去，并将这个系统作为各类信息汇集的平台，方便管理人员决策。这种研究的一个隐含前提是认为目前的文本形式应急预案是合理的，故数字化应急预案系统遵照预案规定的流程执行即可。为了弥补预案规定不够具体的缺陷，需要大量信息作为支撑，同样在研究中也会对数字化应急预案的信息进行汇聚，但是对所获信息的筛选、分析、决策等问题全部留给了决策人员。

2. 应急预案的文本结构化

由于不同地区所编制的应急预案在文字表达上缺乏统一性，常常出现不同的词表示的意思却是大致相同的，或者是相同的词语在不同的语境中有不同的意思。计算机是无法直接理解和自动处理这样静态的非结构化文本应急知识的，在这种情况下，就需要构建相应的表示模型。其中，本体（ontology）作为描述语义模型的重要手段，是共享概念模型的明确的形式化规范说明，能够提供对领域知识的共同理解，确定共同认可的词汇。Hoogendoorn 和 Jonder（2005）讨论了应急预案的形式化建模和分析问题，采用时序轨迹语言（temporal trace language，TTL）作为应急预案的形式化描述语言，用于描述应急管理体系的组织结构及动态特性，并将应急预案的建模分为四个步骤，即事件状态识别、应急组织结构分析与描述、任务指派、应急组织动态特性描述；王文俊等（2005）指出，应急事件本体语义模型包含应急事件、过程和动作三个层次，可用于表述事件发生前的应急预案，并以 ABC 本体模型作为顶层本体扩充预案词汇，对应急预案中的事件处理流程进行本体建模。

然而，光有文本的结构化表示对于应急预案的数字化是不够的，应急预案的结构要素、体系框架和形式化表示也是应急预案数字化的重要组成。Grathwohl 等（1999）将形式逻辑应用于事故应急管理，使用形式逻辑描述有关应急知识，建立应急预案的逻辑模型；Mors 和 Valk（2005）使用基于事件的任务框架来描述应急响应过程中任务之间的依赖关系，通过引入本体理论结合应急管理领域知识对应急联运系统的通用模型和词汇建立本体语义模型，实现应急预案的形式化表示；并且在考虑了应急管理知识和数据具有时态性和不确定性特点的基础上，提出了一个可扩展的时态知识表示模型，对真实事件的间断性表示加以改进，构建应急管理决策知识库。国外在该方面的研究已经取得了一定的成果，并就数字化应急预案研究提出了一些规范，如 911PhaseⅠ、911PhaseⅡ、E9-1-1、APC035、APC036 等，值得我们借鉴。

3. 应急预案的多媒体表达

这一阶段，研究人员研究的重点是如何综合运用图、文、声、像等要素实现应急预案执行流程的直观化，结合视频监控模块的接入，快速实时地获取突发事件现场信息，将突发事件现场信息和应急预案的处理流程动态地结合起来，使事故处理人员能够对事故处理有更加直观的认识。例如，Canos 等（2004）研究预案的多种表现方式，讨论了使用多媒体信息（包括图、文、声、像），融合文档、语音、视频、三维仿真、动画等，描述大城市的地下交通应急预案，将应急响应过程表示为类似于工作流（workflow）的图形描述，实现了用多媒体方法表示应急预案。

4. 应急预案的动态生成和智能化

在前面几个阶段，应急预案的数字化已经将应急知识成功地在计算机中结构化表示，这意味着相关管理人员能够快速方便地查阅应急预案。但是，应急预案并不是一成不变的，它需要随着突发事件的演化发展而调整生成。在应急响应过程中，很难完全按照应急预案执行规定的操作指令，应急预案应具有环境适应性和动态调整特性，因此，对数字化应急预案动态生成的研究对提高应急管理效率尤为重要。

这一阶段，人们将研究的重点放在数字化应急预案的动态生成上，本体模型、可扩展标记语言（extensible markup language，XML）技术等都被综合应用到数字化应急预案的有效储存中，本体论的理念使得应急预案的结构层次清晰、应急知识得到重复使用，XML 技术使得不同系统、不同类型的应急知识有效集成。数字化应急预案生成过程涉及预案的搜索、匹配、生成等过程，规则推理、案例推理及两种推理方法的结合被引入研究领域。Sotoodeh（2007）从社会应急的角度构建了灾害应急管理模型，刻画了灾害、公共基础设施、地区、人口及作为应急管理决策主体的人之间交流协作的本体概念关系，将灾害事件相关的客体和行为主体关联起来，为应急响应过程提供基本概念交互关系。Li 等（2008）指出有效的本体是建立应急系统平台的基础，针对应急响应通用处理流程，提出了一个实用的应急响应本体模型,基于此实现了一个用于紧急撤退预案的决策支持原型系统。在应对非常规突发事件时，数字化应急预案应该是对具体事件及事件即时情景所制订的应急预案。在非常规突发事件的整个过程中，数字化应急预案不是一成不变的，而是针对非常规突发事件情景的演化而不断改变的。同时，应急预案的智能化是指突发事件能通过虚拟现实仿真系统和现场视频监控，快速取得实时现场数据、环境数据和视频信息，实现与突发事件现场全息化实时互动，并能在应急预案构建完成的同时对其进行快速分析和优化评估。

2.1.3 数字化应急预案的演化趋势

正如信息化和数字化发展对人类生活的影响一样，从早期的数字化、结构化到专业知识的显性化和智能化，数字化应急预案也在不断地演化和发展。经过演化和发展，以及近年来高新技术的飞速发展，目前国内外的数字化应急预案系统已经能够实现应急预案流程的自动分析执行功能，能够根据突发事件后果模拟进行应急处置方案分析，并通过现场视频监控摄像头和计算机虚拟现实技术实现事发现场的可视化。未来的数字化应急预案的发展方向应该是向高度的智能化、情景感知与应对、全息化与实景模拟发展。

1. 高度的智能化

高度的智能化是指针对某一类常规性事件，能够通过建立完备的应急知识和应急案例数据库，将应急处置常识按照突发事件发生演化的顺序和不同应急阶段的特征进行顺序分条储存；对于非常规突发事件，则是在事故发生后，能够根据发生事故的情景动态地生成相应的应急预案，运用智能化技术建立应急处置推理机，分析突发事件发展的某个阶段所应采取的应急处置措施，形成高度智能化的突发事件应急处置系统。

2. 情景感知与应对

情景感知与应对是指对非常规突发事件演化阶段进行划分并对演变过程中的情景因素进行演化分析，从而构建非常规突发事件情景演化模型，使相关管理人员能够更好地对非常规突发事件发生情景及演化趋势进行预测，提高决策者对非常规突发事件的指挥能力。

3. 全息化与实景模拟

全息化与实景模拟是指综合运用 GPS 技术、物联网技术等现代化定位跟踪技术，实现应急预案各种相关资源信息的实时动态跟踪；根据情景演化模型开发更加精确的突发事件模拟系统，使其更加贴近事件真实的演化过程，从而使应急预案能更好地展现给决策者，提高突发事件处理效率。

2.2　数字化应急预案的结构要素

数字化应急预案一个重要的作用就是能够有效地表示和实现信息化检索。因此，首先需要将文本形式应急预案结构化表示，即需要构建相应的表示模型，这样其才能被计算机储存和识别。当然，我们还需要为整个专业知识体系构建相关的本体库，利用本体技术将应急预案和案例等组织到本体库中。其次，根据已有的本体库构建语义模型，将文本形式应急预案形式化表示。数字化应急预案还有一个重要作用是实现突发事件的情景表示，基于“情景—应对”的应急管理模式，运用一定的技术手段构建事故发生情景，从而制订相应的数字化应急预案。

2.2.1　文本形式应急预案形式化表示

1. 预案体系的形式化

数字化应急预案的体系可以从多个维度来分类，如从预案类型（category）来分，可以分为总体应急预案、专项应急预案、部门应急预案、地方应急预案、企事业单位应急预案、重大活动应急预案。

如前文所述，总体应急预案是全国应急预案体系的总纲，是国务院为应对特别重大突发公共事件而制订的综合性应急预案和指导性文件。

专项应急预案是国务院及其有关部门为应对某一类型或某几个类型的特别重大突发事件而制订的涉及多个部门的应急预案。

地方应急预案包括省级人民政府的突发公共事件总体应急预案、专项应急预案和部门应急预案，以及各市（地）、县（市）人民政府及其基层政权组织的突发公共事件应急预案。

企事业单位应急预案是各企事业单位根据有关法律法规，结合各单位特点制订的应急预案。具体如图 2-1 所示。

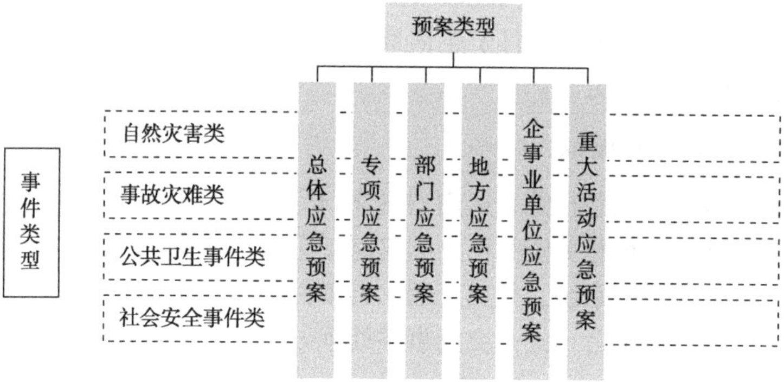

图 2-1 预案类型

从事件类型来分，可以将应急预案分为自然灾害类应急预案、事故灾难类应急预案、公共卫生事件类应急预案、社会安全事件类应急预案。其中，自然灾害一般是指地震、沙尘暴等自然灾害；事故灾害一般是指工厂发生爆炸、车祸等人为引起的突发事件；公共卫生事件是指暴发传染病等危害人民健康安全的突发事件；社会安全事件一般指恐怖行动、抗议游行等人为事件。

全国突发公共事件应急预案体系包括突发公共事件总体应急预案、突发公共事件专项应急预案、突发公共事件部门应急预案、突发公共事件地方应急预案、企事业单位应急预案、重大活动应急预案。根据大量应急预案的对比，所属部门对于应急预案结构的影响较小，但突发公共事件总体应急预案与专项应急预案格式上有较为明显的差异，其共有部分包括总则、组织机构与职责及应急保障，区别在于总体应急预案大多数都包含运行机制、监督管理、预案管理的结构要素，而专项应急预案则包含应急响应、预防预警机制、后期处置及附则等结构要素。利用 XML 技术将各类应急预案的结构要素之间的继承、关联、集合等关系抽象出来，最终形成应急预案数字化的体系结构。

2. 预案结构的形式化

数字化应急预案结构的形式化主要从两个方面展开：一是应急预案框架的形式化；二是应急预案要素的形式化。

框架形式化的基础是文本形式应急预案。我们需要收集足够多的应急预案，如《国家地震应急预案》《江苏省处置森林火灾应急预案》《南京市安全生产重特大事故应急预案》等，这些预案应该包括总体应急预案、专项应急预案、部门应急预案和地方应急预案，预案类型要尽可能地涵盖多个领域，如火灾、地震、山体滑坡、食品安全、生产安全、交通事故等突发事件。

在对文本形式应急预案内容的实验处理上，采用中国科学院 ICTCLAS 中文分词软件对文本形式应急预案进行分词。该软件可以在剔除停用词（虚词、分词、介词等）后把文本形式应急预案分成若干具有实体意义的词的组合，提供分词和对实体词汇进行词性标注的功能。该软件还能批量处理文本形式应急预案，统计每个文本形式应急预案的实词词频并根据用户的要求格式输出结果。图 2-2 就是用 Java 编程对文本形式应急预案《江苏省处置森林火灾应急预案》的初步分词结果。

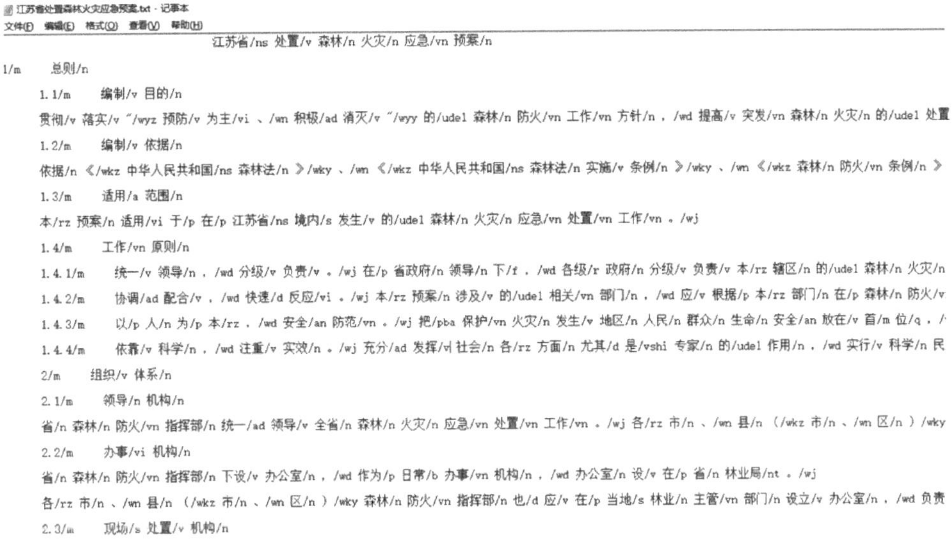

江苏省处置森林火灾应急预案.txt - 记事本
文件(F) 编辑(E) 格式(O) 查看(V) 帮助(H)
江苏省/ns 处置/v 森林/n 火灾/n 应急/vn 预案/n
1/m 总则/n
1.1/m 编制/v 目的/n
贯彻/v 落实/v "/wyz 预防/v 为主/vi 、/wn 积极/ad 消灭/v "/wyy 的/ude1 森林/n 防火/vn 工作/vn 方针/n ，/wd 提高/v 突发/vn 森林/n 火灾/n 的/ude1 处置
1.2/m 编制/v 依据/n
依据/n 《/wkz 中华人民共和国/ns 森林法/n 》/wky 、/wn 《/wkz 中华人民共和国/ns 森林法/n 实施/v 条例/n 》/wky 、/wn 《/wkz 森林/n 防火/vn 条例/n 》
1.3/m 适用/a 范围/n
本/rz 预案/n 适用/vi 于/p 在/p 江苏省/ns 境内/s 发生/v 的/ude1 森林/n 火灾/n 应急/vn 处置/vn 工作/vn 。/wj
1.4/m 工作/vn 原则/n
1.4.1/m 统一/v 领导/n ，/wd 分级/v 负责/v 。/wj 在/p 省政府/n 领导/n 下/f ，/wd 各级/r 政府/n 分级/v 负责/v 本/rz 辖区/n 的/ude1 森林/n 火灾/n
1.4.2/m 协调/ad 配合/v ，/wd 快速/d 反应/vi 。/wj 本/rz 预案/n 涉及/v 的/ude1 相关/vn 部门/n ，/wd 应/v 根据/p 本/rz 部门/n 在/p 森林/n 防火/v
1.4.3/m 以/p 人/n 为/p 本/rz ，/wd 安全/an 防范/vn 。/wj 把/pba 保护/vn 火灾/n 发生/v 地区/n 人民/n 群众/n 生命/n 安全/an 放在/v 首/m 位/q ，/
1.4.4/m 依靠/v 科学/n ，/wd 注重/v 实效/n 。/wj 充分/ad 发挥/v 社会/n 各/rz 方面/n 尤其/d 是/vshi 专家/n 的/ude1 作用/n ，/wd 实行/v 科学/n 民
2/m 组织/v 体系/n
2.1/m 领导/n 机构/n
省/n 森林/n 防火/vn 指挥部/n 统一/ad 领导/v 全省/n 森林/n 火灾/n 应急/vn 处置/vn 工作/vn 。/wj 各/rz 市/n 、/wn 县/n （/wkz 市/n 、/wn 区/n ）/wky
2.2/m 办事/vi 机构/n
省/n 森林/n 防火/vn 指挥部/n 下设/v 办公室/n ，/wd 作为/p 日常/b 办事/vn 机构/n ，/wd 办公室/n 设/v 在/p 省/n 林业局/nt 。/wj
各/rz 市/n 、/wn 县/n （/wkz 市/n 、/wn 区/n ）/wky 森林/n 防火/vn 指挥部/n 也/d 应/v 在/p 当地/s 林业/n 主管/vn 部门/n 设立/v 办公室/n ，/wd 负责
2.3/m 现场/s 处置/v 机构/n

图 2-2　《江苏省处置森林火灾应急预案》的初步分词结果

通过仔细分析应急预案的结构和内容，发现应急预案的行政级别越高，其内容和结构越完善，结构上呈现{标题、章、节、正文}这种树形层次，目录由一系列一级标题和二级标题构成。统计发现一级目录中“总则”（88.52%）、“组织体系与职责”（90.67%）、“应急响应”（80.38%）、“应急保障”（85.26%）、“附则”（83.16%）所占比重超过 80%，“总则”“附则”的表述相对一致，作为事件类知识，本身没有含义。二级目录的表述也大致相同。下级目录一般包含“编制目的”“编制依据”“指导思想”“工作原则”“适用范围”“预案解释”“预案修订”。但也出现较多相同意义的表述，如组织指挥与职责、组织体系与相关机构、应急组织机构指挥体系与职责等；应急反应行动、预警响应、分级响应等；保障措施、应急保障工作、应急响应和处置等。另外，也分别出现诸多与“预防与预警机制”（76.58%）、“后期评估与善后处理”（61.62%）、“培训、

演练、宣传、教育”（26.93%）、“责任与奖惩”（10.47%）等意义相同的表述。组织体系与职责明确了应对突发事件的指挥机构、专家咨询机构、组织机构、应急救援队伍及各自的任务与责任；预防与预警机制对事发前的管理、事发后的引导和应对准备发挥了重要作用；应急响应根据各部门机构的职责细化应对的措施；应急保障是实施应急救援工作和减少生命财产损失的保证，具体包括物资保障、技术保障、通信保障、人力保障等。最终归纳出的应急预案的共性框架如图 2-3 所示。

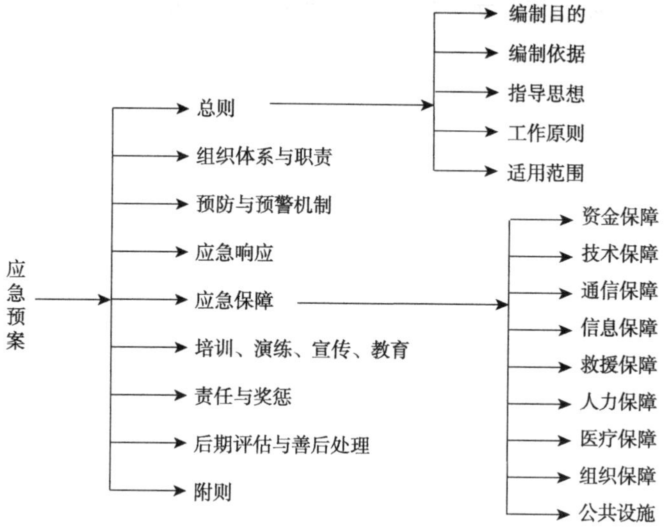

图 2-3 应急预案的共性框架

应急预案的要素包括功能要素、情景要素、条件要素等。已有研究的结果显示，数字化应急预案可以从多个维度构建要素体系，如应急预案的功能要素可以分为灾害应急指挥系统、灾害情报体系、救灾抢险体系、急救医疗体系、应急避难体系、交通管理体系六大项目，每个要素还包含若干子要素，如灾害情报体系包括灾害监测体系、受灾应急评估、灾害情报收集与传递、情报信息共享等子要素，如何根据不同突发事件构建不同的要素结构是本章的主要研究内容。

3. 预案概念的形式化

上述所提到的应急预案的体系、框架、要素，其实都是应急预案静态知识的描述，要将这些静态知识形式化，最重要的一点就是建立应急领域知识本体库。应急领域知识本体库抽取的相关概念主要包括：非常规突发事件、级别（level）、应急预案、预案类型、应急资源、应急预案管理主体（emergency plan management subject，EPMS）、应急组织、应急过程（emergency process）、应急预案体系、应急预案体系元数据（emergency plan system mete data，EPSMD），详细描述会在第 3 章展开。

2.2.2　本体库

1. 本体的概念与建模元语

想要建立本体库，我们首先要明白什么是本体。本体原本是哲学中的概念，是以判断和推理作为形式、以语言作为媒介的人类思想认识活动，用来界定、彰显、区分、抽象各种事物。本体通常被称为概念或者领域模型，用来表示关于特定知识领域内各种对象及对象之间可能存在的关系。通过对应用领域的概念和术语进行抽象，本体形成了应用领域中共享和公共的领域概念，可以描述应用领域的知识或建立一种关于知识的描述。本体已经成为知识工程、协同信息工程、自然语言处理、知识管理等方面的研究热点。

随着计算机技术的发展，一些学者把本体引入计算机科学领域，使得本体的应用范围扩大。计算机领域的不断发展使得本体在该领域的定义也不断完善。目前，得到广泛认可的是 Studer 定义的概念：本体是共享概念的明确的形式化规范说明，主要体现四层含义，即概念（conceptualization）、明确（explicit）、形式化（formal）、共享（share）。本体分为上位本体（upper ontology）和领域本体（domain ontology）。上位本体适合描述抽象层次较高的对象，表示最基本的属性、概念及语义关系等，这使它具有较强的表达和描述能力，其作用体现在跨领域本体之间的映射上。现有的上位本体有 SUMO（suggested upper merged ontology，推荐上层合并本体）上位本体、WordNet 上位本体、Cyc 上位本体等。领域本体的抽象层次相对于上位本体低些，表示的是具体领域相关的基础性概念模型和知识结构，可以很好地支持领域内的语义共享和知识表示。

要构建这些本体，就需要用到本体建模元语（modeling primitives）。关于本体建模元语，Perez 和 Benjamins（1999）用分类法组织本体，归纳出本体的五个基本建模元语，即类或者概念（concept）、关系（relation）、函数（function）、公理（axiom）、实例（instance）。类表示特定领域内的概念或者概念集合，如活动、过程、行为、机构等；关系表示领域内各个概念之间的交互作用，在本体模型中是连接类与类之间的对象属性，并对这些属性进行明确定义，形式上表现为 n 维笛卡儿积的子集；函数表示一类特殊的关系，由该关系的前 $n-1$ 个元素可以导出唯一的第 n 个元素，在本体模型中是语义的表达和知识的推理规则；公理表示领域内共同认可的永真公理；实例代表元素，在本体模型中是类的对象。本体建模元语使建模工作的表述具有一致性和系统性，对建模过程有很好的指导意义。根据上述建模元语，一个典型的本体定义可以用一个五元组表示：O {C, R, F, A, I}。从语义上看，本体的基本关系有四种，如表 2-2 所示。

表 2-2　本体的基本关系

关系名称	关系描述
part-of	概念中部分与整体的关系
instance-of	概念与概念实例之间的关系。类似于面向对象中的类与对象之间的关系
kind-of	概念之间的继承关系，类似于面向对象中的父类与子类之间的关系。例如，x 是属于概念 A 的实例，也是属于概念 B 的实例，如果对于任意的 x 属于 A，都有 x 属于 B，则 B 是 A 的父概念，A 是 B 的子概念
attribute-of	某一个概念是另一个概念的属性，如概念“长度”是概念“木头”的一个属性

2. 本体建模方法

本体领域知识、本体表示语言、本体建模方法是构建本体的三个必不可少的因素。不同的开发人员对于本体的构建可能会有不同的开发原则、不同的设计标准和不同的定义方式。为了规范本体的构建过程，研究人员设计了一些自动化及半自动化的构建本体的方法。目前常用的方法有包括组织定义本体、数据收集、数据分析、构建初始本体、精炼确认本体等环节的 IDEF5[①]方法；有针对非形式化和形式化层面提出的企业本体构建与评价模式的企业建模法；有 MKACTUS（modeling knowledge about complex technical systems for multiple use，关于多用途复杂技术系统的知识建模）工程法；有支持在知识的层次上完成本体构建并基于生命周期实现开发过程的 Methontology 方法；有起源于构建商业本体的骨架法，可以描述本体开发的具体实现步骤，包括明确本体应用的目的和范围、本体分析、本体表示、本体评价、本体成文；有建立本体的非形式化描述并将描述形式化的 TOVE（Toronto virtual enterprise，多伦多虚拟企业）法，具体流程包括激励情节的获取、非形式化问题的明确表达、术语的规范化、形式化问题的明确描述、将规则形式化为公理、调整问题解决方案的条件使知识本体趋于完备。这几种本体建模方法针对特定的应用领域，不具有普遍适用性。

由斯坦福大学研究人员在早期知名本体设计项目的研究基础上结合本体构建的经验提出的七步法，包括确定本体的领域及范围、考虑重用现有本体、确定本体的核心概念、定义类之间的继承关系、定义概念属性及概念之间的关系、定义类的属性、创建实例七个环节。这种本体建模方法第一步就确定本体的领域和范围，过程清晰且具有普遍性，对于领域本体的构建具有很好的指导作用，也是目前被很多研究人员广泛采用的本体建模方法。

3. 本体的应用研究

本体作为共享概念的明确的形式化规范说明，能够统一地清晰表达领域知识，

① IDEF：integrated computer aided manufacturing definition，集成计算机辅助制造定义。

使得不同领域之间的概念表示具有一致性。从本体的应用角度看，它提供明确定义的知识描述规范并在这种规范的基础上实现知识的共享和重用，是某一领域内不同主体之间交流对话的语义基础。本体在知识共享方面的研究包括两个方面：一是不同领域或组织之间的信息交流。本体可以为特定组织或领域内的知识提供统一的规范和描述框架，促进不同领域或组织之间的理解和交流。二是系统的互操作和集成。本体还可以为不同的建模语言、建模方法、建模工具和范式之间进行翻译和映射，使系统之间的互操作和集成得以实现。

许多学者在领域本体的构建方面展开研究，张文秀和朱庆华（2011）基于国内外领域本体相关研究，比较分析了构建领域本体的典型方法，提出领域本体的循环式构建法，并用构建软件缺陷领域本体的实验来验证该方法的有效性；赵呈领等（2014）把本体和推理等关键语义技术引入 E-Learning 领域，通过构建学科领域本体库实现了知识资源数字化检索，提高了系统的智能化水平，参照七步法等领域本体构建方法设计了构建学科领域本体库的方案。还有一些学者研究本体的自动构建及本体进化；张瑞玲等（2009）针对本体构建在知识管理中存在的问题，结合聚类算法与 ODP（open directory project，开放式目录）提出了一种自适应本体学习方法，该方法基于知识资源元数据；侯鑫（2010）针对现有本体构建的缺陷给出了一种涉及概念抽取和关系提取的领域本体自动构建算法，该算法的构建是在图的面向知识与信息管理的基础之上。

本体在知识管理领域的应用也越来越多，王昊和苏新宁（2011）将本体概念和语义网技术引入网络知识管理系统中，用模型构建和功能分析法设计了本体驱动的知识管理系统的总体框架，在设计学术资源知识管理方案时运用 OWL（ontology web language，网络本体语言）表述知识间的关系，一定程度上解决了知识查询传统方法的缺陷；刘彦祖（2010）在 WSMO（web service modeling ontology，Web 服务建模本体）概念模型的基础上，将语义网服务应用到基于本体的知识管理系统中，提出了一个语义网络服务框架；谢明风和孙新（2012）在网络学习支持平台的基础上为了增强课程资源的交互性将本体技术用于设计课程知识体系，通过构建知识管理概念模型实现对网络课程的有效管理；云红艳等（2014）借鉴已有的功能知识表示框架，通过研究海洋生态领域知识体系提出海洋生态领域上层本体，并以此为基础构建了海洋生态形式化本体和海洋生态本体模型，又在海洋生态本体之上开发了海洋生态知识管理系统，实现了相应领域知识的查询功能。

本体在应急领域也得到广泛的研究。应急预案在各国应急管理中得到普遍运用，其对突发事件响应知识的总结是高效应急响应的基础。应急预案描述了灾害事故处置的领域知识，根据事故情景、处置预案、资源状态形成初步处置方案。应急领域当前的研究热点是基于知识的规划（knowledge-based planning）和基于模板的规划（planning with templates），李红臣等（2006）将应急预案与应急信息系统结合起来，基于形式化语言对应急资源、应急过程和应急组织进行本体建模。Mors 等（2005）提出了一种基于事件的任务框架的建模方法，该方法依赖于任务的执行条件和任务之间的关系。Hoogendoorn 和 Jonder（2005）描述的应急组织及其动态性建立在扩展时序轨迹语言的基础之上。然而，以上研究都是针对应急预案本身进行形式化建模的，无法解决预案知识的共享。针对该问题，王文俊等（2006）在大量研究应急预案知识表示的基础上以 ABC 本体作为顶层本体，引入多个应急预案的表示词汇构建应急预案本体。张静等（2003）基于知识表示提出将谓词逻辑的知识表示与框架相结合对本体知识进行描述，实现了应急管理决策支持系统中的共享本体。一些学者在重用 ABC 本体、SWRL（semantic web rule language，语义网规则语言）本体、OWL-S（ontology web language for services，网络服务的本体语言）本体、时间本体的基础上对相关词汇进行扩充，唐攀等（2011）对应急预案的文本结构进行分析，基于重用现有本体模型提出各主要要素的本体模型，即应急预案本体模型（emergency plan ontology model，EPOM）；高珊等（2010）引入本体技术解决应急资源在知识表示方面存在的语义冲突问题，从应急资源的管理和使用两个方面基于 SUMO 上位本体构建应急资源本体模型（emergency resource ontology mode，EROM），使得应急资源的共享在语义层次能够统一表达。

2.2.3 情景表示

1. 情景的定义

情景（scenario）一词最早出现在 1976 年，在 *Futures* 中被阐述为对未来情形及能使事态由初始状态向未来状态发展的一系列事实的描述。随后，国内外众多学者根据各自研究的需求对这一概念进行拓展定义，本书对其中代表性的定义进行列举，如表 2-3 所示。

表 2-3 各类情景

年份	代表人物	定义内容
1976	Gershuny	未来条件与事件的一般描述
1986	Georgiev 和 Mladenov	通过一系列当时图景所表达的假设的将来
1987	Huss 和 Honton	连续因素的描述，以概率表示未来可选择的经济条件
1987	Schramm	一组可能但不完全确定的未来情况，许多似乎可行的将来，每一个都可能但不确定
1998	Finlay	关于未来可能实现状态的内部一致的叙述
2003	Maise	一种被期望的未来，回答“什么可能会发生”或“如果……会发生什么”的问题

续表

年份	代表人物	定义内容
2008	刘铁民和李雪	对以往事件发生及运行规律的认识和凝练，或者是运用应急准备等一系列拼图和积木搭建的愿景
2009	姜卉和黄钧	决策主体所面对的突发事件发生、发展的态势
2009	肖磊等	基于某种主观意愿（目的或意图）的、对事物状况及其发展趋势的一种规划和设计，是事情发生、发展的“情势”和“景况”的综合，情势代表趋势并以过程方式体现，景况代表结果并表现为状态、状况
2010	付加锋和刘小敏	在对经济、技术或产业的重大演变提出各种关键假设之后，严密而详细地推理和描述的未来的各种可能方案
2011	陈俊良等	对未来可能状态的描述，可以表述为一个 n 元变量组
2012	于振明等	未来环境发展变化的典型情况，通过时变特征描述其细节部分

2. 情景分析法的主要步骤

情景分析是一种未来研究方法，着重研究事物发展的系统性、动态性及多种可能性，包括确认事物未来发展态势、描述态势特性及可能性、分析态势发展路径。《百科全书》中也涉及情景分析法的概念内容，其中一个定义是指就某一主体或某一主题所处的宏观环境进行分析的一种特殊研究方法，另一个定义是指在推测的基础上对可能的未来情景加以描述，将一些有关联的单独预测集形成一个总体的综合预测。由于不同学者的分析视角和研究重点有所不同，情景分析法的具体操作步骤有所分别。有三种最具代表性和借鉴意义的划分过程。

（1）五阶段法：将情景工程分为情景准备、情景域分析、情景预测、情景发展与情景传递。

（2）六步骤法：由斯坦福研究院提出的被大多数国际组织和公司采用的决策情景分析法，具体先后步骤为明确决策焦点、识别关键因素、分析外在驱动力量、选择不确定的轴向、发展情景逻辑、分析情景内容。

（3）十步骤法：由 Gilbert（2000）提出的分析步骤，第一步先提出规划的前提假设，依次经过定义时间轴和决策空间、回顾历史、确定普通和相矛盾的假设、为结构变量决定连接到多样性的指示、为填充决策空间而构建情景草案、为所有的竞争者草拟策略、将策略映射到情景、使替代的策略有效，在选择或者使用最好的策略后结束整个分析过程。

情景分析法作为一种预测方法，主要目的是应对不确定的未来，其关键步骤是有效识别关键不确定性。情景分析法最基本的观点是未来的总体不确定中有部分内容是可以预测的。情景分析法是对可预测的未来进行推理和预测，并对推理和预测的结果采取一定的积极行动以控制未来负面化发展。由此可以看出，对于研究具有不确定性、错综复杂、模糊性的非常规突发事件，情景分析法可以更真实地模拟事件的态势，并有针对性地采取应对措施。

3. 情景分析法的主要技术和应用

关于情景分析法的具体技术研究，国内外学者都有所涉及。Mietzner 和 Reger（2005）分析了情景分析法在战略规划中的优势和劣势。Oryang（2002）将概率理论引入情景分析法中，提出交叉影响确定情景概率技术方法对专家知识进行处理的定量分析模型。吉小东等（2006）提出了一种基于聚类分析的多阶段情景生成方法。郑德俊等（2013）为进行企业危机预测而提出一种情景分析法与内容分析法综合集成的内容—情景综合集成应用法。

在应用方面，情景分析法主要适用于战略管理、风险评价、决策管理、情报分析、政策分析、可持续评价等领域。在应用过程中，情景分析法借鉴了相关应用领域的基础理论，如战略管理理论、政策理论、决策理论、情报理论、可持续评价理论等，情景分析法的理论体系和方法得到拓宽。

陈俊良等（2011）在研究武器装备发展战略方面应用了情景分析法，方法涉及三个阶段的内容：识别未来战略环境动力因素及其输出而构建未来战略环境空间，在分析主观评价因素的基础上建立目标规划模型以计算情景概率，根据情景相容性指标和情景概率选择合理情景集合及其分簇。付加锋和刘小敏（2010）在探索中国低碳经济研究框架与问题中应用了情景分析法。情景分析法在太湖水流域的未来水位及洪水、土地管理等风险评估问题的研究领域也得到应用。

综上所述，传统的情景分析法是一种基于情景的、对未来进行长期规划的简单性、预测性假设。非常规突发事件的情景强调的是，在事发后应急管理决策主体所面对的随着时间不断恶化演变的真实情景。在有限的信息和时间的极端约束条件下，应急管理决策主体必须在快速准确判断当前情景并把握未来发展趋势的前提下做出非常规、非程序化的决策措施。因此，在非常规突发事件应急管理决策领域中的情景分析法的应用中，必须对情景的概念内涵、分析流程、分析方法等扩展性、个性化进行界定和研究，以便最大限度地满足应急管理决策需求。

2.3 数字化应急预案体系

在上述基础上，我们结合非常规突发事件的特殊事件环境，将情景定义为决策主体所面对的非常规突发事件未来环境变化的典型情况及典型情况发生的可能性的描述。通过对事件未来环境变化的典型情况发生的可能性的描述并定量确定各情况的可能性，将事件未来发展环境界定在一定范围内，并针对未来出现概率最高的环境采取应对措施。基于情景对非常规突发事件的事件环境进行分析，对高效、有计划地应对非常规突发事件起到至关重要的作用，是提高应急管理能力的有效途径。

2.3.1　数字化应急预案的结构模型

数字化应急预案的结构模型是一个自底向上，由应急本体库、应急预案知识库、知识访问层、结果层组成的四层结构模型，其具体结构模型见图 2-4。

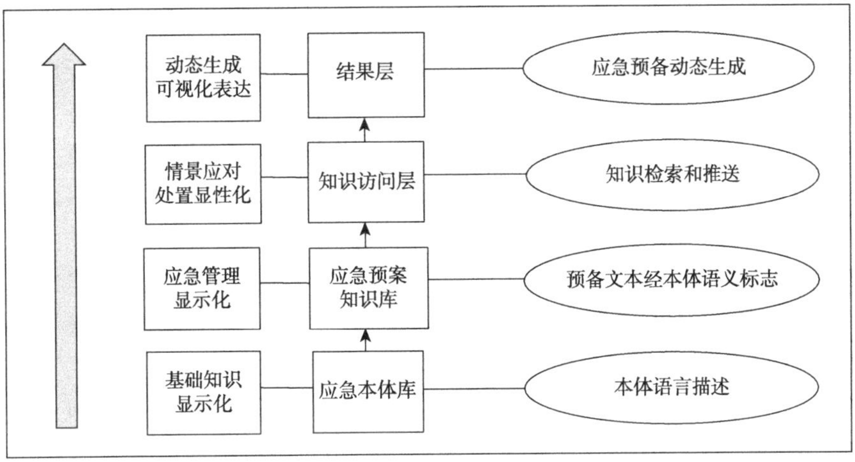

图 2-4　数字化应急预案的结构模型

1. 应急本体库

应急本体库包含了预案层次结构涉及的核心概念集、关系等。应急本体库的构建有以下几个步骤。

第一步，建立基础词库。知识获取通过对新闻、报纸、网络资源对突发应急事件的报道或专家学者的经验进行深入了解，然后广泛选择词汇，建立基础词库。人工语言与自然语言和谐统一的实质是对概念词汇控制的科学性（如对词汇的出现频率、范畴等级、相关度的计算及语义网络环境下的综合运用等）、规范化程度（禁用词、同义词、近义词、概念关系等）及方法（先组与后组、先控与后控、组配与转换）等的创新。

第二步，概念化。命名规范化就是对抽象出来的知识进一步规范，考虑到 W3C（world wide web consortium，万维网联盟）中 OWL 的命名规则，类采用名词，用小写字母开头，其他每个词的首字母都大写，如 requiredCourse。属性的命名规则比类的命名要相对复杂一点，属性分为两个基本类型，即对象属性（object properties）类型和数据属性（datatype properties）类型。数据属性类型有 string、integral、boolean、float 等基本类型；对象属性类型是用来连接两个实例（individual）的，它有自己相应的定义域和值域。根据 OWL 规范，对象属性类型均以 has 开头，其后是相应的动词，每个单词的首字母大写，如 hasTeachOf。

第三步，编辑本体。构建本体时，可以先建立好类，然后再给每个类添加相应的属性(attribute)；也可以在OWLC1asses标签里把类全部建立好，在properties标签里全部建好属性，最后再把它们关联起来。

第四步，文档化。生成相应的OWL文档。

2. 应急预案知识库

应急预案知识库实例化了应急本体的概念和关系，并为它们建立语义标注内容的索引项，从实体集和关系的概念来描述，从应急预案中获取应急反应模式需求提取与模式中两类抽象集合相关的知识，单个预案具有多段落主题，是非结构化的。应急预案分解的最小分割是字，但这对应急反应模式需求是无意义的，段落表述一定的意义，可以完整地描述应急反应模式的知识需求，但是多余的修饰和辅助成分很容易扰乱决策者的思路。因此，我们需要将模式中两类抽象集合相关的知识提取出来组成突发事件应急反应模式，通过框架实现对突发事件应急预案的形式化描述，这就是形式化描述方法的总体思路。总结突发事件应急预案形式化描述方法的实现流程如下。

第一步，对应急预案内容进行筛选。筛除预案的适用范围、预案目标、预案原则等说明性材料，保留组织结构、运行机制、应急保障三类实际执行方面的内容。

第二步，抽取实体集。结合突发事件应急反应模式框架，抽取突发事件应急反应模式中实体集包含的主体集、客体集、任务集、方案集四类集合。

第三步，建立实体集关系映射。根据归纳定义的关系，以1：1和1：N的方式，根据突发事件应急反应模式组合映射各实体。

第四步，根据客体集串联各映射组合。根据客体集执行的先后顺序，将第三步形成的各映射组合联系，完成突发事件应急预案的形式化描述过程。这一步可先以主体为基础，也可先以客体为基础，来构造整个结构。

3. 知识访问层

知识访问层根据需要对本体知识库或者索引数据库进行检索，并将所需知识推送到结果层。对应急知识的检索需要构建相应的知识检索模型，可以知识本体模型作为应急管理决策知识框架，由突发事件文本信息映射到本体框架的方法，匹配应急管理知识需求通过基于本体的应急事件文本语义空间模型，设计应急预案文本相似度计算方法。整个检索模型的构建需要依托具体案例检索机制。其具体检索大致分为三个步骤。

第一步，相关知识的抽取及存储。对于大量的关于突发事件应急管理决策的信息，包括一些相关案例、预案、规则等，在处理突发事件时构建突发事件应急管理知识本体模型，并对应急知识库进行完善。

第二步，针对特定突发事件。对其情景信息进行规范化描述。在搜索式设计和有效扩展上可以体现出本体特点。在此基础上，对应急情景知识和应急管理决策知识库进行匹配，找到应急管理决策的相关知识，协助应急管理决策。值得注意的是，这并不是一个单一决策的过程。在突发事件的不断演变下，利用决策实施的反馈结果再次获得相关的情景信息，然后进行匹配加以辅助决策，按照这样的方式一次又一次循环，直至突发事件结束。

第三步，突发事件处置结束后。整理以往的知识经验，并编制相关案例将之储存，不断更新完善，为以后的突发事件提供更加具体有效的应急管理决策支持。

4. 结果层

数字化应急预案的本质决定了其生成过程中涉及的非常规突发事件系统中对象的范围和种类。下文先对数字化应急预案生成系统中的对象进行阐述和分析，在此基础上对整个生成系统进行界定及动态性分析。

数字化应急预案生成系统，主要用于分析数字化应急预案的生成，主要发生在事件爆发后，本质是根据事件情景演化所对应的一系列实时应对实施活动，进行预案动态生成。一个应对实施活动的内容结构可以片段化分解为目标、操作、角色、受体四个部分（图 2-5），可理解为“为实现……目标，某角色对某受体进行……操作”。

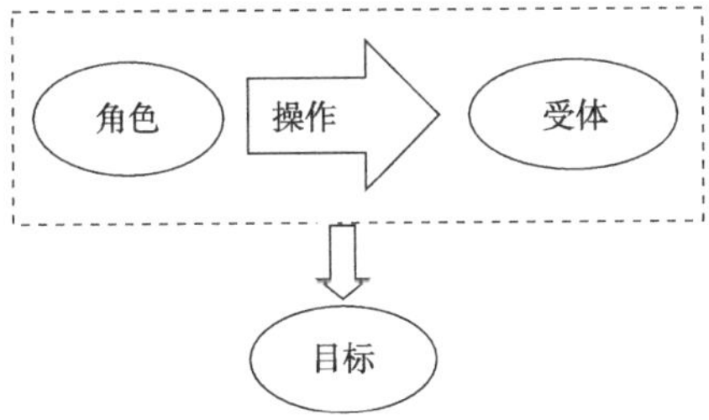

图 2-5　应对实施活动的内容结构

“目标”指的是活动执行的目标，目标是从情景演化中抽取的应急需求片段。结合情景演化模型，可将目标与情景对象的内部状态相联系，具体地，可将应对实施活动的目标界定为改变某情景对象的某状态。与“目标”之间有直接关联的是“改变”这一动作，即应对实施活动的“操作”。

“操作”一般用动词来表示，如“撤离”“监测”等。“操作”是应对实施活动的核心所在，不仅与“目标”关联，还与“角色”与“受体”对象之间存在信息传递关系。“操作”“目标”“角色”“受体”，以及“目标”与其他三类对象之间的关系构成了应对实施活动系统。

“角色”是对人或组织的不同职责或能力的划分，是“操作”的执行者。“角色”的信息内容来自应急预案结构中的组织体系和应急保障两部分，如公安部门、物资组、地区救援队、急救医疗队伍等。对“角色”的划分是为了确定由谁来执行“操作”，明确责任区域划分，实现有秩序的应急处置。

“受体”指的是活动的被执行者，可以是非常规突发事件系统中的某个对象，也可以是对象的某一属性，如承载体对象通信系统、供电系统、地震的监测数据等。“受体”是应对实施活动的主要受益者，通过活动的执行改变“受体”的受灾情况是数字化应急预案制订的直接目的。应对实施活动的结构划分，将活动内容抽象成若干个知识片段及各知识片段之间的关联。实时应对实施活动生成的本质是知识片段的重组，应对实施活动系统与事件演化情景之间的关联通过知识片段“目标”实现，一系列根据情景演化而实时生成的应对实施活动构成了数字化应急预案，情景演化实时生成的应对实施活动如图 2-6 所示。

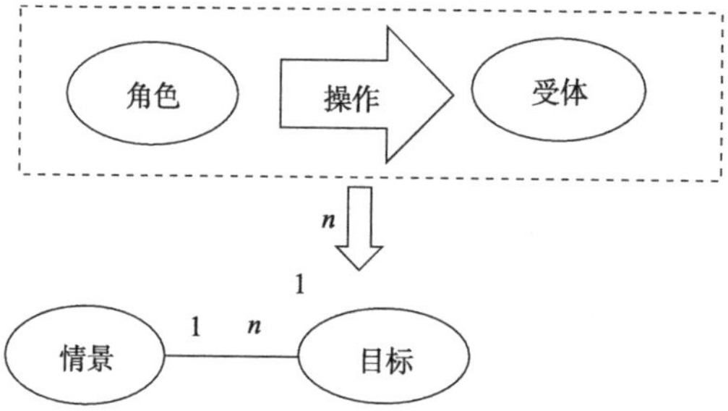

图 2-6　情景演化实时生成的应对实施活动

非常规突发事件情景演化模型为层次网络型结构，层次内及层次间的情景因素间存在着复杂的关联关系，在面向对象模糊 Petri 网模型中不同情景对象间的关联通过门变迁表示和实现。数字化应急预案生成系统在模型构建方面同样采用面向对象的理论，将系统主要结构进行模块化存储和对象化分类。基于情景演化实现数字化应急预案的生成，需要深入研究生成系统的动态变化特性，引入变结构 Petri 网建模理论正是基于上述分析需求。

数字化应急预案生成系统结构包含情景、目标、操作、角色和受体五类对象模块，系统呈现层次结构，层次内的对象独立无关联，层次间的对象逐层关联，不存在跨层次的对象之间的信息传递关系。作为情景演化模型中的节点元素，生成系统中情景对象之间的信息传递关系呈现层次网络化的结构特征，由此可知，基于情景演化的数字化应急预案生成系统为层次网络行结构。分别对情景演化模型中的情景对象所对应的数字化应急预案生成过程进行模型构建，在此基础上关联各情景对象形成层次网络结构，通过这两个步骤完成基于情景演化的数字化应急预案的生成。

2.3.2　数字化应急预案的关键技术

当然，数字化应急预案建设过程中也存在许多问题：应急预案中所构建的概念语义不明，缺乏规范；应急预案适用范围小，缺乏综合应对突发事件的能力；预案平台之间不能实现有效互联，难以扩展；数字化应急预案知识结构各异，不易统一表达。基于这些问题，应急预案的数字化表示要将应急预案的内容开发成相互独立又彼此关联的模块，其中要运用到本体模型、XML 技术。本体模型的构建使得应急预案的层次结构清晰、应急管理知识能够共享；XML 技术使得应急管理知识有效集成，实现数字化应急预案的存储。数字化应急预案不同于常规应急预案，其是在应对非常规突发事件时根据具体发生的事件所制订的预案，而且数字化应急预案并不唯一，随着事态的演化应对方案也随之调整，因此，对数字化应急预案动态生成的研究对提高应急管理效率尤为重要。数字化应急预案生成过程涉及预案的检索、概念相似度度量、预案的评估等。基于语义的预案检索、面向本体的概念相似度计算、决策树 IDC（Internet data center，互联网数据中心）算法等研究方法都被运用到数字化应急预案的动态生成领域中。

1. XML 技术

XML 是一种简单灵活的文本格式的可扩展标记语言，起源于 SGML（standard generalized markup language，标准通用标记语言），是 SGML 的一个子集，也就是 SGML 的一个简化版本。它是一种简单且极具灵活性的文本交换格式，适用于不同系统间的整合。

XML 的一个特点就是用户可以对自己的标记语言进行定义、标记数据、定义数据类型，基于这一点，XML 几乎可以对任何类型的文档进行有效描述，这让 XML 很快成为数据交换的唯一公共语言，极大地解决了不同软件之间的信息集成和共享难题，对于改善实际信息化应用中的信息孤岛、信息共享等问题有很大的帮助。

2. 应急预案的检索流程

数字化应急预案的检索流程主要基于非常规突发事件应急预案本体的语义检索过程。通过应急预案领域本体完成对检索信息的标注和规范，用户输入的信息和系统之间关于语义知识的表示能够获得统一，以便实现智能化检索的过程。

这里以本书采用的检索流程作为例子，来大致描述应急预案的检索流程。本书采用的基于预案本体的语义检索流程主要包括信息收集、分词、检索式构建、语义搜索引擎、相似度检测等多个模块。以预案本体为基础的数字化语义检索流程框架如图 2-7 所示。

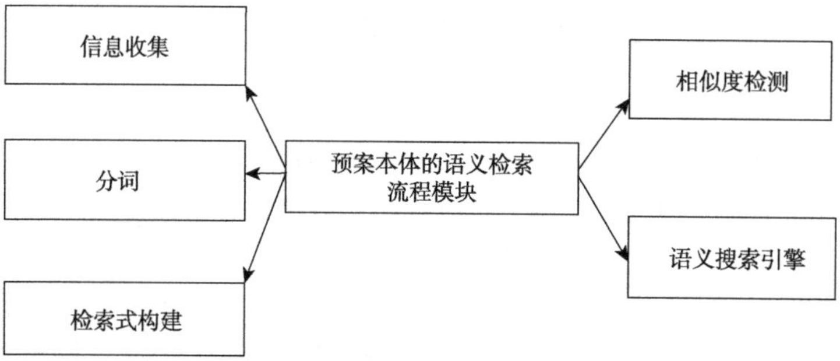

图 2-7 数字化语义检索流程框架

3. 概念相似度计算

在数字化应急预案的检索过程中，概念相似度计算是其中的关键。然而，概念相似度计算在不同领域和情景有不同的方法，在这里我们只是将概念相似度放在应急预案检索的背景中来考虑，把下面的计算方法作为例子来说明概念相似度计算。

概念相似度计算要考虑一些原则问题：可量化原则，相似度的取值范围应该在[0,1]之间；计算简单原则，要降低计算的复杂度；对称性原则，概念相似度要对称，即 Sim（x, y）=Sim（y, x）；全面性原则，相似度计算要根据本体特征考虑各种影响因素。

4. Petri 网理论

Petri 网以简单的圆、线、弧描述系统活动之间的复杂逻辑关系，对复杂离散事件系统的描述和分析具有一定的优越性。非常规突发事件是一个庞大而复杂的离散事件系统，Petri 网理论适用于非常规突发事件系统的建模与分析。

Petri 网因其由简单的圆、线、弧所构成，但能够描述系统活动之间复杂逻辑关系的特性吸引了众多研究人员，他们对 Petri 网的研究可归纳为三个研究层面。

（1）系统的 PN 模型特性及其研究方法。模型特性包括状态的可达性、变迁的活性与死锁性、库所的有界性、初始状态的可逆性等。研究方法可归结为分析简化规则、可达树、关联矩阵与状态方程等。

（2）PN 模型的延伸。基于不同系统描述需求的不同，可将基础 PN 网延伸扩展为着色 Petri 网（colored Petri nets，CPN）、面向对象 Petri 网（object-oriented Petri nets，OPN）、模糊 Petri 网（fuzzy Petri nets，FPN）及变结构 Petri 网等。为体现系统的时变特征，赋时 Petri 网（timed Petri nets，TPN）、随机 Petri 网（stochastic Petri nets，SPN）、广义随机 Petri 网等模型被提出。

（3）Petri 网从计算机科学向其他领域的应用渗透。Petri 网是描述、分析与控制 DES（data encryption standard，数据加密标准）最有效的方法之一，可以采用可视化图形描述 DES 的静态及动态结构，对 DES 事件的顺序、并行、同步与异步特征进行清晰表述，通过构建 Petri 网模型运行算法实现 DES 的实时控制。Petri 网的主要应用领域包括柔性制造系统建模、Web 服务分析、供应链建模、故障诊断系统分析、业务过程及工作流程建模等。

应急管理过程是一个典型的离散事件系统，应急系统的状态仅仅随着某些时间点上的瞬间状态转移而变化，且状态转移是事件驱动的。基于 Petri 网理论在离散事件系统建模分析中的应用优越性，国内外众多学者将这一理论引入应急管理研究中。Petri 网理论在应急管理分析研究的运用可归纳为两个部分。

（1）应急管理的工作流程建模。将应急管理体系的基本业务进行抽象和数理统计，形成应急管理的基本工作流程。结合基本 Petri 网、高级 Petri 网理论，对应急管理中的事件应急响应过程、决策者工作流程、应急撤离流程进行分析，并针对具体非常规突发事件，如铁路火灾、地震、森林火灾、泥石流等紧急响应流程进行仿真验证。

（2）应急管理过程的评价、评估。目前，关于应急管理评价、应急能力评估的研究尚处于探索阶段，尚未形成一套完整全面的管理能力评价体系，Petri 网在应急评估中的应用主要体现在应急能力评价中的时间性能分析方面。韩正强和邓景毅（2011）在对应急响应活动执行时间服从指数分布假设的基础上，采用广义随机 Petri 网建立了应急过程执行时间的评价模型，仿真分析了整个应对处置的运作效率、变迁利用率、时间性能等参数，从而对应急能力进行评价。

2.3.3　数字化应急预案体系的构建

应急预案数字化的一切工作都建立在合理的应急预案本体库的基础上来进行，从传统的文本化应急管理到数字化应急管理和数字化应急预案的构建过程如图 2-8 所示。

根据图 2-8，要构建应急预案本体库，首先要做的是确立应急预案本体的领域和范畴。由前义可知，国家应急预案体系由总体应急预案、专项应急预案、部门应急预案、地方应急预案、企事业单位应急预案、重大活动应急预案组成，根据突发事件类型又能分成自然灾害类、事故灾难类、公共卫生事件类、社会安全事件类。通过对搜集的 8 000 多篇应急预案的分析，我们可得到本体库的核心概念为预案基础、预案适用范围、预案所需应急资源、预案所包含的应急指挥组织、应急过程、预案类型、事件类型七类，在此基础上构建应急预案领域本体库。

在所构建本体库的基础上，依次研究预案的结构要素、框架和机理；预案的知识表示；预案演进机制；预案动态生成机制；预案的动态评估和调整机制。其具体操作是根据所构建的本体库，将应急预案包含的内容利用 XML 技术抽象出

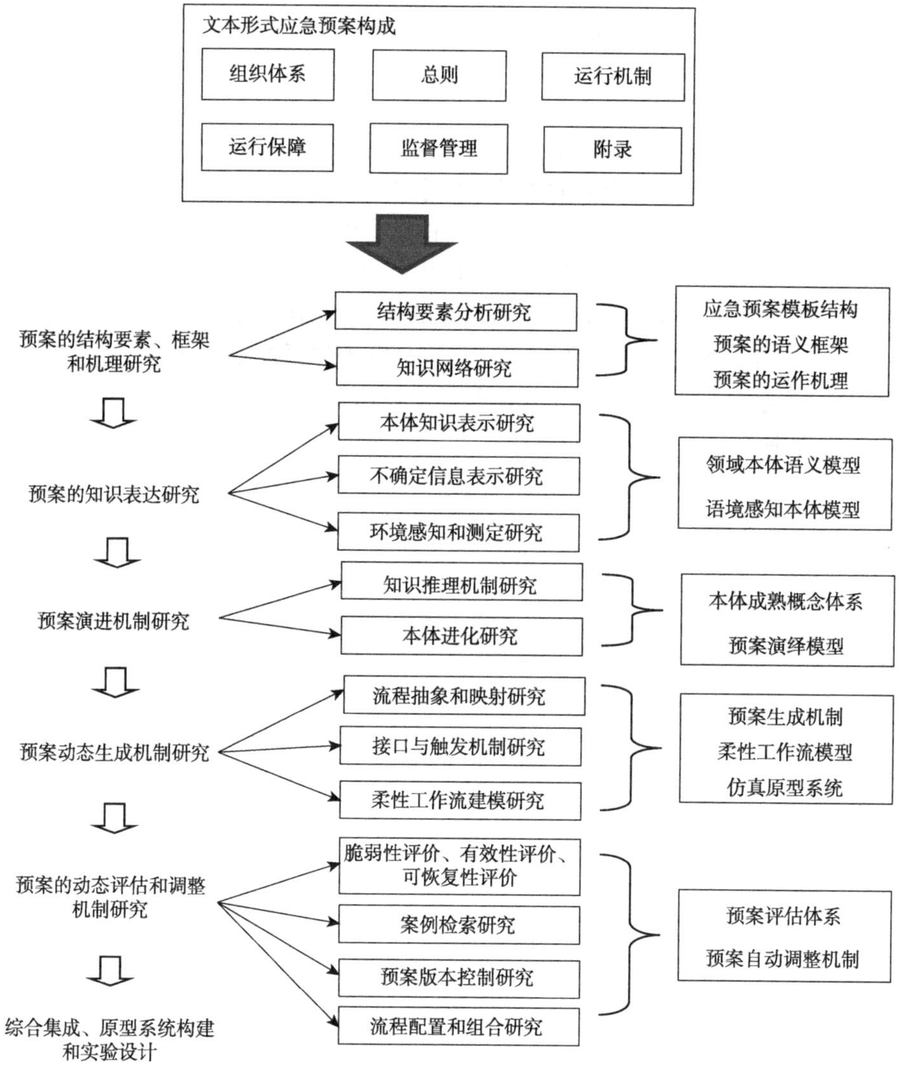

图 2-8　文本化应急管理到数字化应急管理和数字化应急预案的构建过程

来，将其转化为用于描述应急预案的文档结构 XML Schema 文档，最终实现应急预案数据库的建立；在此基础上，利用本体语言、分词等方法，将应急预案中隐含的语义表示出来，构建应急预案的语义模型；利用所构建的语义模型和情景分析法，对突发事件情景进行建模，形成情景—应对机制；根据所建语义模型，利用概念相似度算法构建应急预案知识检索与推送机制，完成应急预案的数字化过程。本书在完成应急预案数字化的基础上，还研究了基于着色 Petri 网的应急预案动态生成机制，即应急系统可以根据突发事件的演变动态生成相应的应急预案，最后形成如图 2-9 所示的技术路线。

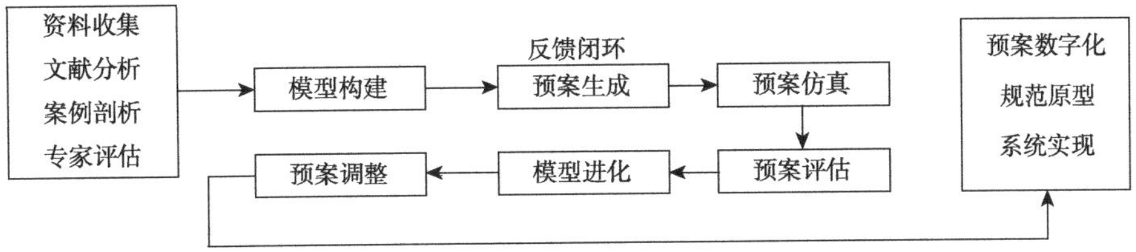

图 2-9　技术路线

2.4　数字化应急预案管理系统逻辑框架

构建基于情景的数字化应急预案体系，是为了支持突发事件应急管理决策的智能化管理，快速制订应急预案。按照上述数字化应急预案体系，我们需要设计应急预案生成的管理系统。围绕知识检索匹配的流程，设计基于本体化知识表示的数字化应急预案管理系统的逻辑框架，借助数字化应急预案对应急管理决策进行智能化管理。决策者在面临突发事件时，通过查询以往解决相似问题的经验，获得新问题的解决办法，从而有效减少决策时间，提高决策的有效性，将宝贵的时间节省下来用于实施救援和分析预测事件未来的发展方向。

2.4.1　应急管理决策管理系统逻辑框架设计

根据对已存储知识的利用程度，可以将应急预案的制订方法分为三类，即直接法、改编法和派生法。直接法是决策者根据突发事件的信息，通过检索匹配，以模板库中已有的方案为直接依据，对应急人员、应急设备、救援行动等进行安排；改编法是在数据库中查询到相似应急预案后，由于与现实存在差异，决策者需要对预案的某些环节或要素进行修改或替换；派生法是在数据库中未查询到相关的直接可用的案例时，系统根据知识库、规则库中的专业知识，自动组合或改编，从而形成新的应急方案。后两者体现的是动态生成。

但是，无论哪一种方法的实现基础都是建立应急管理决策管理系统。在数字化应急预案知识表示体系的基础上，对应急工作流进行分析，识别突发事件的特征信息，凭借系统和领域专家的知识和经验，通过“逐步挖掘”的过程，与系统内部数据进行检索推理，搜索可行的应急过程模板，结合事件客观信息，最终向决策者提供可行的应急预案。为实现这一过程，应急管理决策管理系统需要构建总体逻辑框架，如图 2-10 所示。该系统主要包括四个层次，即用户界面层、检索推理层、知识表示层、内部数据层。

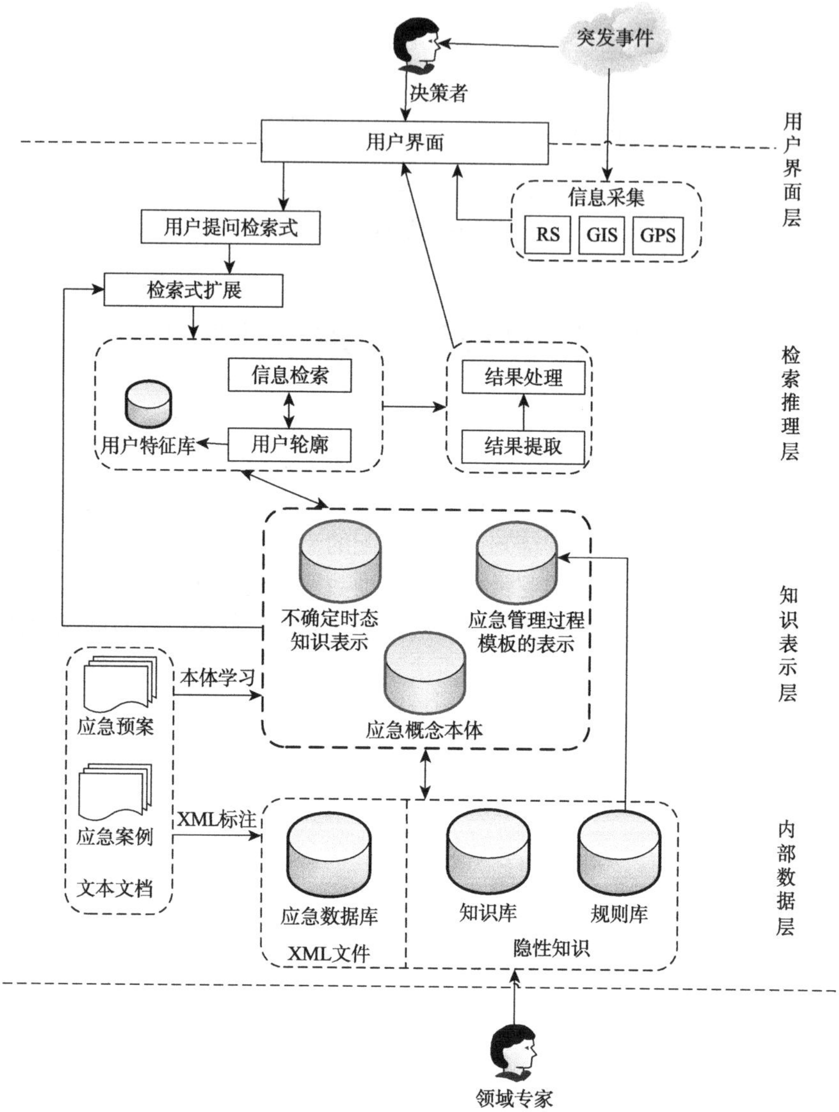

图 2-10　应急管理决策管理系统需要构建的总体逻辑框架

2.4.2　用户界面层

用户界面层是用户（决策者）与应急管理决策管理系统的接口，其主要功能是接受用户向系统提出的查询请求，与内部数据库中存储的信息进行匹配，并将最终的检索推理结果展示给用户。用户只关心最终的查询推理结果，因此具体的查询算法、推理过程及知识存储结构等都隐藏在系统中，并不向用户展示。为了方便用户使用，检索界面应尽可能方便、友好，并能够为用户提供各种专业的应急知识导航功能。

为帮助决策者快速直观地获得突发事件的信息，确定查询的关键词，应急管理决策管理系统应具备内置的信息自动采集模块，并通过用户界面将采集得到的信息展现给用户。从目前信息采集技术的发展情况来看，“3S 技术”可帮助决策者快速、全面、准确地获取突发事件的相关信息。“3S 技术”是 RS、GIS 和 GPS 三大技术系统的总称。其中，RS 和 GPS 向 GIS 提供实时更新的信息及空间定位，GIS 则进行相应的空间分析，并结合从 RS 和 GPS 提供的数据中提取有用信息，帮助决策者了解突发事件的发展状况，以辅助决策。

（1）利用 RS 对事件进行实时动态信息的采集，通过传输网络将采集到的数据传送至系统，通过用户界面接口，以数据或图像等形式展示给决策者，方便决策者查看和分析，并可根据事件的变化情况及时对应急预案进行调整。

（2）利用 GIS 可实现分布式的多数据源数据集成和海量空间数据的管理：迅速判别事故发生地点，根据数据库和出事地点信息快速查询事故发生地点的地理特征信息和人口信息，如地貌特征、人口规模、人口密度等；查询附近的警情、警力、社保、安防信息及交通和建筑分布状况；查询应急设备的分布及存储信息，以备快速调用。

（3）利用 GPS 对救援人员、车辆、物资等进行定位，通过与动态交通信息的综合应用，实时监控被定位实体，以保障应急救援顺畅进行。

2.4.3　检索推理层

检索推理层主要包括四个子功能模块：一是检索式扩展子模块，通过一定的查询扩展技术对用户提问检索式进行语义扩展，以用户提出的检索词为中心有效扩大检索范围，是提高检索结果的查全率的基础方法；二是信息检索子模块，是对基于情景的应急管理知识检索机制的研究，通过设定的查询匹配算法，根据用户检索式扩展在内部数据库中搜索相关信息；三是用户轮廓（user profile）子模块，通过观察用户的检索行为，获取用户信息需求的特征，基于用户对评价结果的评价反馈，自觉学习用户兴趣偏好，建立用户兴趣模型，通过智能推理机将用户可能感兴趣的信息推送至结果处理子模块的接口，可有效提高检索结果的查准率；四是结果处理子模块，对查询及推理获得的结果进行遴选、排序，结合应急管理过程模板，获得应急预案，并将最终结果返回到用户界面。

1. 检索式扩展子模块

检索式扩展指的是利用计算机语言学、信息学等多种技术，把与原查询相关的语词或者与原查询语义相关联的概念以“逻辑与”或“逻辑或”方式添加到原查询，得到比原查询更全面的新查询，然后检索数据库，以改善信息检索的查全率和查准率，解决信息检索领域长期困扰的词不匹配问题，弥补用户查询信息不足的缺陷。对检索式进行扩展的传统方法可选用全局分析、局部分析、基于关联规则分析、基于用户查询日志等对查询词进行扩展。这些方法都以查询词为中心，是在符号匹配层次上进行的机械式的查询扩展，忽略了查询语义及查询概念语义之间的关联扩展，因而没有充分表达用户的查询意图，不能从根本上消除用户查询意图与检索结果之间的语义偏差和用户查询的歧义性问题。因此，应急管理决策管理系统采用基于语义的概念查询扩展模型，对检索式进行扩展。

实现语义扩展需要解决两个问题：一是概念语义空间的构建，应急管理知识的概念语义空间是提取用户查询语义及语义关联的基础，可以通过概念知识库、概念语义网、概念语义词典或概念语义树等结构来实现。在知识表示层中，运用本体论方法建立的应急概念本体，就是概念语义空间的一种表示结构，可用于对用户提问进行检索式扩展。二是语义扩展机制的设计，在语义查询扩展中，用户查询不再看作简单的字符串，而是具有实际意义的概念的集合。在既要保证查全率，又不能忽视查准率的约束下，如何确定扩检范围，是语义扩展机制研究要解决的主要问题。

2. 信息检索子模块

信息检索通常采用的策略有布尔逻辑检索、短语或邻近检索、模糊检索、自然语言检索等。这些检索策略主要通过两种技术来实现：一种是基于关键词的检索技术；另一种是面向主题分类的检索技术。前者主要是对数据库中的信息资源建立从字（词）到文档的倒排索引。搜索引擎根据用户输入的查询关键字执行严格的机械匹配检索，最后将含有该关键字的信息资源反馈给用户。后者则是一种按照信息资源的主题性质进行分类，从主题分类树中逐层逐点进行检索的方式。一般可以将两种技术有机结合，提高检索的精度。在应急管理决策管理系统中，可以将关键词、主题分类扩展到语义层面上，形成语义词汇网络或主题分类语义网，实现对应急知识的检索匹配。

3. 用户轮廓子模块

用户轮廓是对用户个人兴趣的形式化表示。在应急管理决策管理系统中，根据用户提出的检索式，分析用户可能感兴趣的信息，并依据这些信息建立用户感兴趣的表示模型，存储于用户特征库中。

目前对于用户兴趣获取的方式有两种。一是主动方式，通常是让用户在第一次生成用户兴趣知识时回答一系列问题，根据用户所选择的答案，又启发式地转到更深入的问题，经过反复过滤，让用户对结果给出一个评价，借助评价及用户输入的检索词实现用户兴趣模型的动态更新与调整。二是被动方式，包括基于内容的用户兴趣提取和基于用户查询行为的数据挖掘。其中，基于内容的用户兴趣提取通常是对用户浏览过的文档内容，使用词频法，根据文件中词条的频率特性进行目标特征的提取。基于用户查询行为的数据挖掘是指系统通过对用户查询行为进行记录、统计、数据挖掘，对用户返回的信息集合进行筛选、浏览等过程进行实时监控而自动获得用户需求。本书在应急管理决策管理系统中拟采用被动方式建立用户轮廓，但对于抽取哪些信息，如何组织用户知识表示维度，还有待于进一步分析。

4. 结果处理子模块

在时间条件的约束下，用户不可能对所有的检索结果一一查询，只会关心匹配度最高的几个结果。因此，需要设计精度更高的算法对检索和推理出来的结果进行优化处理，形成更高级的结果集，以供用户查看。特别是应急管理决策管理系统是基于语义知识表示、检索构建的，因此需要根据语义特征设计检索排序算法，以提高检索的效率。

2.4.4　知识表示层

对应急知识进行知识表示主要是建立知识的一种描述或一组约定，是知识的形式化和符号化过程。知识表示的目的是对现有知识的重新组织，以提高检索推理的效率，也是连接知识物理存储与检索处理的桥梁。根据应急管理知识的特点，可以结合不同的知识表示方法，如一阶谓词法、产生式法、面向对象表示法、基于本体的知识表示法等，对应急管理领域知识进行抽象。为实现语义存储与检索，在知识表示层中以文本形式应急预案作为概念术语抽取的静态情景，以事件的时态信息和应急工作流作为动态情景，运用本体理论，构建基于情景的应急管理知识表示模型，提出“应急概念本体+时态逻辑+过程模板”的知识表示结构。

1. 应急概念本体

目前，可形式化表征的应急知识主要来源于文本化的应急预案和应急案例。无论是应急预案还是应急案例，都是应急管理专家对应急管理知识的显性化表示，其中包含了应急管理领域的基础知识，如应急组织、应急资源、事件分类分级、约束规则等。这些知识是实施应急管理、制订应急预案的通用信息，同时也构成了文本形式应急预案模板的要素，在各类应急预案文本中具有很强的重复性，这也是本书选用基于统计的本体学习方法建立应急概念本体的依据。应急概念本体是对数据库中的应急知识的抽象表示，可以通过在应急概念本体中引入顶层本体的方法扩大应急语义概念网络来支持检索词的扩展和知识匹配。

2. 不确定时态知识的表示

应急概念本体是对文本形式应急预案和应急案例中通用的静态知识及关系的分析表达，在实际检索推理过程中，只能依据事件分类分级信息，实现低层次的查询功能，而对于同类同级事件无法根据事件特征进行深度搜索，定位更相似的案例。时态知识的引入，可以有效改进这一缺陷。应急事件的时变特性决定了应急实体间潜在的关系往往蕴含在时态信息中，对于具有相同描述的事件，利用时间长度、时间关系等进行深度匹配，可有效剔除相似度低的同类案例，提高检索结果的查准率和可靠性。同时，应急过程中各项任务工作的安排也离不开时间信息及时态逻辑关系，因此，时态知识也是构建应急管理过程模板的重要因素之一。

对于时态信息的表示，传统的表示方法有两种：一是采用时态数据库技术；二是采用时态逻辑方法，通过构造数学表示模型实现。为实现对应急管理概念本体的时态信息表示，本书采用时态逻辑方法，通过模糊时间断点的时间区间表示方法实现对应急时态知识的表示。并且，由于应急事件的时态信息既包含确定性时间，也包含不确定性时间，采用时间区间表示方法可以有效地实现时态知识的统一表示。

3. 应急管理过程模板的表示

构建智能化应急管理决策管理系统的最高目标是根据事件的现实信息，由系统直接生成初始化预案，这就需要在系统内部存储大量的过程模板以备调用。应急管理过程模板中不仅包含相关的应急管理概念知识和时态知识，最重要的是对工作流处置方法的分析，特别是对工作流过程安排和转换规则的研究，不同类型的突发事件的工作流过程可能不同，不同的地理环境、气象环境也可能导致工作流过程的不同，如何将这些特征作为转换规则与工作流过程安排相联系，目前还依靠领域专家的经验，需要实现对这些知识的显示化表示及存储。

2.4.5 内部数据层

内部数据层的功能是组织应急知识的物理存储结构。依据知识可以分为显性知识和隐性知识，应急知识同样包含显性的应急知识和隐性的应急知识。对于这两部分内容需要分别进行存储转化的研究。

大量的文本形式应急预案和应急案例是应急知识的重要来源，是进行数据存储的基础。为实现对应急知识的检索，需要将文本化信息转化为计算机可以识别、处理的数据集合。通过对全文数据进行词（字）、句、段落等深层次编辑、加工，允许用户用自然语言表述、检索，直到直接查看一次信息。为促使这些知识以自然、便捷的方式随时随地与计算机或网络进行交互，可应用 XML 对文本信息进行标引转化。要实现文本数据向 XML 的转换，关键是给出普通的内容数据及其关系的一种组织方式，找出这种方式在 XML 模型中相应的表达规则，建立普通标识到 XML 模式的一种映射。XML 允许用户自定义标记来描述数据的含义，这些标记可抽象为一个个节点，每个节点就是一个相对独立的“信息块”，节点之间用“链”联系起来，由此组成信息网络，使信息以一种半结构化方式进行组织。通过链实现对节点的遍历，从而实现依据 XML 标记抽取有用的信息。但是，XML 存储方式不能实现语义理解，同时缺乏完整的数据库管理功能，为便于知识的检索，需要对知识进行二次组织，可通过分类属性建立索引或是依据主题建立索引等方法，有效提高检索查询的效率。为通过应急知识表示模型实现对内部数据的检索访问，还需要在知识表示本体与数据存储结构之间建立映射关系，从而实现以应急知识表示模型为中心的应急知识的存储与检索功能。

另外，应急管理中还涉及大量的隐性知识，这些隐性知识是指在目前尚未通过文字、公式、图形、语言等表述，或虽然通过语言或行为表述但未体现于存在的载体介质上的，完全依赖应急管理专家作为载体存在的知识。突发事件应急知识涉及多领域的专业知识，需要各领域专家通力合作构建应急知识库，存储各种类型事件的专业知识。同时，在应急过程模板中涉及工作流的转换规则，更是离不开应急管理专家的协助，需要将这些隐性知识转化为可存储和可传输的显性知识。

第3章 数字化应急预案的知识表达和语义模型

为了更好地利用信息技术支持应急管理，将应急预案与应急信息系统有机地关联起来，发挥数字化的威力，需要对应急预案进行形式化描述。形式化的应急预案是建立数字化应急预案理论框架的前提和基础，它能够提高应急事件的快速响应和处置能力。其中，应急预案建模则是实现应急预案数字化的基础，本体作为描述语义模型的重要手段，是共享概念模型的明确的形式化规范说明，能够提供对领域知识的共同理解，确定共同认可的词汇，因此，利用本体模型表示应急预案在一定程度上能够满足数字化应急预案的需求。构建情景—应对模式下的数字化应急预案语义模型，应急情景将是构建数字化应急预案语义模型过程中不可或缺的考虑因素。

本章对现有应急预案的结构与内容进行分析并建模，通过全面分析国内外应急系统智能决策理论和应用规范，构建基于本体的应急预案语义模型和知识表示的理论模型；对于应急事件表示中的不确定信息，分别从时态不确定性和中介逻辑角度进行研究；通过分析应急领域情景—应对模式，研究情景—应对模式下知识构成体系及模型的构建，进而挖掘应急情景与应急预案之间的语义映射关系，最终实现情景—应对模式下的数字化应急预案语义模型的构建。

3.1 数字化应急预案的知识表示

数字化应急预案是利用计算机技术和网络技术，根据突发事件的处置流程，在事态发展即时信息的基础上，形成全面、具体、针对性强的直观高效的应急预案，使预案的制定和执行达到规范化、可视化的水平（翟丹妮，2009）。利用数字化应急预案系统能够帮助指挥者快速、全面、准确地获取信息，做出有效决策，将决策指令迅速传达给执行者，并能将执行结果反馈给决策者，进行应急预案的修正。

3.1.1　数字化应急预案知识表示的目标

国内外应急管理实践表明，无论何种突发事件的发生，都面临着亟须明确发生的是什么、要做什么及怎么做的问题，数字化应急预案则是回答这几个问题的重要依据。数字化应急预案知识表示的目标为：面对复杂动态演化的应急处置过程，数字化应急预案将构成应急管理和控制的核心。从计划需求角度，应急管理任务的识别和相关预案的快速获取，是应急响应工作顺利展开的基础；从运作需求角度，应急预案的动态快速生成，是优化资源配置、控制关键时间节点、实现处置决策的重要保障。由于各类突发事件表现形式的多变性和影响因素的动态性，构成了非线性、时变、离散等动力学特征的复杂模型，数字化应急预案知识表示必须能应对应急预案设计中的特征描述、任务识别、动态生成和优化控制等，为更好地把握应急预案模型提供表达的理论基础。

3.1.2　数字化应急预案的研究意义

制订应急预案的目的是当突发性公共事件发生时，可以按照规定的程序去响应和处置。能否迅速启动应急预案，完全可能产生两种截然相反的结果。美国一直重视在应急预案方面的研究和建设，特别是 9·11 事件之后，美国全面调整国家公共安全体系的布局和架构，建立了国家事故管理系统（National Incident Management System，NIMS）和制订了《国家应急计划》（National Response Plan，NRP）。前者规定了美国各级政府对事故应急的统一标准和规范，为联邦、州、地方和部门各级政府提供了一套全国统一的方法，使各级政府都能协调一致和快速高效地对各种类型的事故进行预防、准备、应急和恢复；后者则是在前者提供的框架基础上，建立国家层面的应急行动预案，以期能在重大事故发生的事前、事中和事后，全方位地调集和整合联邦政府资源、知识和能力。美国的应急预案体系包含四个层次，即联邦性的应急预案、地区（包括区域性及州一级的）的应急预案、地方的应急预案及具体设施的应急预案。美国按风险性程度将应急事件分为五个等级，分别以五种颜色编码：绿色，低风险事故；蓝色，警戒状态；黄色，较高风险状态；橙色，高风险状态；红色，严重状态。从联邦性的应急预案框架来看，其主要由基本预案、附录、紧急事件支持功能附件和支持附件组成，其中基本预案主要说明预案设想、任务和职责、行动理念及预案维护和管理；附录主要包括术语、定义、缩略词和机构等；紧急事件支持功能附件主要说明在国家突发重大事件期间，联邦机构在协调资源和系统支持各州、部落和其他联邦政府机构或者其他权力部门和实体时的任务、政策、组织构成及职责；支持附件主要说明职能程序和行政要求。

虽然我国在应急预案方面的研究较晚，但国务院仍在2006年初通过吸取国外应急预案制订的经验并结合我国国情，发布了《国家突发公共事件总体应急预案》。《国家突发公共事件总体应急预案》包括总则、组织体系、应急机制、应急保障、监督管理及附则六部分内容，并且提出了两种分类方法：一是按公共事件的发生过程、性质和机理，将突发公共事件分为自然灾害、事故灾难、公共卫生事件、社会安全事件四类；二是按照各类突发公共事件的性质、严重程度、可控性和影响范围等因素，将其分为四级，即Ⅰ级（特别重大）、Ⅱ级（重大）、Ⅲ级（较大）和Ⅳ级（一般），依次用红色、橙色、黄色和蓝色表示。以国家应急框架为模板，各级政府部门、企事业单位建立各自的应急预案，最终形成了具有中国特色的国家总体应急预案、专项应急预案、部门应急预案、地方应急预案、企事业单位应急预案的五层体系架构。

上述应急预案缺乏数字化规范，导致出现下面的问题。

1. 应急信息共享困难

由于多数突发事件的处置会涉及多个专业部门，如水利、交通、电力等，各部门都拥有各自专业领域内的一套详细的监测体系与数据，但是这些数据在跨专业、跨部门的情况下很难共享，并且各自只能从一个角度反映事件的发生、发展过程。为了帮助指挥者对于事件有全面的了解，这些应急信息的共享是数字化应急预案必须考虑的问题。

2. 应急管理决策支持薄弱

考虑到很多突发事件发生的具体情况的复杂性和差异性，仅仅依靠现场救援人员和后方指挥小组，很难快速做出正确的判断，目前的做法是遇到专业性较强的问题时向有关领域的专家咨询，但很多情况下如何找到合适的专家本身就是一件难度较高的任务。因此，如何为现场指挥人员提供有力的决策支持，是数字化应急预案建立中要考虑的又一个问题。

3. 应急处置历史难以追溯

在突发状态下，救援指令的发布和执行情况的反馈，是通过多种形式的渠道实现的，如电话、公文，在紧急状态下关注的重点通常是尽快将信息传递给对方，而没有考虑信息的记录和存档问题，实际的一系列决策指令分散在很多部门，没有统一保存，因此想要回溯或评价当时的处置过程均无法实现。其实，很多情况下曾经发生过的类似事件可以作为当前事件的决策参考，因此当前事件结束后有必要对整个处置过程进行回溯和整理，供专业人员学习使用。

面对以上问题，数字化应急预案的支持就显得意义重大。因此，应急预案的程序化、自动化，对以往典型应急预案进行管理，构建数字化应急预案，是从根本上提高应急预案能力，减少人员伤亡和财产损失的关键。

3.1.3　数字化应急预案知识表示的方法

目前，国外对于数字化预案研究已有一些规范，如 911Phase Ⅰ、911Phase Ⅱ、E9-1-1、APC035、APC036 等，值得我们借鉴。Mors 和 Valk（2005）使用基于事件的任务框架来描述应急响应过程中任务之间的依赖关系，但是在应急响应过程中，很难完全按照应急预案执行规定的操作指令，应急预案应具有环境适应性和动态调整特性。Hoogendoorn 和 Jonder（2005）讨论了应急预案的形式化建模和分析问题，采用时序轨迹语言作为应急预案的形式化描述语言，用于描述应急管理体系的组织结构及动态特性，并将应急预案的建模分为事件状态识别、应急组织结构分析与描述、任务指派、应急组织动态特性描述四个步骤。

上述表达应急预案的形式逻辑和描述语言并不能在语义层次上表示和处理应急预案。为了解决应急预案的不易阅读和理解问题，Canos 等（2004）讨论了使用多媒体信息（包括图、文、声、像）、三维模型和动画描述应急预案，将应急响应过程表示为类似于工作流的图形描述。实际上这是用多媒体方法表示应急预案，不是对应急预案的形式化描述。李红臣等（2006）采用实体关系模型对应急预案中的应急组织机构、应急资源和应急过程进行了描述，但是这种形式化方法缺乏系统的描述语言和语义表示。

为了更好地利用信息技术支持应急管理，需要从语义结构研究应急预案的形式化描述。其中，王文俊等（2006）、Li 等（2008）提出的本体模型在前文已做描述，这里不予赘述。申俊义等（2008）从理论上构建数字化应急预案的结构模型、系统功能模型，描述基于数字化应急预案的应急系统的决策流程，探讨构建系统体系框架中预案库的形式化表示、快速检索和管理等关键技术。在应急预案的表示方面，本书通过引入本体理论结合应急领域知识对应急联运系统的通用模型和词汇建立本体语义模型，实现应急预案的形式化表示。并且，在考虑了应急知识和数据具有时态性和不确定性特点的基础上，提出了一种可扩展的时态知识表示模型，对真实事件的间断性表示加以改进，构建应急管理决策知识库。

由此我们认为，数字化应急预案的知识表示，其核心是构建预案模型库和应急本体库。先通过框架表示法将案例中包含的众多概念关联起来，进而建立一个立体的、全方位的数字化应急预案体系是当务之急。

3.1.4　预案模型库和应急本体库构建

建立预案模型库和应急本体库的核心思想就是借鉴以往处理突发性公共事件的经验来解决当前的相似问题。预案模型知识的常用表示方法很多，如语义网络表示法、基于 Petri 网的表示方法、过程表示法等，这些方法都是从不同的角度对知识进行建模，使之得以规范化、统一化地描述。本章主要采用基于本体的知识表示方法，底层应急本体库的构建流程如图 3-1 所示。实际应用时，我们可以从应急本体库中检索出与当前事件的特征属性上相似，或对当前时间有启发和指导意义的案例。

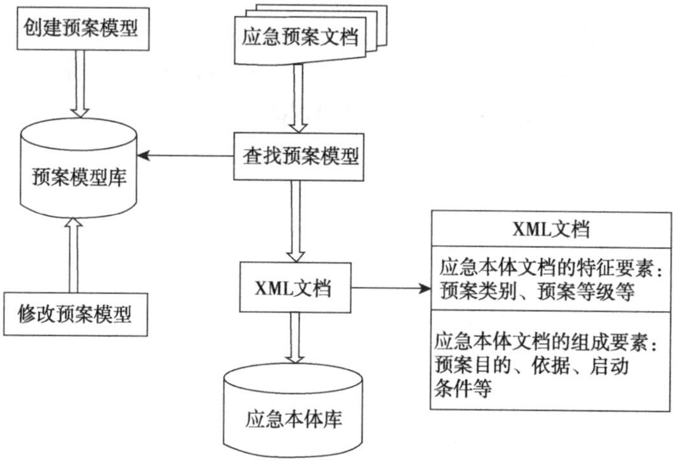

图 3-1　底层应急本体库的构建流程

预案模型库中存放的是不同种类的预案模型，如地震灾害预案模型。每一种预案模型，表示某一类应急本体文档，是以类似于 XML 的 DTD（document type definition，文档类型定义）或 Schema 文件去标注的应急预案模型的结构。用户可以根据需求创建或修改预案模型库中的模型。在整个流程中，应急本体文档首先在预案模型库中查找其对应的匹配模型，这实际上是一个应急本体文档分类的过程。如果找不到匹配模型，系统会给出一个初始的预案模型建议，用户根据自己的需要修改该模型，随后把该模型存入预案模型库中。如果找到匹配模型，系统则根据预案模型将该应急本体文档进行标注。标注就是将应急本体文档的一些特点、性质、组成等要素按模型的库的结构存放到 XML 文档中。最后，将 XML 文档映射到应急本体库中。

在应急预案模型库构建流程基础上，分别采用前台表现层、数据交互层和数据存储层的三层体系结构设计，开发 B/S 模式的数字化应急预案系统，实现预案模型创建、修改、浏览和查询，以及应急本体文档的标注和入库。

3.1.5 数字化应急预案知识框架表示法

预案模型库只是最底层的预案库，并不涉及具体的知识表示方法。我们可以采用框架理论将案例中的众多概念关联起来，将表示结构性的知识存入预案模型库。

由于一个应急案例就是针对突发事件的一个处置过程，其实质内容包括应急过程的参与者（处置主体）、突发事件（处置客体）、应急物资（处置工具）三个方面，以及将三者关联起来的处置决策（处置方法）。

1. 处置主体——应急过程的参与者

案例中的参与者应当包括三类人员。

1）应急指挥机构的成员

突发事件发生后，根据应急预案规定临时召集有关人员（通常是与事件直接相关的政府职能部门第一负责人）成立应急指挥机构，因此，针对不同性质的事件、不同级别的事件需要召集的应急指挥机构成员是有差异的。这里的关键在于，应急指挥机构不是永久存在的，有成立和解散的时间；其成员不是专职的，而是来自某个政府部门。

2）处置过程的相关职能部门成员

根据突发事件的性质，政府中的不同职能部门要参与到应急处置工作中来，这些部门的成员也就成为应急处置的参与者。

3）专业领域专家

根据突发事件的性质，通常会召集专业领域的专家，要求他们对于处置方法提供专业意见，因此每个应急案例中涉及的专家也有差异。

2. 处置客体——突发事件

案例代表了一次处置过程，处置的对象就是突发事件本身，对于事件本身的描述包括状态和危害两个方面。前者包括事件的发生时间、地点、主要指标；后者包括事件造成的危害后果，如死伤人数、经济损失等。这里的关键在于对事件的总体状况而非过程进行描述。

3. 处置工具——应急物资

参照《应急保障物资分类及产品目录》的分类标准，国家发展和改革委员会把应急保障物资分成防护用品、生命救助、生命支持、救援运载、临时住宿、污染清理、动力燃料、工程设备、工程材料、器材工具、照明设备、通信广播、交通工具 13 类。对于应急物资的管理需要考虑物品的基本信息与消耗情况。

4. 处置方法——处置决策

框架本身不适合表示过程性的知识，但是对于一次处置过程来说，关键性的操作内容必须要记录下来，也就是处置指令的序列。

根据以上分析，针对处置主体、处置客体、处置工具、处置方法四个主题的信息建立应急案例的框架体系。

5. 处置主体的框架表示

Frame<人>
姓名：
性别：
年龄：
地址：
电话：
电子邮件：

Frame<政府人员>
Upper ontology：人
所在部门：<政府部门>
职务：
职称：

Frame<政府部门>
名称：
上级部门：<政府部门>
电话：
地址：
职能描述：

Frame<指挥成员>
Upper ontology：<政府人员>
隶属：<指挥组织>
职务：

Frame<指挥组织>
名称：
成立时间：
终止时间：
临时办公地点：

Frame<专家>
Upper ontology：人

专业领域：

Frame<参与者>
指挥组：<指挥组织>
涉及部门：<政府部门>
参与专家：<专家>

6. 突发事件的框架表示

Frame<事件概况>
发生时间：
发生地点：
事件类别：
严重程度：
死伤人数：
其他损失：

7. 应急物资的框架表示

Frame<应急物资>
物资名称：
物资类别：
储存地点：<仓库>
储存数量：
保质期：
消耗数量：

Frame<仓库>
名称：
地点：
主管部门：<政府部门>

8. 处置指令的框架表示

Frame<应急物资>
物资名称：
物资类别：
储存地点：<仓库>
储存数量：
保质期：

消耗数量：

Frame<仓库>
名称：
地点：
主管部门：<政府部门>

9. 应急案例的框架表示

Frame<应急案例>
事件：<事件概况>
参与人员：<参与者>
应急资源：<应急物资>
处置过程：<处置指令>
应急预案的框架体系总体结构如图 3-2 所示。

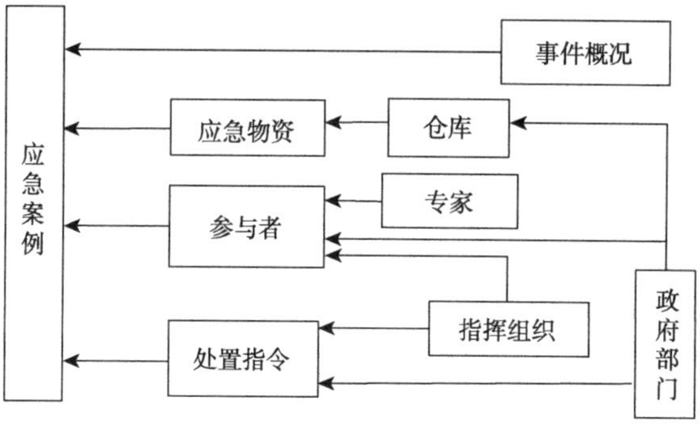

图 3-2 应急预案的框架体系总体结构

应急预案涉及多个组织间的协同合作，不同组织对资源、行动和机构划分有着不同的描述，这种差别直接影响着组织对应急预案的理解与处置的准确性和效率。因此，迫切需要一种支持语义表达和处置的应急预案形式化描述语言和工具，而任务框架、形式逻辑和实体关系模型在形式化应急预案上缺乏语义支持能力。

本体论是一个哲学概念，它是“对世界上客观存在物的系统描述”，最著名并被引用最多的定义是 Gruber（1993）提出的：“本体是概念模型的明确的规范说明”。本体论为信息的组织和描述提供了更加完备的语义，建立了人们对信息的共同理解，实现了领域知识的共享和重用。采用本体论表示应急预案，能够提高预案的语义表达和处理能力，保证应急预案理解的正确性。

3.2　应急领域本体库构建

应急知识管理中智能响应的核心问题是知识推理和知识检索，目前常用的方法是利用本体技术将应急预案和应急案例等知识组织到本体库中，基于语义设计有效的检索算法。但这往往需要储备和积累大量的应急知识，同时应急知识的检索需要解决三个问题：一是知识库或知识源的组织；二是检索需求的表达；三是有效的检索算法。对于问题一，可以建立基于本体的应急知识库。对于问题二和问题三，需要借助语义表达提升查准率，本体则是语义和知识层次描述信息的概念模型建模工具。我们如果建立一个相对比较完善且具有自动学习能力的本体库，那么任何一个应急领域内的概念都可以在领域本体中被找到，并且能够推理出与其他概念的关系。

3.2.1　领域本体的提出

1. 领域本体是什么

本体原来作为哲学中的概念，指的是现实的本质，也就是存在的本质。它通常依据某种类别体系，来表达实体、概念、事件及其属性和相互关系，是对特定领域中某套概念及其相互之间关系的形式化表示。对于不同领域，本体所表示的概念也不尽相同。因此，针对应急领域需要建立相应的本体库，将应急领域相关的实体、概念、事件及其属性组成应急领域的本体库。

领域本体库中概念的定义需要领域专家的参与和配合，列举出领域中所有的概念和术语，并明确解释和定义这些概念、术语及它们之间的关系，从整体上了解领域概念的结构关系。对概念的内部结构——概念的属性及属性约束进行定义，明确概念的内涵与外延。

2. 领域本体库怎么做

检索扩展和搜索结果的智能化处理，都需要领域本体库。要构建领域本体库，需要先建立基础词库，然后将这些基础词语进一步抽象成规范的知识，再将这些知识分类，建立各个类别之间的关系属性，最后形成领域本体库。本体中对于概念的关系从语义上讲有最基本的四种关系：part-of 表达概念之间部分与整体的关系；kind-of 表达概念之间的继承关系，类似于面向对象中的父类与子类之间的关系；instance-of 表达概念与概念实例之间的关系，类似于面向对象中的类与对象之间的关系；attribute-of 表达某一个概念是另一个概念的属性。

3. 基于最大熵模型的本体词标注与抽取

最大熵理论最初由 Romberg（1955）于 20 世纪 50 年代提出，Doncho 和 Johnstong（1992）首次将其应用于自然语言处理模型中。它遵循这样的原则：“对已知的建模，对未知的不做任何假设。”运用最大熵模型对初分文本进一步标注的目的是识别文本中的名词性短语，这一任务可以具体化为对名词性短语增加边界标记。

在最大熵模型中，将 Y 看作输出值所构成的有限集合，每个 $y \in Y$ 的取值受上下文信息 x 的影响，X 为上下文信息 x 组成的集合。对于应急文本中的名词性短语识别问题来说，将 x 表示待识别词 w_0 的上下文信息，y 表示输出。本书定义名词性短语标注符号集包括{S,M,E,O}四种，其中 S、M、E 分别表示由多个词所构成的名词性短语的起始、中间及末尾；O 表示不属于名词性短语的外部词语。因此，y 的取值只有四种。模型的目标是，构建一个可精确描述随机过程行为的模型，在一定特征限制下，即给定上下文信息 $x \in X$，可以计算输出为 $y \in Y$ 的条件概率 $p\{y|x\}$。

由最大熵原理，$p\{y|x\}$ 的值符合以下指数模型：

$$p\{y|x\} = Z_\lambda \exp\left(\sum_i \lambda_i f_i(x,y)\right) \tag{3-1}$$

$$Z_\lambda(x) = \left[\sum_y \exp\left(\sum_i \lambda_i f_i(x,y)\right)\right]^{-1} \tag{3-2}$$

其中，f_i 为特征函数；λ_i 为特征 f_i 对于模型的重要程度；$Z_\lambda \exp$ 为归一化因子，表示在 x 一定的情况下为一个范化常数。

最大熵模型可形式化表示为：有这样一个样本集合：$\{\{x_1,y_1\},\{x_2,y_2\},\cdots,\{x_n,y_n\}\}$，其中，$x_i(1 \leqslant i \leqslant n)$ 表示一个待标注词的上下文信息；$y_i(1 \leqslant i \leqslant n)$ 则表示该词被标注的结果。特征函数表示待标注词与抽取的特征是否相关。特征由待标注词的样本信息表示，设 $x \in X$ 且 $x = w_1 w_2 \cdots w_n$，即 x 显示为词汇串组合，设 c 是 x 的子串（长度≥1），若 c 对 $y \in Y$ 具有表征作用，则称 (c,y) 为模型的一个特征。特征分为原子特征和复合特征，若串 c 为 1，则称 (c,y) 为原子特征；否则，称 (c,y) 为复合特征。特征函数用 $f_{X(c,y)}(x_i,y_i)$ 表示，这是一个二值函数，仅有 0 和 1 两种取值，当函数值取 1 时表示符合特征；取 0 时表示不符合特征，即

$$f_{(x,y)}(x_i,y_i) = \begin{cases} 1 & \text{if} \quad c\text{是}x\text{的子串，且}y_i = y \\ 0 & \text{else} \end{cases} \tag{3-3}$$

4. 基于最大熵的应急知识特征选取

由于将每个词的本体词标注过程都看作一个事件，根据待识别词 w_0 及出现在 $\sum_{i=1}^{n}(X_i-\bar{X})^2$ 周围的词可以确定一个事件的特征集合。根据影响识别名词性短语的各种因素，定义特征空间如下。

（1）词：当前词及当前词前后可能对标注造成影响的词语，在此选取当前词前后的各两个词。

（2）词性：当前词及其前后各两个词的词性。

根据特征空间，分别定义 10 个原子特征和 6 个复合特征。其中，复合特征是根据应急预案文本的语言特点，由原子特征组成的，能够对名词短语的标注提供较多的信息，有效提高标注的正确率。原子特征及复合特征的表示及含义分别如表 3-1 和表 3-2 所示。

表 3-1　原子特征及复合特征的表示

序号	原子特征	特征的含义
1	Word（0）	当前词
2	Word（0）_tag	当前词的词性
3	Word（–1）	前面第一个词
4	Word（–2）	前面第二个词
5	Word（1）	后面第一个词
6	Word（2）	后面第二个词
7	Word（–1）_tag	前面第一个词的词性
8	Word（–2）_tag	前面第二个词的词性
9	Word（1）_tag	后面第一个词的词性
10	Word（2）_tag	后面第二个词的词性

表 3-2　原子特征及复合特征的含义

序号	复合特征
1	Word（0）_tag+Word（1）_tag
2	Word（–1）_tag+Word（0）_tag
3	Word（–2）_tag+Word（–1）_tag+Word（0）_tag
4	Word（ 1）_tag+Word（0）_tag+Word（ 1）_tag
5	Word（0）_tag+Word（1）_tag+Word（2）_tag
6	Word（0）+Word（1）_tag

5. 特征标注与概念获取

最大熵模型旨在标注名词性短语，因此，选取名词（n）作为当前词分析其上下文信息。根据定义的原子特征和复合特征，这一过程可形式化表示如下。

（1）抽取名词为待标引词 w_0 。

（2）获得 w_0 的上下文信息。

（3）计算 $p\{y|x\}=\exp\left(\sum_i \lambda_i f_i(x,y)\right)$，取 $t=\mathrm{argmax}p\left(y_i|x\right)$ 。

（4）标注 y_t 。在应急预案中，y 只有四种取值，即{S,M,E,O}。

以“自然灾害/n。/w 主要/d 包括/v 水旱/n 灾害/n，/w 气象/n 灾害/n，/w 地震/n 灾害/n，/w 地质/n 灾害/n，/w 海洋/n 灾害/n，/w 生物/n 灾害/n 和/c 森林/n 草原/n 火灾/n 等/u。/w”一句为例。

取“水旱”一词为当前词，其上下文信息如下。

（1）当前词为“水旱”，表示为 Word（0）=“水旱”，Word（0）_tag=“n”；

（2）前一个词为“包括”，表示为 Word（-1）=“包括”，Word（-1）_tag=“v”；

（3）后一个词为“灾害”，表示为 Word（1）=“灾害”，Word（1）_tag=“n”。

因此，Word（-1）_tag=“v”，Word（0）_tag=“n”，Word（1）_tag=“n” $\Rightarrow y=\text{"S"}$。对其他词语标注一一介绍，最终结果如图 3-3 所示。

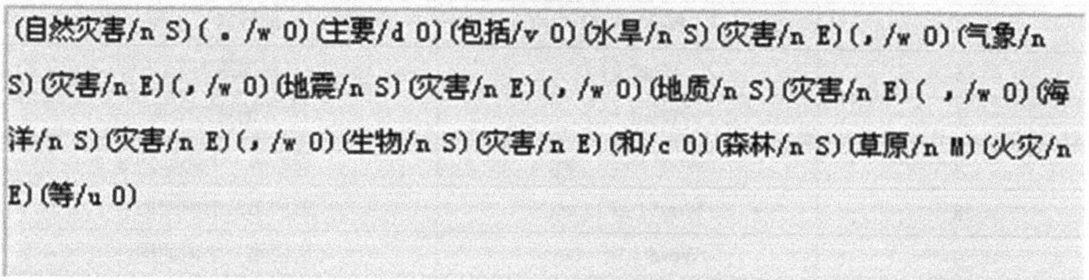
(自然灾害/n S)(。/w 0)(主要/d 0)(包括/v 0)(水旱/n S)(灾害/n E)(，/w 0)(气象/n S)(灾害/n E)(，/w 0)(地震/n S)(灾害/n E)(，/w 0)(地质/n S)(灾害/n E)(，/w 0)(海洋/n S)(灾害/n E)(，/w 0)(生物/n S)(灾害/n E)(和/c 0)(森林/n S)(草原/n M)(火灾/n E)(等/u 0)

图 3-3　标注名词性短语最终结果

通过名词性短语标注，可得到结果：自然灾害、水旱灾害、气象灾害、地震灾害、地质灾害、生物灾害、森林草原火灾。

3.2.2　应急知识本体的分析与设计

1. 应急知识本体分析

本体论的设计与开发需要本体论工程师对涉及的专业领域有足够的了解，熟悉知识表示语言，并利用属性来实现类的关联，然后建立属性上的约束，进而可以进行逻辑推理。基于以上原则，我们先给出突发事件知识的总体结构，进而选择具体应急预案实例作为研究对象，对其进行本体构建。本体构建过程分为四个过程，即建立基础词库知识、概念化、编辑本体、文档化。

2. 应急知识概念分析

通过分析应急预案概念和参考相关文献，总结概括并抽象出适用范围、应急资源、应急组织三个基本研究对象；利用概念抽取原则，将应急预案本体分为四个基本类，即应急预案类、适用范围类、应急资源类、应急组织类。

第一层概念：横向考虑了应急预案本体，由适用范围、应急资源、应急组织三个部分构成。

第二层概念：适用范围描述突发事件类型、事件级别、事件时间和地点等；应急资源包括人力资源、应急设备、应急设施、救援物资、生活物资和通信信息资源等；应急组织定义事件处置的组织结构和人员，如部门、人员、角色等。

第三层概念：突发事件类型，自然灾害类、事故灾难类、公共卫生事件类、社会安全事件类；事件级别，灾情等级、人员伤亡、经济损失等；事件时间，开始时间和持续时间等；事件地点，国家、省、市、地区等；人力资源，消防、公安、医疗救护队伍、救援队伍等；应急设备，呼吸器、个人防护装备、起重设备等；应急设施，消防栓、报警站点等；救援物资，沙袋、药品等；生活物资，食品、帐篷等；部门，行动、计划、后勤和财务/行政部门等。

3. 应急知识概念连接

在概念提取之后，进行概念间的连接，就是用属性将两个不同的概念连接起来。建立概念与概念之间的关系，也就是类的关联。建立应急预案本体，从概念“应急预案”出发开始进行概念连接。

“应急预案”通过 hasScale 联系概念“应急范围”，通过 uscResource 联系概念“应急资源”，通过 assignTask 联系概念“应急组织”，通过 hasInstance 联系概念“应急案例”，如图 3-4 所示。

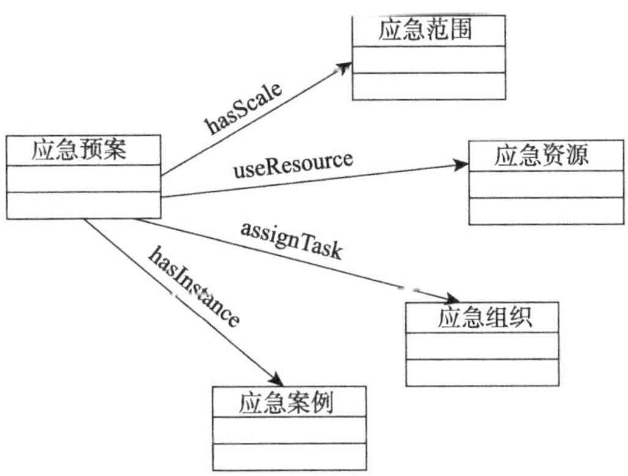

图 3-4　概念连接

3.2.3 应急知识本体的实现

在对应急知识本体分析与设计的基础上，本部分采用 Protégé 3.1，重用顶层本体 SUMO 已定义的概念和概念之间的关系，从而实现应急知识本体的形式化。SUMO 中实体（entity）是所有类的基类，自身不属于任何类，代表客观世界的所有事物，它有物质（physical）类和抽象（abstract）类两个子类。前者用于表达那些在现实世界客观存在的、具有时空特征的实体，分为对象（object）和过程（process）；后者用于表达非客观存在的、通过人的思维抽象形成的概念或信息实体。

1. 应急组织本体的实现

突发事件应急响应是多机构或者多部门共同参与、协同工作的过程，应急预案需要明确定义应急响应系统的组织结构，包括功能模块划分、角色定义等。SUMO 中与组织相关的概念主要有组织（Organization）、地理政治区域（Geopolitical Area）、社会角色（Social Role）、人（Human）等。

组织：在 SUMO 中组织是认知型主体（Cognitive Agent），是一个群体（Group）概念。组织概念进一步分为司法组织（Judicial Organization）、政治组织（Political Organization）、教育组织（Education Organization）、企业（Corporation）、宗教组织（Religious Organization）和政府组织（Government Organization），其中政府组织包含了公安（Police Organization）、军队（Military Organization）和政府（Government）等概念。其概念结构如图 3-5 所示。

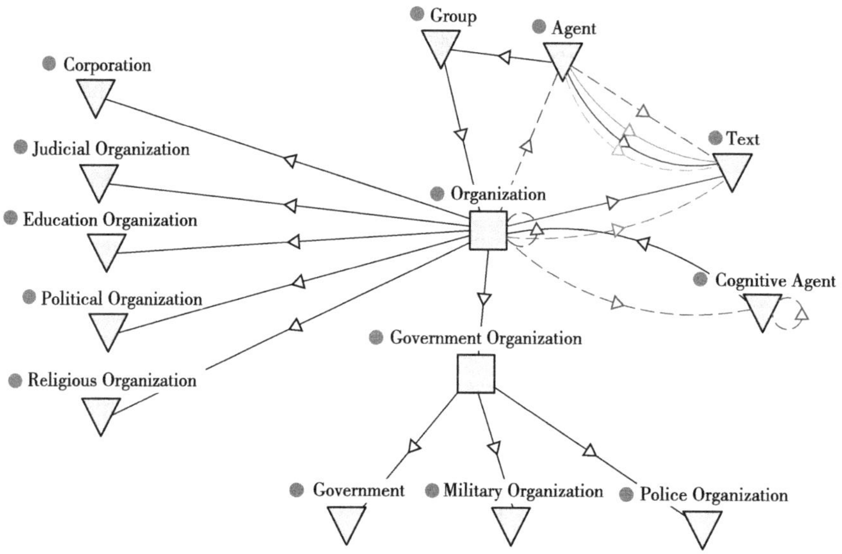

图 3-5　概念结构

社会角色是 SUMO 中抽象概念下的一个属性（Attribute）子概念，它主要表示的概念是一个认知型主体在一个组织中（如政府）或者企业中所处的职位及状态。在应急领域中有很多角色类别，因此社会角色作为一个顶层概念，我们可以根据实际需求对其进行扩展。参考组织模型（图 3-6），我们可以对应急领域的社会角色进行分类，如事故指挥官、新闻官、安全官、联络官、一般工作人员等。

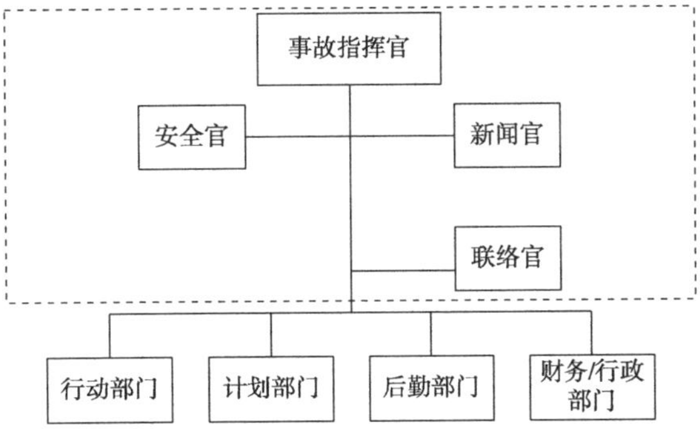

图 3-6　组织模型

人（Human）属于认知型主体的概念范畴，在组织中可以充当一定的角色，同时也是组织中人力资源的主要构成体。当然，SUMO 中的概念由于概念粒度不够细，远远无法满足应急领域建模的需求，需要进一步扩充和完善，不仅需要完善对概念的扩充，如组织、角色等，还需要增加各种联系概念的关系，如角色对组织的管理、人员对角色的充当、人员之间对角色的替代等。根据应急组织需求，扩展 SUMO 组织结构如图 3-7 所示。

2. 应急资源本体的实现

应急资源描述是对应急过程中所使用各种类型资源的描述。应急资源主要包括人力资源、应急设备、救援物资、生活物资等，而应急设备还可以进一步细分为运输设备、防护设备等。在 SUMO 顶层本体中，已经包含了对人、设备、物资等概念的描述，应急资源的概念可以在这些概念的基础上构建。

（1）人力资源。在 SUMO 中行为智能体（Agent）概念下描述的是可以按照自己的意愿行动并能够产生变化的人或事物。在行为主体概念下有认知型行为主体，这一概念实现了对一般人员和组织人员的描述。在应急管理中涉及的组织人员，主要包括军队、公安、政府、企业等。对于这些组织，我们关注的是它的人力资源方面。因此，对于军队这类有组织的人力资源概念，应当这样来描述：首先，这是一个人群；其次，它还需要满足这个人群是属于某个组织的人群。

（2）设备资源、生活物资资源等。SUMO 中有一个自体联对象（Self Connected Object）的概念，是指那些并非由两个或者两个以上分离的事物组成的事物。其

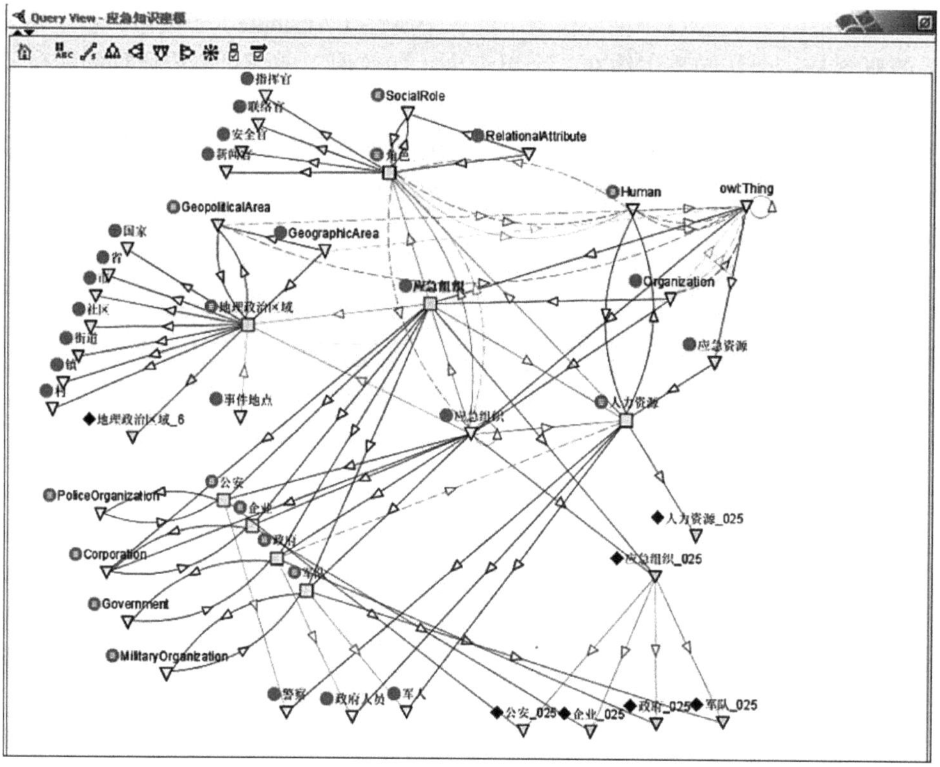

图 3-7　扩展 SUMO 组织结构

中包括设备（Device，包括机器、运输设备等）、食物（Food，包括肉类、饮料等）、衣物（Clothing）等。

有了这些基本的概念，我们可以进一步描述更加精确的概念和个体。应急资源是十分丰富的，而且随着不同突发事件引起的灾害可能需要不同的资源，需要不断地去完善对各类资源的描述。

3. 应急过程本体的实现

突发事件应急响应是一个过程，称为应急过程。应急过程由一系列任务组成，任务之间存在着某种约束关系。应急过程实际上是其中的任务按照这种约束关系先后执行，有些任务是并行执行，有些任务是顺序执行。SUMO 中过程概念已经有了详细的定义，直观地讲，过程是指一类发生的事件同时有时间的概念及一个发展的进程，如一场足球赛或一场赛车比赛；动作，如读书、追踪、生物变化过程等。目前在 SUMO 中已经定义了以下几种过程：

（1）双元过程（Dual Object Process）：是指一个需要两个物体参与的过程，这两个物体具有不同一性，如概念联合（Combining）、配属（Attaching）、对比（Comparing）等。

（2）内部变化过程（Internal Change Process）：是指那些改变事物内在属性的过程，如事物形状、颜色、结构等的改变。例如，事物表面的变化（Surface Change），事物量变（Quantity Change），生物变化过程（Biological Process），化学变化过程（Chemical Process），天气过程（Weather Process），如降雪、降雨等过程。

（3）目的过程（Intention Process）：是指认知型主体所完成的一个带有目的性的过程，包括个体的目的行为和组织的目的行为等。例如，个人行为动作看（Looking）是一个目的动作过程；追寻、追击过程（Pursuing）是一个追求、追寻、追击某种事物的过程［打猎（Hunting）、购物（Shopping）］；组织目的过程包括了如由宗教组织举行的一个宗教祭祀过程（Religious Process）、加入一个组织的过程（Joining An Organization）、选举过程（Election）等。

（4）动作过程（Motion Process）：是指一系列的运动过程，包括身体动作（Body Motion），如行走（Ambulating）、跳舞（Dancing）、游泳（Swimming）；放射（Radiating）；液体运动（Liquid Motion）；气体运动（GasMotion），如刮风等。

应急过程建模就是通过重用上述过程，定义适用于应急事件的过程要素描述应急事件的发生和发展过程。

4. 应急预案适用范围本体的实现

应急预案适用范围描述突发事件类型、事件级别、事件时间和地点，可以分别对它们考虑重用顶层本体，根据应急事件的具体情况对顶层本体进行扩展得到应急预案适用范围的本体模型。

根据《国家突发公共事件总体应急预案》，突发事件可以分为自然灾害类、事故灾难类、公共卫生事件类、社会安全事件类；各类突发公共事件按照其性质、严重程度、可控性和影响范围等因素，一般分为四级：Ⅰ级（特别重大）、Ⅱ级（重大）、Ⅲ级（较大）和Ⅳ级（一般）；对可能发生和可以预警的突发公共事件进行预警。预警级别依据突发公共事件可能造成的危害程度、紧急程度和发展势态，一般划分为四级：Ⅰ级（特别严重）、Ⅱ级（严重）、Ⅲ级（较重）和Ⅳ级（一般），依次用红色、橙色、黄色和蓝色表示。

事件时间有开始时间和持续时间，在 SUMO 中分别有相应的概念：Time Point 和 Time Duration。事件地点主要有国家、省、市、地区等。在 SUMO 中主要是国家（Country）、州（State）、城市（City）这几个概念，在此我们可以根据实际需要进行一些扩充，如增加社区、街道等概念。应急知识本体实现的界面如图 3-8 所示。

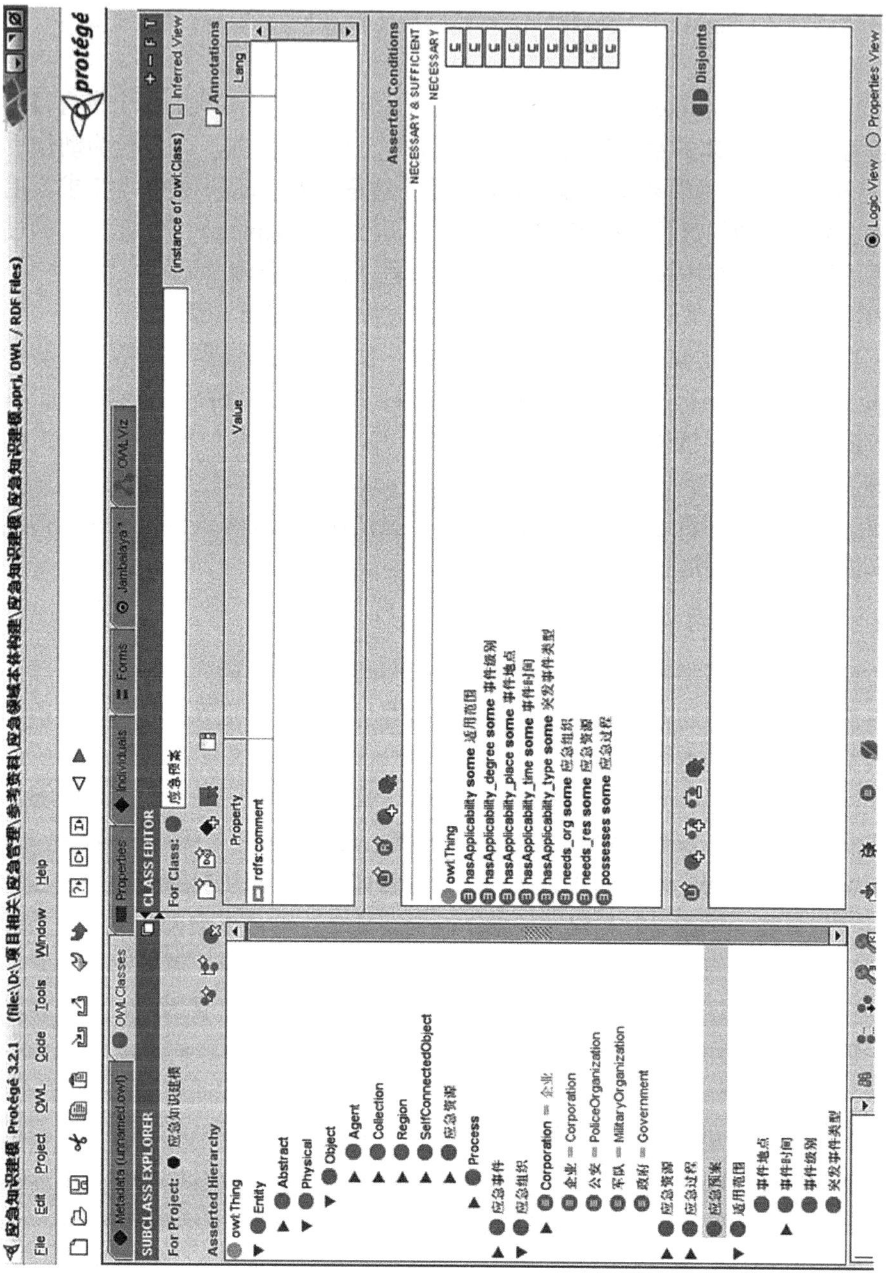

图 3-8 应急知识本体实现的界面

应急知识本体的概念结构如图 3-9 所示。

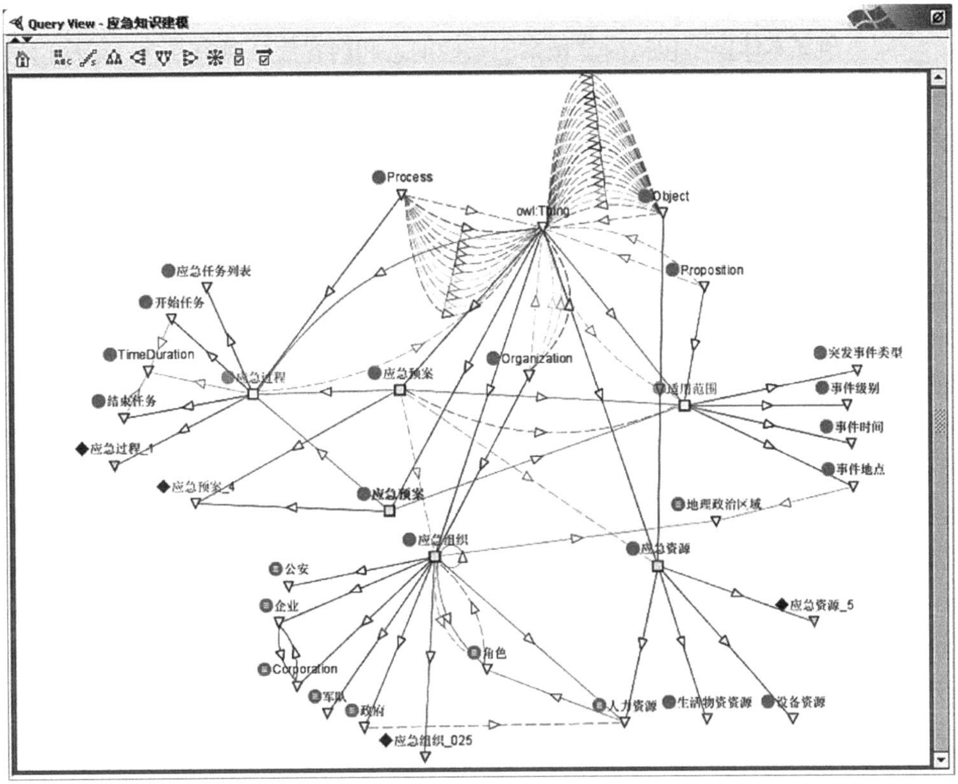

图 3-9　应急知识本体的概念结构

我们在本体建模方法论的指导下，通过继承顶层本体的概念，实现了应急知识本体表示的建模，通过在理论研究基础上的设计，为后面应急预案数字化建模及检索扩展和结果集处理提供了数据支撑。

3.3　数字化应急预案本体建模

前面系统地研究了应急管理领域本体库的构建，对模型中的相关概念进行了定义和说明，并梳理了概念之间的关系，下面我们用基于 SUMO 的上位本体和领域本体对具体的应急预案进行知识表示，再以建模元语将应急预案本体模型表示为一个五元组的集合，用实例根据构建的模型对应急预案整体进行知识描述，形成预案知识结构的集成和共享。

3.3.1 应急预案本体结构设计

应急预案本体模型包括应急预案的结构信息和内容信息两个方面，结构信息知识根据应急预案的总体结构获取，内容信息知识的构建依赖应急预案的具体内容，描述应急预案的类别、名称、区域（适用范围）、响应级别等。本体中类与类之间的关系对应于应急预案总体结构中目录概念之间的关系，可由 3.2 节分析的目录概念建立等价类。

基于本体的应急预案的结构化采用 XML 文档的形式存储，参照应急预案的总体结构，基于近义词表建立与结构的关联关系实现文本形式应急预案结构化的形式。目录结构与 XML 标签一一对应，标注算法参考文献，这里不予赘述。应急预案 XML 文档都包括结构要素和内容要素，《江苏省处置森林火灾应急预案》结构化后的 XML 文档如图 3-10 所示。

```
<?xml   version="1.0"   encoding="gb2312"?>
<?xml:stylesheet   type="text/xsl"   href="table2.xsl"   ?>
<EM>
  <Feature elements>
      <EM Name>江苏省处置森林火灾应急预案</EM Name>
      <Emergency Level   Level First="自然灾害"，Level Second="火灾">
          <Level First >自然灾害</ Level First >
          <Level Second >火灾</ Level Second >
      </Emergency Level>
      <EM System>地方预案</EM System>
          <Scope feature>江苏省境内发生的森林火灾应急处置工作</Scope Feature>
      <Formulating Organization>
          <Organization Name>江苏省林业局</Organization Name>
          <Organization  Level>省级</Organization  Level>
      </Formulating Organization>
      <Formulating  Time> 2008-04-23</Formulating  Time>
      <EM Time  Begin="2008-04-23"，Over="-">
          <Effective Time>至今<Effective Time>
      </EM Time>
  </Feature Elements>
  <Composition Elements>
  <General>
      <Formulating Aim>贯彻落实"预防为主、积极消灭"的森林防火工..... </Formulating Aim>
      <Formulating Basis>依据《中华人民共和国森林法》......</Formulating Basis>
      < Working Principles>统一领导，分级负责....</ Working Principles>
      <Scope>本预案适用于在江苏省境内发生的森林火灾应急处置工作......</Scope>
      <Event Scale>森林火灾事故分为四级...... </Event Scale>
  </General>
  <Organization Responsibilities>省森林防火指挥部统一领导全省...</Organization Responsibilities>
  <Monitoring,Report and Warning>开展森林防火宣传教育......</Monitoring,Report and Warning>
  <Emergency Response>分级响应......</Emergency Response>
  <Emergency Support>通信与信息保障......</Emergency Support>
  <Training, Publicity, Drill and Education>培训演练...... </Training, Publicity, Drill and Education>
  <Award and Punishment>奖励,责任追究......</Award and Punishment>
  <Disposal aftermath> </Disposal aftermath>
     <Supplementary Provisions>
         <Terms Explained>本预案中所称的森林火灾是指......</Terms Explained>
         <EM  Management>本预案由省林业局会同省有关部门制定......</EM  Management >
         <Effect Time>本预案自印发之日起实施......</Effect Time>
         <Explain plan></Explain plan>
     </Supplementary Provisions>
  </Composition elements>
</EM>
```

图 3-10 《江苏省处置森林火灾应急预案》结构化后的 XML 文档

3.3.2　上位本体知识表示

目前研究开发的具有实用价值的上位本体有 SUMO 上位本体、WordNet 上位本体、Cyc 上位本体等。我们在前文详细阐述了 SUMO 上位本体的构建过程，加之由于 SUMO 的成熟体系和权威性而被广泛应用，后面也采用 SUMO 作为上位本体。SUMO 是由 IEEE（Institute of Electrical and Electronics Engineering，电气与电子工程师学会）标准上层知识小组创建的上位本体，可以很好地支持数据共享和信息检索。通过对物质和抽象概念及概念间关系的统一描述，SUMO 可以清晰地表达应急预案的知识结构，其主要概念如图 3-11 所示。

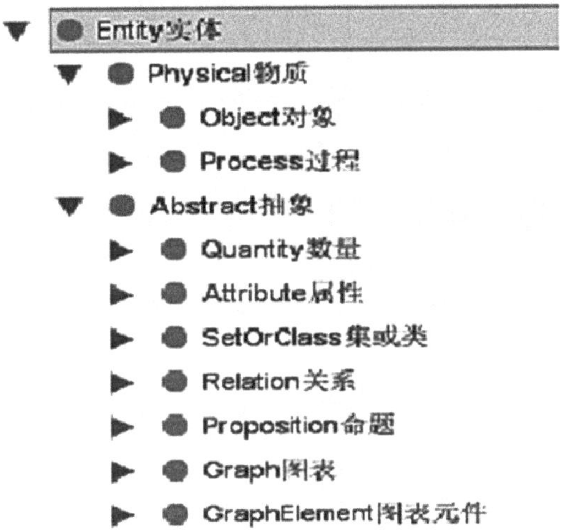

图 3-11　主要概念

（1）实体（Entity）：是所有类的基类，本身不属于任何类，其包括两个直接子类，即物质（Physical）和抽象（Abstract）。

（2）物质（Physical）：具体类，其有两个直接子类，对象（Object）和过程（Process）。

（3）抽象（Abstract）：抽象类，其有七个直接子类，即属性（Attribute）、图表（Graph）、图表元件（Graph Element）、命题（Proposition）、数量（Quantity）、关系（Relation）及集或类（SetOrClass）。

SUMO 具有高度的抽象性，有利于知识的规范和统一表示，基于 SUMO 构建的非常规突发事件应急预案的上位本体能够尽量覆盖应急预案体系中所有概念及概念间的关系。预案上位本体知识表示如图 3-12 和图 3-13 所示。

图 3-12 预案上位本体知识表示（一）

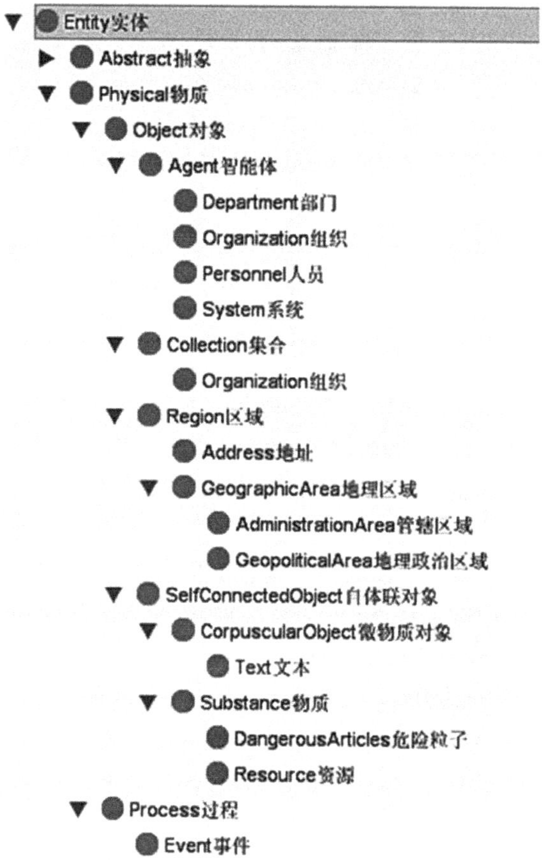

图 3-13 预案上位本体知识表示（二）

其中，事件（Event）是过程（Process）和状态转移（State Transition）的子类，表示突发事件的爆发及演化的过程，还可以有多个子事件。角色（Role）表示处置事件的相关组织和机构发挥的作用，是抽象（Abstract）的子类。智能体（Agent）和对象（Object）是子类和父类的关系，表示应对突发事件的部门（Department）、组织（Organization）、系统（System）、相关人员（Personnel）等执行主体。事件与智能体通过属性 hasPresence 相关联，智能体和角色之间通过属性 hasRole 相关联。

3.3.3　领域本体知识实现

应急领域本体知识表示，主要是形式化描述应急预案体系、应急预案中的概念及其之间的关系。通过对应急预案文档内容的研究和分析，基于应急预案上位本体的描述抽取相关的概念，构建预案领域本体知识。我们对抽取的相关概念和属性进行描述，具体实现如下。

非常规突发事件：是预案上位本体中继承类“Event 事件”的子类，指复杂多变、无显著征兆、发生频率小，造成的经济损失和社会影响巨大且具有潜在危害性的事件。根据事件的性质和发生机理，非常规突发事件主要分为自然灾害类、事故灾难类、公共卫生事件类和社会安全事件类，这四者又是非常规突发事件的子类。

级别（Level）：是预案上位本体中继承类“Class 类别”的子类，包含四个实例，即特别严重、严重、较重、一般。

应急预案（EP）：是预案上位本体中继承类“Text 文本”的子类，由总体应急预案、专项应急预案、现场处置预案构成，这三者又是应急预案的子类，指针对可能发生的非常规突发事件，为保证迅速、有效地实施应急救援行动、使事故造成的损失最小化而提前制订的计划或方案。

预案类型：是预案上位本体中继承类“Class 类别”的子类，包含四个实例，即自然灾害类、事故灾难类、公共卫生事件类、社会安全事件类。

应急资源（Emergency Resource）：是预案上位本体中继承类“Resource 资源”的子类，包括物资、人力、设备、通信四个子类。

应急预案管理主体（EPMS）：是预案上位本体中继承类“Department 部门”和“Organization 组织”的子类，指应急预案体系的编制和管理主体，负责组织和管理应急预案，包含应急指导机构、专项指挥机构、下级管理机构三个子类。

应急预案执行主体（EPES）：是预案上位本体中继承类“Department 部门”和“Organization 组织”的子类，是应急预案的执行实体，包括救援部门、物资保障部门两个子类。

应急组织：是预案上位本体中继承类“Department 部门”和“Organization

组织”的子类，指应对突发事件的相关机构、系统、人员，从职能上分类包括应急预案管理主体和应急预案执行主体两个子类。

应急过程：是预案上位本体中继承类“Process 过程”的子类，是对应急响应及预案实施的具体描述，包括资源调配、人员救助、灾后处理等过程。

应急预案体系（EPS）：是预案上位本体中继承类“Set 类”的子类，包括由若干应急预案组合而成的一个应急预案库、应急预案管理主体、应急预案执行主体、应急预案体系元数据。

应急预案体系元数据（EPSMD）：描述应急预案的基本要素，包括类型、响应等级、区域等。

非常规突发事件通过属性“hasLevel”与级别关联，应急预案通过属性“hasProcess”与应急过程关联，应急预案通过属性“hasTask”与应急组织关联，应急组织通过属性“useResource”与应急资源关联，应急资源通过属性“hasPresence”与应急过程关联，应急组织通过属性“exePlan”与应急预案关联，应急预案通过属性“hasCategory”与类型关联，级别与类型之间通过属性“correspond”关联。具体的应急预案领域本体的概念关系如图 3-14 所示（其实预案本体中的概念关系远不止这些，由于篇幅有限，这里不再分析。各概念的子概念关系没有展开，其具体的概念和属性在 3.4 节预案本体模型实现中说明）。

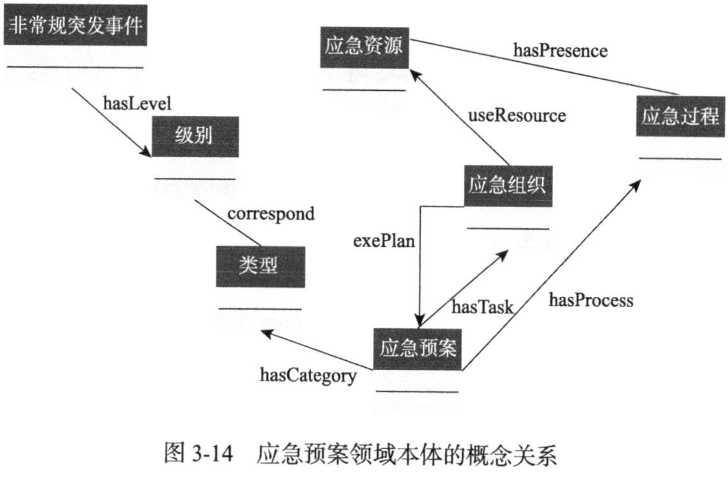

图 3-14　应急预案领域本体的概念关系

3.3.4　应急预案本体模型构成

应急预案在结构化分解后各概念及逻辑关系复杂，加之本体模型定义的约束规则和表示的知识结构，使得整个应急预案数字化的存储具有复杂性。处理不妥会导致预案结构化信息的丢失，不利于后续数字化应急预案的检索和动态生成机制的实现。因此，构建非常规突发事件的本体模型不仅有益于整体预案的信息保留，也有利于符合需要的应急预案的快速生成。本书根据某些学者关于本体构成元素的研究总结，将非常规突发事件应急预案本体模型 EPOnto（emergency plan ontology）定义为一个五元组：

定义 3-1　EPOnto = {EP_Concepts, EP_Relations, EP_Functions, EP_Axioms, EP_Instances}。

为了直观地描述本体模型中的概念及其关系，用图 3-15 给出 UML 语言表示的 EPOnto 模型。下面分别详细阐述 EPOnto 模型中的各个元素。

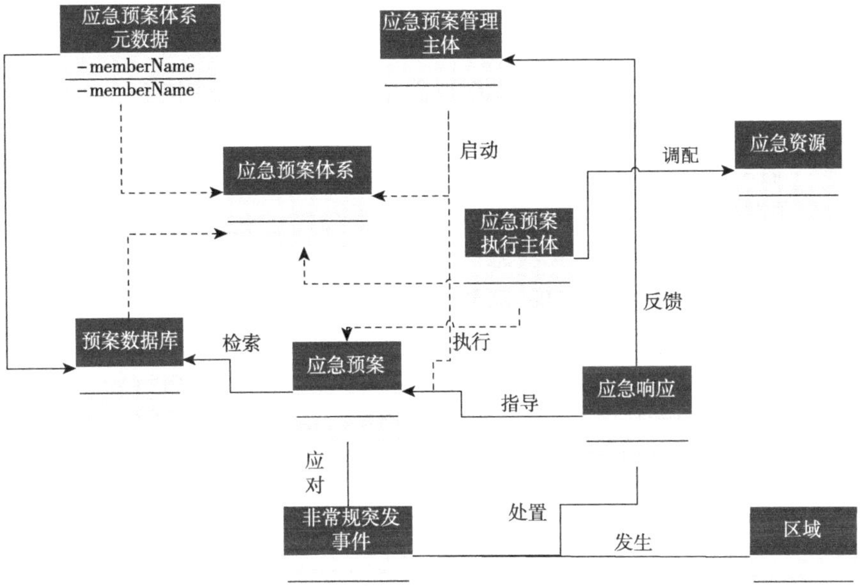

图 3-15　UML 语言表示的模型 EPOnto

定义 3-2　EP_Concepts = $\{C\}$。其中，C 为应急预案体系本体的概念集合。先明确 EPOnto 模型中的一些概念：应急预案库是应急预案的集合；区域是事件爆发的地点；实施过程是当非常规突发事件发生时，相关组织机构通过应急响应，根据事件的具体演变情况生成合适的处置应对方案并执行方案。其他概念在 3.3.3 小节已详细表述。

定义 3-3　EP_Relations = $\{R(C_1,C_2) \mid C_1,C_2 \in C\}$。其表示应急预案概念间关系的集合，在 EPOnto 模型中，主要关系有组合、继承和关联三种。

定义 3-4　组合关系：component-of 或 composed-of 是部分与整体关系之中的一类特殊关系，表示集合与组成元素之间的关系，且 component-of 和 composed-of 互逆。

定义 3-5　继承关系：若概念 C 与 D 之间具有继承关系，则 C 是 D 的子类，

D 是 C 的父类，用 $C \subseteq D$ 来表示，继承关系可以传递。若 C 是 D 的特殊子类，则附加定义 D 的特殊属性表示。例如，应急组织是调配应急资源应对处置突发事件的组织：

$$\text{EOrganization} \subseteq \text{Organization} \cap \forall \text{useResource.EPES} \cap \forall \text{hasProcess.UEmergency}$$

定义 3-6 关联关系：基于概念的关联关系某种程度等价于概念的属性，即可用概念属性定义。例如，应急预案体系具有以下属性：应急预案管理主体、应急预案执行主体和应急预案体系元数据，即

$$\text{EPSystem} \subseteq \text{Metadata.EP} \cap \forall \text{Managment.EPSubject} \cap \forall \text{Exe.EPSubject}$$

其他的主要关联关系如下（具体的应用表示反映在图 3-8 中）。

（1）反馈：突发事件的情况及时反映到应急预案管理主体。

（2）指导：结合突发事件的具体情况统筹指示事件应对工作。

（3）启动：当发生突发事件时，应急预案管理主体立即启动相应的应急预案，应急预案执行主体实施对应的处置方案。

（4）处置：应急组织根据应急预案应对突发事件的处理过程。

（5）应对：面临突发事件的决策过程。

（6）调配：应急组织在救援过程中对资源的合理使用。

定义 3-7 $\text{EP\_Functions} = \{F\text{: } C_1 \times C_2 \times \cdots \times C_{n-1} \to C_n, C_i \in \text{EP\_Concepts} \cup \text{EP\_Relations}\}$ 是概念间的特殊关系，表示本体模型的第 n 个概念的关系可以根据前 $n-1$ 个概念唯一确定。例如，根据突发事件的类型、级别、地理位置和应急组织可以确定响应的应急预案。具体事件可以表述为：某市发生 10 人以上受伤重大群体性事件，则某市公安局启动Ⅱ级应急响应，即 F（群体性事件，重大，某市区，某市公安局）→Adopt（Ⅱ级应急响应）。

定义 3-8 $\text{EP\_Axioms} = \{A\}$。A 在应急预案体系中是永真的断言。

在 EPOnto 模型中，公理的类型如下：

定义 3-9 类的存在公理：表示本体中最基本的概念可以通过一个名称唯一确定。例如，概念应急预案可以通过 EPlan 表示确定。

定义 3-10 子类关系公理：表示继承关系中的永真公理。例如，专项应急预案是应急预案的子类，即 $\text{SpecialEP} \subseteq \text{EPlan}$。

定义 3-11 等价关系公理：表示某个类是另一个类的等价类。例如，应急事件和非常规突发事件是等价的类。

定义 3-12 排他关系公理：表示某个类和另一个类互斥，即两个类之间没有共性。例如，子类 C_i 和 C_j 之间互斥，记为：$C_i \in \neg C_j$。在 EPOnto 模型中，总体预案和专项预案是互不交叉的应急预案的子类，记为：$\text{GenenalEP} \in \neg \text{SpecialEP}$。

定义 3-13 实例关系公理：表示类和实例之间的关系，实例是概念类的个体。例如，$C(a)$ 表示 a 是概念 C 的实例。

定义 3-14　$EP\_Instances = \{I \mid C(I) \in EP\_Concepts \cup EP\_Relations\}$，表示应急预案中概念和关系的实例化。

3.3.5　应急预案本体模型的实现

本体模型针对某一领域的相关概念知识进行建模，本部分在前面上位本体知识表示和领域本体知识表示的基础上，重用基于 SUMO 上层本体定义的概念及概念之间的关系，结合应急预案领域本体的知识表示，对应急预案领域知识的概念进行扩展，从而实现应急预案本体知识的形式化构建。本体模型的实现是先确定预案本体的领域和范畴（根据定义，预案本体是面向非常规突发事件的应急领域），再抽象出本体的核心概念，接着定义类与类之间的层次关系和类的属性建立本体框架，最后创建实例。本体的本体模型建模都是围绕应急预案这个核心概念进行的，将其概念抽象出来，再描述每一层概念模型，由子概念表示，具体如图 3-16 和图 3-17 所示（概念间的关系描述在 3.2 节已详细说明）。

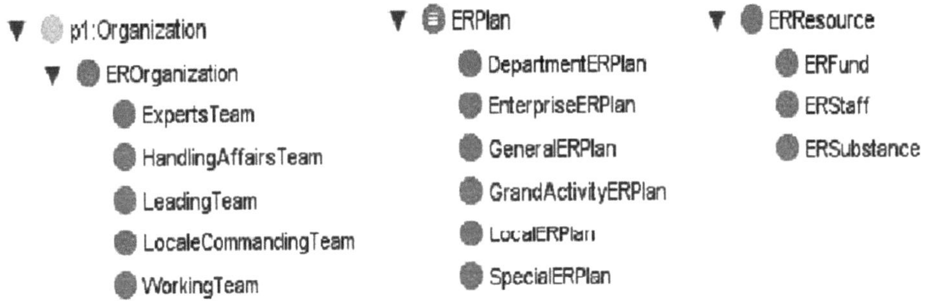

图 3-16　类与类之间的层次关系和类的属性（一）

从逻辑推理能力、语义表达能力及应急预案领域关系的复杂性等方面综合考虑，本书采用 protégé 3.1 作为本体编辑工具，采用 OWL 作为本体描述语言。

1. 公理的实现

公理是无须证明的正确的假设，公理也是逻辑表达与语义推理的前提，本体中的公理主要描述类、属性、实例之间客观存在的一些关系。本书基于 OWL 实现了以下几个主要的公理：类的存在公理、子类关系公理、等价关系公理、排他关系公理及实例关系公理等。

（1）类的存在公理，表示本体中最基本的概念（类）可以通过一个名称唯一确定。OWL 利用 rdf:ID 定义类的名称，并假设这个类的存在为公理。例如，

```
<owl:Class rdf:ID="ERRole"/>
```

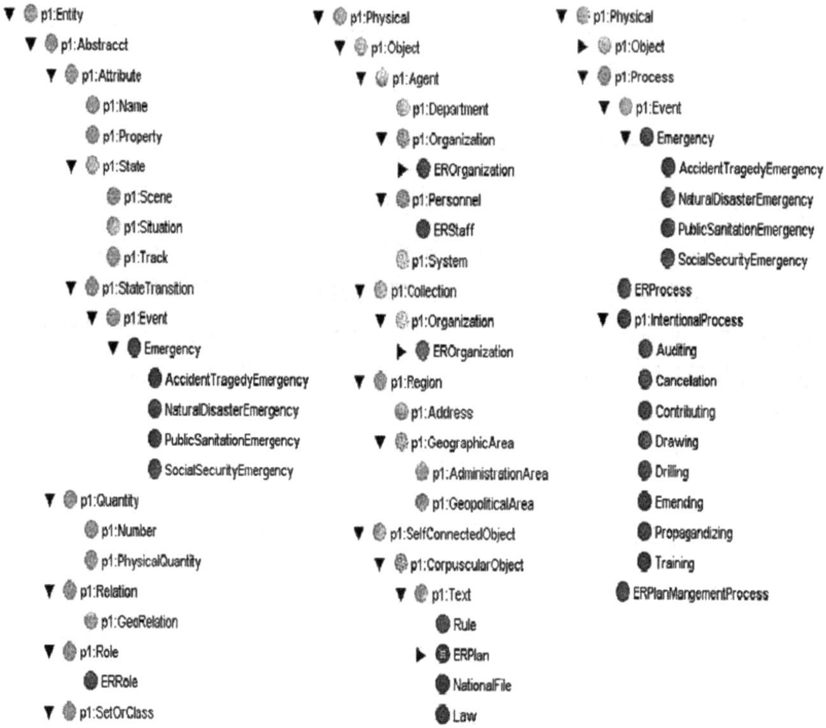

图 3-17　类与类之间的层次关系和类的属性（二）

（2）子类关系公理，表示某个类是另一个类的子集。OWL 使用 RDF Schema 中的 rdfs:subClassOf 属性描述子类关系。例如，

```
<owl:Class rdf:ID="突发公共事件总体应急预案">
  <rdfs:subClassOf >
      <owl:Class rdf:ID="突发公共事件应急预案"/>
  </rdfs:subClassOf >
</owl:Class>
```

（3）等价关系公理，表示某个类和另一个类是等价的。OWL 使用 owl:equivalentClass 属性描述等价关系。例如，

```
<owl:Class rdf:about="#突发公共事件">
  <owl:equivalentClass rdf:resource="Emergency"/>
</owl:Class>
```

（4）排他关系公理，表示某个类和另一个类完全不相同，即两个类之间没有共同的个体。OWL 使用 owl:disjointWith 属性描述排他关系。例如，

```
<owl:Class rdf:ID="自然灾害类突发公共事件">
  <owl:disjointWith>
```

```
        <owl:Class rdf:ID="事故灾难类突发公共事件"/>
    </owl:disjointWith>
  </owl:Class>
```

（5）实例关系公理，表示类的实例和类之间的关系，类似于面向对象中的对象和类之间的关系。例如，

```
<国家突发公共事件总体应急预案 rdf:ID="总体应急预案"/>
```

2. 概念的实现

概念是本体模型最基本的组成部分，在 OWL 中，概念也称为类。类的表现形式有许多种，最基本的有六类，即简单类、枚举类、对属性制约的类、由类的交集定义的类、由类的并集定义的类及由类的补集定义的类。应急预案领域本体中各种类的实现如下。

（1）简单类是 OWL 中最基本的类。例如，表示“突发公共事件应急预案”的类用如下代码实现：

```
<owl:Class rdf:about="#突发公共事件应急预案">
```

（2）枚举类是类的实例的集合，OWL 中用 rdf:parseType=“Collection”描述枚举类型的类，用 owl:one of 描述集合中的每个实例，且集合中必须将所有实例枚举完备。例如，表示按照严重程度、可控性及影响范围等因素，将“突发公共事件”划分“级别”，分别为“一般”“较大”“重大”“特别重大”四级，用如下代码实现：

```
<owl:Class>
   <owl:one of rdf:parseType="Collection">
         <Level rdf:ID="一般"/>
         <Level rdf:ID="较大"/>
         <Level rdf:ID="重大"/>
         <Level rdf:ID="特别重大"/>
   </owl:one of>
</owl:Class>
```

（3）对属性制约的类，属性制约的情况有两种，分别是对属性值（value constraints）的制约和属性值个数（cardinality constraints）的制约。属性制约的代码如下所示：

```
<owl:Restriction>
   <owl:onProperty>
         <owl:ObjectProperty rdf:ID="要制约的属性"/>
   </owl:onProperty>
<制约条件>
```

```
</owl:Restriction>
```

属性值被制约指该类的某个属性的取值范围被限制，它又可以分为以下三种情况：所有属性值都被限制（owl:allValuesFrom），至少一个属性值被限制（owl:someValuesFrom），含某个制约的属性值（owl:hasValue）。这三种情况在应急预案领域本体模型中都没有出现。

属性值个数被制约是指对类的特定的属性值进行个数的限制，它又可以分为以下三种情况：限制值的最多数目（owl:maxCardinality），限制值的最少数目（owl:minCardinality），指定值的数目（owl:Cardinality）。在应急预案领域本体模型中，指定值的数目（owl:Cardinality）用于指定在某一应急预案中包含的应急组织体系、应急资源保障、应急处置过程及应急预案管理过程的数目，值都是 1。例如，指定应急预案中只能包含一个应急组织体系，用如下代码实现：

```
<owl:Restriction>
  <owl:onProperty>
  <owl:ObjectProperty rdf:ID="hasEROrganizationSet"/>
  </owl:onProperty>
  <owl:cardinality rdf:datatype="#int">1</owl:cardinality>
</owl:Restriction>
```

（4）由类的交集定义的类，可以通过代码 owl:instersectionOf 实现，应急预案领域本体中没有涉及由类的交集定义的类。

（5）由类的并集定义的类，可以通过代码 owl:unionOf 实现，应急预案领域本体中没有涉及由类的并集定义的类。

（6）由类的补集定义的类，可以通过代码 owl:complementOf 实现，应急预案领域本体中没有涉及由类的补集定义的类。

3. 关系的实现

本体中的关系一般是指概念之间、概念与实例之间或概念与属性之间的交互、映射或者关联，形式上定义为 n 维笛卡儿乘积的子集：R: $C_1 \times C_2 \times L \times C_n$。在 OWL 中，关系也称为属性，是描述两个项（类、实例、数据类型、子属性等）之间的一种二元关系。OWL 按照描述属性的数据类型将属性分为两类，即对象属性和数据属性。

对象属性将主体所属类的个体和客体所属类的个体联系起来。例如，hasPresence 描述了某一应急处置过程与应急人员之间的参与关系。在 OWL 中，对象属性用 RDF 的 rdf:Property 类的子类 owl:ObjectProperty 描述。

数据属性将主体所属类的个体和某一数据类型联系起来。例如，Title 和 Identifier 分别描述了某一应急预案的名称和编号，其数据类型分别是字符串型（string）与整型（int）。在 OWL 中，数据属性用 RDF 的 rdf:Property 类的子类

owl:DatatypeProperty 类描述。

属性的域（rdfs:domain）描述了该属性的主体可以是哪些类或类的实例，与之相对应，属性的取值范围（rdfs:range）描述了该属性的客体可以是哪些类或类的实例。属性的域（domain）和取值范围（range）既可以有一个值也可以有多个值。例如，属性 occupies 描述了“应急人员”担任一定的“应急角色”，代码如下：

```
<owl:ObjectProperty rdf:ID="occupies">
  <rdfs:domain rdf:resource="#应急人员"/>
  <rdfs:range rdf:resource="#应急角色"/>
</owl:ObjectProperty>
```

当属性的域（domain）或者取值范围（range）有多个值时，用并集 Collection 描述。例如，属性 hasPlan 描述了某一个“应急预案体系”所包含的元素包括“总体应急预案”“专项应急预案”“部门应急预案”“地方应急预案”“企事业单位应急预案”及“重大活动应急预案”，代码如下：

```
<owl:ObjectProperty rdf:ID="hasPlan">
  <rdfs:domain rdf:resource="#应急预案体系"/>
  <rdfs:range>
      <owl:Class>
        <owl:union of rdf:parseType="Collection">
                <owl:Class rdf:about="#总体应急预案"/>
                <owl:Class rdf:about="#专项应急预案"/>
                <owl:Class rdf:about="#部门应急预案"/>
                <owl:Class rdf:about="#地方应急预案"/>
                <owl:Class rdf:about="#企事业单位应急预案"/>
                <owl:Class rdf:about="#重大活动应急预案"/>
        </owl:union of>
      </owl:Class>
  </rdfs:range>
</owl:ObjectProperty>
```

4. 注释的实现

添加注释是在任何代码编写过程中必不可少的，本体编码也是如此。添加注释可以使得类或属性的含义更加明确、具体。在本体的编码过程中，既可以对类添加注释又可以对属性添加注释，分别介绍如下。

（1）类的注释。例如，为类“突发公共事件”添加注释，用于解释预案中所指突发公共事件的含义。

```
<owl:Class rdf:about="#突发公共事件">
```

<rdfs:comment rdf:datatype="http://www.w3.org/2001/XMLSchema#string">

突发公共事件是指突然发生，造成或者可能造成重大人员伤亡、财产损失、生态环境破坏和严重社会危害，危及公共安全的紧急事件。</rdfs:comment>

</owl:Class>

（2）属性的注释。例如，为属性 occupies 添加注释，用于指明该属性的含义是“担任”。

<owl:ObjectProperty rdf:about="#occupies">

<rdfs:comment rdf:datatype="http://www.w3.org/2001/XMLSchema#string">

担任</rdfs:comment>

</owl:ObjectProperty>

3.4 基于顶层本体的应急预案语义模型构建

本部分，我们在 3.3 节对应急预案内容结构进行分析的基础上，结合本体开发方法设计应急预案本体开发步骤，将 OWL 本体组成部分与本体建模元语建立映射，构建应急预案的本体模型；初步引入应急情景概念，诠释情景模式中数字化应急预案的语义内涵，并挖掘应急情景元素与应急预案概念之间的语义关联关系；最后，在建立一定情景预案知识匹配与推送规则的基础上，构建一种情景模式中动态救援过程的表示方法，并利用本体映射的集成方法将应急情景本体与应急预案本体进行整合，用实例来验证集成模型的可行性。

领域本体库的构建需要全面分析国内外应急系统智能决策理论和应用规范，我们收集了 8 000 多篇我国中央及各省市（地级市）的应急预案，包括自然灾害、事故灾难、公共卫生事件和社会安全事件 4 个大类，以及 19 个小类：水旱灾害、气象灾害、地震灾害、地质灾害、海洋灾害、生物灾害、森林草原火灾；工矿商贸等企业的各类安全事故、交通运输事故、公共设施和设备事故、环境污染和生态破坏事件；传染病疫情、群体性不明原因疾病、食品安全和职业危害、动物疫情；恐怖袭击事件、经济安全事件和涉外突发事件。使用中国科学院研发的 ICTCLAS 软件对每一篇应急预案进行切词，去掉停用词、数字、无实义词等，共抽取近万个（9 148 个）概念词。

3.4.1 基于 OWL 的应急预案本体建模

1. 现有应急预案的内容分析

对所有不同类型、不同行政层次的应急预案进行分析，发现目前应急预案的结构特征体现为“行政级别越高，应急预案的结构内容越完善”，因此对现有应急预案的构成进行分析时，重点分析了 300 多篇国家、省级（直辖市）的应急预案，包括《国家突发环境事件应急预案》《国家自然灾害救助应急预案》《江苏省防汛防旱应急预案》等，按照已有的结构目录进行统计分析，发现一级目录里面的“总则”“组织机构与职责”“应急响应”“应急保障”“附则”等内容出现率在 80%以上，而且出现诸多相同意义的词汇，如组织机构与职责、组织指挥与职责、组织指挥机构与职责、应急组织指挥体系及职责等。这种高频率应急预案的词汇包含着各自深刻的含义。“总则”本身并没有任何含义，但其包含“编制依据、编制目的、适用范围”等，“编制目的”和“适用范围”直接面向应急预案的实际应用，“编制依据”则关系着应急预案的可行性；应急预案中的“组织机构与职责”明确描述了在突发事件面前应急指挥组的成员组成及各部门机构的任务与责任；“应急响应”则规定了突发事件的响应级别、预警、响应行动及应急处置等；“应急保障”主要以拯救受灾群众的生命安全为核心，阐述应急救援的人力、物力、财力等资源的保障供给工作；“附则”主要包含应急预案的解释说明、制订与修订等，保证应急预案的可用性。除此之外，应急预案中还包含监测、培训演练、宣传教育、后期评估与善后处理、奖励与处罚等内容。

文本形式应急预案属于静态知识的描述，决策者在应对突发事件之前需要通过阅读或者由他人解读应急预案，不能直观快速地了解到需要获取的信息，将应急预案进行数字化能够实现让计算机理解，能够快速给决策者呈现应急预案中的辅助信息。下面在对应急预案内容分析总结的基础上，结合 OWL 本体描述语言进行应急预案的数字化建模。

2. 应急预案本体模型的构成

为了在应急预案本体模型中准确表达应急预案中的知识内容，应急预案本体模型的构建将借助本体五大建模元语（概念、关系、函数、公理、实例）来实现，依此可将应急预案本体模型定义为

$$\text{EPOnto}=\{\text{EP\_Concepts},\text{EP\_Relations},\text{EP\_Functions},\text{EP\_Axioms},\text{EP\_Intansces}\}$$

即应急预案本体可以定义为：应急预案概念集、关系集、函数集、公理集、实例集的集合函数。

领域专家参与、配合完成领域本体库的定义。上文列举并解释了一些概念和术语，阐述了它们之间的关系，明确了概念的内涵与外延，同时定义了本体中概念的四种基本语义关系。根据在实际应用中出现的问题，我们也定义了领域本体中的一些特殊关系，如在应急管理的领域本体中，对于应急预案与其适用范围是一个关系，即 *XX* 应急预案适用于 *YY* 范围，用关系式表示为：适用范围（*XX* 应急预案,*YY* 范围），而对于关系的约束，在适用范围这个关系中约束表达为应急

预案有一个或多个适用范围，在 OWL 中采用“cardinality”（基数约束）等来实现关系属性的约束限制。

3. 应急预案本体模型的构建步骤

本体模型的构建是针对某一领域中的相关知识进行建模的，因此需要先确定领域和范畴；为了避免做重复冗余的工作，该领域中的本体模型应该能够实现本体复用及扩展，在构建新的本体模型之前，需要考察一下已有模型的复用性和扩展性，但是应急领域应急预案本体的研究刚起步不久，没有成熟的本体模型，在此不再考查复用；在本体模型构建的后续工作中，本体的关系集、函数集、公理集及实例集都是以概念集里的概念类为出发点，因此构建本体模型中的概念集成为本体模型的基础工作。将应急预案本体模型构建步骤概括为图 3-18。

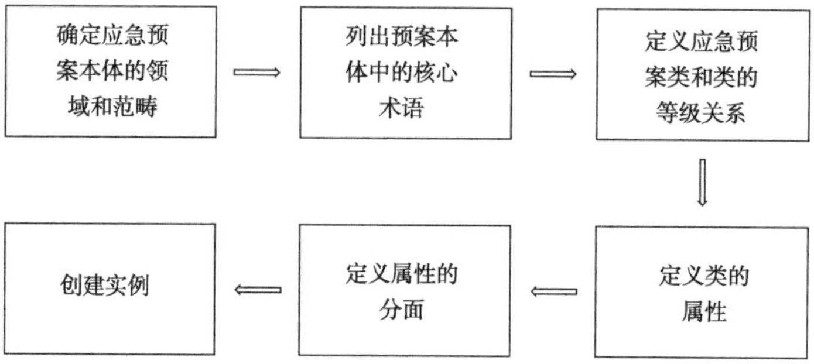

图 3-18　应急预案本体模型构建步骤

下面将依据上述步骤对应急预案进行建模。

1）确定应急预案本体的领域和范畴

应急预案包括应急指挥组织、应急响应、应急资源和后期恢复等方面。

应急预案本体是面向突发性公共事件的应急领域，针对应急预案的内容和作用，在基于 SOM（self-organization mapping，自组织映射）网络应急预案知识语义词典构造实验的基础上，进行应急预案的本体构建。

2）构建模型列出预案本体中的核心术语

从应急预案知识语义词典构造实验和应急预案本身的内容出发，进一步分析实验的结果和预案的组成部分，将应急预案中的一级核心术语进行抽象概括（图 3-19），并且对这些核心术语进行深层剖析。

（1）应急预案。应急预案是对应急突发事件所需要的资源调度、部门协作、信息发布等救援措施的抽象性概括的词汇，在预案本体中处于最核心的抽象概念层。

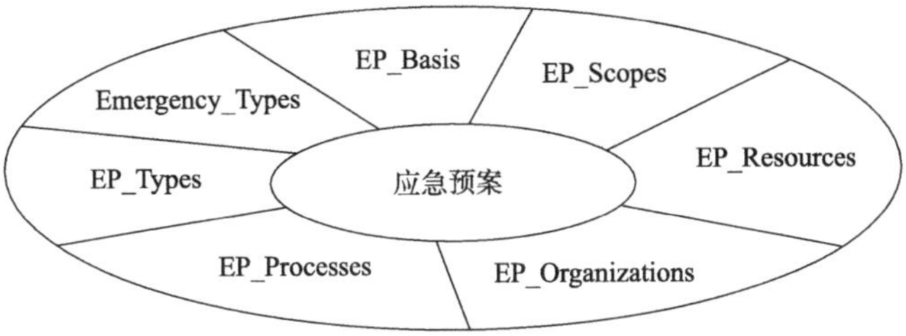

图 3-19　应急预案中的一级核心术语

（2）EP_Basis。EP_Basis 是应急预案的编制依据，如《国家地震应急预案》的编制依据是《中华人民共和国突发事件应对法》《中华人民共和国防震减灾法》等法律法规和国家突发事件总体应急预案等；《江苏省重特大道路交通事故应急预案》的编制依据是《中华人民共和国道路交通安全法》《国家安全生产事故灾难应急预案》《江苏省道路交通安全条例》《江苏省突发公共事件总体应急预案》及其他有关规定。由此，可将编制依据抽象总结为法律、条例、总体应急预案，即<Laws,Rules, GeneralEP>。

（3）EP_Scopes。EP_Scopes 是指应急预案的适用范围。每个应急预案都有其特定的适用范围，如《南京市地震局地震应急预案》“适用于南京市地震局和县（区）地震部门应对突发地震事件的应急处置工作”；《四川省突发环境事件应急预案》“适用于我省行政区域内发生的特别重大、重大突发环境事件以及跨省（区、市）行政区域突发环境事件的应急处置并指导市（州）突发环境事件的应对处置”。包含适用的行政区域（Executive_Areas）、事件类型（Emergency_Type）、事件级别（Emergency_Level），即<EA,ET,EL>。

（4）EP_Resources。EP_Resources 是指应急预案中涉及的应急资源，具体包括医疗救援队伍、工程抢险队伍、医疗救助物资、通信保障资源、运输保障资源、应急资金、应急避难场所等。据此按照应急资源的种类，将应急资源抽象概括为人力资源（HumanRes）、物力资源（MaterialRes）和财力资源（FinancialRes），即可建立应急资源的简易模型为 EP_Resources=<HumanRes, MaterialRes, FinancialRes>。

（5）EP_Organizations。EP_Organizations 是指应急预案指挥体系中的组织和机构，如国家（省、市）地震局、国家（省、市）电力局、国家（省、市）政府、总/副指挥等。应急指挥组织是应急预案的特殊概念，在具体应急预案中，必须有明确的指挥组织机构名单、指挥人员名单及这些组织机构和指挥人员的明确职责，除最高级指挥组织外，其他指挥组织都处于指挥与被指挥的位置。在此抽象概括为政府（Gov）、部门机构（Dep）、指挥组（Direct_Group）、专家组（Specialists），则可构建应急组织模型 EP_Organizations=<Gov,Dep,Direct_Group,Specialists>。

（6）EP_Processes。EP_Processes 是指应对突发性紧急事件的过程（应急过程）。按照事件发生发展的常态，将应急过程概念化为应急监测（E_Forecast）、应急预警（E_Alarm）、应急响应（E_Respond）、应急保障（E_Guarantee）、后期处理（Later_Dispose）。应急过程是动态发展的过程，可视为一个单独的研究领域，在此不再做深入研究。本次构建预案本体，仅仅表示各个阶段所需要的相关部门及所需做的工作。

（7）EP_Types。EP_Types 是指应急预案的类型，根据应急预案的作用和针对的突发事件范围，应急预案可分为总体应急预案（GeneralEP）、专项应急预案（SpecialEP）、部门应急预案（DepEP）、地方应急预案（LocalEP）、企事业单位应急预案（EnterpriseEP）及重大活动应急预案（ImportantEP）六个预案概念类型。

（8）Emergency_Types。Emergency_Types 是指突发事件的类型，通过对 1 000 套应急预案所涉及的突发事件类型的统计分析，并参考官方网站对突发事件的解释说明，得出突发事件可分为自然灾害、事故灾难、公共卫生事件和社会安全事件四大类概念。对每一类概念还可以进行更多深层次划分，如自然灾害包含水旱灾害、气象灾害、地质灾害、海洋灾害、生物灾害和森林草原火灾六种次级概念。

除此之外，定义 EP_Others 表示应急预案的其他相关概念，如预案编制目的、编制原则、附则等。

综合以上概念及子概念，建立应急预案本体建模元语的概念模型。EP_Concepts 模型可定义如下：

EP_Concepts=<EP,EP_Basis,EP_Scopes,EP_Resources,EP_Organizations,EP_Processes,EP_Types,Emergency_Types,EP_Others>

3）定义应急预案类和类的等级关系

本部分结合上文对概念的分析，采用自顶向下方法构建应急预案概念体系结构。目前，已借助 SUMO 标准顶层本体，实现对应急资源、应急组织、应急事件和应急预案的本体表示，并构建应急领域语义模型体系。我们对应急预案概念体系进行类化，可将应急预案本体的类及其等级结构表示成如图 3-20 所示，由于篇幅问题，在此只显示二级等级关系，更多等级将在 OWL 表示的层次概念结构图中显示。

4）定义类的属性

定义应急预案的类及其层级结构，仅仅表示的是应急预案领域的一个框架结构和父子类之间的继承关系。本部分的主要任务是在已定义概念类的基础上，定义类的相关属性。为了使应急预案更好地用 OWL 语言描述，将关系属性的主要形式定义为“Is…”“Has…”的格式，如总体预案“Is-a”预案类型，应急监测“IsPartOf”应急过程，应急预案“HasEmergencyOrgs”指挥组，应急预案“HasResource”应急资源；也含有具有实际意义的属性，如应急预案“AccordingTo”编制依据，应

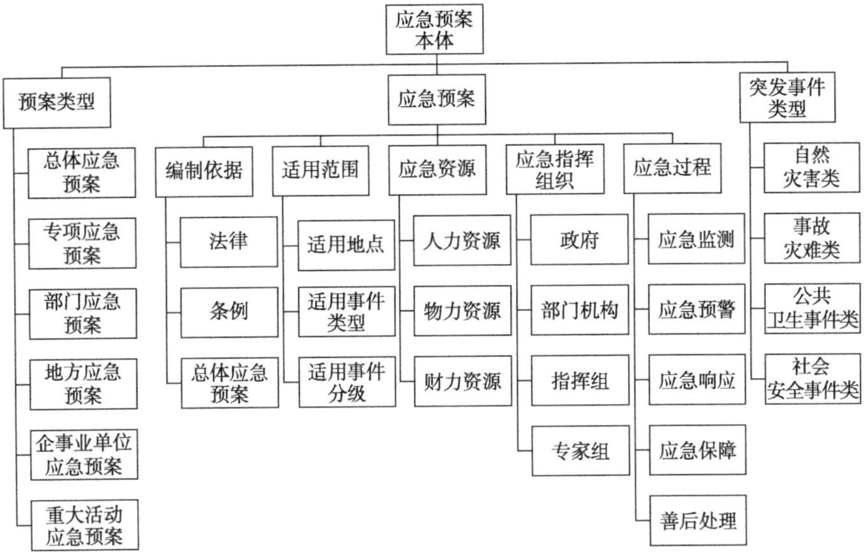

图 3-20　应急预案本体的类及其等级结构表示

急预案“ApplyTo”适用范围；单个类或实例用具体数据属性和对应的数值来描述，如应急预案的预案名称（EP_title）、编制目的（EP_Purpose）、编制原则（EP_Principle）、编制单位（EP_Creator）等。

对上述关系属性进行分析，可将其分为父子类（Father-Son)、总分类（Whole-Part）和特殊作用类（Special-Function）三类关系。

父子类关系：即子类继承父类的关系属性，如“Is-a”，法律“Is-a”编制依据，人力资源“Is-a”应急资源。

总分类关系：即整体与部分的关系，如“Has—”，应急指挥组织“HasGov”省政府，应急预案“HasResource”应急资源。

特殊作用类关系：在应急预案中这种关系包括领导、指挥、适用（于）、存储（在）、管理、调度、分配、利用等不同概念类之间的具体作用关系。这些关系对应于建模元语中的关系元语，即 EP_Relations=<Father-Son，Whole-Part，Special-Function>。

5）定义属性的分面

本部分的任务就是对应急预案类和属性的相关特征进行分面。将属性分为描述类或个体之间关系的对象属性和描述单个类或个体的数据属性：对于一个数据属性，分面可用来描述取值的类型、允许取值的范围、取值的个数等；对于对象属性，分面可以描述属性是否具有函数性、逆反性、传递性、对称性等特征。这些在用 Protégé 软件构建应急预案本体时，都有所体现。例如，对于属性“AccordingTo”，将其定义域和值域分别定义为类“应急预案”和类“编制依据”；

事件级别取值类型为“integer”等。

6）创建实例

本部分的任务是类的实例化，规则就是先确定一个类，然后创建这个类的实例，依据是对应急预案进行分词抽词得到的词汇库。将大量的实例赋予相应的属性和值，就形成了应急预案的知识库。构建的实例就是建模元语中 EP_Instances 所描述的内容。

3.4.2 本体建模元语言与 OWL 本体组成的映射关系

OWL 本体主要有四个重要的组成部分：类、个体、属性特征，以及穿插在这三个部分中的公理，具体为类公理（Classaxioms）、个体公理（Individualaxioms）和属性公理（Propertyaxioms）。这些内容与本体建模元语言的对应关系是此次本体构建的重要依据，它们之间的映射关系如图 3-21 所示。

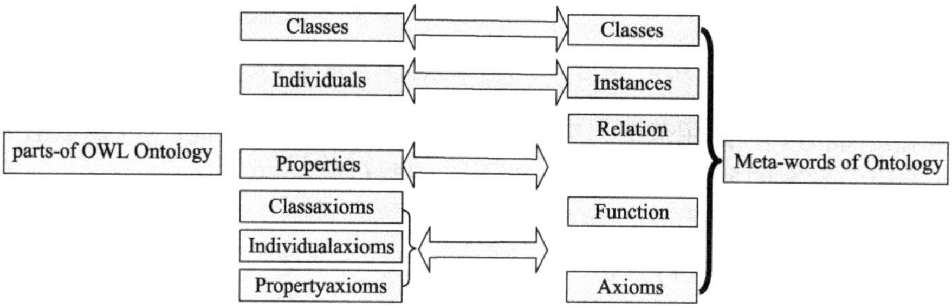

图 3-21　内容与本体建模元语言映射关系

其中，OWL 的 Classaxioms 有 SubClassOf（父子类关系）、EquivalentClass（等价类关系）、Disjointwith（不相交关系），Individualaxioms 有 SameAs（两个实例同指一个事物）、DifferentFrom（两个 URI 引用指向不同的实例）、AllDifferent（声明列表中的实例各不相同），Propertyaxioms 有 domain（属性的定义域）、ranges（属性的值域）、Functional（属性的函数性）、Inversefunctional（属性的逆函数性）、Transitive（属性的传递性）、Symmetric（属性的对称性）等，这些公理在本体准确表示和有效推理方面起着重要的作用。

3.4.3 应急预案本体基础模型与可视化

依据上述映射关系，OWL 本体易实现应急预案的表达。在本体实现的过程中，以类（Classes）为出发点，构建相应个体（Individuals），再以个体（Individuals）为中心，构建实例之间的 ObjectProperty，实例本身的 DataProperty 及所对应的 Value。例如，Class“应急预案”的一个 Individual“南京市地震应急预案”，Class“应急指挥组织”的子类 Class“指挥组”的 Individual“地震应急指挥部”，这两个 Individuals 就可以通过 ObjectProperty“HasEmergencyOrgs”连接起来；对于 Individual“地震应急指挥部”，可添加 DataProperty“Components（组成）”和“Duty（职责）”及其所对应的 Value。可将此抽象表示成模型，如图 3-22 所示。

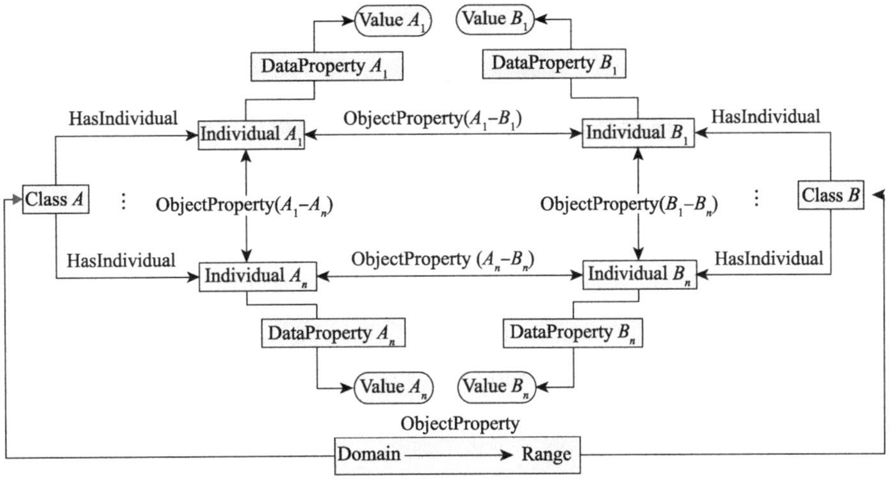

图 3-22　OWL 本体实现应急预案的表达

下面运用 Protégé 插件 OntoGraf 实现预案本体的可视化，OntoGraf 不仅可以呈现概念类的层次结构，还可以显示类的实例和对象属性关系，有利于帮助读者快速了解本体的整体结构。

3.4.4　应急领域语义字典构造及性能分析

为了更好地构建应急领域本体语义模型，我们尝试研究了应急领域专业词典的自动构造技术，通过对应急领域词汇的提取和知识特征的分析，提出了应急领域语义词典构造框架，设计了应急词汇的表示维度，构造了应急知识语义词典的自动构建体系；利用 SOM 网络对应急词汇的自然语义维度进行了实验分析，实验结果初步验证了我们的设计方案的有效性。

结合应急知识表示，我们也开始了对数字化应急预案表示的研究，在对应急预案进行分词抽词实验的基础上，结合本体建模元语，抽取预案的核心概念术语进行类化，建立概念类的相关属性和实例，进而实现应急预案本体模型的构建；为了实现应急预案的形式化表示，构建了本体建模元语与 OWL 本体组成部分的映射关系，并经过实验验证了映射关系，试图抽象总结出本体实现的一般基础模型，为基于本体的知识表示进行探索。

3.5 应急事件中不确定性知识表示

在应急管理决策系统中，应急事件的发生都有一个时效性，因此我们认为表示应急事件的知识也需要具有有效时间，未到或者超过这个有效时间都不会触发该事件。应急事件的时效信息一般来自初始的外部信息获取或专家的主观判断，也可能来自时态关系的传递。对于应急事件来说，外部信息的获取和专家的主观判断往往不能给出精确的答案，而可能只是一些不确定的时态信息。

我们引入时态信息，建立基于时态不确定性的应急知识表示模型；针对应急事件中大量的时态不确定性信息，在引入传统区间代数方法的基础上，采用对区间时间断点模糊化处理并设定其取值范围的方法，实现应急领域不确定时态知识的表示。通过时间区间集合、时态关系集合及概率指派函数合成后的更新，我们给出了时态推理下证据合成的解决方案；结合应用算例进行分析，验证了该方案的有效性。

3.5.1 应急管理决策中的时态信息及其不确定性表示

突发事件本身的不确定性及紧急状态下信息采集的时空局限性，要求应急管理知识对不确定事件能进行有效的表达。基于中介逻辑，我们研究了不确定事件的有效表示及不确定程度的度量，采用区间代数方法对不确定事件进行表示，建立了一维和 n 维情形下不确定事件的不确定程度的度量模型。在此基础上，利用中介逻辑对数字化应急预案中应急响应规则进行表达，对具体算例进行分析，初步验证了该模型的有效性。

应急管理决策中的突发事件具有突然性、不确定性、多范畴性、时态性，这四个特性对应急管理决策系统的设计提出了要求：突然性要求系统能在最短的时间内进行响应，并能结合已有知识，对突发事件的发生进行一定的预测；不确定性要求系统能够表示不确定性知识，并进行相应的不确定推理；多范畴性要求系统能同时面向不同知识领域的使用者，知识库中需要存储多领域多学科知识；时态性要求系统能够表示时态知识，并进行时态推理。由此可见，应急管理决策系统中需要引入时态知识,并在不确定推理中合理处置不同专家的相关意见和冲突，解决应急时态信息和不确定推理相结合的推理问题，从而得到更加接近现实的结果，辅助决策者进行正确决策。

1. 时间区间和时态关系的引入

我们考虑采用Allen的区间代数方法来表示应急管理决策系统中的时态知识。

例如，有如下一条信息：“西区商贸大楼九楼发生火灾，火势可能在半小时内蔓延到所有楼层，消防队预计在 15 至 20 分钟内赶到”。在这条信息中，火势的蔓延时间是由专家根据客观情况和自己的知识做出的主观判断，这是一个不确定的值；消防队的到达时间则因为受一些客观不确定因素影响（如交通状况等）也无法给出准确值。因此，区间代数方法就需要对这些不确定的时态信息加以表示。

在我们的不确定时态模型中，时态对象可以是一个时间点或者一个时间区间，因此我们分别加以讨论。

当时态信息不确定时，时间点 tp 可以表示为一个随机变量，其值分布在一个时间区间内。我们将其表示为 $\mathrm{tp} =< \mathrm{ps}, \mathrm{pf} >$，其中 ps 和 pf 是在时间轴上的实数，分别表示 tp 的最早可能时间和最晚可能时间，且有 $\mathrm{ps} \leqslant \mathrm{pf}$。令 TP 表示所有时间点的集合：

$$\mathrm{TP} = \{ < \mathrm{ps}, \mathrm{pf} > | \mathrm{ps}, \mathrm{pf} \in \mathrm{R} \vee \mathrm{ps} \in \mathrm{pf} \} \tag{3-4}$$

上述定义表明不确定时间点 tp 在 ps 和 pf 之间取值，其值是不确定的。ps 和 pf 所构成的区间根据实际需要，可以是开区间、闭区间或半开半闭区间。当 $\mathrm{ps} = \mathrm{pf}$ 时，tp 就成为一个确定的时间点。

对于确定的时间点，其定性关系有以下三种：earlier（早于），later（晚于）和 same（相同），分别简写为 e、l 和 s。令确定时间点 $\mathrm{tp}_1 = < p_1, p_1 >$，$\mathrm{tp}_2 = < p_2, p_2 >$，其定性关系定义如下：

$$\begin{array}{lllll} \mathrm{tp}_1 & \mathrm{e} & \mathrm{tp}_2 & \mathrm{iff} & p_1 < p_2 \\ \mathrm{tp}_1 & \mathrm{l} & \mathrm{tp}_2 & \mathrm{iff} & p_1 > p_2 \\ \mathrm{tp}_1 & \mathrm{s} & \mathrm{tp}_2 & \mathrm{iff} & p_1 = p_2 \end{array} \tag{3-5}$$

对于不确定的时间点，则有五种定性关系：a-e（绝对早于），a-l（绝对迟于），p-e（可能早于），p-l（可能迟于），p-s（可能等于）。令 $\mathrm{tp}_1 = (\mathrm{ps}_1, \mathrm{pf}_1), \mathrm{tp}_2 = (\mathrm{ps}_2, \mathrm{pf}_2)$，其定性关系定义如下：

$$\begin{gathered} \mathrm{tp}_1 \text{ a-e } \mathrm{tp}_2 \text{ iff } \mathrm{pf}_1 < \mathrm{pf}_2, \mathrm{tp}_1 \text{ a-l } \mathrm{tp}_2 \text{ iff } \mathrm{pf}_2 < \mathrm{pf}_1 \\ \mathrm{tp}_1 \text{ p-e } \mathrm{tp}_2 \text{ iff } \mathrm{ps}_1 < \mathrm{pf}_2 | \mathrm{ps}_2 > \mathrm{pf}_1, \mathrm{tp}_1 \text{ p-l } \mathrm{tp}_2 \text{ iff } \mathrm{ps}_2 < \mathrm{pf}_1 | \mathrm{ps}_1 > \mathrm{pf}_2 \\ \mathrm{tp}_1 \text{ p-s } \mathrm{tp}_2 \text{ iff } \mathrm{ps}_1 \leqslant \mathrm{pf}_2 \leqslant \mathrm{pf}_1 | \mathrm{ps}_2 \leqslant \mathrm{ps}_1 \leqslant \mathrm{pf}_2 \end{gathered} \tag{3-6}$$

对于时间区间来说，它是由两个时间点所组成的二元组：$\mathrm{ti} = < \mathrm{is}, \mathrm{if} >$，其中 is、if 分别表示时间区间的开始点和结束点。若对于不确定时态模型来说，is、if 便是两个随机时间变量，根据随机时间点表示方法，不确定时间区间可以表示如下：

$$\mathrm{ti} =< \mathrm{is}, \mathrm{if} >=<< \mathrm{iss}, \mathrm{isf} >, < \mathrm{defs}, \mathrm{deff} >> \tag{3-7}$$

其中，iss 和 isf 分别表示开始时间点的可能最早时间和可能最晚时间；defs 和 deff 分别表示结束时间点的可能最早时间和可能最晚时间。

对于确定性的时间区间，Allen 给出了 13 种定性的时态关系，针对不确定的时间区间，我们考虑将这 13 种时态关系加以扩展，加入模态关系 abs（绝对）和 pos（可能），并进行关系的调整，将确定和不确定时间关系统一定义和描述。令 $ti_1 =< is_1, if_1 >, ti_2 =< is_2, if_2 >$，我们利用前面定义的时间点关系来定义时间区间上的 15 种不确定的定性关系。

（1）a-b（abs-before）：ti_1 a-b ti_2 iff if_1 a-e is_2

（2）a-o（abs-overlaps）：ti_1 a-o ti_2 iff is_1 a-e is_2 a-e if_1 a-e if_2

（3）a-d（abs-during）：ti_1 a-d ti_2 iff is_2 a-e is_1 a-e if_1 a-e if_2

（4）a-a（abs-after）：ti_1 a-d ti_2 iff if_2 a-e is_1

（5）a-ov（abs-overlapped by）：ti_1 a-oi ti_2 iff is_2 a-e is_1 a-e if_2 a-e if_1

（6）a-co（abs-contains）：ti_1 a-oi ti_2 iff is_2 a-e is_1 a-e if_1 a-e if_2

（7）p-eq（pos-equal）：ti_1 p-b ti_2 iff if_1 p-e is_2

（8）p-b（pos-before）：ti_1 p-m ti_2 iff if_1 p-s is_2

（9）p-m（pos-meets）：ti_1 p-s ti_2 iff is_1 p-s is_2 | if_1 a-e if_2

（10）p-s（pos-starts）：ti_1 p-f ti_2 iff if_1 p-e if_2 | is_1 a-e is_2

（11）p-f（pos-finishes）：ti_1 p-f ti_2 iff if_2 p-e is_1

（12）p-a（pos-after）：ti_1 p-m ti_2 iff if_2 p-s is_1

（13）p-si（pos-started by）：ti_1 p-f ti_2 iff is_1 p-s is_2 | if_2 a-e if_1

（14）p-mi（pos-meet by）：ti_1 p-f ti_2 iff if_1 p-s if_2 | is_1 a-e is_2

（15）p-fi（pos-finished by）：ti_1 p-e ti_2 iff is_1 p-s is_2 | if_1 p-s if_2

上面的 15 种关系中，除了 p-eq 关系，每一种关系都能找到其反关系，如 a-b 和 a-a，p-m 和 p-mi。以模态词 abs 开始的关系和它的反关系是互斥的，以模态词 pos 开始的两个关系对则不是互斥的。虽然我们是从确定时间区间的 13 种关系上进行扩展，但在这里，我们没有定义关系 abs-equal，abs-starts，abs-startedby，abs-finishes 和 abs-finishedby，因为两个不确定的时间区间不可能存在这些关系；也没有定义关系 abs-meets，abs-meet by，pos-overlapped by，pos-overlaps，pos-during 和 pos-contains，因为这几种关系的约束条件太松，在实际中作用不大。

2. 应急突发事件的时态信息表示

当突发事件发生时，应急管理决策系统常常采用证据推理启动应急响应，一般地，推理规则可以表示为

$$\text{IF} \quad E \quad \text{THEN} \quad H$$

当引入时态性时，无论是证据 E 还是假设 H 都可以视为与时间信息相关的事件，我们用一个二元组(e, e_t)来表示证据 E，其中 e 表示证据事件描述，e_t 表示与它相关的时间区间；同样，用一个二元组(θ, θ_t)来表示假设 H，θ 表示假设事件

描述，θ_t 表示与之相关的时间区间。D-S（Dempster-Shafer）理论中 Ω 表示样本空间，这是不包含时间信息的若干互斥的事件构成的集合，那么加入时间信息后，Ω 则变为时态假设的样本空间，我们将它表示为 Θ^{T}。我们使用 $\Gamma(\theta)$ 来表示与假设相关的所有时间区间的集合，则 Θ^{T} 可表示为

$$\Theta^{\mathrm{T}} = \left\{(\theta,\theta_t) \middle| \theta \in \Omega, \theta_t \in \Gamma(\theta)\right\} \tag{3-8}$$

同时，为了保持事件之间的互斥关系，附加如下约束：

$\mathrm{IF}\forall\left(\theta^1,\theta_t^1\right),\left(\theta^2,\theta_t^2\right)\in\Theta^{\mathrm{T}}\mathrm{AND}\ \theta^1=\theta^2\ \mathrm{then}\ \theta_t^1\cap\theta_t^2=\varnothing$，它表示时态样本空间中的应急知识，如果具有相同的事件描述，那么肯定有不同的时间区间。

在引入时态性之前，证据 E 和假设 H 之间是一种因果关系：如果有证据 E 则可能会导致假设 H。引入时态性之后，E 和 H 之间不仅具有因果关系，还具有时态关系，可以是 15 种不确定性关系中的一种。我们使用 R^T 来表示二者之间所有时态关系的集合，则：

$$R^T = \bigcup_{(\theta,\theta_t)} \left\{r^T\left((e,e_t),(\theta,\theta_t)\right)\right\} \tag{3-9}$$

最后，我们同样需要对证据和假设给出基本概率指派函数 $\mathrm{mass}(e)$，相对于传统的 mass 函数来说，时态 mass 函数在满足传统概率密度函数约束的基础上，将 Θ^{T} 的元素映射到区间 $[0,1]$，而不是 Ω 中的元素。

由此，我们可以通过一个四元组 $\left(\Theta^{\mathrm{T}},\Gamma,R^T,\mathrm{mass}\right)$ 来表示应急系统中的时态 D-S 框架。它分别包含应急事件时态证据样本空间、时间区间集合、时态关系集合及应急证据概率指派函数。

下面通过水库水位线预警的例子来说明。先来看证据“今晚 19：00 到 19：30 开始下雨，平均降水量为 Q，并将持续 4 到 5 个小时”，它的时间区间和时间长度都是不确定的，我们以“今晚 19:00”为 0 时刻，可以得到 is = < 0,0.5 >，tl = < ls,lf > = < 4,5 >，计算可得时间长度 f = < 4 + 0.5,5 + 0 > = < 4.5,5 >。这样我们得到证据 E 的时态不确定表示形式：

（“天气开始下雨，平均降水量为 Q”，

<<< 1,1.25 > ,< 2,2 >> ,< 0.5,0.5 > [(A级,0.2),(B级,0.7),(C级,0.1)]）

$\mathrm{Sup}(m_1) = 2.229$

对于假设“明早 8：00 水库水位达到一级警戒线的概率为 0.4，达到二级警戒线的概率为 0.5”，它的时态形式是时间点，且为确定的时间点。我们得到假设的时态不确定样本空间为

Θ^{T} {（“水库水位达到一级警戒线”，<<< 13,13 >,< 13,13 >>,< 0,0 >>

（“水库水位达到二级警戒线”，<<< 13,13 >,< 13,13 >>,< 0,0 >>）}

分别将两个假设样本表示为 A_1，A_2，则时态概率指派函数可表示为

$$\{\text{mass}(A_1)=0.4,\text{mass}(A_2)=0.5,\text{mass}(\Omega)=0.1\}$$

最后，考察证据 E 和假设 H 之间的时态关系，二者之间的定性时态关系为：“E a-b H”，则二者之间的定量时态关系为时间区间之间的差 $<<8,8.5><12.5,13>,<12.5,13><8,8.5>>$，以上分析便确定了水库水位线预警案例中的时态不确定表示信息。

3.5.2 时态 D-S 推理的证据合成

不确定推理中有一个重要任务，就是随着证据的增加来更新信任分配，即进行证据合成。在时态 D-S 理论框架中，证据合成比传统理论复杂一些，用于合成的证据应在时态辨识框架 Θ^{T} 上保持一致，因此 Θ^{T} 无须更新。

对于应急事件时间区间集合 Γ 的更新，主要应为不同证据时间区间集合的并集，

$$\Gamma=\Gamma_1\cup\Gamma_2\cup\cdots\cup\Gamma_n \tag{3-10}$$

对于应急时态关系集合 R^T 的更新，除了要包括两个证据与假设之间的时态关系 R_1^T 和 R_2^T，还需要包括两个证据之间的时态关系 $\left(R_1^T R_2^T\right)$，于是可得

$$R^T=R_1^T\cdot R_2^T=R_1^T\cup R_2^T\cup\left\{R^T\left(E_1,E_2\right)\right\} \tag{3-11}$$

对于应急事件概率指派函数 mass 的更新，考虑到应急事件中时态证据 mass 函数的合成与传统方法虽然本质上相同，但是引入了时态性后，对于高度冲突的应急证据，不能直接采用 Murphy 方法进行合成，Murphy 方法的实质在于计算证据间的相似系数，进而得到相似矩阵，用于作为权重的可信度计算。但它是基于不含有时态信息的证据，在引入时态性后，证据之间相似性的定义需要做修改。我们仍然使用水库预警的应急案例来说明，对于事件描述“天气开始下雨，平均降水量为 Q”，如果两位专家给出的证据中某个可能答案都包含这条信息，则认为证据是相同的，但是加上时间信息后就会产生差异。

对于两条证据中的可能答案（焦元）“今晚 19：00 到 19：30 开始下雨，平均降水量为 Q，并将持续 4 到 5 个小时”及“今晚 19：00 到 19：15 开始下雨，平均降水量为 Q，并将持续 4 到 4.5 个小时”，它们的事件量值 e 相同，均为“天气开始下雨，平均降水量为 Q”，而相关的时间区间 e_t 不同，分别为 $<<<0,0.5>,<4.5,5>><4,5>>$ 和 $<<<0,0.25>,<4.25,5.5>><4,4.5>>$，因此两个焦元是不同的。

对于两个焦元来说，当事件描述 e 不一致时，则无须考察其对应的时间区间 e_t，认为两个焦元是不同的；当事件描述 e 一致，而考察其对应的时间区间 e_t 发现不一致时，如果简单认为这两个焦元不同，而不将其用于计算证据的相似系数，则是不恰当的。如果两个焦元的时间区间存在交集，则说明两个焦元存在一定的相似性，直接放弃就会造成知识的丢失。

我们考虑采用两个时间区间的交集长度占较长的时间区间的比值来衡量这种相似性 r。当它为确定的时间区间时，考察 6 种基本时态关系（不考虑相等关系，逆关系类似处理）：早于记为 b，相接记为 m，交叉记为 o，起始于 s，包含于 d，结束于 f。设较长时间区间为 $<<\mathrm{is}_1,\mathrm{if}_1>,\mathrm{tl}_1>$，较短时间区间表示为 $<<\mathrm{is}_2,\mathrm{if}_2>,\mathrm{tl}_2>$，那么：

对于关系 b 和 m，两个时间区间无交集，则 $r=0$。

对于关系 o，两个时间区间的交集为

$$r=\frac{\min(\mathrm{if}_2-\mathrm{is}_1,\mathrm{if}_1-\mathrm{is}_2)}{\mathrm{tl}_1} \tag{3-12}$$

对于关系 s、d 和 f，$r=\dfrac{\mathrm{tl}_2}{\mathrm{tl}_1}$。

对于不确定的时间区间，区间的起始点 is 和结束点 if 都是不确定的，为简单起见，我们假设它们分别在不确定区间 $(\mathrm{iss}+\mathrm{isf})$ 和 $(\mathrm{ifs}+\mathrm{iff})$ 上满足均匀分布，同样时间区间长度也满足均匀分布，并用其期望值来表示，于是有

$$\mathrm{is}=\frac{\mathrm{iss}+\mathrm{isf}}{2},\quad \mathrm{if}=\frac{\mathrm{ifs}+\mathrm{iff}}{2},\quad \mathrm{tl}=\frac{\mathrm{tls}+\mathrm{tlf}}{2} \tag{3-13}$$

从上述公式中可计算 r。

$r=0$ 时，表示两个时态焦元完全不同，$r=1$ 时表示两个时态焦元完全相同。r 体现了焦元的时态相似性，因此作为时态证据概率指派值的一个乘数，于是证据间相似性可定义为

$$d_{ij}=\frac{r_{ij}\sum m_1(A_K)m_2(A_K)}{\sqrt{\left(\sum m_1^2(A_i)\right)\left(\sum m_2^2(B_j)\right)}} \tag{3-14}$$

其中，A_k 表示两证据中具有相同事件描述 e 的焦元。据此计算出两个时态证据的相似系数后，得到相似矩阵，将相似矩阵每行相加可以得到各个应急证据结论对 m_i 的支持度为

$$\mathrm{Sup}(m_i)=\sum_{j=1}^{n}d_{ij}\quad (i,j=1,2,\cdots,n) \tag{3-15}$$

$\mathrm{Sup}(m_i)$ 表示证据 $d_{12}=0.875\dfrac{0.6\times0.2+0.3\times0.7}{\sqrt{(0.6^2+0.3^2+0.1^2)(0.2^2+0.7^2+0.1^2)}}=0.579$ 被其他证据支持的程度。如果一个证据和其他证据越类似，则认为它们相互间支持的程度越高；相反，如果一个证据与其他证据相似度越低，则认为它们相互支持的程度越低。将证据的支持度归一化可得到证据的可信度，即证据 m_i 的可信度表示为

$$\mathrm{Crd}(m_i)=\frac{\mathrm{Sup}(m_i)}{\sum_{i=1}^{n}\mathrm{Sup}(m_i)}\quad (i,j=1,2,\cdots,n) \tag{3-16}$$

可信度 $\mathrm{Crd}(m_i)$ 是反映证据 m_i 的可信程度，它可以用于合成证据的权重。在获得各证据的权重之后，再利用 Murphy 方法对证据进行合成，具体步骤如下。

步骤 1：计算不同规则推理出的证据间的相似系数，列出相似矩阵。

步骤 2：求出各证据的支持度和可信度。

步骤 3：把可信度作为权重，对证据的基本概率指派进行加权平均。

步骤 4：用 D-S 合成规则合成加权平均证据，当有 n 组证据时，加权平均证据合成 n–1 次。

这种改进的加权平均证据法考虑了证据之间的关联性，比 Murphy 方法具有更快的收敛性，适合同时组合多个证据的情况。当只有两个证据时，因为 $d_{12}=d_{21}$，所以 $\mathrm{Crd}(m_1)=\mathrm{Crd}(m_2)=\frac{1}{2}$，于是加权平均证据法退化为直接平均证据法。

3.5.3 时态不确定的应急案例分析

考察一个水库预警预测的问题。目标问题是“该地区将于何时发生什么规模的洪峰”，不同专家给出了对该区域发生洪峰的时间，最大流量及可能性的预测，下面有四条这样的证据。

（1）专家 A 认为该地区将于 5 月 12 日 9：30 至 10：00 发生洪峰。可能有 0.6 的概率发生 A 级流量洪峰，0.3 的概率发生 B 级流量洪峰，还有 0.1 的概率对洪峰的流量不知道（也即可能发生任何规模的洪峰）。

（2）专家 B 认为该地区将于 5 月 12 日上午发生洪峰，开始时间可能为 9：00 到 9：15，估计要持续 45 分钟至 1 小时 15 分钟。可能有 0.3 的概率发生 A 级流量洪峰，有 0.6 的概率发生 B 级流量洪峰，有 0.1 的可能性发生 C 级流量洪峰。

（3）专家 C 认为该地区将于 5 月 12 日上午发生洪峰，开始时间为 9：00，结束时间为 9：30 至 9：40。可能有 0.1 的概率发生 A 级流量洪峰，有 0.5 的概率发生 B 级流量洪峰，有 0.3 的概率发生 C 级流量洪峰，有 0.1 的概率不知道。

（4）专家 D 认为该地区将于 5 月 12 日上午发生洪峰，预计将持续 30 分钟到 45 分钟，结束时间约为 10：00。可能有 0.3 的概率发生 A 级流量洪峰，有 0.3 的概率发生 B 级流量洪峰，有 0.4 的概率发生 C 级流量洪峰。

现在先对这些包含时态信息和不确定信息的证据进行表示。设 5 月 12 日 8：00 为 0 时刻。

证据（1）的时间信息为确定的时间区间，可以表示为 $<<<1.5>,<2,2>>,<0.5,0.5>>$，它的概率指派为 $\left[(A级,0.2),(B级,0.7),(C级,0.1)\right]$。

证据（2）的开始时间为不确定的时间点 $<1,1.25>$，未给出结束时间，但给出了时间长度约束 $<0.75,1.25>$，可得它的概率指派为 $\left[(A\text{级},0.2),(B\text{级},0.7),(C\text{级},0.1)\right]$。

证据(3)的开始时间为确定的时间点 $<1,1>$，结束时间不确定为 $<1.4,1.75>$，因此时间长度的最大长度可能区间为 $<0.5,0.75>$。它的概率指派为 $\left[(A\text{级},0.1),(B\text{级},0.5),(C\text{级},0.3)\right]$。

证据（4）开始时间未知，结束时间为确定的时间点 $<2,2>$，时间长度可能区间为 $<0.5,0.75>$，计算得到开始时间的最小长度可能区间为 $<1.25,1.5>$。它的概率指派为 $\left[(A\text{级},0.3),(B\text{级},0.3),(C\text{级},0.4)\right]$。

于是得到四条证据的表示如下：

{“该地区发生洪峰”，$<<<1,1.25>,<2,2.25>>,<0.75,1.25>>$，$\left[(A\text{级},0.6),(B\text{级},0.3)\right]$}

{“该地区发生洪峰”，$<<<1,1.25>,<2,2.25>>,<0.75,1.25>>$，$\left[(A\text{级},0.2),(B\text{级},0.7),(C\text{级},0.1)\right]$}

{“该地区发生洪峰”，$<<<1,1>,<1.5,1.75>>,<0.5,0.75>>$，$\left[(A\text{级},0.1),(B\text{级},0.5),(C\text{级},0.3)\right]$}

{“该地区发生洪峰”，$<<<1.25,1.5>,<2,2>>,<0.5,0.75>>$，$\left[(A\text{级},0.3),(B\text{级},0.3),(C\text{级},0.4)\right]$}

现在考虑四条证据的合成问题，由于算例中无法获知证据来源，故认为四条证据不具有共同的证据源，也即它们相互独立，无须考虑证据相关的处理。对于时态证据合成的冲突问题处理，先计算各证据间的相似系数。

以证据（1）和证据（2）的相似系数为例。这两条证据都有两个焦元具有相同的事件描述：“该地区发生 A 级流量洪峰”和“该地区发生 B 级流量洪峰”，但是具有不同的时间信息。二者的时态关系是证据（1）交叉于证据（2），我们分别计算不同证据中这两个焦元的时态相似性。

于是得到

$$
\begin{aligned}
d_{12} &= 0.875\frac{0.6\times 0.2+0.3\times 0.7}{\sqrt{\left(0.6^2+0.3^2+0.1^2\right)\left(0.2^2+0.7^2+0.1^2\right)}} \\
&= 0.579
\end{aligned}
\tag{3-17}
$$

以此类推，计算可得相似矩阵为

$$S=\begin{bmatrix}1 & 0.579 & 0.103 & 0.547\\ 0.579 & 1 & 0.454 & 0.452\\ 0.103 & 0.454 & 1 & 0.343\\ 0.547 & 0.452 & 0.343 & 1\end{bmatrix} \tag{3-18}$$

进而计算各证据被其他证据支持度为

$\mathrm{Sup}(m_1)=2.229$，$\mathrm{Sup}(m_2)=2.485$，$\mathrm{Sup}(m_3)=1.900$，$\mathrm{Sup}(m_4)=2.342$

归一化后得到各证据可信度，作为加权系数：

$\mathrm{Crd}(m_1)=0.249$，$\mathrm{Crd}(m_2)=0.277$，$\mathrm{Crd}(m_3)=0.212$，$\mathrm{Crd}(m_4)=0.262$

因为有四个证据，所以进行三次加权，得到最后的结果为

$m(A)=0.305$，$m(B)=0.452$，$m(C)=0.196$，$m(\Omega)=0.047$

因此，对四条证据合成后得到的结果如下：

发生洪峰的时间区间可能为$\{<<<1.5,1.5>,<2,2>>,<0.5,0.5>><<<1,1.25>,<2,2.25>>,<0.75,1.25>>$，$<<<1,1>,<1.5,1.75>><0.5,0.75>>$，$<<<1.25,1.5><2,2>><0.5,0.75>>\}$。

其中，发生A级流量洪峰的可能性为0.305，发生B级流量洪峰的可能性为0.452，发生C级流量洪峰的可能性为0.196，有0.047的可能性发生无法预知流量的洪峰。

本书运用区间代数方法，采用对区间时间断点模糊化处理并设定其取值范围的方法表示了应急领域不确定时态知识，在此基础上，通过时态推理的证据合成，给出了解决方案，并给出了应用算例进行分析，验证了该方法的有效性。

3.6 数字化应急预案中过程模板的本体表示

数字化应急预案必须包含过程信息，才能使静态信息立体化，并赋予生命周期。在该部分，我们通过对应急工作流要素的分析，建立应急管理过程模板，将概念本体和时态信息融入其中。通过案例验证该应急预案模型在应急预案知识管理中的可行性，具体思路如下。

3.6.1 应急预案模型

应急预案是根据突发事件信息制定的应对策略。这些策略中包含着应急工作流程，涉及对应急资源、应急组织等各种参与对象的调配及救援活动顺序的安排。在应急管理过程模板中实现了对抽象资源及组织关系的表达，以及活动之间转换规则的定义。只有当应急预案付诸行动变为应急方案时，才对这些抽象知识实例化。图3-23表示应急预案的本体结构模型。

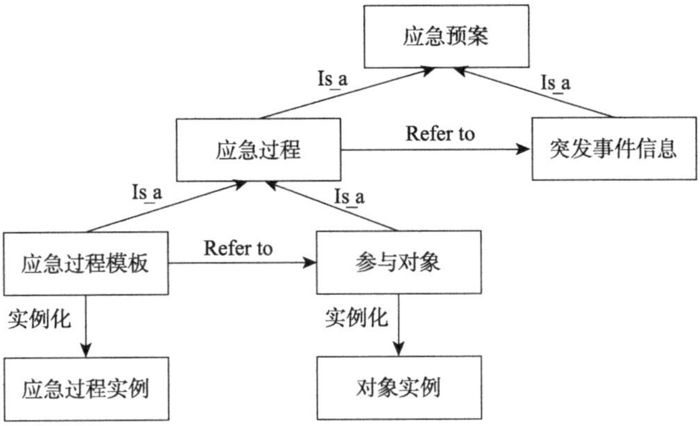

图 3-23　应急预案的本体结构模型

通过对应急预案及应急过程的分析，将应急预案形式化表示为

$$p=\{E,E_p\}$$

其中，E 为对突发事件信息的描述，也是预案启动的条件，分析可知事件信息是与时间相关的，因此将其表示为二元组形式(e,e_t)；E_p 则为对应急过程的形式化表示，同样将其表示为二元组形式$(E_\mathrm{WF},E_\mathrm{OP})$，$E\_\mathrm{WF}$ 表示应急管理过程模板，E_OP 表示抽象化的参与对象。

3.6.2　应急管理过程模板

应急过程模板是基于工作流技术的应急知识流程化管理，我们以 E_WF 表示应急过程模板，图 3-24 显示了应急过程模板的基本结构。E_WF 是根据事件信息选取的处理工作流的函数集合，用于描述在突发事件情形 E 的前提下选用的相应动作的流程：

$$E\_\mathrm{WF}=\{e\_\mathrm{wf}_1,e\_\mathrm{wf}_2,\cdots,e\_\mathrm{wf}_n\},\quad e\_\mathrm{wf}_i\in W \tag{3-19}$$

其中，W 是所有备选的工作流集合，$W=\{w_1,w_2,\cdots,w_n\}$，w_i 表示子过程。每一个子过程都是一系列行动的集合，可形式化定义为

$$w_i=\{T,A,V_s,\mathrm{Fs},\mathrm{Fc},\mathrm{FA},\mathrm{FR}\} \tag{3-20}$$

1. 时态信息 T

T 表示工作流中的时态关系集合。无论是过程之间，还是活动之间，都存在时序关系，需要依靠时态关系安排工作顺序。对于时态信息，以 4.3 节中时间区间的方法来表示，通过时态定量关系的推导可以实现活动的运行、同步和知识流的传递。

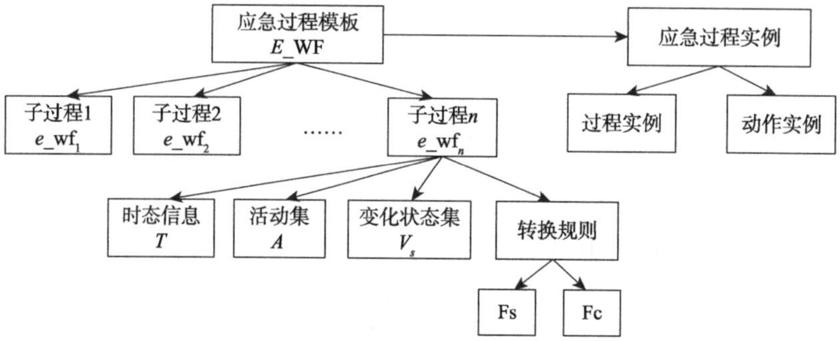

图 3-24 应急过程模板的基本结构

2. 活动集 A

活动是在某一时刻、某一空间位置发生的动作。一个应急过程是由若干个活动以一定的顺序组合而成的，因此定义一个集合保存所有的活动信息，即活动集 A：

$$A=\{\text{action}_1,\text{action}_2,\cdots,\text{action}_n\} \tag{3-21}$$

其中，action_i 表示一个具体的活动，一个活动的完成至少包含一个主体和一个受体，因此用三元组表示 action_i={动作,动作主体,动作受体}。动作的主体一般是应急组织和个人，而受体既可以是应急组织和个人，也可以是应急资源。例如，指挥官调用消防人员灭火，可表示为 action_i={调用,指挥官,消防人员}，主体、客体均为应急组织和人员；消防人员调用两台消防车至灭火现场，可表示为 action_2={调用,消防人员,消防车}，则主体变为消防人员，客体是应急资源的一种。

3. 变化状态集 V_s

活动通过“动作”作用于客体，从而引起客体状态发生变化，而新的状态又会引起下一个活动的开始。定义 V_s 为工作流 w_i 中的变量状态集合，用于保存某一工作流运行过程中对象的实时状态信息：

$$V_s=\{\text{state}_1,\text{state}_2,\cdots,\text{state}_n\} \tag{3-22}$$

其中，state_i 表示变化状态，即现场经过某一行动后发生的变化增量，或某参与客体经过某行动后发生的变化。

4. 后置条件集合 Fs 和前置条件集合 Fc

Fs 是工作流 w_i 的后继函数集合，列出了工作流中各活动的转换规则；Fc 则是工作流 w_i 的条件函数集合，给出了 Fs 中各个函数能够被执行的前提条件，只有当这些条件全满足时，后继函数才能被执行，才能转换至下一个活动；否则，工作流处于等待状态，直至被取消。其中，

$$\text{Fs}=\{\text{fs}_0,\text{fs}_1,\cdots,\text{fs}_n\} \tag{3-23}$$

其中，fs_i 给出了工作流中的一个可能的活动的后继关系，如 $\text{fs}_i(\text{action}_j)=\text{action}_k$ 表

示 action_j 完成后的下一个活动可能是 action_k，且满足 instance_of(action_j,A)，instance_of(action_k,A)。

$$\text{Fc}=\{\text{fc}_0,\text{fc}_1,\cdots,\text{fc}_n\} \tag{3-24}$$

Fc 中每个函数给出了对应于 Fs 中的每个后继函数在当前对象状态下的一个约束，即 fc(state_1,state_2,⋯,state_m) = true/fals。当与对象相关的状态组合得到的函数值为真时，对应的后继函数可执行；否则，工作流将暂停或取消。对象的实时状态记录在变化状态集中，即 instance_of(state_i,V_s)。

5. 活动主体选取函数 FA

FA 表示工作流 w_i 中活动执行主体的选取函数，定义了抽象的角色在应急过程中的实例化规则：

$$\text{FA}(\text{role}_i)=\text{agent}_j \tag{3-25}$$

其中，instance_of (role_i,Role)、istance_of (agent_j,Agent)。Role 为应急角色的集合，角色是一系列职责和权力的集合，职责定义了该角色的实例在实现某一目标时应执行的活动，权力定义了该角色的实例对哪些资源具有使用权限。Agent 表示活动的主体，来自应急组织本体。

6. 资源选取函数 FR

FR 是工作流 w_i 中的资源选取函数，定义了虚拟资源的调用规则，用于抽象意义上工作流对活动中所涉及的各种应急资源的实例化：

$$\text{FR}(\text{bresource}_i)=\text{resource}_j \tag{3-26}$$

其中，instance_of (bresource_i,Bresource)、istance_of (resource_j,Resource)。Bresource 表示虚拟资源类，是对应急调度过程中具有相同操作职能或作用效果的资源实体的分类和抽象。Resource 则是对实体化应急资源的分类，通常由资源及其属性的当前状态来决定某一活动或工作流最终是否被采纳。只有备选的活动或工作流被采纳并付诸实施，活动中的角色才被实例化为真正的应急决策主体，并且随着与工作流相关和资源的调用，虚拟资源才实例化为实体化资源。

图 3-25 显示应急过程模板中各元素间的关系，通过角色和虚拟资源建立过程模板与参与对象间的联系。

3.6.3　参与对象建模

通过角色类和虚拟资源类，将应急过程模板与实例化的应急组织和应急资源联系起来。参与对象包含应急组织类和应急资源类，这些都是应急管理中的固有知识，因而应包含在将建立的应急知识本体中。应急角色是对应急人员职责的一种抽象，每一种角色都定义了其在应急工作流过程中应当具备的能力、承担的责任及可行使的权力。一个救援人员可能担任多种角色，同样一种角色也可以由多

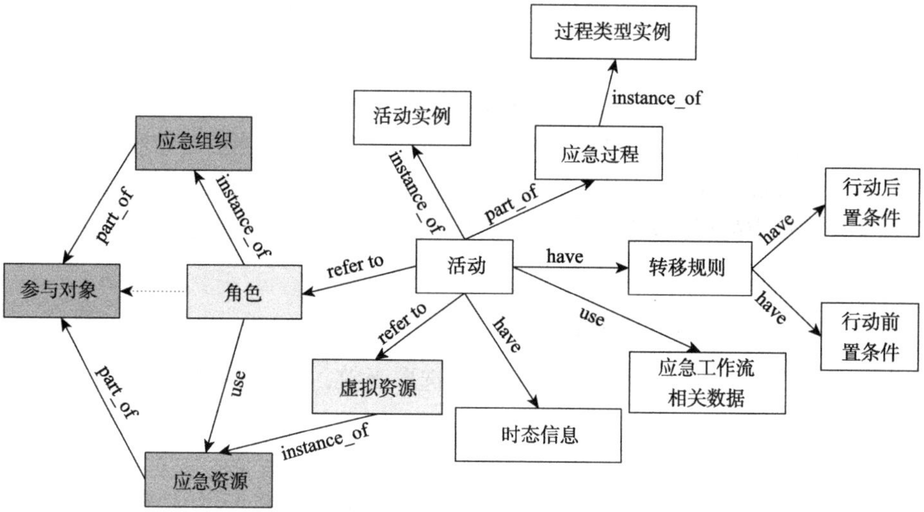

图 3-25 应急过程模板中各元素间的关系

个救援人员担任。角色具有的权力之一就是对资源的调用，通过建立角色与虚拟资源的关系，将两类参与对象联系在一起。图 3-26 表示参与对象的基本结构。

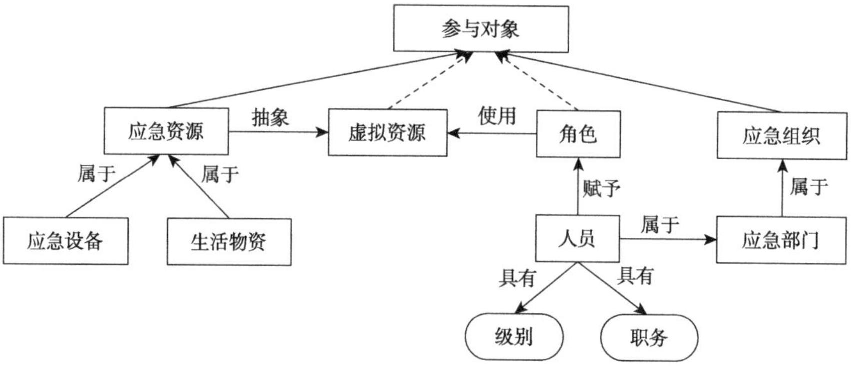

图 3-26 参与对象的基本结构

3.6.4 案例分析

假设场景：“2010 年 2 月 3 日 10：00，应急联动中心接到群众报警，称 A 高速公路发生两车相撞事故，有人员伤亡。”

该事故决策指挥人员可得到如下基础信息。

事件类型：事故灾难——交通运输事故；出事地点：A 高速公路；事故发生时间：10：00；事件描述：两车相撞，有人员伤亡，具体情况不详。

根据事件基础信息，查询模板库，应急预案模板库如图 3-27 所示。

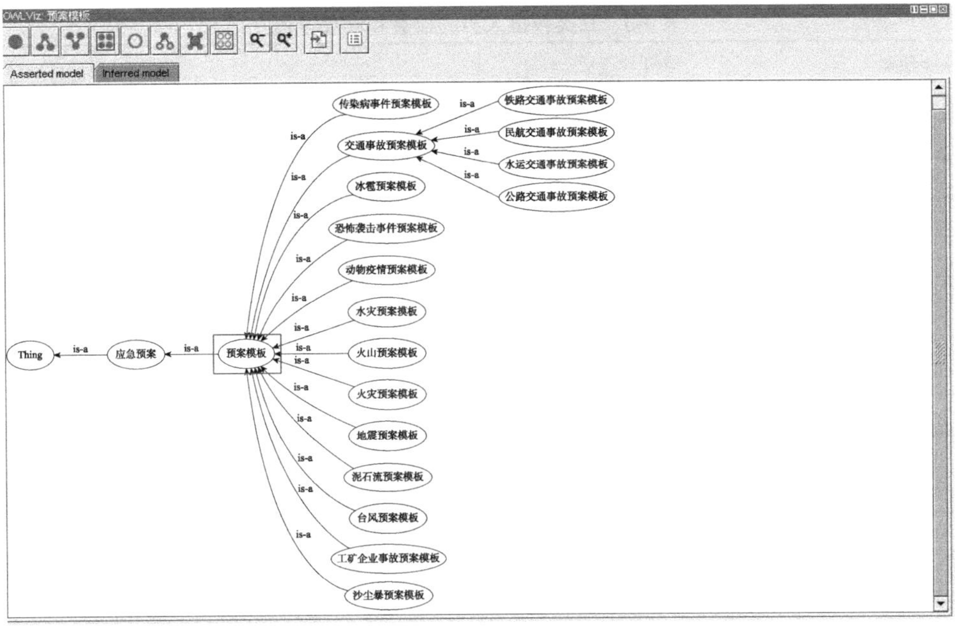

图 3-27　应急预案模板库

以交通事故和公路作为查询词，对应急预案模板库进行检索，可得模板 1 应用于此次事件的应急救援。

由模板 1 的结构信息可知，应对此事件至少需要交通警察、消防人员和医疗卫生人员共同参与。结合事件地点 A 为确定的地点信息，可将这三类救援人员实例化，最近的交通警察队伍可以在 5 分钟之内到达事故现场，消防人员则需要 5~10 分钟才能到达，而医疗救援人员至少要 15 分钟才能到达现场。在应急救援中还需要使用一些应急物资，如警戒带、切割工具、生命救助药品和仪器等，这些救援物资由不同职能的救援人员准备。

假定 10：00 为初始时刻（以分钟为计量单位），交通警察部门、消防部门和医疗卫生部门同时接到了救援信息，在此对应急出警过程进行详细分析。在初始时刻，各处置部门的初始情景信息为：交通警察、消防人员及医疗卫生人员均处于备勤状态，接获事故通知，才组织出车救援，根据不同部门的职能需要准备各自的救援物品，以医疗卫生人员为例，需要安排多少医生和护士，医治哪些方面疾病的医生，准备几台救护车，需要带哪些药品等。一个完整的应急预案模板包括接警过程、出警过程、应急处置过程、善后处置过程等。表 3-3 显示了三类救援人员的接警和出警过程，并对该过程中的相关活动、时间信息表示及状态变化进行了总结。

表 3-3 三类救援人员的接警和出警过程

预案过程	活动			时间	转换	状态
	动作	动作主体	动作客体			
action 1.0	接警	指挥官	交通警察	<<<0,0>,<0,0>>,<0,0>>	action 1.1	备勤
action 1.1	出警	交通警察	交通警察	<<<0,0>,<0,5>>,<0,5>>	action 1.2	备勤→出车
action 1.2	到场	交通警察	交通警察	<<<4,4>,<4,4>>,<0,0>>	action1.x	出车→到场
			……			
action 2.0	接警	指挥官	消防人员	<<<0,0>,<0,0>>,<0,0>>	action 2.1	备勤
action 2.1	出警	消防人员	消防人员	<<<0,0>,<5,10>>,<5,10>>	action 2.2	备勤→出车
action 2.2	到场	消防人员	消防人员	<<<7,7>,<7,7>>,<0,0>>	action2.x	出车→到场
			……			
action 3.0	接警	指挥官	医疗卫生人员	<<<0,0>,<0,0>>,<0,0>>	action 3.1	备勤
action 3.1	出警	医疗卫生人员	医疗卫生人员	<<<0,0>,<15,15>>,<15,15>>	action 3.2	备勤→出车
action 3.2	到场	医疗卫生人员	医疗卫生人员	<<<15,15>,<15,15>>,<0,0>>	action3.x	出车→到场
			……			

以交通警察为例，10：00 为备勤待命状态，接到指挥人员的出警通知，此时时间为初始时间，因此表示为<<<0,0>,<0,0>>,<0,0>>；根据预测，交通警察到达现场最多需要 5 分钟时间，表示为<<<0,0>,<0,5>>,<0,5>>，且这一过程中，交通警察状态由备勤转化为出车状态；实际上，10：04 救援人员就赶到了现场，时间信息表示为时间点<<<4,4>,<4,4>>,<0,0>>，且状态显示为到场，救援人员到达现场后即可展开救援行动。

随着救援人员到达现场，其对事件信息会有更深入的了解，可以反馈给指挥官，便于指挥官及时调整应急预案。

第4章 数字化应急预案的情景建模

应急领域的突发事件难以预测，而且发生和演变机理复杂，直接及次生衍生危害严重，具有“情景依赖”的特点，因此我们提出了应急领域的“情景—应对”模式。应急领域的“情景—应对”其实是一种决策理念的转变：突发事件难以预测又难以阻止，在事件发生前情景信息缺少或不足的情况下，按照预测内容进行决策，难免会带有很大的不确定性，甚至盲目性；掌握突发事件发生前后的情景信息，建立“情景—应对”模式，可以根据情景变化快速决策，提高针对性和应变能力，而且在情景演化基础上进行必要的推理预测，可以降低事件发展中的不确定性。

本章根据本体建模的思路，结合应急管理领域的具体情况，在进行应急知识本体分析、概念分析与概念链接后，采用本体编辑软件实现应急知识本体的构建；进而设计应急领域情景体系，实现情景本体化表示和与应急知识的匹配关联；最后采用应急案例本体信息抽取方法实现应急案例的实例化，为后面章节情景匹配及知识推送奠定基础。

4.1 应急预案知识本体构建和情景表示

4.1.1 基于本体的应急情景表示

在突发公共事件的应急管理中，有效提升情景感知能力，并及时准确寻求专家知识是应急系统知识管理的要点。通过获取应急事件的情景要素和过程要素，分析应急处置的历史信息，进而发现具有相同历史行为或情景的应急预案或案例，并设计基于案例推理的知识检索方法，可以显著提升突发事件的应急管理决策能力。这里主要通过分析应急事件的构成要素，参考相关领域学者提取情景要素的方法，依照情景建模的原则，提取应急情景的相关要素，构建应急情景体系，进而将应急情景进行本体表示实现。

情景应对模式下应急知识建模是对应急知识的形式化描述，是知识存储、获取和推送的前提和基础。在应急管理决策领域中，目前领域知识表示主要集中在对应急预案、应急事件、应急组织等的知识描述和表示方面。例如，中国安全生产科学技术研究所的李红臣等（2006）对应急预案进行的形式化描述，北京大学的王文俊等（2005）采用 ABC 本体模型建立的应急预案模型和应急事件模型，以及天津大学管理学院的赵道致等（2008）采用 SUMO 上层本体建立的应急专项领导小组组织本体模型。这些本体模型的建立推动了应急管理决策领域知识的形式化描述工作的开展。应急管理决策涉及社会的各个方面和层次，如人力、组织、资源等，领域知识也就涉及了许多方面，包括了时间、空间、资源、组织、人员、角色等，应急领域知识的表示应该是一个循序渐进、不断完善的过程。采用顶层本体来构建领域本体可以实现本体的共享、继承和复用，可以使得应急领域本体模型更加开放和完善。

1. 应急情景体系构建

应急情景指应急事件或应急过程发生时的背景、环境、场景等，是对应急事件（过程）情景因素的描述，刻画了应急事件过程发生时的复杂状况，也是知识创造、获取、应用、共享、传递，以及知识得以共享和再用的重要基础。

情景在不同的场合有着不同的、丰富的含义，国内外已有部分学者展开情景内涵和外延的研究和整理，Kakabadse 等（2001）进一步将知识发现过程的“情景”定义为：知识创造、获取、应用、共享等过程发生的环境等。谭浩和徐迪（2018）从基于案例的观点提出设计情景是一个知识载体，不仅包含与设计直接相关的知识，而且将一些难以直接表达的知识通过案例情景进行表达，表现为一种“过程域”或操作层面上的知识。

潘旭伟等（2007）针对制造业知识管理的情况，提出了组织知识情景模型，包括问题、任务、过程、资源、产品/服务、领域、执行者、时间、地点和关系。这些情景具体的含义如表 4-1 所示。

表 4-1 针对制造业知识管理情况的组织知识情景模型

要素	含义	说明
Prblm	问题	知识过程所面对或要解决的问题
Tsk	任务	知识过程所要完成的目标与任务
Prcs	过程	知识过程所处的业务过程或活动
Res	资源	执行知识过程所需的各种资源
Prdct	产品/服务	知识过程执行输出的产品或提供的服务
Dmn	领域	知识过程执行所处的业务领域
Exctr	执行者	知识过程的执行者，可以通过执行者所处的岗位、拥有的技能等进行刻画
Time	时间	知识过程发生的时间，通过位置特性、位置之间的相对关系进行描述
Lctn	地点	知识过程发生的位置，通过位置特性、位置之间的相对关系进行描述
Rel	关系	这些元素之间存在的相互关系

应急情景体系是从应急事件发生的背景、环境、场景出发，研究突发事件发生的复杂状况。为了更好地描述应急事件的情景要素，我们从多个维度来刻画应急情景，以 EContext 表示应急情景，则有

$$\text{EContext} = \{D_1, D_2, \cdots, D_N\} \tag{4-1}$$

其中，D_i（i=1,2,⋯,N），表示第 i 个维度。在一般情况下，突发事件的情景维度主要有突发事件的背景、类型、规模、发生时间、地点、发生地点的人口统计因素、发生时天气等（不限于这些维度）。因此，应急情景维度可以形式化表示如下：

$$\text{EContext} = \left\{\begin{matrix} \text{EventBackground, EventType, EventScale} \\ \text{Time, Place, VitalStatistics, Weather} \end{matrix}\right\} \tag{4-2}$$

要素含义和说明如表 4-2 所示。

表 4-2　要素含义和说明

要素	含义	说明
EventBackground	事件背景	事件发生的背景，如之前是否有事件发生
EventType	事件类型	事件的所属类型
EventScale	事件规模	事件的总体规模评判
Time	时间	事件的发生时间
Place	地点	事件的发生地点及地理环境
VitalStatistics	人口统计	事件发生地点的人口统计信息
Weather	天气	事件发生时的天气情况

1）事件背景建模

事件背景描述了关于事件的触发因素、影响因素及有可能引发的次生灾害。事件的触发因素是事件发生的主要诱因；影响因素是指除诱因外的其他次要影响因素；次生灾害是指此事件的发生所引发的灾害。据此，事件背景的建模如下：

$$\text{EventBackground}\{\text{TriggerFactor, InfluenceFactors, SecondaryDisaster}\} \tag{4-3}$$

事件背景表示的要素含义和说明如表 4-3 所示。

表 4-3　事件背景表示的要素含义和说明

要素	含义	说明
TriggerFactor	触发因素	引发事件发生的主要因素
InfluenceFactors	影响因素	除触发因素外的影响因素
SecondaryDisaster	次生灾害	此事件可能引发的灾害

2）事件类型建模

根据《国家突发公共事件总体应急预案》的划分标准，突发事件类型可以分为自然灾害类、事故灾难类、公共卫生事件类、社会安全事件类。根据不同的事

件类型选择不同的应急预案来应对突发事件，因此事件类型在突发事件情景中应占有较高的权重。在建模时，必须设计标识来唯一指代这类事件；各类事件之间是互相关联的，一类事件可能触发其他类事件；对于类型所针对的问题和关键要素要有明晰的注释。因此，类型可建模为

$$\text{EventType} = \{\text{TypeTag}, \text{TypeRelation}, \text{TypeNote}\} \tag{4-4}$$

其中，TypeNote 表示该项为可选的。类型表示的要素含义和说明如表 4-4 所示。

表 4-4 类型表示的要素含义和说明

要素	含义	说明
TypeTag	类型标识	类型的唯一标识或名称
TypeRelation	类型关系	类型与类型之间的关系，如触发
TypeNote	注释	对类型针对的问题和关键要素加以注释

3）事件规模建模

事件规模是对突发事件影响程度的衡量，一般是根据事件造成的影响进行的初步判断。事件规模可从突发事件的事件级别、受灾人数、伤亡人数、经济损失、地域范围、灾区集中度等方面来考虑。因此事件规模可建模为

$$\text{EventScale} = \begin{Bmatrix} \text{EventLevel}, \text{StrickenNum}, \text{CasualtyNum} \\ \text{EconomicLoss}, \text{GeoScale}, \text{EventDensity} \end{Bmatrix} \tag{4-5}$$

规模表示要素的含义和说明如表 4-5 所示。

表 4-5 规模表示要素的含义和说明

要素	含义	说明
EventLevel	事件级别	事件的级别或性质，如地震震级
StrickenNum	受灾人数	受事件影响的总体人数
CasualtyNum	伤亡人数	因事件而致伤、致死的人数
EconomicLoss	经济损失	事件造成的经济损失
GeoScale	地域范围	事件影响的范围，以省、市等衡量
EventDensity	灾区集中度	事件影响集中程度

4）时间建模

时间建模是从时间维度来考虑事件的发展和演进，要素主要包括事件开始时间、持续时间等，可将其建模为

$$\text{Time} = \{\text{StartTime}, \text{Duration}\} \tag{4-6}$$

时间建模表示要素的含义和说明如表 4-6 所示。

表 4-6　时间建模表示要素的含义和说明

要素	含义	说明
StartTime	开始时间	事件发生的时间，可进一步细分
Duration	持续时间	事件发生至今的时间

5）地点建模

事件地点建模主要是从事件发生地点的政治区域、地理特征、主要工厂设施类别、风土人情等方面进行，这些体现了事件发生地点的环境因素。因此，地点可建模为

$$\text{Place} = \{\text{GeopoliticalArea}, \text{GeoFeatures}, \text{Factories}, \text{Customs}\} \tag{4-7}$$

地点建模表示要素的含义和说明如表 4-7 所示。

表 4-7　地点建模表示要素的含义和说明

要素	含义	说明
GeopoliticalArea	政治区域	事件发生地点在国家地域设置中的地位
GeoFeatures	地理特征	事件发生地点的地貌类型，矿产资源、海拔等
Factories	工厂设施	事件可能影响到的工厂、设施和建筑
Customs	风土人情	事件发生地点的风俗习惯、宗教信仰等

6）人口统计建模

人口统计建模主要是从事件发生地点的居民角度考虑情景问题，涉及的要素有灾区的人口规模、人口密度等。据此，人口统计建模如下：

$$\text{VitalStatistics} = \{\text{PopulationScale}, \text{PopulationDensity}\} \tag{4-8}$$

人口统计建模表示要素的含义和说明如表 4-8 所示。

表 4-8　人口统计建模表示要素的含义和说明

要素	含义	说明
PopulationScale	人口规模	事件发生地点的人口总数
PopulationDensity	人口密度	事件发生地点的人口密度

7）天气建模

天气建模是指针对事件发生地点当时的天气情况进行描述，这项指标的情况直接会影响应急的效果，因此，针对天气情况应制定相应的应对措施。天气建模涉及的因素有季节、雨量、雪量、风、温度等。据此，天气建模如下：

$$\text{Weather} = \{\text{Season}, \text{Rain}, \text{Snow}, \text{Wind}, \text{Temperature}\} \tag{4-9}$$

天气建模表示要素的含义和说明如表 4-9 所示。

表 4-9 天气建模表示要素的含义和说明

要素	含义	说明
Season	季节	事件发生时所处的季节
Rain	雨量	事件发生时的雨量
Snow	雪量	事件发生时的雪量
Wind	风	事件发生时的风力
Temperature	温度	事件发生时当地的温度

2. 应急情景的本体实现

本书在前一部分从突发事件的背景、类型、规模、发生时间、地点、发生地点的人口统计因素、发生时天气等维度完成了应急情景体系的构建，接下来在重用 SUMO 相关概念的基础上，仍采用 Protégé 3.2.1 来实现应急情景本体。图 4-1 展示了应急情景本体的结构。

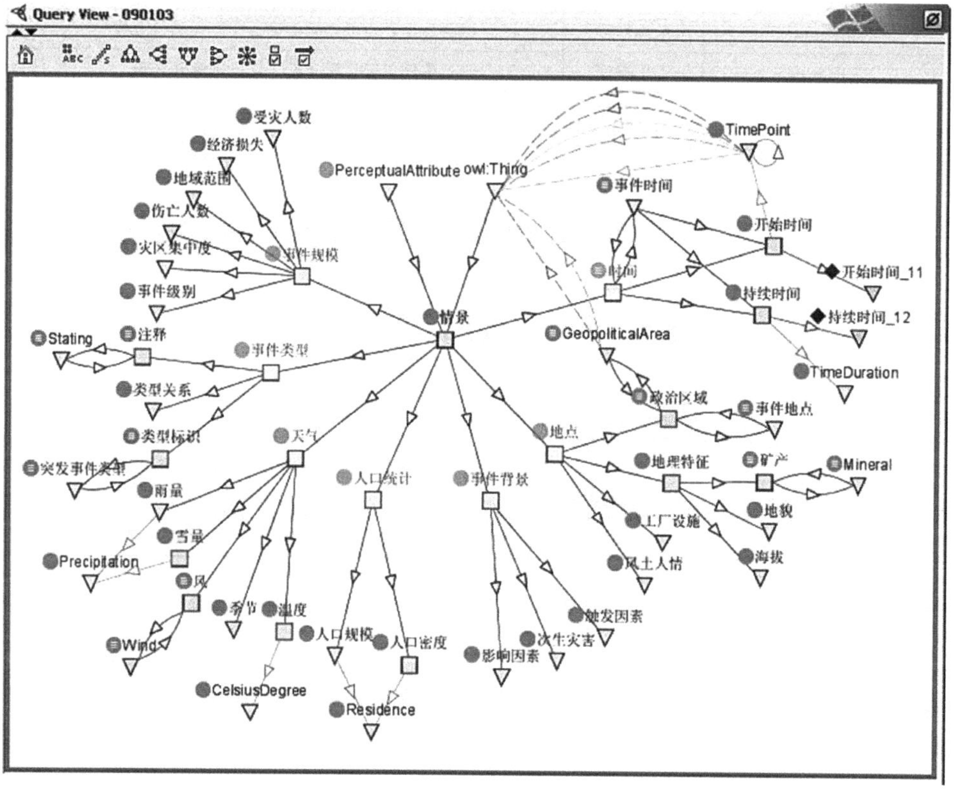

图 4-1 应急情景本体的结构

Perceptual Attribute：感知属性；Precipitation：沉淀量；Celsius Degree：摄氏度；Residence：常住人口；Stating：表达

从图 4-1 中可以看出，情景要素继承了 SUMO 的部分要素，如政治区域重用了 GeopoliticalArea 概念；开始时间和持续时间分别继承了 TimePoint 和 TimeDuration；矿产重用了 Mineral 概念，风重用了 Wind 概念等，进而形成了基于 SUMO 的情景概念模型。

4.1.2 应急知识与情景的匹配

应急知识与应急情景知识是各自独立构建的，两者不存在关联关系，无法为下文的知识推送提供支撑，因此可以依据顶层本体的衔接作用及应急知识本身的系统关系，利用推理机理顺知识库中的逻辑关系，将应急知识与情景相匹配，实现集成情景的应急知识本体。

目前对于 OWL 可以进行推理的工具主要有 Jena、Pellet、Racer 三种。相关文献中讨论了 Racer、Pellet 等推理机在推理功能上的优劣，通过比较推理机的本体装载时间、一致性检查时间及知识查询时间等几个方面，得出 Racer 和 Pellet 都能够实现检查本体一致性和挖掘本体隐含知识两个基本功能，但综合而言 Racer 要明显优于 Pellet, Racer 不仅效率高而且稳定性更佳。因此本书选用 RacerPro 1.9 作为本体一致性检测工具，同时鉴于 Jena 提供了可供用户便捷操纵 RDF（resource description framework，资源描述框架）、RDFS（RDF schema，资源描述框架模式）及 OWL 文档的接口和方法，并且用户还可以通过 SPARQL（simple protocal and RDF query language，指为 RDF 开发的一种查询语言和数据获取协议）实现对上述文档的查询，下文选取 Jena 作为推理和查询的工具。

应急领域本体构建完成后，本书借助 RacerPro 推理机对该本体分别进行一致性检测、概念推理和概念分类，进而实现应急情景与应急知识的匹配。运行结果如图 4-2 所示。

在结果中我们可以看到应急情景作为 PerceptualAttribute 类的子类，划分到了 PerceptualAttribute 类下，并通过类型标识和突发事件类型的等同性连接了情景和应急预案，将情景成功集成到应急知识本体中；“应急资源”是“Object”的子类，因此“应急资源”应在“Object”的子目录下；在应急组织中我们定义了“角色”这个概念，通过推理发现“角色”与“SocialRole”概念重复，因此应将此概念移除；经过 RacerPro 推理后我们不仅发现许多类结构的错误，还推理出一些暗含的类结构和概念，以便对应急领域本体修正。在一致性检验和情景集成后，图 4-3 给出了应急预案的结构。

从图 4-3 可以看出，经过一致性推理和情景与预案的集成，适用范围的所有要素已经与情景的部分要素一一对应，即情景包含了适用范围的概念；另外，情景已经与应急预案相联系，为下文构建集成情景的应急案例打下基础。

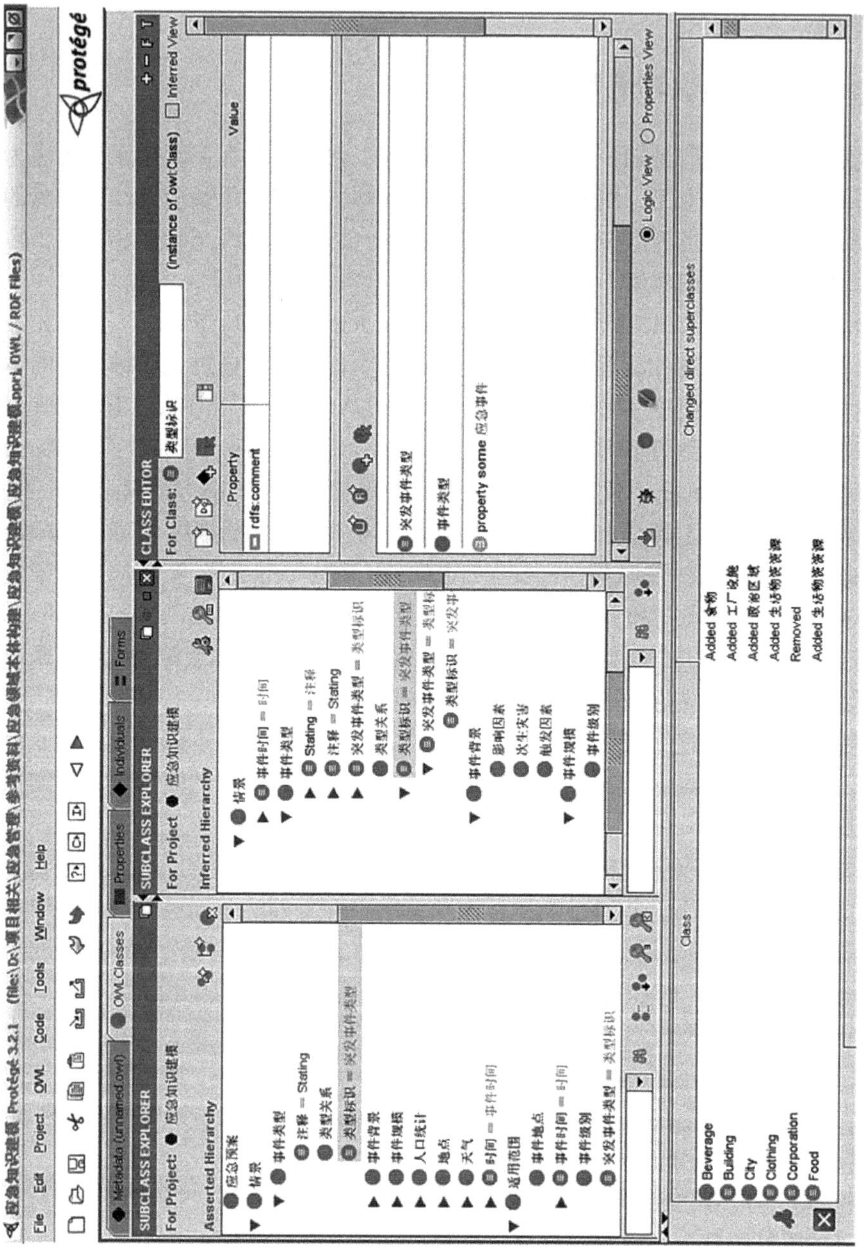
protégé
SUBCLASS EXPLORER
CLASS EDITOR
Logic View
Properties View
Changed direct superclasses
Beverage
Building
City
Clothing
Corporation
Food

图 4-2　运行结果图

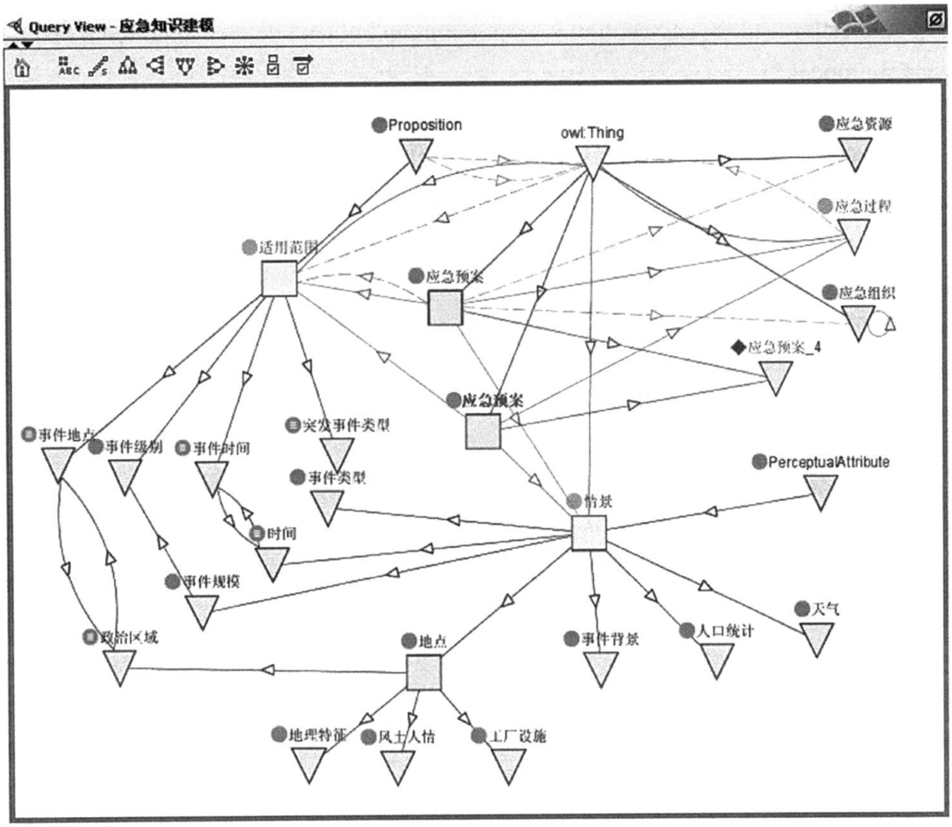

图 4-3　应急预案的结构

4.1.3　应急案例的实例化

依据上文构建的应急预案框架，采用信息抽取技术，将历史上发生的应急事件加以收集和整理，形成具体事件发生的情景信息，处置的组织结构、调用资源、应对流程及相应结果，并包含事件处置中总结出的经验教训的形式化模型，即应急案例模型。

应急案例的实例化主要采用谢红薇等（2006）针对应急案例库构建所提出的信息抽取算法和系统，采用本书设计的应急预案本体框架，从海量资源中抽取有价值的案例存于数据库中。具体的算法可参考文后所附文献，这里仅给出本书设计的数据库存储算法和数据库中的结果，具体解释如下。

OWL 本体存储到数据库是指将本体中 Class、Property、Individual、Restriction 等存储到相应数据库表中。对于数据库的操作，本书构建了一个本体持久化类 PersistenceOnt，其主要实现了数据库的连接和本体的持久化工作，代码如下。

//使用 Jena 将获取到的案例库文件存入 MySQL 中的数据库。importjava.io.*;

importjava.sql.SQLException； importcom.hp.hpl.jena.db.*； importcom.hp.hpl.jena.rdf.model.*;

publicclassPersistenceOnt{

publicstaticfinalStringstrDriver="com.mysql.jdbc.Driver"; publicstaticfinalStringstrURL=

"jdbc:mysql://localhost/emergency?useUnicode=yes&characterEncoding=utf8"; publicstaticfinalStringstrUser="root";

publicstaticfinalStringstrPassWord="sa"; publicstaticfinalStringstrDB= "MySQL"; publicstaticvoidmain（String[]args）throws

UnsupportedEncodingException{

try{

IDBConnectionconn=newDBConnection(strURL, strUser, strPassWord, strDB);

try{Class.forName（strDriver）;

}catch （ ClassNotFoundExceptione ） {System.out.println （ "ClassNotFound Exception，Driverisnot

available..."）;

}

ModelMakermaker=ModelFactory.createModelRDBMaker（conn）;

//使用数据库连接参数创建一个模型制造器

ModeldefModel=maker.createModel （ "MyOntology" ）； FileInputStreaminput Sreamfile=null;

try{

Filefile=newFile（"D:\\ontology\\ee.owl"）; inputSreamfile=newFileInputStream（file）;

}catch（FileNotFoundExceptione）{e.printStackTrace（）;

System.out.println（"OntologyFileisnotavailable..."）;

}

InputStreamReaderin=null; try{

in=newInputStreamReader（inputSreamfile，"utf-8"）;

}catch（UnsupportedEncodingExceptione）{e.printStackTrace（）; System.out.println（"读入有问题"）;

}

defModel.read（in，null）; try{

in.close（）;

}catch（IOExceptione）{e.printStackTrace（）; System.out.println（"读入 close

```
有问题"）;
    }
    //Stringst=defModel.listStatements（）.toString（）;
    //Stringnewst=newString（st.getBytes（"UTF-8"））;
    //defModel.set（"setnamesgbk"）;
    defModel.commit（）;
    System.out.print（"hasbeendone，checkoutthedatabase!"）; try{
    conn.close（）;
    }catch（SQLExceptione）{e.printStackTrace（）;
    System.out.println（"databaseclose 有问题"）;
    }
    }catch（RDFRDBExceptione）{System.out.println（"Exceptionsoccur..."）;
    }
    }
    }//代码结束
```

代码 3-1 数据库操作类 PersistenceOnt 相应的存储结果如图 4-4 所示。

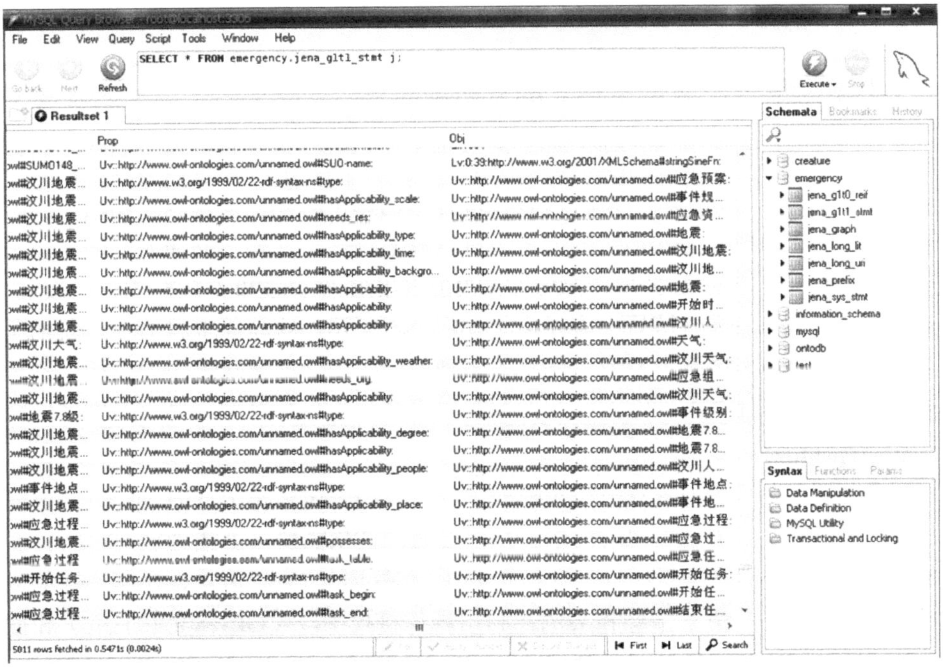

图 4-4　存储结果

4.2 “情景—应对”模型构建研究

对应急管理决策起着重要辅助作用的应急预案，是应对突发事件情景的重要依据。虽然本书已分析了国家、省、市三级应急预案，给出了预案在结构层次上基本一致的特征，但是在实际救援的指导过程中，现有的静态应急预案凸显不足。本书进一步研究和完善了应急预案的数字化表示方式，用“情景—应对”模式，表达了深层次应急预案的结构及演化特征的内容，并构造了新的模型来适应“情景—应对”模式。同时，本书也补充设计了应急案例库，对已有突发事件处置过程进行记录，通过对历史积累的经验，尤其是类似的突发事件，应急救援的方法和手段在一定程度上具有相似性，为快速响应应急管理决策发挥积极和重要的作用。

为了构建应急“情景—应对”模式，我们构建了应急领域的情景库、预案库及案例库，其中情景库中定义了与突发事件相关的情景信息，为了便于对情景信息的表示、存储及应用，我们对这些情景信息进行建模。此外，各方面的情景信息之间存在一定的关联关系，我们在情景库中也体现了这一点，这为情景推理规则的制定与挖掘起到重要的作用。

4.2.1 应急领域情景模式的分析与设计

我们的研究思路为：构建情景—应对模式的出发点之一就是情景是随着时间的推移发生变化的，也即突发事件救援过程中的每个时刻，情景因素描述的内容存在不同。准确把握情景描述的内容，可以有效预测突发事件的演变趋势，应急管理决策者可以依据这种演变趋势，采取相应的措施使突发事件向好的方向发展，及时控制事态的发展，情景—应对模式如图 4-5 所示。这就要求我们在适当的条件下对采取的救援措施进行实时调整，实现应急知识面向实际需求的应用，这样才能降低突发事件带来的灾害，从而避免不必要的损失和破坏，最大限度地保障人民的生命和财产安全。

通过研究我们认为情景—应对模式中的情景因素包含两个方面，即截至目前已有的情景和未来将会出现的情景。目前已有的情景需要马上实施应对策略，促使突发事件向好的方向发展；应急救援除了应对已有的应急情景，还需变被动为主动，根据现有的情景信息和案例，利用现代科技手段（GIS、气象卫星）和推理技术进行必要的情景预测与推理，实现在情景出现之前已制定相应的应对措施。情景—应对模式中的阶段性情景信息说明情景信息随着时间的推移在不断演化，把握情景信息的演化走向需要三方面的技术支持，即情景感知与传送、情景预测

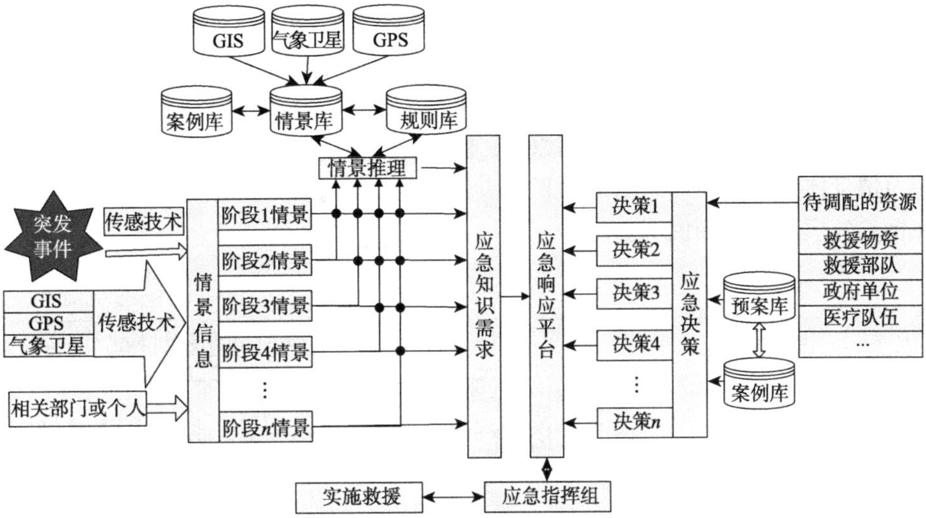

图 4-5　情景—应对模式

和情景推理。由此产生的情景信息对应急管理决策部门提出了应急知识需求，应急管理决策者需要根据获得的实时情景信息和预测情景信息，并依据已制订的应急预案和已经记录在案的应急案例，结合实际可调配的资源，制定相应的应对措施。应急响应平台给应急指挥组提供应急救援的策略，应急指挥组指挥应急救援小组的行动，处于一线救援的小组也可以向应急指挥组反映必要的、现场难以处理的重要信息，由应急指挥组反馈给应急相应平台，进而获得新的应对策略。

4.2.2　应急情景的构成体系

研究领域及角度的差异使得人们对情景的内涵理解也不尽相同，虽然学者已经对情景进行了一些研究,但是将情景作为一个明确的概念来实现模型化还很少。本书结合实际突发事件和应急案例、应急预案等相关信息，将应急情景的内涵总结为“能够准确描述突发事件在整个生命周期各阶段状态的元素及描述周边环境状态元素的集合”，下面将构建应急情景体系及对应的模型以体现该应急情景的内涵。

虽然突发事件一般具有难以预测的特征，但是掌握了更多相关的环境因素和演变规律后，会增加对突发事件发展趋势的预测准确度，也能够更准确地预测次生灾害的发生及灾难可能带来的深度威胁。

对搜集到的应急案例、应急预案及相关突发事件信息进行梳理、分析、归纳，将应急领域的情景内涵概括为事件、时间、地点、天气、交通、人口特征、地理、周边设施、潜在的次生灾害及其他。这些情景因素并不是所有突发事件都必须考虑的因素，其在应急管理决策过程中的重要性和地位也不一样，在应急情景体系中所占权重也各有轻重，因此在实际应用中也各有侧重。这些情景因素是对多数突发事件具体内容描述的逐层抽象和归纳的结果，属于对知识片断抽取之后概念化的不断总结，如果应用这些情景因素来描述一个具体的情景，需要将抽象化的概念进行逐层具体化。由于篇幅原因，图 4-6 表示了两层及部分三层细化之后的应急情景体系。各个应急情景因素在应急管理决策过程中的作用及深层次内容将在情景建模部分详细说明。

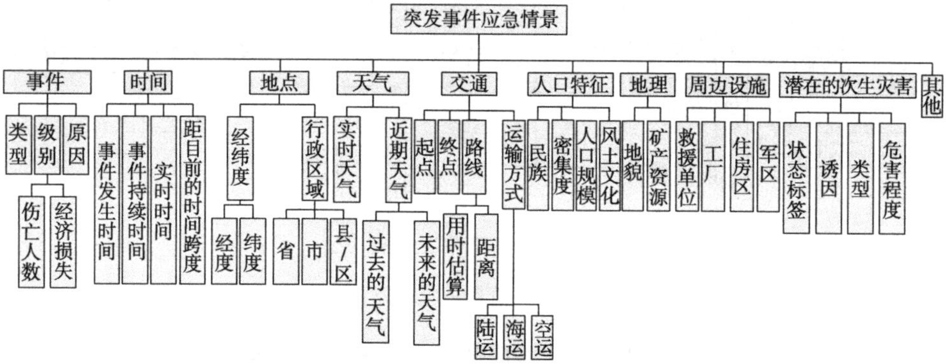

图 4-6 两层及部分三层细化之后的应急情景体系

为了便于对应急情景体系因素的建模进行描述，在此将每个一级情景因素定义为突发事件的情景元素。这些情景元素都包含各自深层次的结构内容，并且具有动态和静态的区分。情景元素之间并不是相互独立的，它们之间的关联关系构成了情景推理的部分基础。我们抽取这些情景元素的目的是辅助应急管理决策，为决策者提供必要的、实时的决策依据，这些情景元素本身对决策者都有不同方向的作用，为了在应急管理决策平台上体现应急情景的作用及实现情景推理与情景相似度计算，需要对情景元素进行必要的建模。

4.2.3 应急情景元素建模

依据上述分析总结，应急情景包含事件（Incident）、时间（Time）、地点（Place）、天气（Weather）、人口特征（Population Character）、地理（Geography）、交通（Traffic）、潜在的次生灾害（Latent Succedent Disaster）、周边设施（Surrounding）及其他（Others）（不限于此）。为了在表示上更切合应急领域，在各个应急情景元素之前加上 Emergency，缩写形式统一定义为“E××××”。据此我们将应急情景看成一个应急情景元素的集合，每一个应急情景元素都是这个集合的元素，而每个应急情景元素又都有各自的内容和含义，因此又可以将应急情景元素看成一个集合。突发事件应急情景（Emergency Context）是一个总体概念，用下面的模型来表示：

$$\text{EContest} = \left[\left\langle \begin{matrix} \text{EIncident}, \text{ETime}, \text{EPlace}, \text{EWeather}, \text{EPCharacter}, \\ \text{EGeography}, \text{ETraffic}, \text{ELSDisaster}, \text{ESurrounding}, \text{EOthers} \end{matrix} \right\rangle\right] \quad (4\text{-}10)$$

1. 事件：EIncident

突发事件按照事发起因可分为自然灾害类、社会安全事件类、公共卫生事件类、事故灾难类等，每个事件类有更深层的含义，如自然灾害类包含地震灾害、气象灾害、干旱灾害、洪涝灾害、泥石流灾害等。不论是应急预案、应急案例，还是发布的相关信息，无不把突发事件类型作为非常重要的要素加以描述，因为事件类型可以更简捷地告诉决策者发生了什么；突发事件所造成的后果一般由“受灾人数、人员伤亡、财产损失、受灾区域覆盖的范围”等方面来描述，也有采用“特别重大（特别严重）、重大（严重）、较大（较严重）、一般”等程度副词来描述的，它可以告诉决策者突发事件的严重程度（一般被划分为四个级别），便于决策者启动对应级别的应急响应；突发事件的原因有发生时已知的，也有事中或事后才获取的，记录相应的原因，可以帮助决策者更快速地应对以后发生的诸如此类的灾害，也可以增加此类突发事件的预防能力。因此，情景元素“事件”的模型可表示为：

$$\text{EIncident} = \langle \text{EType}, \text{ELevel}, \text{EReason} \rangle \quad (4\text{-}11)$$

突发事件类型如表 4-10 所示。

表 4-10　突发事件类型

元素	含义	说明
EType	突发事件的类型	告诉决策者发生了什么
ELevel	突发事件的级别	告诉决策者启动几级应急响应
EReason	突发事件的原因	增强类似事件的预防能力和应对能力

应急预案中关于事件的级别是根据“受灾人数、人员伤亡、财产损失、受灾区域覆盖范围”等方面或者造成“特别重大（特别严重）、重大（严重）、较大（较严重）、一般”等程度得到的，前者在相应的突发事件中一般由明确的数字范围来界定，后者需要由具有一定说服力的材料和专家来界定（由于后者没有一定的标准，难以确定，在此暂不考虑）。情景元素的元素“级别”存在一定的情景规则推理。例如，《南京市特种设备重大事故应急预案》中事件的Ⅰ级和Ⅱ级级别描述如下。

“特别重大事故（Ⅰ级）：指造成 30 人以上死亡（含失踪），或危及 30 人以上生命安全，或 1 亿元以上直接经济损失，或 100 人以上中毒（重伤），或需紧急转移安置 10 万人以上的安全事故，或造成特别重大影响的事故。重大事故（Ⅱ级）：指造成 10 人以上、30 人以下死亡（含失踪），或危及 10 人以上、30 人以下生命安全，或直接经济损失 5 000 万元以上、1 亿元以下的事故，或 50 人以上、

100 人以下中毒（重伤），或需紧急转移安置 5 万人以上、10 万人以下的事故，或对社会稳定、经济建设造成重大影响的事故。‘以上’含本数，‘以下’不含本数。”

不难发现，ELevel 的判断依据是由“受灾人数、人员伤亡、财产损失、受灾区域覆盖范围”等方面通过运算来圈定级别的，依此用下列模型表示应急预案中事件级别的确定条件：

$$\begin{Vmatrix} a_{11} & a_{12} & a_{13} & a_{14} \\ a_{21} & a_{22} & a_{23} & a_{24} \\ a_{31} & a_{32} & a_{33} & a_{34} \\ a_{41} & a_{42} & a_{43} & a_{44} \end{Vmatrix} \Rightarrow \begin{vmatrix} \text{I} \\ \text{II} \\ \text{III} \\ \text{IV} \end{vmatrix} \tag{4-12}$$

其中，a_{ij} 表示确定 i 级事件时在 j 方面的条件描述，由于判断依据涉及的方面是不同的，并且彼此之间为或关系，上述级别的条件判定存在同时满足两个或两个以上级别的情况。为了最大限度地保障应急救援的力量且不至于造成资源的浪费，在此设定级别判定运算的优先级规则：级别越高，优先级越高。即当同时满足Ⅰ级和Ⅱ级的判定，取级别程度高的Ⅰ级为准。

定义 4-1　$d_j \prec a_{ij}$ 是 d_j 满足条件 a_{ij} 的真伪判断运算，真为 1，假为 0。

其中，d_j 是对受灾人数、人员伤亡、财产损失及受灾区域覆盖范围等方面的数字描述。

当 d_j 与定义 4-1 中的各个条件进行真伪运算之后，就可以得到类似稀疏矩阵的判断结果，计算顺序从上至下，若满足级别高的条件，则无须对低级别的条件进行运算，即根据优先级判断事件的级别。

2. 时间：ETime

时间的概念一直是给人以标识与约定的共识。在应急救援领域，时间也是不可缺少的情景因素，应急救援中强调“时间就是生命”“争取时间就是在争取生命”，这在重大突发事件中尤为明显。记录突发事件发生的时间，让灾区内外的信息发布更明确，更为重要的是事件的持续时间及距目前的时间跨度要以事件的发生时间为基准，因此时间可表示为：

$$\text{ETime} = \langle \text{EHappen}, \text{EContinue}, \text{ENow}, \text{ESpan} \rangle \tag{4-13}$$

突发事件发生时间如表 4-11 所示。

表 4-11　突发事件发生时间

元素	含义	说明
EHappen_t	突发事件发生时间	利于决策者感知突发事件进而做出决策
EContinue_t	突发事件持续时间	进一步补充突发事件的严重程度等
ENow_t	实时时间	便于记录不同时刻的情景信息
ESpan_t	突发事件距目前的时间跨度	关注突发事件的演变，增强营救者的时间意识

时间的记录包含年月日、时分秒（大多数事件记录至分为止），其中由月份可推导出所在的季节，不同的季节又具有不同的特征，如冬季严寒、夏季酷热等，这些在应急救援中也是需要考虑的因素。

3. 地点：EPlace

在现实世界中，每一个事件的发生在空间上都会有一定的物理定位。突发事件发生地点的定位可最直接地告诉决策者应急救援的目的地。突发事件的其他情景都将与情景元素“地点”有着不可割断的联系，都将围绕着突发事件发生地点进行描述。地点的定位一般有两种方式：一是采用国家行政区域的划分来定位；二是采用经纬度来定位。任何国家的任何行政区域都有一定的经纬度相对应，因此两种定位方式存在一定的映射关系。而且，利用经纬度定位和发布信息，有利于在重大突发事件面前争取国际友人的帮助。应急情景地点的表示模型如下：

$$\text{EPlace} = \left\langle \text{EExecutive}\left\{\text{Province}\left\{\text{City}\left\{\text{Section}, \text{Country}\right\}\right\}\right\}, \text{ELL}\left\{\text{Longitude}, \text{Latitude}\right\} \right\rangle \tag{4-14}$$

突发事件地点如表 4-12 所示。

表 4-12　突发事件地点

元素	含义	说明
EExecutive	行政区域定位	包含省、市、县/区等，为决策者确定营救目的地
ELL	经纬度定位	对于某些重大突发事件，需要经纬度定位

确定突发事件地点之后，依靠 GIS 的辅助，可根据客观事实进行信息推送，进而得到更多事实情景，如事件发生地点的地貌特征、交通路线等，这些事实情景将在建模过程中具体表示。

4. 天气：EWeather

在应急救援过程中，天气是影响救援进程的重要因素，除了实时天气之外，过去和未来的天气状况都会对应急救援产生影响。天气情况对突发事件本身的发展也有影响，如当出现干旱的自然灾害时，天气的持续炎热放晴会加剧灾害的破坏程度，但是如果有降雨就会缓和干旱的程度。因此，掌握天气的情景变化路径，对决策者指挥救援有着不可替代的重要作用。对天气建模如下：

$$\text{EWeather} = \left\langle \text{Nowweather}, \text{Recentweather}\left\{\text{Past}, \text{Future}\right\} \right\rangle \tag{4-15}$$

突发事件对应天气如表 4-13 所示。

表 4-13　突发事件对应天气

元素	含义	说明
Nowweather	实时天气	在实时天气状况中实施救援
Recentweather {Past, Future}	过去与未来的天气状况	决策者掌握最近几天和未来几天事件发生地点的天气，可以提前做好应对措施

对应急案例及相关突发事件有关天气的具体信息分析总结，得到应急情景“天气”中具体形态元素的表示模型：

$$\text{XWeather} = \left\langle \text{Wind}, \text{Temperature}, \text{Rain}, \text{Sunny}, \text{Cloudy}, \text{Fog}, \text{Snow}, \text{Atmosphere}\left\{\text{Ultraviolet}\right\}\right\rangle \tag{4-16}$$

其中，XWeather 表示 Nowweather 和 Recentweather；Ultraviolet 表示紫外线。

突发事件对应气候如表 4-14 所示。

表 4-14　突发事件对应气候

元素	含义	元素	含义
Wind	风	Cloudy	多云/阴
Temperature	气温	Fog	雾
Rain	雨	Snow	雪
Sunny	晴	Atmosphere	空气质量

情景元素“天气”所包含的各个因素在不同的突发事件类型中影响权重也不一样，如在火灾中，风的影响程度明显高于其他；而在交通事故中，雾、雪的影响程度高于其他。由于物质三态相互转化的自然规律的作用，天气中的部分元素也会在相应的条件下发生转化。在情景元素时间建模中已经说明，由月份可以推导出所在的季节。当然具体到某一天就可以判定所在的节气，根据节气方面的经验数据可以推导出一般性的天气类型，这是情景元素“时间”与“天气”在应急管理决策中的协同作用。天气的各个具体形态元素具有各自的描述属性，如风具有风向、风速；气温有最低温度、最高温度等。利用气象卫星为决策者提供过去和未来几天的天气状况，可以帮助决策者做好各项应对措施及预防工作。

5. 交通：ETraffic

在应急领域中，保证交通的通畅是运送救援物资、救援设施和救援部队到达目的地的关键。交通本身所要考虑的包括路线及路线的拥堵率，选择最佳的运输路线，保证一定的通畅率，可帮助救援人员快速到达目的地。但是，交通涉及的不只是路线及路线的拥堵率，还有出发点（起点）和目的地（终点）。情景元素“地点”已经确定了救援的目的地，应急管理决策者在调配应急救援资源时，需要观察事发点周边的救援资源所在地，这时资源所在地就为出发点；将受灾群众转移到安置地点时，事发点和安置点就分别成为出发点和目的地。下面建立应急领域的交通情景模型：

$$\text{ETraffic} = \left\langle \text{EStart}, \text{EEnd}, \text{ERoute}\left\{\text{Timecost}, \text{Distance}\right\}, \text{ETtype}\left\{\text{Land}, \text{Sea}, \text{Air}\right\}\right\rangle \tag{4-17}$$

突发事件对应交通如表 4-15 所示。

表 4-15　突发事件对应交通

元素	含义	说明
EStart	起点	为便于决策者进行应急资源配置提供资源所在地及安置地
EEnd	终点	
ERoute	路线	为决策者提供最优路径选择
ETtype	运输方式	为决策者提供运输方式和工具的调配

人们已经在陆地上建设了四通八达的路线，路线的优化选择直接影响救援的效率，一般在安全条件下最优选择路线具有最短路径、最小时间或者二者同时满足的特点，有时也要考虑路线资源运载的可通行性等。运输方式选择中，Air（空运）经常被用于陆地交通遭破坏或者有非常大的障碍的情形，Sea（海运）则经常被用于救援某岛屿之类有海或大江相隔的情形，人们选择最多的就是 Land（陆运）。

6. 人口特征：EPCharacter

在有关人身生命安全的突发事件中，人的生命一直是应急救援最重要的目标。对人口特征构建表示模型，可以帮助决策者掌握突发事件发生地点及周边的人口密集度、人口规模、风土文化、民族等特征，从受灾人群的角度提供更多人性化的帮助。人口特征模型如下：

$$\text{EPCharacter} = \left\langle \text{Density}, \text{People}, \text{Pscale}, \text{Custom}\right\rangle \tag{4-18}$$

突发事件当地人口特征如表 4-16 所示。

表 4-16　突发事件当地人口特征

元素	含义	说明
Density	密集度	事件发生地点的居民密度
People	民族	事件发生地点的居民民族类别
Pscale	人口规模	事件发生地点的居民总人数
Custom	风土文化	事件发生地点的信仰、风俗等

掌握事件发生地点的居民密集度及人口规模，可以帮助决策者在应急救援所需要的物质资源数量上有一个把握度，也有利于评估突发事件的紧急程度；获取事件发生地点的人口民族及当地的风土文化等信息，可以在应急救援过程中给予受灾者更多的当地化的人文关怀，有助于受灾区的稳定。

7. 地理：EGeography

确定了事件发生地点之后，可根据国家 GIS 获得事件发生地点及周边的地貌特征，准确获取事件发生地点的地质及所覆盖的矿产资源，结合获取到的突发事件类型、天气情况等情景信息，以及有关当地的突发事件案例库，进行必要的情景推理，得到可能存在的潜在的次生灾害，进而做好必要的准备工作或者采取必要的措施清除潜在威胁。因此，决策者需要掌握相关的地理情景信息，对地理建模如下：

$$\text{EGeography} = \langle \text{Elandform}, \text{Mineral} \rangle \tag{4-19}$$

突发事件地理如表 4-17 所示。

表 4-17 突发事件地理信息

元素	含义	说明
Elandform	地貌	为决策者提供事件发生地点的地表地形特征
Mineral	矿产资源	为决策者提供事件发生地点的矿产资源情况

地貌包括地貌类型（平原、盆地、高原、丘陵、山地）、地势的海拔、相对于周边地势的高低及相关的名山大川、森林湖泊等；矿产资源是国家的自然资源，容易遭到破坏，也会伴随着突发事件产生新的灾害，掌握这些情景信息对应急救援和避免次生灾害具有一定的指导作用。

8. 周边设施：ESurrounding

这里定义的周边设施是指在事件发生地点一定范围内人为建造的、可能受到突发事件影响的或者对于应急救援有帮助的一些建筑或者机构部门等。周边设施对于应急救援有着重要的支撑作用，决策者的决策实施过程与周边设施有着不可分割的联系，决策者可以利用这一情景信息，设置救援物质的囤放场地，构建受灾群众安置所等，还可以指挥周边范围内的救援单位或驻防部队快速实施救援。除此之外，还要关注周边会受到突发事件影响产生潜在危险的大型工厂，如核能发电厂等。构建周边设施模型如下：

$$\text{ESurrounding} = \langle \text{Rescueunits}\{\text{Hospital}, \text{Police}, \text{Fireman}, \text{L}\}, \text{Factory}, \text{Habitation}, \text{Army} \rangle \tag{4-20}$$

突发事件对应周边设施如表 4-18 所示。

表 4-18　突发事件对应周边设施

元素	含义	说明
Rescueunits	救援单位	为决策指挥者提供可调配的救援单位
Factory	工厂	考虑灾害对工厂的威胁或产生的潜在危险
Habitation	住房区	考虑对居民的潜在威胁与必要的迁移
Army	军区	必要时发动部队这一应急救援的重要力量

其中，救援单位包括周边的医院、公安局（派出所）、消防人员等，但不限于这些。此外，结合情景元素“地理”与“周边设施”的情景信息获取，在必要的情况下，搭建安置帐篷、应急物资囤放仓库等，就会涉及应急资源布局的选址与调度方面的研究。周边设施是最接近突发事件发生地点的实地情景，提供着应急救援的重要力量。

9. 潜在的次生灾害：ESecDisaster

潜在的次生灾害是一种潜在的情景，是根据一些灾害性事件的发生机理及以往产生次生灾害的经验数据，在当前获取的其他情景的基础上进行必要的推理，预测可能会发生的某种灾害，进而加以控制和预防。一般情况下，次生灾害的发生地点与原突发事件的发生地点一致或相近，因此原突发事件的其他多数情景元素都可以作为次生灾害的情景来考虑，但也不排除次生灾害发生在其他地方。在此简要描述次生灾害的表示模型：

$$\text{ESecDisaster} = \left\langle \text{Flag}, \text{Inducement}, \text{SecType}, \text{Criticality}\left\{\text{People}, \text{Scale}\right\}\right\rangle \quad (4\text{-}21)$$

突发事件潜在的次生灾害如表 4-19 所示。

表 4-19　突发事件潜在的次生灾害

元素	含义	说明
Flag	次生灾害的状态标签	0 表示未发生，1 表示已发生
Inducement	诱因	诱发次生灾害发生的原因
SecType	次生灾害的类型	可能会发生的次生灾害类型
Criticality	危害程度	描述次生灾害潜在的危害程度

其中，危害程度主要描述可能成为受害者的人数和危害区域范围等。

10. 其他：EOther

突发事件的情景是一个复杂的集合，有一些应急情景对应急管理决策者来说，突发事件一旦发生，就一直是某个状态，保留着静态的数据，如事件类型、发生地点、发生时间、地理信息、人口特征及部分周边设施等，但是另一些则不断地发展变化，如天气、最佳路线、次生灾害等。上述描述的应急情景可能存在描述不足的情况，这里的“其他”作为应急情景的扩展预留空间。

4.2.4　应急情景共享模型的构建

应急情景的获取与准确表达对应急管理决策者指挥应急救援有着重要意义。上述对应急情景体系的总结与各情景元素的建模分析，能够辅助描述突发事件的情景，不同的应急管理决策平台都需要各种突发事件的情景作为决策辅助。不同的地方可能会产生相似度很大的突发事件，相同的地方也可以产生完全不同的两个或多个突发事件，相同的地方也可能重复产生相同的突发事件。应急管理决策者依据相似或相同情景下应急管理决策实际救援的情况，辅助指导新的应急救援行动。据此建立具有相同或相似结构的应急情景共享模型，可以保证应急情景描述因素的一致性和共享性，便于用统一的指标来描述不同突发事件的情景，便于挖掘应急救援过程中的相似度及利用情景推理来辅助决策等，有利于构建“情景—应对”模式下的应急救援机制。

概念建模是一项为理解和沟通的目的而形式化地描述我们周围的客观世界和社会某些方面的活动。应用于概念建模的本体理论，能够在概念模型的语义及模型的形式化方面具有很好的效果，并且能够描述概念与概念之间的关系，可以有效解决传统建模理论存在的低复用、低共享的缺点。

Gruber（1993）在前人的基础上将本体定义为共享概念模型的明确的形式化规范说明，能够在具有一致性概念明确定义的形式化描述上实现共享。本体模型实现的基础是确定该领域的概念术语及其之间的关系，这些工作已经在情景体系构建、情景元素建模过程中完成。下面的工作就是借助本体开发的软件，将应急情景的情景共享模型加以实现。

构建应急情景共享模型的目的是将上述各情景元素模型进行集成，实现在统一的平台或系统中同时给决策者提供比较全面的情景信息。在构建应急情景体系过程中，我们已经将应急领域中的情景概念进行总结，并且该体系结构已有一定的层次结构，因此可以将这些情景元素概念直接类化成为本体元语中的概念类，再根据情景元素建模过程中的描述，借助 OWL 描述语言的类公理建立一定的联系。在应急情景体系的构建中出于篇幅原因没有完全展示情景体系中的组成部分，这次本体建模过程中将深化情景体系的层次结构，添加情景元素相应的属性，并展示某些情景之间的关系。本体开发软件采用 Protégé 4.1，可视化采用插件 OntoGraf 实现。应急情景的本体共享模型如图 4-7 所示。

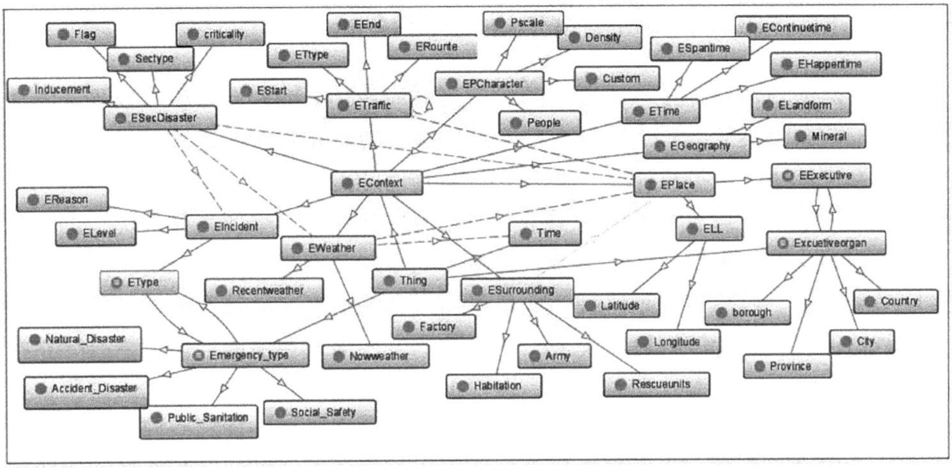

图 4-7　应急情景的本体共享模型

Natural_Disaster：自然灾害；Accident_Disaster：事故灾害

在共享模型的实现过程中，应急情景元素 EPlace 的子类 EExecutive 复用了原独立的行政区域类 Executiveorgan 的所有子类及特征，采用的是 OWL 的类公理 EquivalentClass（等价于），情景元素 EIncident 的子类 EType 与 Emergency_type 采用的也是该方法。根据对情景元素建模过程的分析，某些情景元素是依赖于其他情景元素的，如突发事件发生地点的天气依赖于情景元素时间和事件发生地点的确定而确定；应急救援交通的最佳路线依赖于事件发生地点的确定及自身所存在的交通路线及方式的优化；周边设施、地理信息都需要先确定事件发生地点。这在本体模型的类与类之间的关系设置中已有体现。

4.3　数字化应急预案中情景语义模型构建

从文本形式应急预案中抽取概念性词汇是实现应急预案向数字化应急预案表示转化的基础工作，预案中概念之间的显性与隐性关系构成了数字化应急预案的语义基础，但是由于文本形式应急预案中规定的内容涉及的情景因素不多，原有的语义将不能满足情景—应对模式下的决策需求，需要在原有语义的基础上进行语义扩展。语义扩展围绕应急预案中的内容与描述情景的各元素之间的关联关系展开，也即对应急预案与应急情景之间的映射关联进行挖掘。在决策系统平台上增加应急情景与应急预案之间的语义关系，根据语义映射可以快速实现情景—应对措施的匹配，进而实现快速有效的应急响应。

4.3.1 应急预案与应急情景语义关联分析

根据对应急情景体系构成因素的分析与对应急预案的构成分析，发现应急情景因素与应急预案的内容之间存在一定的关联：应急预案中的突发事件类与应急情景体系中的事件类型隶属同一类知识，即它们的值域是相同的。应急预案中适用范围包含适用地点、适用事件类型、适用事件分级，其中适用事件类型即应急预案所应对的突发事件类型，与情景体系中的事件类型也隶属同一类；适用地点在应急预案中一般覆盖一个区域，而情景体系中的地点则是针对突发事件发生的一个具体位置，因此，一般情况下，预案中的适用地点在地域上包含情景体系中的地点，也即在某地发生突发事件，可根据该地隶属的区域所对应的应急预案来处理，但也不排除事件发生地点处于多行政区域的交界处，这种情况需要多方的协同合作来进行救援；适用事件分级与情景体系中的事件级别从两个角度描述突发事件，存在着一定的相关关系，情景体系中的事件级别是由专门的机构根据已形成的规则确定的，应急预案中的适用事件分级则是根据突发事件造成的破坏性结果确定的，应急管理决策者注重的是如何救援突发事件对事件发生地点造成的危害，因此更关注应急预案中的适用事件分级；情景体系中周边设施关于救援单位的情景因素，与应急预案中的应急指挥组织存在着指挥与被指挥的关系，即一方处于决策指挥层，一方处于决策执行层，应急指挥组织只有掌握了应急救援的执行部门与机构的情景信息才能将决策付诸实施；应急预案已经对部门机构及其职能做了明确的规定，在应急救援过程中这些部门机构在履行各自职责时承担着不同的重要角色，同时，某些部门机构的职责履行仍然需要天气、地理、交通等情景因素的辅助。应急预案与应急情景语义关联分析如图 4-8 所示。

4.3.2 情景模式中的知识匹配与推送

情景—应对模式使应急预案直接面向应急应用，各种情景在应急管理决策过程中的地位也各不相同。通过对以往突发事件的应急管理决策案例分析，应急管理决策者在制定决策之前会掌握三类传统的知识，即 Know-what、Know-where、Know-when。这三方面的知识正是应急情景体系的元素所能提供的信息，应急管理决策者将依据此三类信息联系实际存在及演变的情况做出一系列决策。应急管理决策者如需快速响应及有效救援，需要对应急预案有一个清晰全面的认识。下面将从上述三方面的情景信息出发，构建形式化表示的数字化应急预案语义模型。

定义 4-2 $\mathrm{Inf}_0 = \langle \mathrm{what}_{\mathrm{when}}, \mathrm{where}_{\mathrm{when}} \rangle$，表示在什么时间什么地点发生了什么事件的基础情景信息，决策者在应急管理决策系统平台上输入这些信息之后，系统平台将反馈相关的应急管理决策信息。

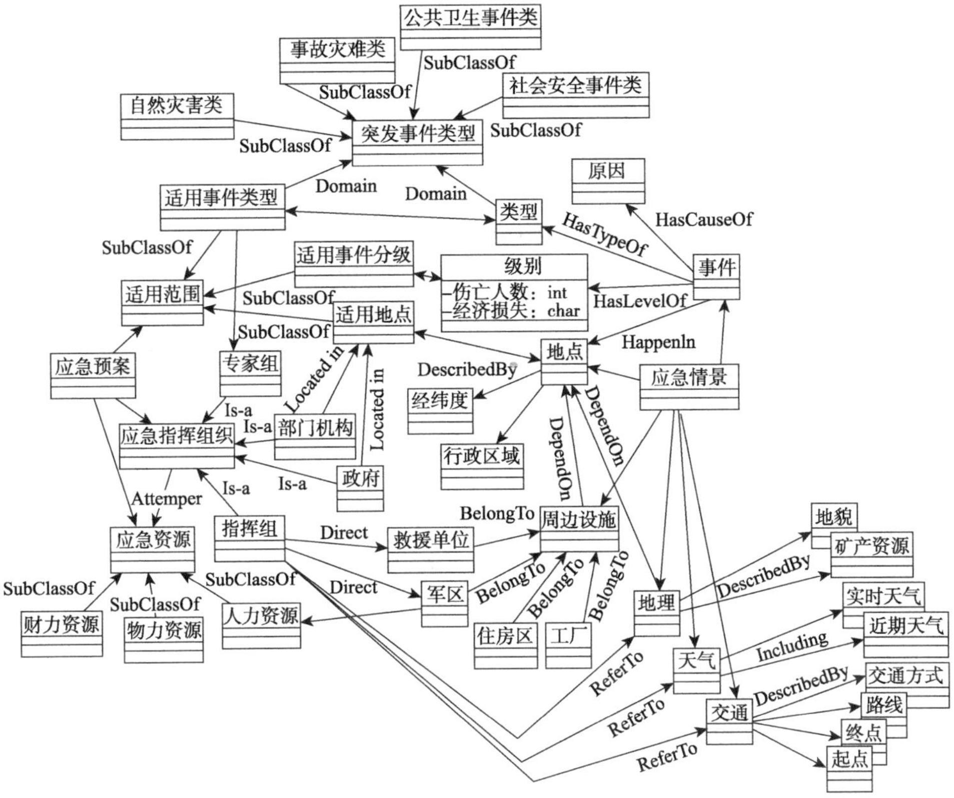

图 4-8　应急预案与应急情景语义关联分析

系统获取到这些基础信息后，将根据系统的应急基础知识进行必要的知识拓展与推理。应急预案是应急管理决策的重要依据，由情景信息 inf_0 导出相应的应急预案是应急管理决策系统的基础要求，由于应急预案具有“具体事件类型+地点→唯一确定一套应急预案”的特点，结合 4.3.1 小节语义关联的分析，可建立基于语义关联的匹配与推送规则。

（1）$\langle what_{when}, where_{when} \rangle \to < ET, EA > \Rightarrow EP$，即根据发生的事件、地点与“适用范围”的事件类型（ET）、适用行政区域（EA）相匹配，由此引出相应的应急预案（EP）。

$$(2)\ where_{when} \Rightarrow EA \Rightarrow \begin{cases} E \quad Weather \\ E \quad Geography \\ E \quad PCharacter \\ E \quad P\_Organizations(Gov, Dep) \\ E \quad Surrounding \end{cases}$$

该规则主要用于情景推送，并确定当地或周边直接负责救援的部门机构，包括当地各级政府部门、医疗机构、消防部门、公安部门、军区部队等；这里面的情景推送需要 GIS、气象卫星等提供相关知识来辅助完成。

（3）$<\mathrm{ET}, \mathrm{EA}> \Rightarrow \begin{cases} \text{Direct\_Group(Directors, Workers)} \\ \text{Specialists} \end{cases}$，应急指挥机构在不同的突发事件面前负责指挥的部门及履行救援工作的部门不尽相同，因此由类型和区域依据应急预案中的内容规定，确定突发事件的应急指挥部、指挥中心地址、指挥者人员名单和应急工作组成员名单及各自的职责；应急管理决策者需要对突发事件较熟悉的专家来提供辅助性建议，应急管理决策系统中需要具备目前对各类突发事件进行研究的专家姓名和所在地址，以便决策者快速组织专家组。

（4）$<\mathrm{ET}, \mathrm{EGeography}, \mathrm{Eweather}, \mathrm{Specialists}> \Rightarrow \mathrm{ESecDisaster}$，综合突发事件的类型、事件发生地点的地理特征和发生地点相应日期的天气情况等知识，由专家组预测可能会发生的次生灾害，包括次生灾害的类型与危害程度；在应对突发事件过程中发现，有些灾害会伴随着突发事件的发生而发生，二者之间存在着无条件的必然联系，如台风会伴有暴雨、在山区会形成泥石流等。另外，突发事件可能会引起次级或次次级灾害，此规则可在同一应对过程中循环使用，此时次级的灾害类型将代替上一级的灾害类型进行新的知识推送。

（5）$<\mathrm{ESurrounding}, \mathrm{MaterialRes}> \Rightarrow <\mathrm{Allication}>$，由周边设施可以寻找受灾群众的安置场所，设置帐篷及物资存储仓库等。做好受灾群众的安置保障问题，是应急救援后续的关键工作。

应急救援的知识推送规则并不止于上述描述，在应急监测、应急预警、应急响应、应急保障和善后处理的应急救援过程中，情景知识推送与应急预案内容匹配规则起着重要的作用。应急救援是一个动态过程，情景体系中情景因素指标的内容在不同时段不尽相同，应急管理决策实施的救援行动也会稍有差异。

4.3.3 情景模式中的救援过程表示

情景模式中的救援过程表示如图 4-9 所示。

由于突发事件的情景信息随着救援行动的开展不断地发生变化，为有效地表示应急救援过程，需要对应急救援过程分阶段分析。在对应急预案进行建模分析的过程中，按照事件发生发展的常态，将应急救援管理过程概念化为应急监测、应急预警、应急响应、应急保障、后期处理五个部分。一般情况下，突发事件的瞬间发生将危害程度迅速提升至最大，随着受灾群众的自救活动，危害程度有一定的缓解，但是自救能力毕竟有限，伴随着应急响应和应急保障行动的开展，灾害的危害程度也将呈现迅速下降趋势，至应急响应结束后进行后期处理工作。

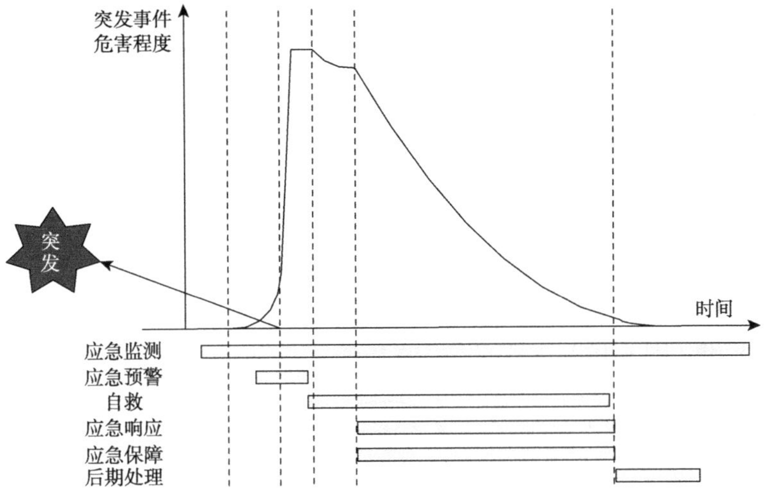

图 4-9　情景模式中的救援过程表示

应急监测与应急预警是在突发事件发生之前，通过对各种情景信息的收集，分析异常信息可能带来的危害，由相关部门确定潜在危害的类型、紧迫性及程度，继而发出相应级别的预警响应，做好应对突发事件的各种准备，包括信息的发布与向上级和下级通报、调集应急救援队伍、调配救援物资（设备）等，做好应急救援待命的准备工作，并依据“谁发布，谁解除”的原则，在适宜时间解除预警。应急监测与应急预警的重点在于信息确定的准确性和发布的及时性。

应急响应是在突发事件发生之后，根据确定的突发事件的级别启动相应级别的应急响应，由相关部门组成指挥中心，由相关专家组成专家组，并确定总指挥、副总指挥等人员，做到职责到部门、到人。结合情景信息的辅助和应急预案中各部门的职责规定，指挥人员指挥各部门各司其职地实施救援，应急响应中身处一线的部门、人员或队伍，在执行救援任务的同时，还需向上级实时反馈现场状况信息，给决策者更多的决策依据。此外，在该过程中，应急监测仍需要持续工作，因为突发事件的发生一般并不是单一独立的，仍需要做好对次生或衍生灾害的防御工作。

应急保障主要考虑从人力、物力、财力三方面给应急救援提供资源供给，具体表现为救援人员、电力、交通、通信、社会治安、救灾物资、救灾储备金、安置场地等。应急保障虽然在此归为应急过程的一部分，但是应急保障工作是需要做很多预准备工作的，如救援人员中的消防人员、公安人员等，需要平时刻苦的演练和训练做基础；救灾储备金需要及早储备，以备不时之需；电力的补给在重大突发事件中显得尤为重要，及早配备一定数量的电力车，将大大有助于救援工作的顺利开展；通信的畅通是保证情景信息的上传与救援行动命令的下达，以及信息的及时发布等工作顺利进行的基础。总的来说，应急保障是对应急响应的保障，因此应急保障将伴随应急响应的整个过程。

后期处理包括灾后重建、救灾评估及奖惩等工作。这在应急预案中也由相关的部门来负责，后期处理工作是应对突发事件的扫尾工作，关系着受灾群众的后续生活与安全，监管部门更需要尽心尽责，保障灾区重建恢复、资源与环境保护等。

从情景—应对模式方面讲，应急监测属于整个过程的情景信息收集，出现异常情景信息时，发出应急预警，将部分情景信息进行宣传与传达，应急响应与应急保障是在决策者掌握了大局的情景信息下所做的决策。根据第 3 章建立的应急情景体系及模型，将情景信息进行形式化表示，决策者依据情景信息制定相应的应急响应，因此可将情景—应对模式中应急救援过程归为由三个协同单位组成的协同合作模型（图 4-10）。

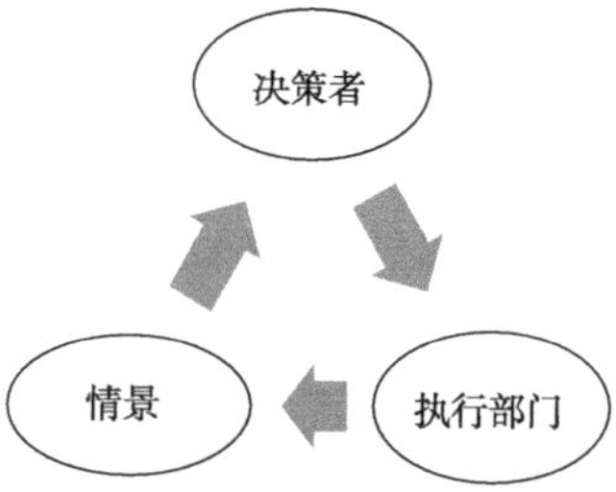

图 4-10 协同合作模型

应急管理决策者在应急救援过程中起着桥梁作用，但在实际救援过程中，应对突发事件情景的是执行部门，身处一线的执行部门不需要也没有必要向决策者索要所有的具体决策信息，但是必须向决策者提供现场情形信息。

从执行部门角度，用下列八元组对应的具体内容来形式化地表示应急救援过程：

$$< \text{time(EContext - time)}, \text{department}, \text{pamount}, \text{task}, \text{location}, \text{order}, \text{work}, \text{state} > \tag{4-22}$$

为了使上述元组表示的内容在过程上具有连贯性，特将情景信息中的时间情景单独在元组列出，time(EContext-time)包括决策者在下达命令时传递给执行部门的情景信息，还有现场获取到的情景信息（需要向决策部门反馈的重要情景信息）；后面六个元分别表示执行部门的名称、该执行部门的成员构成、在文本形式应急预案中规定的职责任务、当时所在的地点、接受的命令、当时所执行的任务和当时所处的状态。

应急救援过程是一个多部门协同合作的过程，将每一个部门在应急救援过程中承担的角色、履行的职责及实时的地点和状态表示出来，将构成应急救援过程中的实时态势（图 4-11）。

应急救援要求部门的协调合作，在传统的各种突发事件应急预案中对相关部门的职责与成员构成已有明确的规定。在图 4-11 中，情景信息集的描述是借助前文的应急情景体系与建模来完成的。通过记录某时刻所有相关部门的状态信息，掌握应急部门在救援过程中实时的地点、正在进行的工作及所处的状态，有利于

t_1	情景信息集1	部门1	成员构成	任务	目前所在地	命令	正在执行的工作	状态
t_2	情景信息集2			任务	目前所在地	命令	正在执行的工作	状态
⋮	⋮			⋮	目前所在地	⋮	⋮	⋮
t_n	情景信息集 n			任务	目前所在地	命令	正在执行的工作	状态

time(EContext-time),department,pamount,task,location,order,work,state

t	情景信息集1	部门1	成员构成	任务	目前所在地	命令	正在执行的工作	状态
		部门2	成员构成	任务	目前所在地	命令	正在执行的工作	状态
		部门3	成员构成	任务	目前所在地	命令	正在执行的工作	状态
		⋮	⋮	⋮	目前所在地	⋮	⋮	⋮
		部门 n	成员构成	任务	目前所在地	命令	正在执行的工作	状态

图 4-11　应急救援过程中的实时态势

决策者优化救援单位协作的配置，提高救援工作的效率。此外，在后期处理阶段还可以根据部门在救援过程中执行救援任务的表现进行记录，进行相应的评估和奖惩。据此通过记录“$t_1 \to t_2 \to \cdots \to t_n$，情景信息集 1→情景信息集 2→…→情景信息集 n，应对 1→应对 2→…→应对 n”来描述应急救援的动态过程。

4.3.4　情景模式下数字化应急预案语义模型的实现

通过上述内容分析发现，情景与应急预案之间存在着密切的联系，构建情景演化与应急预案知识关联可实现面向情景应用的应急预案语义模型的构建，因此下面将依据应急情景体系与应急预案之间的语义关联，结合本体集成的相关方法，将应急情景本体与应急预案本体模型进行融合集成，以实现情景—应对模式下数字化应急预案的语义模型。

本次构建情景—应对模式下数字化应急预案模型采用的本体集成方法主要是本体映射，前面已对应急情景概念与应急预案概念的语义映射进行了分析，下面将在此基础上，结合上述本体集成的规则将应急情景本体与应急预案本体进行集成，实现情景与预案集成的数字化语义映射模型。

本体集成的工具采用 Protégé 4.1，语义实现除采用标记以外，还借助本体固有的各种公理和定理来实现。由于 Protégé 软件对中文的兼容性不是特别好，本次本体集成的描述语言统一采用英文。两个本体集成的过程如下所述。

（1）分别构建应急预案本体与应急情景本体。

（2）在 Protégé 软件同一窗口打开这两个本体。

（3）选择其中一个本体作为目标本体，另一个作为将要被集成到目标本体的本体。

（4）在 Protégé 中显示集成之后的目标本体，构建两个原本体之间的关联关系。

本次本体集成选择情景本体作为目标本体，将预案本体与情景本体进行集成。根据预案与情景概念术语之间的语义关联分析，构建集成本体类之间的语义关联。为了便于对应急预案的管理及对突发事件类型的维护和对行政区域的表示，在集成情景与预案本体的同时，构建用于描述应急预案类型、突发事件类型、行政单位的三个局部本体，并在集成过程中将其整合到目标本体中。由于显示本体结构的窗口有限，图 4-12 可视化地显示了概念之间的主要关联。

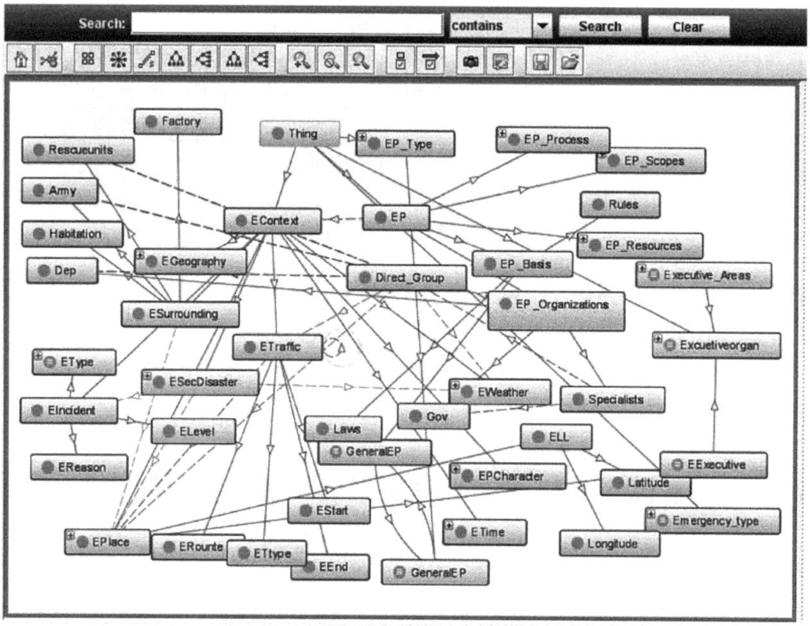

图 4-12　概念之间的主要关联

本体集成过程中应急情景与应急预案中概念之间相似的关系存在以下规则。

（1）具有同一 Domains 的两个概念在语义上是相似的。

（2）具有同一 Ranges 的两个概念在语义上是相似的。

（3）具有相同 DataProperties 的两个概念是相似的。

情景本体与应急预案本体已经构建了类的本体树，并在本体集成过程中将情景本体与预案本体概念类之间的关联关系整合到集成本体中，下面将结合情景建模中“汶川地震”的实际案例与四川省相关的应急预案（以四川阿坝州地震应急预案为例），构建本体模型中的相关概念类的实例，并借助开发软件中对类及实例的解释说明功能来展示集成本体所表示的内容（图 4-13）。

构建本体模型实例时，因为一个类的实例可能会不止一个，上述构建两个类之间的对象属性很有可能不能清楚地描述两个类对应实例之间的关系，所以在此过程中，有必要构建新的对象属性作为原对象属性的子属性来描述实例之间的关系。另外，在本体模型中，实例名称本身不能涵盖其自身的含义，需要构建数据属性及其数值来补充阐述。

下面截取两个对构建的本体实例内容进行 OWL 语言描述的截图作为本体模型实例构建的结果展示，如图 4-14、图 4-15 所示。

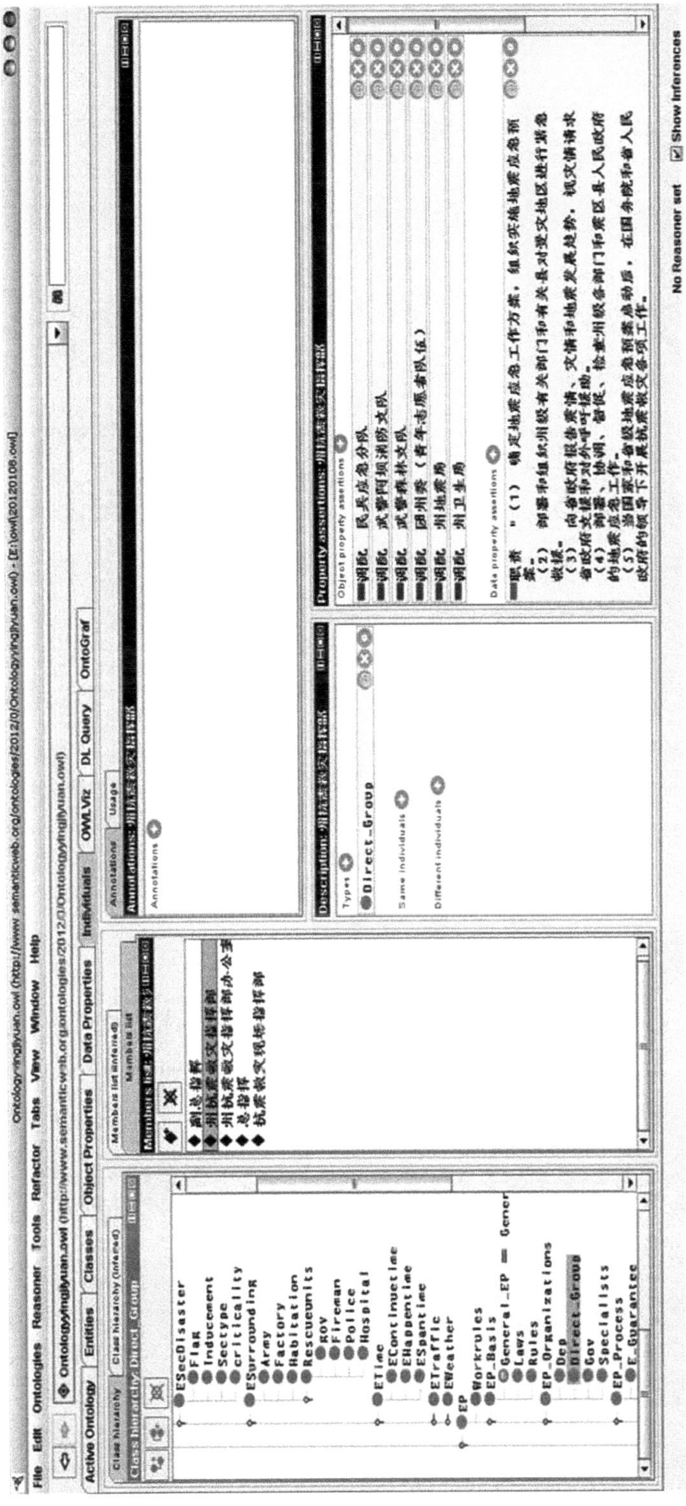

图 4-13　集成本体所表示的内容

Ontology imports | General axioms | RDF/XML rendering | OWL/XML rendering | OWL functional syntax rendering

OWL functional syntax rendering:

```
Declaration(NamedIndividual(:州民政局))
ClassAssertion(:Gov :州民政局)
Declaration(NamedIndividual(:州气象局))
ClassAssertion(:Dep :州气象局)
Declaration(NamedIndividual(:州统计局))
ClassAssertion(:Dep :州统计局)
Declaration(NamedIndividual(:彭州市))
ClassAssertion(<http://www.semanticweb.org/ontologies/2011/10/Ontologyyingjiqingjing.owl#Habitation> :彭州市)
Declaration(NamedIndividual(:总指挥))
AnnotationAssertion(rdfs:comment :总指挥 "温家宝"^^xsd:string)
ClassAssertion(:Direct_Group :总指挥)
ObjectPropertyAssertion(:Direct :总指挥 :副总指挥)
DataPropertyAssertion(:职责 :总指挥 "从总体上指挥抗震救灾以及下达重要命令"^^xsd:string)
Declaration(NamedIndividual(:成都军区))
AnnotationAssertion(rdfs:comment :成都军区 "可注释地点、部队人数等"^^xsd:string)
ClassAssertion(<http://www.semanticweb.org/ontologies/2011/10/Ontologyyingjiqingjing.owl#Army> :成都军区)
Declaration(NamedIndividual(:成都市第一人民医院))
ClassAssertion(:Hospital :成都市第一人民医院)
Declaration(NamedIndividual(:抗震救灾现场指挥部))
ClassAssertion(:Direct_Group :抗震救灾现场指挥部)
DataPropertyAssertion(:成员组成 :抗震救灾现场指挥部 "州防震减灾领导小组部分成员单位负责人，事发地县人民政府负责人。
地震、民政、救灾、卫生、建设等部门"^^xsd:string)
DataPropertyAssertion(:指挥长 :抗震救灾现场指挥部 "由州人民政府领导担任，或由州人民政府指定人员担任"^^xsd:string)
DataPropertyAssertion(:职责 :抗震救灾现场指挥部 "（1）在州抗震救灾指挥部的领导下，开展抗震救灾现场工作。
（2）落实州抗震救灾指挥部的部署和安排，指挥、协调、督促震区人民政府、单位、部门和社会团体的现场抗震救灾工作。
（3）组织、布置灾情收集、调查和汇总，及时向州抗震救灾指挥部报告灾情。
（4）及时向州抗震救灾指挥部报告地震现场工作情况。
"^^xsd:string)
Declaration(NamedIndividual(:武警森林支队))
```

图 4-14 OWL 语言描述本体模型实例构建的结果展示（一）

图 4-15　OWL 语言描述本体模型实例构建的结果展示（二）

4.4 数字化应急预案中潜在语义模型研究

面对复杂多变的应急环境，决策者需要处理海量的信息，整合各方面应急救援力量及服务资源，提高应急响应能力，以保障公共安全。我国各级政府已发布了大量的应急预案，储存和积累了丰富的专家经验和大量潜在的领域知识。为应对突发公共事件本身的不确定性及紧急情况下信息获取的时空局限性，应急预案的数字化管理需要充分挖掘应急预案中所蕴含知识的潜在关联及结构信息，对应急知识进行准确的表示，构建适用于应急领域的信息检索模型和知识推送机制，将应急管理决策需要的知识有效地推送给决策者，以辅助决策者进行决策并制订高质量的应急管理决策方案。

为此，本书研究了应急预案中的潜在语义模型构建和检索机制中的若干关键问题，包括应急领域潜在知识统一表达模型的构建、应急领域知识的语义挖掘及有效维度设计、基于语义特征的应急预案主题词链构造及语义标注、基于检索式扩展和检索框架的应急知识有效推送等。

4.4.1 应急预案中潜在语义模型构建思路

要构建应急预案的潜在语义模型，需分析词语间复杂而密切的联系，传统信息检索模型中基于词语之间相互独立的基本假设实际上是难以满足的。对此，应用潜在语义分析（latent semantic analysis，LSA）方法构建应急领域的潜在语义模型，通过截断的奇异值分解方法对“词—预案”矩阵降维，将高维表示的应急预案和词语投影在低维的潜在语义空间中，缩小问题规模，提高检索效率。

首先，设计应急预案潜在语义模型的权重及其计算方法。传统的权重计算方法只考虑了词语与文本之间的关系，传统方法同时将词语和词语之间的关系及预案文本和预案文本之间的关系考虑在内，设计了新的权重模型。新的方法对词语之间的关系及应急预案文本之间的关系进行了有效的表达和量化，证明了权重决定的“闭环效应”，推导出了领域词汇和应急预案全局权重的计算方法。实验表明，该权重模型能够有效地对应急领域知识进行表达。

其次，给出基于语义特征的应急预案主题词链自动构造方法，对应急预案进行标注。对非结构化的应急预案文本进行分析，利用应急领域的潜在语义模型获取词语语义，对传统的词汇链算法进行改进，以适应非结构化的预案。在此基础上，提出了应急预案主题词的自动抽取方法，并给出了主题词链的构造方法，从而对应急预案进行语义标注。实验表明，该方法能够深入语义层级对应急领域的潜在语义结构信息进行挖掘，具有良好的效果，同时为潜在语义模型下应急知识的推送和检索扩展提供了有益的探索路径。

最后，通过构建应急领域的检索框架，提出应急知识需求的检索式扩展模型，实现知识的有效推送。面对复杂的应急环境，决策者往往不能准确地表达检索需求，甚至不清楚真正的检索需求。为此，基于应急预案的主题词语义特征标注，利用 SOM 网络提取应急领域词汇的语义特征，并在映射上形成聚类；通过建立 CI（confidence interval，置信区间）指标，给出最优聚类数量的判定方法；在此基础上，提出抽取检索扩展词的具体步骤，初步设计了检索框架构建方案；最后，通过实验验证了该检索式扩展模型和检索框架的有效性。

针对应急领域知识特点，本书提出三维权重的设计思路，即词语局部权重、词语全局权重和预案文本全局权重，并证明了三维权重的"闭环效应"，从而给出代数法的全局权重构造方案。在此基础上，本书研究了应急领域的语义特征词汇链抽取方法，提出了应用于非结构化应急预案文本的词汇链构造算法，为潜在语义模型下的检索式扩展和智能检索算法提供了新的实验和探索路径。图 4-16 给出了在潜在语义模型构建中的研究路径。

4.4.2　潜在语义分析的引入

LSA 将每个文本看作以词语为维度的空间中的一个点，认为一个包含语义的文本在这种词空间中的出现不是随机的，而是服从某种语义结构的；同样地，每个词语可以被看作以文本为维度的空间中的一个点，词语在文本中的出现也不是随机的，而是由具有某种潜在语义结构的上下文语境决定的。文本由多个不同的词语构成，文本的主题需要通过词语的语义来表达；词语要放在文本中去理解，其语义需要通过上下文语境来确定，这体现了"词语—文本"之间的潜在语义关系。可以说，潜在语义关系就是特定语境下，词语之间、词语和文本之间及文本之间的关系的总和。

LSA 将词语和文本表示为"词—文本"矩阵[①]，用 $X=(x_{i_j})_{m\times n}$ 表示，矩阵 X 中的元素 x_{i_j} 表示词语 i（$i=1,2,\cdots,m$）在文本 j（$j=1,2,\cdots,n$）中出现的频数，矩阵的每一行代表一个词语向量，每一列代表一个文本向量。与传统检索模型假设词语之间相互独立不同，LSA 的出发点是词语之间存在某种潜在的相关关系。

LSA 使用截断的奇异值分解理论对矩阵 X 进行分析，下面给出奇异值分解基本理论。

定理 4-1　秩为 r 的任意实矩阵 $X_{m\times n}$ 都可以分解为两个正交矩阵和一个对角矩阵的乘积：

---

① 本书矩阵和向量均用白体表示。

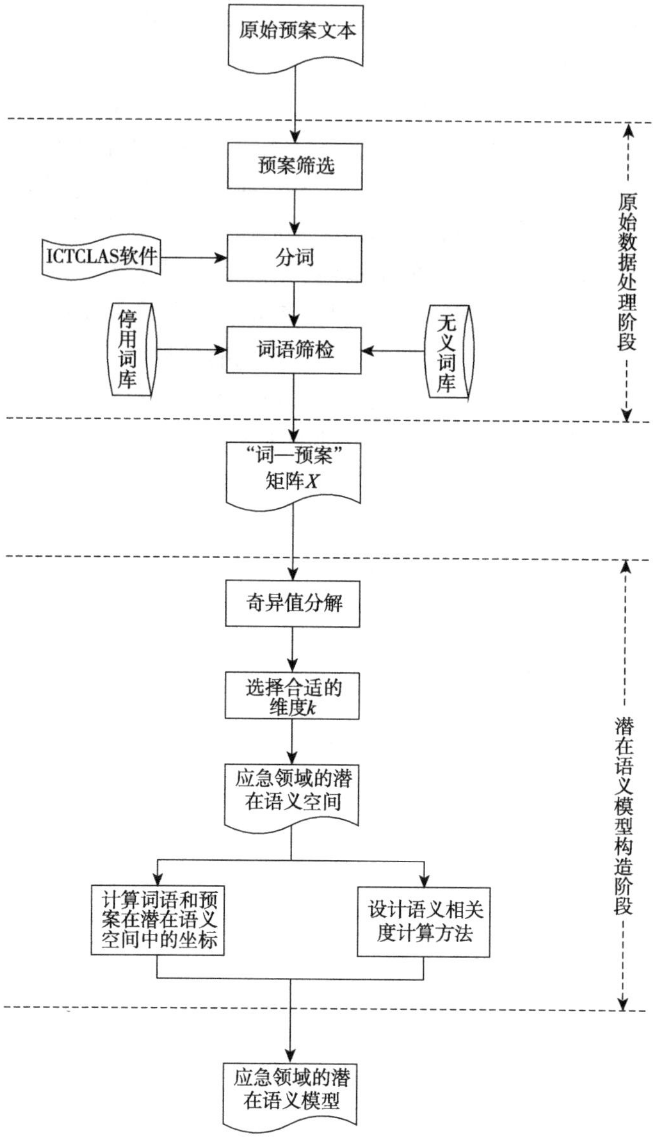

图 4-16 潜在语义模型构建中的研究路径

$$X = U\Lambda D^{\mathrm{T}} = U\begin{pmatrix} \lambda_1 & & & \\ & \lambda_2 & & \\ & & \ddots & \\ & & & \lambda_r \end{pmatrix} D^{\mathrm{T}} \tag{4-23}$$

其中，矩阵 $U_{m\times r}=(u_1,u_2,\cdots,u_r)$ 为 $m\times r$ 正交矩阵，矩阵 $D_{n\times r}=(d_1,d_2,\cdots,d_r)$ 为 $n\times r$ 正交方阵，矩阵 $\Lambda=\mathrm{diag}(\lambda_1,\lambda_2,\cdots,\lambda_r)$ 为对角阵，且 $\lambda_i>0$（$i=1,2,\cdots,n$）。

定义 4-3　设矩阵 $X_{m\times n}$ 的奇异值分解由定理 4-1 给出，矩阵 X 的秩为 $r\leqslant\min\{m,n\}$。取正整数 $k\leqslant r$，令 $U_k=(u_1,u_2,\cdots,u_k)$，$D_k=(d_1,d_2,\cdots,d_k)$，$\Lambda_k=\mathrm{diag}(\lambda_1,\lambda_2,\cdots,\lambda_k)$，称 X_k 为 X 的 k 阶截矩阵，如果 X_k 满足：

$$X_k=U_k\Lambda_k D_k^{\mathrm{T}} \tag{4-24}$$

式（4-24）就是矩阵 X 的截断的奇异值分解式，这个过程就是截断的奇异值分解。

定理 4-2　设矩阵 X_k 是矩阵 X 的 k 阶截矩阵，矩阵 X 的秩为 r，则有

$$\min_{\mathrm{Rank(B)}=k}\|X-B\|_F=\|X-X_k\|_F=\sqrt{\lambda_{k+1}+L\lambda_r} \tag{4-25}$$

$$\min_{\mathrm{Rank(B)}=k}\|X-B\|_2=\|X-X_k\|_2=\lambda_{k+1} \tag{4-26}$$

定理 4-2 说明，在 F-范数和 2-范数意义下，X_k 是 X 最接近的 k 秩矩阵。也就是说，LSA 将矩阵 X 从高维投影到低维（k 维）后，尽可能保留了原始矩阵 X 的大部分语义信息。

LSA 利用截断的奇异值分解式（4-24），得到秩为 k 的近似矩阵，使得原本稀疏的矩阵不再稀疏，潜在的语义关系被呈现出来。这样就可以在语义层面处理词语和文本，提取出决定词语和文本语义的相关性限制，进而抽取出反映文本主要语义特征的关键信息。

利用 LSA 的基本理论和方法，4.4.4 小节将提出语义空间的构造方法及语义相关度的计算，并对应急领域的潜在语义模型进行构建。

4.4.3　应急领域潜在语义空间的构建

假设有一个应急预案集，包含 n 个应急预案和 m 个词语，构造“词—预案”矩阵：

$$X_{m\times n}=(x_{ij})_{m\times n}=(\mathrm{ep}_1,\mathrm{ep}_2,\cdots,\mathrm{ep}_n)=(\mathrm{word}_1,\mathrm{word}_2,\cdots,\mathrm{word}_m)^{\mathrm{T}} \tag{4-27}$$

其中，x_{ij} 表示词语 i 在预案 j 中出现的频数，为了辨别词语和预案文本所包含的语义信息的强弱，有时需要在 x_{ij} 中加入权重（这里只讨论非加权情况，加权情况详见第 3 章）。列向量 ep_i 表示预案向量，列向量 word_i 表示词语向量。经验表明，矩阵 X 是一个稀疏矩阵。

设矩阵 X 的秩为 r，由奇异值分解定理 4-1 可知，

$$X=ULD^{\mathrm{T}}=(u_1,u_2,\cdots,u_r)\begin{pmatrix}\lambda_1 & & & \\ & \lambda_2 & & \\ & & \ddots & \\ & & & \lambda_r\end{pmatrix}\begin{pmatrix}d_1^{\mathrm{T}}\\ d_2^{\mathrm{T}}\\ \vdots\\ d_r^{\mathrm{T}}\end{pmatrix} \tag{4-28}$$

其中，矩阵 $U_{m\times r}=(u_1,u_2,\cdots,u_r)$ 和 $D_{n\times r}=(d_1,d_2,\cdots,d_r)$ 为正交矩阵；对角阵 $\Lambda=\mathrm{diag}(\lambda_1,\lambda_2,\cdots\lambda_r)$；$\lambda_i$ 为 XTX（转置矩阵）的特征值 σ_i（$i=1,2,\cdots,r$）的平方根，并且满足 $\lambda_1\geqslant\lambda_2\geqslant\cdots\geqslant\lambda_r\geqslant0$。

设正整数 $k\leqslant r$，令 $U_k=(u_1,u_2,\cdots,u_k)$，$D_k=(d_1,d_2,\cdots,d_k)$，$\Lambda_k=\mathrm{diag}(\lambda_1,\lambda_2,\cdots,\lambda_k)$，由定义 4-2 可得 X 的 k 阶截矩阵

$$X_k=U_k\Lambda_k D_k^{\mathrm{T}}=(u_1,u_2,\cdots,u_k)\begin{pmatrix}\lambda_1 & & & \\ & \lambda_2 & & \\ & & \ddots & \\ & & & \lambda_k\end{pmatrix}\begin{pmatrix}d_1^{\mathrm{T}}\\ d_2^{\mathrm{T}}\\ \vdots\\ d_k^{\mathrm{T}}\end{pmatrix} \tag{4-29}$$

根据定理 4-2，X_k 是 X 在 F-范数和 2-范数意义下最接近的 k 秩矩阵。同时，可以证明 X_k 是 X 在最小二乘意义上的最优 k 秩近似矩阵。

将式（4-29）改写为

$$X_k=U_k\Lambda_k D_k^{\mathrm{T}}=u_1\lambda_1 d_1^{\mathrm{T}}+u_2\lambda_2 d_2^{\mathrm{T}}+\cdots+u_k\lambda_k d_k^{\mathrm{T}} \tag{4-30}$$

对于 X_k 中的每一个行向量 $\mathrm{word}_i^{\mathrm{T}}$（$i=1,2,\cdots,m$）有

$$\mathrm{word}_i^{\mathrm{T}}=u_{1i}\lambda_1 d_1^{\mathrm{T}}+u_{2i}\lambda_2 d_2^{\mathrm{T}}+\cdots+u_{ki}\lambda_k d_k^{\mathrm{T}} \tag{4-31}$$

用列向量表示，有

$$\mathrm{word}_i=(u_{1i}\lambda_1 d_1^{\mathrm{T}}+u_{2i}\lambda_2 d_2^{\mathrm{T}}+\cdots+u_{ki}\lambda_k d_k^{\mathrm{T}})^{\mathrm{T}}=(d_1,d_2,\cdots,d_k)\begin{pmatrix}u_{1i}\lambda_1\\ u_{2i}\lambda_2\\ \vdots\\ u_{ki}\lambda_k\end{pmatrix} \tag{4-32}$$

其中，u_{si} 表示列向量 u_s 中的第 i 个分量。由于矩阵 $D_k=(d_1,d_2,\cdots,d_k)$ 为正交矩阵，因此列向量 $d_1,d_2,\cdots,d_k$ 为正交向量。根据式（4-32），词语 word_i 可以看作以 $d_1,d_2,\cdots,d_k$ 为基的 k 维空间中的点，这个空间就是潜在语义词语空间。$(u\lambda_1,u\lambda_2,\cdots,u\lambda_k)^{\mathrm{T}}$ 就是 word 在这个低维空间中的坐标，坐标中 $\lambda_1,\lambda_2,\cdots,\lambda_k$ 可以看作该潜在语义词语空间的某种权重。这样，就把原本在高维空间中的词语向量投影到以 D_k 的列向量为基张成的低维（k 维）潜在语义词语空间 $\mathrm{span}\{d_1,d_2,\cdots,d_k\}$ 中。

类似地，对于 X_k 中的每一个列向量 ep_j（$j=1,2,\cdots,n$）有

$$\mathrm{ep}_j=(u_1\lambda_1 d_{1j}+u_2\lambda_2 d_{2j}+\cdots+u_{ki}\lambda_k d_{kj})^{\mathrm{T}}=(u_1,u_2,\cdots,u_k)\begin{pmatrix}\lambda_1 d_{1j}\\ \lambda_2 d_{2j}\\ \vdots\\ \lambda_k d_{kj}\end{pmatrix} \tag{4-33}$$

其中，d_{tj} 表示列向量 d_t 中的第 j 个分量。由于矩阵 $U_k=(u_1,u_2,\cdots,u_k)$ 为正交矩阵，列向量 $u_1,u_2,\cdots,u_k$ 为正交向量。根据式（4-33），预案 ep_j 可以看作以 $u_1,u_2,\cdots,u_k$ 为基的 k 维空间中的点，这个空间就是潜在语义预案空间。$(\lambda_1 d_{1j},\lambda_2 d_{2j},\cdots,\lambda_k d_{kj})^{\mathrm{T}}$ 就是 ep_j 在这个低维空间中的坐标，坐标中 $\lambda_1,\lambda_2,\cdots,\lambda_k$ 同样可以看作该潜在语义预案空间的某种权重。这样，就把原本在高维空间中的预案向量投影到以 U_k 的列向量为基张成的低维（k 维）潜在语义预案空间 $\mathrm{span}\{u_1,u_2,\cdots,u_k\}$ 中。

我们把上述潜在语义词语空间和预案空间合称为应急领域的潜在语义空间。

由定理 4-2 可知，$\|X-X_k\|_F=\|X-X_k\|_2=\lambda_k$，因此可以认为较大的奇异值对应的维度包含较多的语义信息，较小的奇异值对应的维度包含较少的语义信息，而较少的奇异值对应的维度往往就是“噪声”。因此，可以通过除去较小的奇异值及其对应的维度来突出包含较多语义信息的维度，以达到减少“噪声”的目的，同时 k 值也可以通过较大的奇异值的数量来确定。

4.4.4　应急领域潜在语义相关度计算

应急领域潜在语义空间中存在三种重要的关系：词语之间的关系、预案之间的关系、词语和预案之间的关系，可以通过相关度计算来定量分析这三种关系。其中，词语和预案之间的关系往往是指用户提出的检索关键词与待检索预案的关系，即检索式和预案的相关度。相关度的度量方法很多，如欧氏距离、Minkowski 距离、向量点乘、向量余弦、皮尔逊相关系数等。词语之间的相关度度量方法与预案之间的相关度度量方法类似，下面给出预案之间、检索式与预案之间的相关度度量。

1. 预案之间的相关度

设 $\mathrm{ep}_h^*=(\lambda_1 d_{1h},\lambda_2 d_{2h},\cdots,\lambda_k d_{kh})^{\mathrm{T}}$ 和 $\mathrm{ep}_t^*=(\lambda_1 d_{1t},\lambda_2 d_{2t},\cdots,\lambda_k d_{kt})^{\mathrm{T}}$ 是 k 维潜在语义空间中的点。向量点乘计算公式：

$$\mathrm{Sim}(\mathrm{ep}_h^*,\mathrm{ep}_t^*)=(\mathrm{ep}_h^*)^{\mathrm{T}}\mathrm{ep}_t^*=\sum_{i=1}^{k}\lambda_i^2 d_{ih}d_{it} \tag{4-34}$$

向量余弦计算公式：

$$\mathrm{Sim}(\mathrm{ep}_h^*,\mathrm{ep}_t^*)=\frac{\sum_{i=1}^{k}\lambda_i^2 d_{ih}d_{it}}{\sqrt{\sum_{i=1}^{k}(\lambda_i d_{ih})^2}\sqrt{\sum_{i=1}^{k}(\lambda_i d_{it})^2}} \tag{4-35}$$

皮尔逊相关系数计算公式：

$$\mathrm{Sim}(\mathrm{ep}_h^*,\mathrm{ep}_t^*)=\frac{\sum_{i=1}^{k}(\lambda_i d_{ih}-\overline{\lambda_i d_{ih}})(\lambda_i d_{it}-\overline{\lambda_i d_{it}})}{\sqrt{\sum_{i=1}^{k}(\lambda_i d_{ih}-\overline{\lambda_i d_{ih}})^2}\sqrt{\sum_{i=1}^{k}(\lambda_i d_{it}-\overline{\lambda_i d_{it}})^2}} \tag{4-36}$$

2. 检索式与预案之间的相关度

设检索式向量为 $q=(W_1,W_2,\cdots,W_k)$，其中 W_i 表示词语 i 出现的词频。检索式不能直接与预案进行相关度计算，需要将检索式当做“伪预案”映射到潜在语义空间中。可以用以下方法求出 q 在潜在语义空间中的表达：

$$q^*=U_k^{\mathrm{T}}q \tag{4-37}$$

这样检索式与预案之间的相关度计算问题就转化成预案之间的相关度计算问题。

4.5 领域本体的应急预案情景建模研究

基于情景的领域本体建模，需要领域知识本体为基础。下面我们研究基于领域本体的应急预案知识建模，以食品安全应急预案管理为例，构建食品安全应急管理知识本体模型作为食品安全应急管理决策知识框架，通过食品安全突发事件文本信息映射到本体框架的方法匹配食品安全应急管理决策知识需求，构建基于本体的食品安全突发事件文本语义空间模型，以此为基础构建的情景模型可以为知识检索提供基础支撑（关于领域本体应急预案知识检索将放在第 5 章讨论）。

4.5.1 食品安全应急管理知识构成

我们先探讨基于本体的食品安全应急管理逻辑过程，食品安全突发事件应急管理分为食品安全突发事件发生之前的战备状态和食品安全突发事件发生之后的决策状态。在战备状态，食品安全突发事件需要解决的问题就是从食品安全应急预案、案例及规则等海量异构信息中提取数字化应急管理决策知识，并进一步对这些应急管理决策知识进行规范化表示,实现食品安全突发事件数字化应急管理，使决策人员共享应急管理决策相关知识。

这就要求我们必须解决如何利用本体理论构建食品安全应急管理知识本体模型，并运用本体模型将与食品安全突发事件应急管理决策相关的文本书档转换成食品安全应急管理决策知识并存储于食品安全应急管理知识本体库中，在此基础上将食品安全突发事件情景信息映射到本体模型中形成语义空间模型。

通过对食品安全应急管理体系框架进行研究，我们对食品安全应急管理的流程有了清楚的认识，即根据食品安全面临的情景信息（不论是食品安全事件发生之前面临的风险状态，还是食品安全事件发生之后事件的演化状态）调用食品安全应急系统中相应知识以便辅助决策和实施。可见，食品安全应急管理的核心在于食品安全应急知识的管理。因此，我们需要完成食品安全应急管理知识本体模型构建相关问题，下面将在对食品安全应急管理知识进行分类的基础上，运用本体理论构建食品安全应急管理知识模型，并建立食品安全应急管理知识本体库，辅助食品安全应急管理决策和实施。

根据温立等（2010）提出的基于辅助决策的应急事件本体模型，突发事件应急管理决策模式可概括为这样一个过程，即根据突发事件不同生命周期阶段的情景信息，剖析突发事件演化过程，确定应急管理决策关键问题，动态地匹配应急管理决策相关知识，并根据相关资源的可用状态，制订具体的行动方案。食品安全应急管理就是要根据食品安全事件的情景知识和食品安全事件的演化过程知识匹配相应的食品安全应急管理决策知识，根据相似度或者其他方法匹配得到的应急管理决策知识可以辅助领域专家对食品安全突发事件进行决策，进而形成一系列的方案，再根据一定的评价准则，对不同方案进行匹配度排序，最后根据决策满意原则择优选择方案进行应急响应，进一步启用食品安全事件调度知识进行应急实施。换言之，食品安全事件状态描述知识和食品安全事件演化过程知识服务于食品安全事件决策方案知识调用，进而辅助食品安全应急方案的生成，而食品安全事件资源调度知识又服务于食品安全应急管理决策方案的实施活动。因此，根据温立等（2010）提出的基于辅助决策的应急事件本体模型，食品安全领域应急管理知识分为食品安全事件情景描述知识、食品安全事件过程演化知识、食品安全事件决策制定知识、食品安全事件资源调度知识等模块。

1. 食品安全事件情景描述知识

食品安全应急管理活动不仅涵盖食品安全突发事件发生之前的食品安全风险监测与预警，还涵盖食品安全突发事件发生之后的应急管理决策与实施。因此，食品安全事件情景描述知识既包括食品安全事件发生之前的风险情景，又包括食品安全事件发生之后的风险情景。

从哲学的角度讲，任何事件从潜伏状态到产生、发展乃至消亡状态都是内外因共同作用的结果。就食品安全事件来说，其内部机理作用（内因）所呈现的状态就是食品安全引发因素及食品安全影响因素（外因）对其施加作用的直接表现。从控制论的角度来说，我们认为外部环境中引发因素和影响因素的输入，通过内部机理运作呈现出一定的状态反馈输出到外部环境中，继而外部环境中的影响因素进一步对食品安全状态施加作用，这样循环往复，食品安全事件就呈现出一定的演化过程，并且在不同阶段表现出不同状态，而这种状态可以通过我们提出的食品安全事件引发因素、影响因素及作用因素等加以描述。此外，食品安全事件从潜伏到爆发直至消亡的整个生命周期过程还呈现时间序列和空间范围特性。因此，借鉴仲秋雁等（2012）提出的情景模型，本书将食品安全事件情景描述知识表示为食品安全事件情景知识，包括所有与食品安全事件相互关联的引发因素、影响因素、作用要素、事件自身时间特征及空间状态等要素的集合。

2. 食品安全事件过程演化知识

食品安全事件过程演化是指食品安全在不同时间刻度下的情景要素之间的关联关系所表现出来的规律性。不同时刻所呈现的食品安全情景要素关联关系主要通过“输入—作用—输出”规则体现；食品安全演化规律性主要通过事件发展的阶段性、周期性及突变性等特征表现。

即便食品安全风险处于可控范围内，它仍可能受到内外因素的共同作用而处于风险量变累积状态。这时我们就应该启动食品安全应急管理体系中的食品安全事件发生前的风险监测与预警流程，对食品安全风险状态进行评估，若未偏离阈值则继续按照一定的频率对关键控制点保持风险监测；否则，采取相应的控制措施将风险降到最小，防止食品安全风险由量变累积向质变飞跃，爆发食品安全事件。一旦食品安全事件爆发，这时食品安全事件所呈现出来的演化过程就是事件阶段、强度、范围乃至性质的变化。食品安全事件强度的变化主要发生在食品安全事件从爆发到发展阶段，通常伴随着食品安全事件影响范围的扩大化。食品安全事件的性质变化通常又是食品安全事件风险强度变化未得到控制，引起影响范围扩大化，进而食品安全事件发生蔓延（原食品安全事件分裂为多个新的食品安全事件）、转变（原食品安全事件转换为另一食品安全事件）、衍生（原食品安全事件逐渐消亡，新食品安全事件产生）、耦合（原食品安全事件与新食品安全事件同时存在并相互作用）。食品安全事件的蔓延、转变、衍生及耦合又会反过来进一步引起食品安全事件风险强度的加大及影响范围的扩大。因此，食品安全事件发生之后，需要对演化过程进行剖析以启用食品安全应急管理体系中食品安全事件发生后的响应实施流程，根据演化过程动态地检索知识库中的知识，辅助进行应急管理决策及实施，控制食品安全事件事态。综上所述，食品安全事件过程演化知识既包括食品安全事件事前的风险演化过程知识及食品安全事件事后的状态演化过程知识，需要系统地剖析以完善应急管理知识库。

3. 食品安全事件决策制定知识

食品安全应急管理决策知识是指能够辅助制定食品安全应急管理决策的相关信息。对食品安全应急管理而言，食品安全突发事件应急预案、案例及规则是食品安全应急管理决策知识的主要载体。

作为食品安全应急管理的核心，食品安全事件决策制定知识的应用又要基于对食品安全事件情景描述知识及食品安全事件过程演化知识的全面剖析。根据食品安全状态的情景信息，在食品安全应急管理决策知识库中检索食品安全事件已有案例或者应急预案，得到辅助决策所需资料。在此基础上，专家根据食品安全事件过程演化知识的认知，按照一定的规则对相似案例、预案等知识进行筛选，进而得出应急管理决策最终方案指导应急救援活动的实施。然而，与食品安全事件情景匹配的食品安全应急管理决策知识检索未果的情况时常出现，原因可能是食品安全事件应急案例、应急预案及应急管理决策规则的表示粒度太大，这时我们就需要细化食品安全应急管理决策知识的表示粒度为相关知识片段。综上所述，食品安全应急管理决策知识作为食品安全应急管理的核心知识，对食品安全应急管理决策方案的制订和实施来说是至关重要的，因此，对食品安全领域突发事件应急管理决策知识的梳理是食品安全事件应急管理不可或缺的组成部分。

4. 食品安全事件资源调度知识

食品安全事件资源调度知识是指食品安全事件发生之后，食品安全应急管理决策实施活动过程中所涉及的人力、财力、物力资源的信息。其中，食品安全应急管理决策实施过程中的人力资源调度知识是指食品安全事件应急管理决策主体（食品安全应急管理决策方案实施的指挥机构、实施机构、处置机构及协同机构等）的相关信息，包括决策主体的空间位置、忙闲状态、所处级别、担任角色等信息；食品安全应急管理决策实施过程中的财力、物力资源调度知识是指食品安全事件应急管理决策实施活动的客体及作用对象信息，包括应急活动中财力、物力资源的监管部门、空间位置、权限分配等信息。

显然，食品安全事件发生之后食品安全应急方案的实施要根据食品安全事件的应急管理决策所涉及的资源信息进行。同时，食品安全事件资源调度知识的应用要以具体的食品安全事件情景信息为前提，以食品安全事件演化过程为依据，以食品安全应急管理决策方案为准绳采取相应的行动。

4.5.2　食品安全应急管理知识本体元模型

通过对食品安全应急管理逻辑架构的分析，完备的食品安全应急管理需要充分应用食品安全应急知识库，在做好食品安全事件发生之前的食品安全风险监测与预警的同时，确保食品安全事件发生之后能迅速有效地实施食品安全应急响应与风险控制。因此，构建食品安全应急管理知识库是食品安全应急管理的前提和保障。那么，本小节我们研究食品安全应急管理知识本体模型的构建，为食品安全应急管理知识库建立提供依据。

根据本体建模语言，我们将食品安全应急管理知识本体元模型（FS_Onto）定义为$\text{FS_Onto}=\{\text{FS_Concepts},\text{FS_Attributes},\text{FS_Relations},\text{FS_Axioms},\text{FS_Instances}\}$。其中，食品安全应急管理知识本体的类集（也称概念集合，FS_Concepts）是指用于描述食品安全应急管理的实体对象或者活动基元；食品安全应急管理知识本体的属性集合（FS_Attributes）描述了食品安全应急管理某一概念类独立于其他概念类的特征和属性；食品安全应急管理知识本体的关系集合（FS_Relations）是指食品安全应急管理知识本体的类与类之间的关联关系（约束关系）；食品安全应急管理知识本体的公理集合（FS_Axioms）代表食品安全应急管理知识本体的关系集合（FS_Relations）中不同关系之间的关联关系，一般包括互逆关系、传递关系、函数关系等；食品安全应急管理知识本体的实例集合（FS_Instances）则代表食品安全应急管理知识本体概念类的实例化集合。

通过对食品安全应急管理领域四大类知识的相关梳理，依据食品安全应急管理活动流程，可以构建食品安全突发事件应急管理知识本体元模型，如图 4-17 所示。

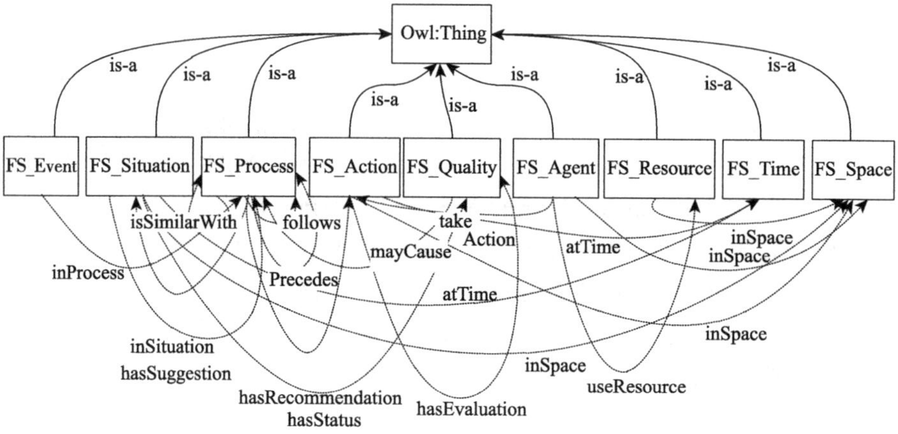

图 4-17　食品安全突发事件应急管理知识本体元模型

从构建的本体元模型可知，在食品安全事件发生之前的战备状态，食品安全风险状态可通过食品安全事件（FS_Event）、食品安全事件情景信息（FS_Situation）、食品安全事件演化过程（FS_Process）的监控数据体现，并通过 hasStatus 预测结果返回食品安全事件主观描述（FS_Quality）风险等级，进而对食品安全突发事件风险状态起监测和预警的作用。食品安全事件一旦爆发，就进入应急管理决策状态。通过 FS_Situation 及 FS_Process 的描述，本体模型中的 hasSuggestion、hasRecommendation、isSimilarWith 及 mayCause 关系则会进行检索和推理得出相关辅助决策信息，决策者通过 takeAction、useResource 制订行动方案，供食品安全应急管理决策者实施。

4.5.3　食品安全应急管理知识本体的类

根据食品安全应急管理知识本体元模型，食品安全应急管理知识本体概念类被抽象为 FS_Event、FS_Situation、FS_Process、食品安全事件应急管理决策行动（FS_Action）、FS_Quality、食品安全应急管理决策主体（FS_Agent）、食品安全应急管理决策资源（FS_Resource）、食品安全事件时间信息（FS_Time）、食品安全事件空间信息（FS_Space）几大类。

1. 食品安全事件：FS_Event

食品安全事件（FS_Event）是指食品安全突发事件相关的客观信息描述。通过 FS_Event 类的详细描述，食品安全所处情景（FS_Situation）类及食品安全事件主观描述（FS_Quality）类的相关信息可以根据“重大食品安全突发事件应急预案”相关条例评定评判。

2. 食品安全事件情景信息：FS_Situation

食品安全事件情景信息（FS_Situation）是指某一具体时点上食品安全事件本身所处状态的描述。一般而言，食品安全事件情景信息（FS_Situation）类可以通过食品安全事件信息上报来源、发生场所、影响人数、是否有重病或死亡、初步影响范围等表征出来。显然，由于食品安全事件自身会随时间动态演化，食品安全事件所处情景的相关信息是食品安全应急管理的核心环节。因而，具体实施食品安全应急管理时，需根据食品安全事件所处情景信息进行具体问题具体分析。

3. 食品安全事件演化过程：FS_Process

食品安全事件演化过程（FS_Process）是指食品安全事件自身内部矛盾的变化和以食品安全应急管理目标为准则而采取的一系列活动后引起的食品安全事件状态变化所形成的轨迹。食品安全事件轨迹的变化可能简单地按照从潜伏到发生、发展乃至消亡的生命周期过程进行，也可能发生范围乃至性质的变化，进而表现为食品安全事件的蔓延、转变、衍生及耦合。食品安全事件的每一阶段都有初始状态和结束状态，演化过程则是联系这两个状态的桥梁。食品安全事件上一阶段的结束状态作为下一阶段的初始状态输入，在食品安全应急管理目标确定过程的作用下继续演化。通常，我们将食品安全演化过程分为潜伏、发生、发展、消亡四个阶段，而发展阶段又可进一步细分为蔓延、转变、衍生和耦合过程。

4. 食品安全事件应急管理决策行动：FS_Action

食品安全事件应急管理决策行动（FS_Action）是为了实现食品安全应急管理决策过程中按照目标要求确定的过程所采取的一系列具体的措施。在实际应急响应中，行动信息必须根据食品安全事件演化过程中的情景因素表现出来的食品安全风险状态，在情景匹配的基础上确定具体的行动措施。一般而言，食品安全事件应急管理决策行动包括预测预警、应急响应、处置恢复、信息公布等大类。

5. 食品安全事件主观描述：FS_Quality

食品安全事件主观描述（FS_Quality）主要是指对食品安全突发事件的风险状态等级的评判。食品安全风险等级（FS_Risklevel）是食品安全应急管理过程中风险管理的重要一环，它是对食品安全情景信息的补充，也具有一定的时间依赖性。根据《国家重大食品安全事故应急预案》，按食品安全事故的性质、危害程度和涉及范围，将重大食品安全事故风险等级分为Ⅰ级、Ⅱ级、Ⅲ级及Ⅳ级。在食品安全应急管理过程中，食品安全应急管理决策主体在制定和实施应急管理决策行动的具体措施时需要依据食品安全事件风险等级，结合食品安全事件、食品安全所处情景及食品安全事件演化过程等信息开展。

6. 食品安全应急管理决策主体：FS_Agent

食品安全应急管理决策主体（FS_Agent）是指食品安全应急管理所涉及的指挥机构、处置机构及协同机构三大组织体系，具体包括国务院食品安全委员会、国家卫生健康委员会、国家市场监督管理总局、各地方政府及医疗部门等不同主体。针对特定的食品安全突发事件应急响应过程，食品安全突发事件应急管理决策主体为了实现控制食品安全事件风险的目标，根据食品安全事件所处的情景信息，在特定的时间、特定的地点调用资源施加行动，造成食品安全事件状态发生改变。

7. 食品安全应急管理决策资源：FS_Resource

食品安全应急管理决策资源（FS_Resource）是指食品安全应急管理过程中可供决策行动调用的人员、食品及药品等资源，可分为人力资源、财力资源、物力资源三大类。食品安全应急管理决策资源主要是为了辅助食品安全应急管理决策方案的实施，具体表现为食品安全应急管理决策行动的实施。

8. 食品安全事件时间信息：FS_Time

食品安全事件时间信息（FS_Time）是指食品安全事件应急管理具有随着时间推移的动态演化特性。FS_Event、FS_Situation、FS_Process 及 FS_Action 都具有时间依赖性，从属于对象类。FS_Event 本身就是食品安全事件随着时间发生、发展、演化及消亡这一过程的抽象；FS_Situation 中的引发因素、影响因素、作用要素在不同时间表现出不同的特性，是时间系列的函数；食品安全应急管理中 FS_Process 和 FS_Action 必须根据 FS_Event 和食品安全事件情景信息（FS_Situation）按照情景匹配原则进行决策，故 FS_Process 和 FS_Action 具有间接的时间依赖性。

9. 食品安全事件空间信息：FS_Space

食品安全事件空间信息（FS_Space）是反映食品安全风险存在节点、食品安全事件发生地点，以及食品安全事件扩散和影响范围、应急资源存储地点及空间调配的关系。FS_Event、FS_Risklevel、FS_Agent 及 FS_Resource 类都具有空间依赖性。食品安全风险以一定的风险等级存在于供应链上供应、生产、加工、运输等环节某一节点；供应链节点上的食品安全风险量变累积到一定程度会发生质变，导致在某一地点引发食品安全突发事件；食品安全突发事件发生之后，需要根据食品安全突发事件发生的地点、风险来源的节点及资源分布的位置等空间信息合理做好食品安全应急管理决策。

4.5.4　食品安全应急管理知识本体的关系

根据构建的食品安全应急管理知识本体元模型可知，食品安全应急管理知识本体概念类的关系主要包括事件类型（hasType）、情景状态（inSituation）、行动措施（hasAction）、风险级别（hasStatus）、紧接着发生（follows）、领先于之前（precedes）、处于过程（inProcess）、建议（hasSuggestion）、推荐（hasRecommendation）、类似于（isSimlarwith）、导致（mayCause）、采取措施（takeAction）、状态评估（hasEvaluation）、资源调度（useResource）、时间（atTime）、地点（inSpace）。结合 4.1 节对食品安全应急管理领域知识的剖析，上述食品安全应急管理知识本体类的关系可以归类为食品安全应急管理事件状态关系、食品安全应急管理情景要素关系、食品安全应急管理演化过程关系、食品安全应急管理辅助决策关系及食品安全应急管理决策行动关系等几大类。

1. 食品安全应急管理事件状态关系

食品安全应急管理事件状态关系见表 4-20。

表 4-20　食品安全应急管理事件状态关系

关系名（Name）	定义域（Domain）	值域（Range）
hasType	FS_Event	FS_Quality
inSituation	FS_Process	FS_Situation
hasAction	FS_Process	FS_Action
atTime	FS_Situation	FS_Time
inSpace	FS_Situation	FS_Space

就食品安全应急管理事件而言，不管是食品安全事件发生之前的风险控制还是食品安全事件发生之后的应急响应都从属于某一类食品安全事件类型（Type）。因此，我们定义了事件类型（hasType）这一关系，其定义域为食品安全事件（FS_Event）类，值域为食品安全事件主观描述（FS_Quality）类。同时，食品安全应急管理事件的描述都是在某一时点存在于某一节点（地点）的食品安全在某一演化过程中的具体状态，为此，我们还定义了情景状态（inSituation）、时间（atTime）、地点（inSpace）三种食品安全应急管理事件描述关系。一方面，对于具体的食品安全情景状态会有相应的应急行动；另一方面，应急管理过程中情景状态也会伴随着应急管理决策行动的加入而发生改变。为此，我们还定义了行动措施（hasAction）关系，它与食品安全应急管理事件状态也是一一对应的。相应地，时间（atTime）关系的定义域为食品安全事件情景信息（FS_Situation）类，值域为食品安全事件时间信息（FS_Time）类；地点（inSpace）关系的定义域为食品安全事件情景信息（FS_Situation）类，值域为食品安全事件空间信息（FS_Space）类。

2. 食品安全应急管理情景要素关系

食品安全应急管理情景要素关系见表4-21。

表4-21 食品安全应急管理情景要素关系

关系名（Name）	定义域（Domain）	值域（Range）
hasStatus	FS_Situation	FS_Quality
trigger	FS_Situation	FS_Process
influence	FS_Situation	FS_Process
affect	FS_Situation	FS_Process

根据上述对食品安全情景描述知识的论述，食品安全应急管理情景要素主要包括引发因素、影响因素、作用要素三大类。相应地，我们定义了引发（trigger）、影响（influence）、作用（affect）三大类食品安全应急管理情景要素关系，并且这三大类情景要素关系的定义域均为食品安全事件情景信息（FS_Situation）类，值域均为食品安全事件演化过程（FS_Process）类。这恰好与食品安全应急管理事件状态关系中的情景状态（inSituation）关系形成闭环，共同推动食品安全应急管理活动的发展与演化。此外，食品安全应急管理情景要素中的引发因素、影响因素、作用要素会对食品安全事件的最终呈现状态产生影响。因此，针对食品安全的风险等级状态定义了一个主观评价关系风险级别（hasStatus），其定义域为食品安全事件情景信息（FS_Situation）类，值域为食品安全事件主观描述（FS_Quality）类。

3. 食品安全应急管理演化过程关系

食品安全应急管理演化过程关系见表4-22。

表4-22 食品安全应急管理演化过程关系

关系名（Name）	定义域（Domain）	值域（Range）
inProcess	FS_Event	FS_Process
precedes	FS_Process	FS_Process
follows	FS_Process	FS_Process

一般而言，FS_Event包括多个FS_Process，一个FS_Process也可以从属于多个FS_Event；相应地，一个FS_Process可能由于强度、空间和性质的演变而转化为多个其他FS_Process，多个FS_Process也可能融合为一个FS_Process。总的来说，食品安全应急管理演化过程可以根据突发事件生命周期过程划分为潜伏期、爆发期、发展期、演化期、消亡期。众所周知，食品安全应急管理演化过程的不同生命周期阶段又可以细分为多个不同的过程，各个过程之间相互联系。因此，本书主要定义了处于过程（inProcess）、紧接着发生（follows）、领先于之前

（precedes）三大类食品安全应急管理演化过程关系。其中，处于过程（inProcess）关系的定义域为食品安全事件（FS_Event）类，值域为食品安全事件演化过程（FS_Process）类；紧接着发生（follows）和领先于之前（precedes）两类关系的定义域和值域均为食品安全事件演化过程（FS_Process）类。

4. 食品安全应急管理辅助决策关系

食品安全应急管理辅助决策关系见表 4-23。

表 4-23　食品安全应急管理辅助决策关系

关系名（Name）	定义域（Domain）	值域（Range）
hasSuggestion	FS_Situation	FS_Action
hasRecommendation	FS_Process	FS_Action
isSimlarwith	FS_Process	FS_Process
mayCause	FS_Process	FS_Quality

食品安全应急管理知识模型最主要的应用在于辅助形成食品安全风险及事件的应急管理决策。辅助决策知识要素来源一般包括三大类：第一类，食品安全应急预案，为了预防和控制食品安全事件风险而事前制定的方案、措施；第二类，食品安全历史案例，根据实际发生的食品安全突发事件编制的应急案例；第三类，食品安全应急管理决策规则，基于食品安全应急预案和食品安全历史案例的推理而得出的应急管理规则。基于食品安全应急管理辅助决策知识的三大来源，我们定义了建议（hasSuggestion）、推荐（hasRecommendation）、类似于（isSimlarwith）、导致（mayCause）四类食品安全应急管理辅助决策关系。建议（hasSuggestion）可以依据食品安全事件情景信息（FS_Situation）类的引发因素、影响因素及作用要素的描述，由食品安全应急预案推理出应急响应的行动；推荐（hasRecommendation）可以依据食品安全所属的食品安全事件主观描述（FS_Quality）类中的食品安全事件类型（Type）推荐相应的食品安全事件应急管理决策行动（FS_Action）类；类似于（isSimlarwith）则可以按照食品安全事件演化过程（FS_Process）类的食品安全事件情景信息（FS_Situation）描述信息，从食品安全历史案例中检索相似案例的演化过程，提供应急管理决策相似经验知识；导致（mayCause）则可以根据食品安全事件情景信息（FS_Situation）类的信息，从规则知识着手推理出食品安全事件的风险状态及趋势。因此，建议（hasSuggestion）关系的定义域为食品安全事件情景信息（FS_Situation）类，值域为食品安全事件应急管理决策行动（FS_Action）类；推荐（hasRecommendation）关系的定义域为食品安全事件演化过程（FS_Process）类，值域为食品安全事件应急管理决策行动（FS_Action）类；类似于（isSimlarwith）关系的定义域为食品安全事件演化过程（FS_Process）类，值域为食品安全事件演化过程（FS_Process）

类；导致（mayCause）关系的定义域为食品安全事件演化过程（FS_Process）类，值域为食品安全事件主观描述（FS_Quality）类。

5. 食品安全应急管理决策行动关系

食品安全应急管理决策行动关系见表 4-24。

表 4-24 食品安全应急管理决策行动关系

关系名（Name）	定义域（Domain）	值域（Range）
takeAction	FS_Agent	FS_Action
hasEvaluation	FS_Action	FS_Quality
useResource	FS_Agent	FS_Resource
atTime	FS_Action	FS_Time
inSpace	FS_Agent FS_Action	FS_Space

由于食品安全事件应急管理决策行动（FS_Action）类是食品安全应急管理决策过程中按照目标要求确定的过程所采取的一系列具体的措施。为了达到食品安全应急管理的目标必须采取具体的行动措施。这包括采取行动、风险评估、资源调度等。这些具体的行动措施又具有高度的时空依赖性。因此，本书定义了采取措施（takeAction）、状态评估（hasEvaluation）、资源调度（useResource）、时间（atTime）、地点（inSpace）五大类食品安全应急管理决策行动关系。具体而言，采取措施（takeAction）关系的定义域为食品安全应急管理决策主体（FS_Agent）类，值域为食品安全事件应急管理决策行动（FS_Action）类；状态评估（hasEvaluation）关系的定义域为食品安全事件应急管理决策行动（FS_Action）类，值域为食品安全事件主观描述（FS_Quality）类；资源调度（useResource）关系的定义域为食品安全应急管理决策主体（FS_Agent）类，值域为食品安全应急管理决策资源（FS_Resource）类；时间（atTime）关系的定义域为食品安全事件应急管理决策行动（FS_Action）类，值域为食品安全事件时间信息（FS_Time）类；地点（inSpace）关系的定义域为食品安全应急管理决策主体（FS_Agent）类及食品安全事件应急管理决策行动（FS_Action）类，值域为食品安全事件空间信息（FS_Space）类。

4.5.5 食品安全应急管理知识本体的属性

食品安全应急管理知识本体的属性是对食品安全应急管理知识本体的概念类的描述及概念类之间关系的描述。一般而言，本体属性定义包括了定义域、值域、类型和公理四个方面。相应地，我们从定义域、值域、类型和公理四个方面对食品安全应急管理知识本体属性进行界定。根据本体属性的描述，本体属性一般分为对象属性和关系属性。对象属性的定义域为类，值域为类的实例，公理为

Functional（F）、InverseFunctional（IF）、Symmetric（S）、Transitive（T）、Inverse（I）中的一种；数据属性的定义域同样为类，值域为数据类型 string、integer、boolean 等中的一种，公理可以使用 Functional（F）。

通过对食品安全应急管理知识本体类的关系分类，相应地，食品安全应急管理知识本体的属性也可分为食品安全应急管理事件状态属性、食品安全应急管理情景要素属性、食品安全应急管理演化过程属性、食品安全应急管理辅助决策属性及食品安全应急管理决策行动属性五大类。

1. 食品安全应急管理事件状态属性

食品安全应急管理事件状态属性刻画了食品安全突发事件发生演化过程的一系列状态。具体而言，食品安全突发事件状态属性包括食品安全应急管理事件对象属性和数据属性两大类。食品安全应急管理事件对象属性包括类型（hasType）、致病因素（hasPathogenicFactor）、状态（inSituation）、行动（hasAction）；食品安全应急管理事件数据属性主要包括命名（hasName）、危害级别（hasSeverity）、影响范围（hasImpact_Region）、受影响人口（hasImpact_People）、死亡人口（hasLoss_Death）等。有关食品安全应急管理事件状态属性具体描述如表 4-25 所示。

表 4-25　食品安全应急管理事件状态属性具体描述

属性（Property）	定义域（Domain）	值域（Range）	类型（Type）	公理（Axiom）
hasType	FS_Event	FS_Quality	Object	F
hasPathogenicFactor	FS_Event	Pathogenic_factor	Object	F
inSituation	FS_Process	FS_Situation	Object	IF
hasAction	FS_Process	FS_Action	Object	IF
hasName	Process	string	Data	F
hasSeverity	Process	integer	Data	F
hasImpact_Region	Process	integer	Data	F
hasImpact_People	Process	integer	Data	F
hasLoss_Death	Process	integer	Data	F

2. 食品安全应急管理情景要素属性

食品安全应急管理情景要素属性主要包括环境面情景要素、涉众面情景要素、信息面情景要素及时间和地点情景要素。如表 4-26 所示，环境面情景要素刻画了食品安全事件发生的情景，表现为应急管理决策具备的资源状况（hasCondition_Equipment）；涉众面情景要素刻画了食品安全突发事件涉及的人数及其心理状态，表现为食品安全突发事件利益相关者人数（hasInvolvement_Beneficiary）、利益相关者从众心理（hasInvolvement_Conformity）、利益相关者恐慌心理（hasInvolvement_Panic）；信息面情景要素刻画了食品安全突发事件应急管理过程中涉及人员及决策者信息对称情况，表现在相关人员的食品安全突发事件信息准备的充分程度（hasInformation_Sufficiency）、食品安全突发事件信息一致程度（hasInformation_Consistency）、食品安全突发事件谣言程度（hasRumor）；除此之外，食品安全突发事件的时间和地点情景要素刻画了食品安全突发事件本身的属性。有关食品安全应急管理情景要素属性的具体描述如表 4-26 所示。

表 4-26　食品安全应急管理情景要素属性的具体描述

属性（Property）	定义域（Domain）	值域（Range）	类型（Type）	公理（Axiom）
hasCondition_Equipment	FS_Situation	FS_ Evaluation	Object	IF
hasInvolvement_Beneficiary	FS_Situation	integer	Data	F
hasInvolvement_Panic	FS_Situation	Boolean	Data	F
hasInvolvement _Conformity	FS_Situation	Boolean	Data	F
hasInformation_Sufficiency	FS_Situation	integer	Data	F
hasInformation_Consistency	FS_Situation	integer	Data	F
hasRumor	FS_Situation	integer	Data	F
atTime	Action/Situation	Time	Object	F
inPlace	Action/Situation	Place	Object	F

3. 食品安全应急管理演化过程属性

食品安全应急管理演化过程属性必须能够详细刻画食品安全突发事件演化过程之间的关系。类比突发事件本体模型演化过程属性，食品安全应急管理演化过程属性也定义为过程（hasProcess）、属于事件（belongstoEvent）、前置事件（follows）、后置事件（precedes）几个方面。有关食品安全应急管理演化过程属性的具体描述如表 4-27 所示。

表 4-27　食品安全应急管理演化过程属性的具体描述

属性（Property）	定义域（Domain）	值域（Range）	类型（Type）	公理（Axiom）
hasProcess	FS_Event	FS_Process	Object	I
belongstoEvent	FS_Process	FS_Event	Object	I
follows	FS_Process	FS_Process	Object	I
precedes	FS_Process	FS_Process	Object	I

4. 食品安全应急管理辅助决策属性

根据上述对食品安全应急管理中应急辅助决策信息来源的阐述，其主要包括食品安全应急预案、食品安全历史案例及食品安全应急知识规则三大类。相应地，食品安全应急管理辅助决策属性的刻画应该包括对预案建议（hasSuggestions）、相似案例（isSimilarWith）、其他推荐（hasRecommendation）、潜在危险（mayCause）及建议调动（hasSuggestedObject）等。食品安全应急管理辅助决策属性的具体描述如表 4-28 所示。

表 4-28　食品安全应急管理辅助决策属性的具体描述

属性（Property）	定义域（Domain）	值域（Range）	类型（Type）	公理（Axiom）
hasSuggestions	FS_Process	SuggestedAction	Object	S/T
isSimilarWith	FS_Process	FS_ Process	Object	S/T
hasRecommendation	FS_Process	SuggestedAction	Object	S/T
mayCause	FS_Process	FS_Type	Object	S/T
hasSuggestedObject	SuggestedAction	FS_Actuality	Object	F

5. 食品安全应急管理决策行动属性

食品安全应急管理决策行动属性刻画了食品安全突发事件演化过程中具体的决策行动，包含食品安全应急管理决策者制订的决策方案和决策方案实施者在应急过程中采取的行动。本书对食品安全应急预案和应急案例进行剖析，概括了食品安全突发事件应急管理中政府、群众、媒体做出的能够推动食品安全突发事件发展的行动。具体而言，包括将突发事件报告上级（hasReportsToLead）、成立指挥部（hasCrisisHeadquarter）、封锁消息（hasInformationBlocked）、不当言辞（hasWrongBehavior）、隐匿物证（hasEvidenceHidden）、传播谣言（hasRumour）、广播宣传（hasPublicity_Radio）、电视宣传（hasPublicity_TV）、网络宣传（hasPublicity_Network）、教育科普（hasEducation）等。其中，决策主体属于政府的行动值域（Range），为食品安全事件应急管理决策行动（FS_Action）的子类 GovernementAction；决策行动主体为群众和媒体，均为对象属性。有关食品安全应急管理决策行动属性的具体描述如表 4-29 所示。

表 4-29　食品安全应急管理决策行动属性的具体描述

属性（Property）	定义域（Domain）	值域（Range）	类型（Type）	公理（Axiom）
hasReportsToLead	FS_Process	GovernmentAction	Object	IF
hasCrisisHeadquarter	FS_Process	GovernmentAction	Object	IF
hasInformationBlocked	FS_Process	GovernmentAction	Object	IF
hasWrongBehavior	FS_Process	GovernmentAction	Object	IF
hasEvidenceHidden	FS_Process	GovernmentAction	Object	IF
hasPublicity_Radio	FS_Process	MediaAction	Object	IF
hasRumour	FS_Process	PublicAction	Object	IF
hasPublicity_TV	FS_Process	MediaAction	Object	IF
hasPublicity_Network	FS_Process	MediaAction	Object	IF
hasEducation	FS_Process	MediaAction	Object	IF

4.5.6　食品安全应急管理知识本体形式化表示

由于本体可视化软件 Protégé 3.5 在本体知识表示、存储及应用方面的优点，本小节我们将应用 Protégé 3.5 根据 4.5.5 小节中构建的食品安全应急管理知识本体元模型构建食品安全应急管理知识本体库，存储食品安全应急管理决策知识。

1. 食品安全应急管理知识本体库中的类

根据食品安全应急管理知识本体基类的描述，这里我们在 FS_Event、FS_Situation、FS_Process、FS_Action、FS_Quality、FS_Agent、FS_Resource、FS_Time、FS_Space 等几大基类的基础上进一步分类，丰富了食品安全应急管理知识本体库。举例说明，本书在构建的食品安全应急管理知识本体库中，将 FS_Event 细分为食品安全事件所属类别（FS_Type）、食品所处的供应链环节（Supply_chain）及食品的致病因素（PathogenicFactor）。食品安全事件所属类别（FS_Type）再进一步细分为粮油类（Rice_flour_oil）、果蔬类（Fruit_ vegetable）、水产海鲜类（Aquaculture_seafood）、肉蛋奶类（Meat_egg_milk）、其他类（Other_Type）。食品所处的供应链环节（Supply_chain）又进一步分为生产环节（Producer）、加工环节（Processor）、分销环节（Distributor）、零售环节（Retailer）及消费环节（Consumer）。食品的致病因素（PathogenicFactor）分为物理因素（Biological_factor）、化学因素（Chemical_factor）和生物因素（Physical_factor）。详细分类如图 4-18 和图 4-19 所示。

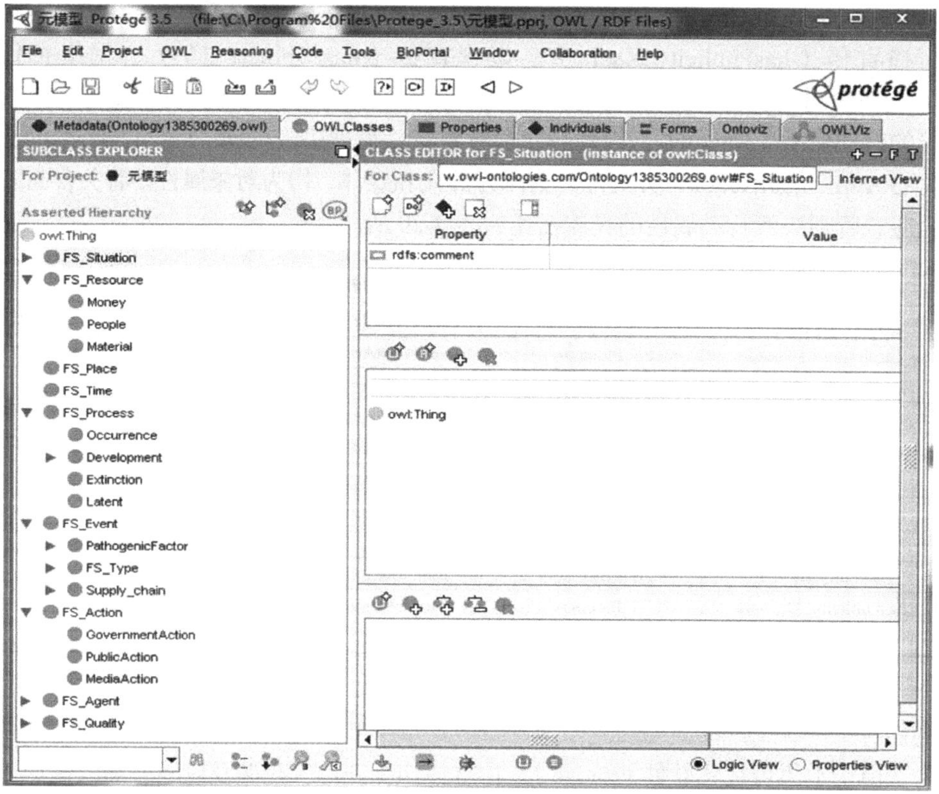

图 4-18 食品安全应急管理知识本体库详细分类（一）

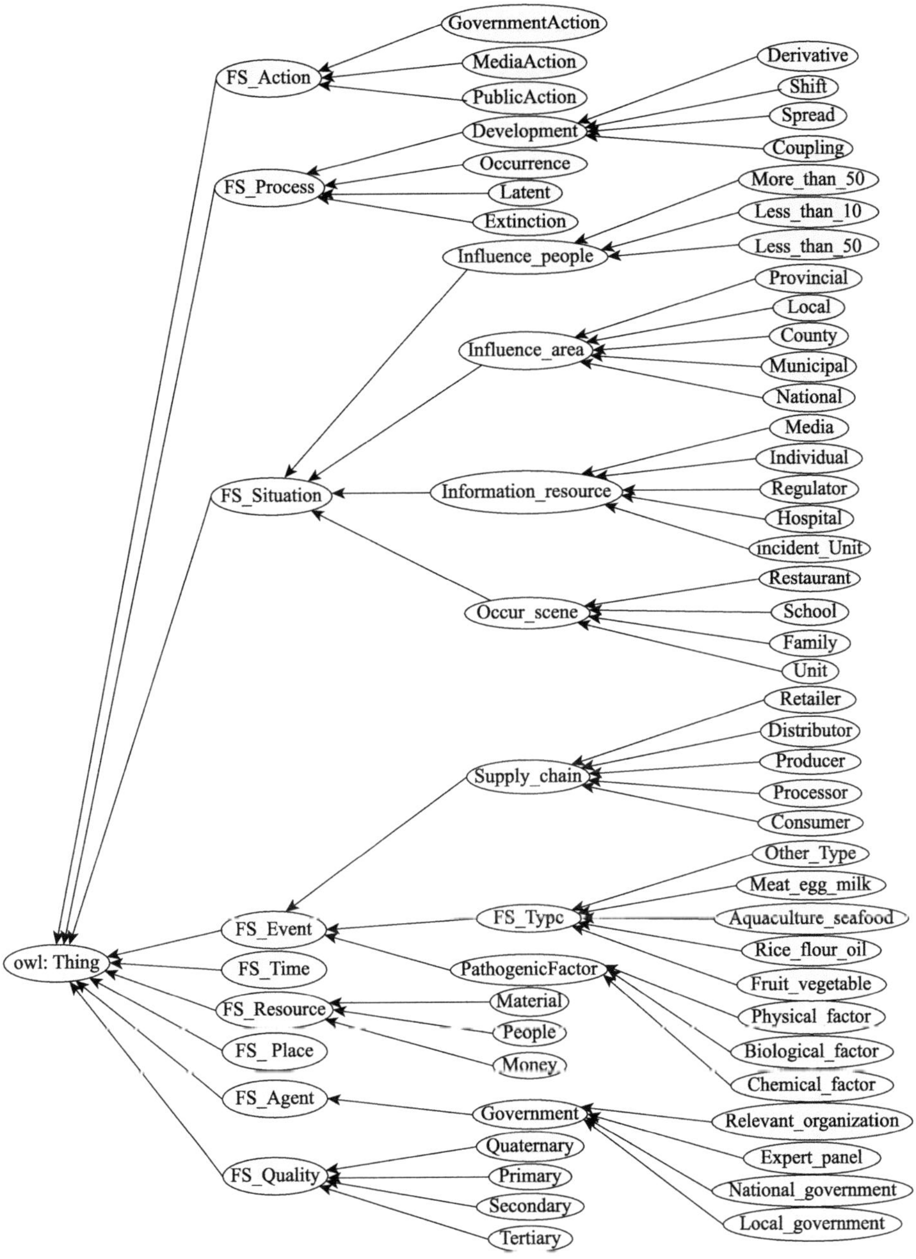

图 4-19　食品安全应急管理知识本体库详细分类（二）

2. 食品安全应急管理知识本体库中的关系

通过食品安全应急管理知识本体的关系和食品安全应急管理知识本体的属性的描述，本小节应用可视化工具 Protégé 3.5 表示食品安全应急管理知识本体库中的对象属性和关系属性，详见图 4-20 和图 4-21。

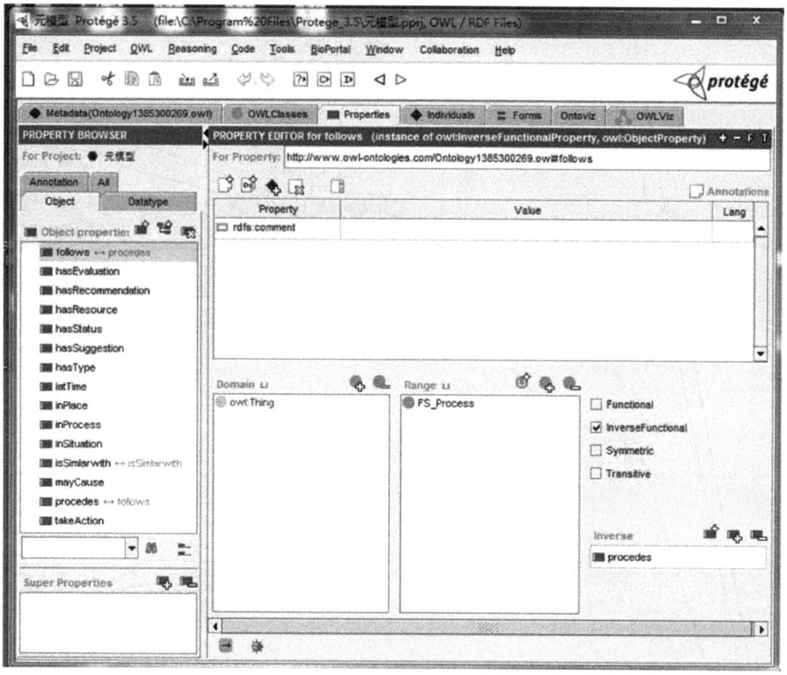

图 4-20　食品安全应急管理知识本体库中的对象属性和关系属性（一）

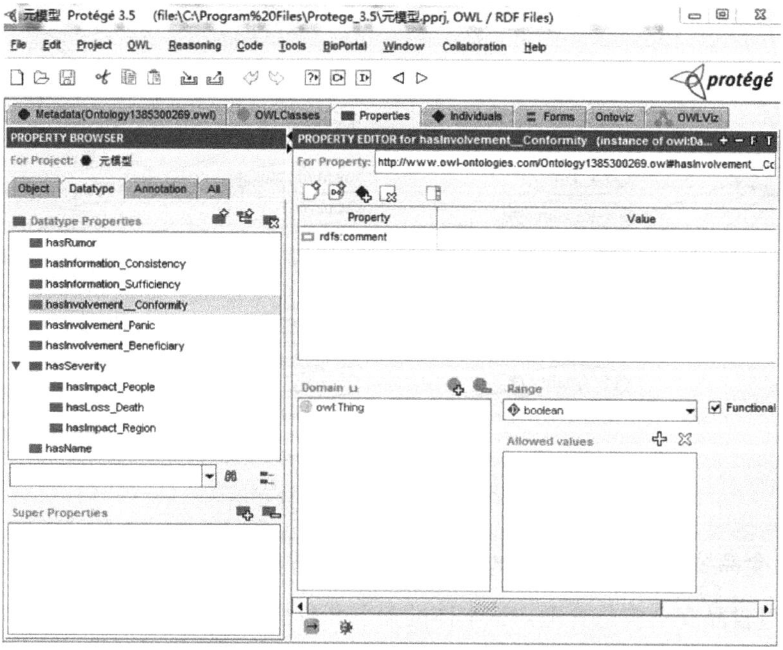

图 4-21　食品安全应急管理知识本体库中的对象属性和关系属性（二）

第 5 章　应急预案数字化管理中知识检索机制

应急预案数字化管理首先是预案相关内容和知识的管理，是必须构建的基础能力。在知识管理过程中，需要快速地构建应急预案包含的内容、知识库，需要包含业务相关内容知识和情景相关内容知识等。这样丰富的内容包含音频、视频、图片、资料档案、板书、会议纪要、业务模板等非结构化的数据。另外，需要在内容知识之上，构建检索应用，才能将沉淀的内容知识（应急预案）再次激活、利用。目前，知识检索领域的研究有三类方法：基于符号演算的搜索机制，它需要有效的应急系统知识的语义表达；基于人工智能控制论的专家系统模式，它需要应急领域专家知识的有效归纳；基于仿生联结的人工神经网络理论，这种模拟计算智能可以有效解决应急知识的自组织、自适应和自学习能力。由于应急系统的时效性、分布性、异构性、海量性和高维复杂度等特点，我们需要结合上述三类研究方法，甚至需考虑快速并行，研究适用于应急处置的快速智能检索技术。

5.1　数字化应急预案知识检索流程

数字化应急预案的检索是预案动态生成机制中的核心内容，对应急预案本体模型的构建可以为数字化应急预案的检索解决存储和表示问题，本节我们针对数字化检索过程进行研究，探讨检索环节中概念相似度的计算，研究基于非常规突发事件应急预案本体的语义检索过程。通过应急预案领域本体完成对检索信息的标注和规范，研究如何构建用户输入信息和系统信息之间关于语义知识表示的统一，探究实现智能化检索的过程。

5.1.1 知识检索流程分析

数字化应急预案基于本体的语义检索流程包括多个模块，主要是信息查询、分词、检索本体、语义搜索引擎、概念相似度计算等。该检索过程的具体实现流程如图5-1所示。

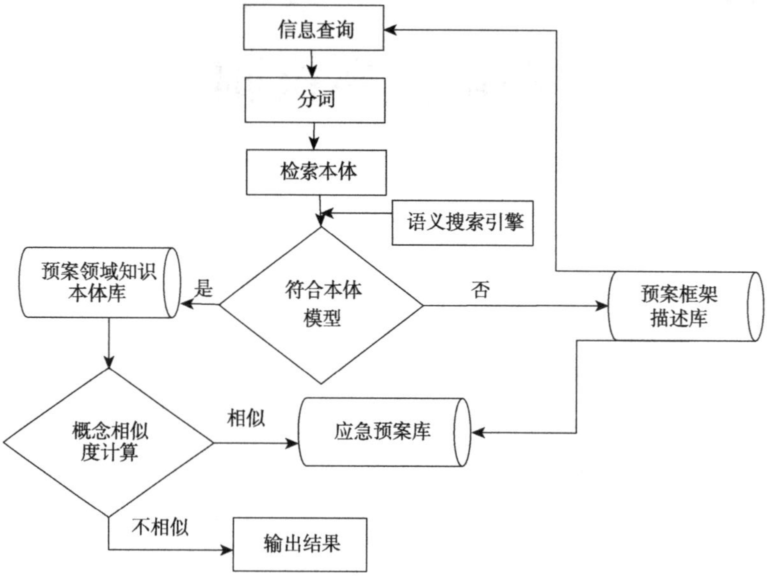

图5-1 应急预案检索流程

（1）事件发生后用户根据事件的具体情况输入检索信息。

（2）检索信息输入后系统会对信息内容按规范进行分词处理，过滤掉无关的词，得到关键检索词组。

（3）分词后的检索信息词组是一个个概念语义的集合，以语义搜索引擎为基础，判断检索信息所表现的语义内涵是否符合本体模型的概念语义。

（4）若符合本体模型的概念语义表示，将对信息分词处理后的概念与预案领域本体知识库中反映语义特征的概念进行相似度计算；若不符合本体模型的概念语义表示，则返回最开始的信息查询入口。

（5）若概念相似度计算结果满足相似要求，则输出与本体模型概念语义相对应的结构化预案，不相似则输出检索不到相应预案。

5.1.2 知识检索语义表示

本体的层次和分类结构使其本身包含主题词表和分类法，能够在知识和语义方面表述信息的概念模型，使得复杂的语义关系得到全面细致的描述。由于本体在表示概念间的关系时可以发掘表层和潜在的语义信息，基于本体的知识表达方式能够实现数字化的语义检索。数字化语义检索区别于传统的基于关键词检索方式的关键是建立基于概念的匹配模式。语义检索从应急预案中抽取能够反映预案语义特征的概念，便于检索的结构化和简易化，以概念来表示应急预案。把用户输入的检索信息转化为相应的概念词组或词组集合，使得应急预案和检索信息之间以概念为基础进行匹配。这时语义检索中的检索信息的语义表达、应急预案文本和检索信息之间的相关度计算都是基于概念的。因此，应急预案的语义检索流程包括：检索信息和应急预案表示，即从应急预案中抽取语义集合，并建立应急预案的索引；检索信息和应急预案之间的相关性量化，这种相关性量化是建立在彼此的概念表示基础上的，称为语义相似度计算。

设 D 为待索引的应急预案集合，$d \in D$，为应急预案集合 D 中的一个应急预案；设 C 为应急预案 d 的概念表示集合，则 $c \in C$ 为概念集合中的某一概念；设 c 在领域本体中的属性为 $P_0, P_1, \cdots, P_{n-1}$，$n = \|c\|$ 表示 c 在本体中的属性个数；应急预案 d 中概念 c 实例的属性值就为 $P_0, P_1, \cdots, P_{n-1}$，描述应急预案 d 的语义集合就可以用概念 c 的实例和对应的属性值的序列共同组合表示。应急预案 $d \in D$ 可以抽取出一个或多个语义概念，即 S_j 的形式，j=0,1…。因此，应急预案 d 的语义集合可以定义为：$S_j = (c_j, p_{j0}, p_{j1}, \cdots, p_{jn-1})\ n = \|c_j\|$，$j = 0,1,\cdots$。类似地，可以从查询信息中抽取一个或多个语义概念，相应的查询信息的语义集合可以表示为：$S_k^q = (c_k, p_{k0}, p_{k1}, \cdots, p_{jm-1})\ m = \|c_k\|$，$k = 0,1,\cdots$。从语义集合的表达形式可以知道：概念在集合表示中起决定作用，属性值对语义有增强作用，是对概念或实例更详细的描述。这里把应急预案和检索信息的表示过程定义为语义标引，从应急预案中抽取核心概念，与领域本体的概念之间进行映射。

5.1.3　应急预案概念的语义相似度计算

概念相似度计算要考虑一些原则问题，如可量化原则、计算简单原则、对称性原则、全面性原则等。

1. 影响相似度计算的因素

一般使用层次树描述本体的概念体系结构，层次树中的节点代表概念，边代表概念间的关系。概念越抽象则其离根节点就越近，对应的节点深度越浅，周围节点数也越少；概念越具体则反之。通过本体计算两个概念的相似度需要满足的条件是这两个概念应具有某种直接或间接的联系，即这两个概念对应的节点之间在本体的层次树中存在连通路径。影响概念之间语义相似度的因素在第 2 章做过简要分析，这里详细讨论并通过事例说明其应用。影响概念之间的语义相似度的因素如下。

（1）语义距离。在本体层次树中，语义距离是指两个概念对应的节点的最短连通路径所包含的边的权重总和。一个概念与其本身的语义距离为 0。语义距离是衡量概念相似度最基本的一个因素，其对相似度的影响比其他因素都大。因此，一般两个概念的语义距离越大，它们的相似度越低；反之，两个概念的语义距离越小，它们的相似度越高。

（2）语义重合度。在本体层次树中，语义重合度是指两个概念对应的节点所包含的相同上位概念个数，反映了概念间的语义相同程度。在两个概念的语义距离相同的情况下，概念间的语义重合度越大，它们的相似度越高；反之，概念间的语义重合度越小，它们的相似度越低。

（3）概念的信息量。在本体层次树中，概念节点的信息量与概念节点的深度之间呈现正相关关系，即节点深度越大信息量也越大。因此，叶子节点的信息量最大，根节点的信息量最小，换句话说，概念越抽象，其信息量就越少。一般两个概念之间的共享信息量越大，它们的相似度也越大。

（4）概念的属性特征。事物的属性是其特征的表现，从某种程度上，概念属性之间的相似程度能够反映概念之间的相似度，也就是说两个概念之间相同的属性越多，它们的相似度就越大。

（5）概念间的层次。在本体层次树中，两个概念在语义距离相同的条件下，它们的相似度随着其层次和的变大而增加，随着其层次差的变大而减小。

（6）节点深度。在本体层次树中，概念的抽象程度与其对应节点的深度之间成反比关系，节点深度越小概念越抽象，节点深度越大概念越具体。一般认为根节点的深度最小，其对应的概念最抽象。通常离根较近（深度较浅）的两个概念之间的相似度要比离根较远（深度较深）的两个概念之间的相似度小。在语义距离相同的条件下，概念的节点深度越大，其语义相似度也越大。

（7）节点密度。一般认为一个节点的密度是指以该节点为根节点的子树所包含的除根节点以外的节点数量。在本体层次树中，概念从上到下由抽象变成具体，概念越往下，分类越精细、越具体，包含的子节点数也越少。如果两个概念的节点密度越小，则其越具体，那么它们的概念相似度越大。

（8）边的权重。在本体层次树中，概念之间有许多种关系，因此代表概念之间关系的边的类型是不相同的。为了区分不同的边，使用边的权重表示两个概念之间的关系，则不同边的权重不尽相同。很多时候为了简化计算将边的权重都设定为 1。

（9）调节因子。调节因子是根据实际情况设定的一个参数，决定在本体层次中概念相似度受到各种因素的影响程度，为了得到最贴近实际需求的相似度。概念相似度的影响因素较多，判断概念相似度的主观性较强，概念相似度对各个因素的侧重程度在不同的应用中并不相同，最终概念相似度的计算结果也不同。因此，设定调节因子就可以有效解决这一问题。

2. 语义距离与语义相似度

同样的概念在不同的领域会有不用的词义，本书的概念相似度就是在应急预案检索的领域衡量的，而且假设已经排除了词语的歧义，对相似度的取值也进行了归一化处理，范围在 0 到 1 之间。规定当两个概念的语义相同时，其语义相似度为 1；当两个概念的语义毫无关联时，其语义相似度为 0；概念相似度的取值在其他情况下为 0 到 1 之间。

语义距离和语义相似度一样，也是在检索领域经常提到的一个概念。两个概念语义距离的值越小，说明应急预案的内容跟检索信息的请求越接近，语义距离为 0 时，应急预案内容跟检索信息完全一致；语义距离超过阈值时，应急预案内容跟检索信息毫无关联，从而检索不到结果集。结果集是根据信息检索者的主观判断，认为结果是否符合其检索要求的集合。本书的实验是以人类的主观判断为标准进行的。有时候不方便直接计算语义相似度时，可以通过先计算概念间的语义距离的方法，间接转化为计算语义相似度。

3. 语义距离的计算

基于语义距离的相似度计算方法比较容易操作，而且计算过程简单，同时它除了考虑语义距离外还将概念密度和深度因素也考虑在内，可以提高概念相似度计算的准确性。本体作为一种知识表示模型包含了概念、概念间的关系、属性等。计算概念相似度时，本书定义两个概念 C_1、C_2 之间的语义距离 Dis（C_1,C_2）为连接 C_1、C_2 最短路径上的 m 条边的权重的总和，即

$$\mathrm{Dis}(C_1,C_2)=\sum_{i=1}^{m}\mathrm{weight}_i \tag{5-1}$$

其中，weight_i 是 C_1、C_2 最短连通路径上第 i 条边的权重。不考虑其他因素的影响，每条边对语义距离的计算都相同，节点间的最短距离等于它们最短连通路径上边的数量，故假定本体层次树中每条边的权重都为 1，那么两个概念所对应的节点间的最短路径长度就表示概念间的语义距离，如果两个概念相同，则其语义距离为 0，那么概念相似度为 1；如果两个节点之间没有任何一条连通路径，则这两个概念毫无关联，其语义距离为无穷大，那么概念相似度为 0。

概念 C 在本体层次树中的深度 $\mathrm{Dep}(C)$ 等于根 R 与概念 C 之间的最短连通路径上边的数量。即 $\mathrm{Dep}(C)=\sum_{i=1}^{n}1$，其中 n 为根与概念之间的最短连通路径上边的数量，而 $\mathrm{Dep}(R)=0$。设根节点的深度为 1，即 $\mathrm{Dep(Root)=1}$，子节点 C 的深度等于其父节点的深度加 1，即 $\mathrm{Dep}(C)=\mathrm{Dep}(\mathrm{Parent}(C))+1$。树的深度等于概念的最大深度，即 $\mathrm{Dep(Tree)=Max}(\mathrm{Dep}(C))$，$C$ 为层次树中的任一概念。

概念 C 的权重记作 $\text{weight}(C)$，表示从概念 C 引出的边的权重，从同一概念节点引出的边的权重是相等的。考虑节点深度这一因素，修改 C 的权重 $\text{weight}(C)=\frac{1}{2^{\text{Dep}(C)}}$，概念节点越深，其权重越小。概念 C 的宽度记作 $\text{Wid}(C)$，表示节点 C 的子节点的数目，再考虑概念的分类细致程度，继续修改概念 C 的权重 $\text{weight}(C)=\frac{1}{\text{Wid}(C)}\times\frac{1}{2^{\text{Dep}(C)}}$，如果概念的节点深度相同，其宽度越大权重越小。

对于任意概念 C，当 $\text{Wid}(\text{Parent}(C))\geqslant 2\times\text{Wid}(C)$，则 $\text{weight}(\text{Parent}(C))=\frac{1}{\text{Wid}(\text{Parent}(C))}\times\frac{1}{2^{\text{Dep}(\text{Parent}(C))}}\leqslant\frac{1}{2\times\text{Wid}(C)}\times\frac{1}{2^{\text{Dep}(\text{Parent}(C))}}=\frac{1}{\text{Wid}(C)}\times\frac{1}{2^{\text{Dep}(\text{Parent}(C))+1}}=\frac{1}{\text{Wid}(C)}\times\frac{1}{2^{\text{Dep}(C)}}=\text{weight}(C)$，我们发现这不符合概念的权重随着节点深度的增加而减小的规律。继续修改概念权重，得到

$$\text{weight}(C)=\begin{cases}\dfrac{1}{\text{Wid}(C)} & C=\text{Root}\\ \dfrac{1}{\text{Wid}(C)}\times\dfrac{1}{2}\times\text{weight}(\text{Parent}(C)) & C\neq\text{Root}\end{cases}\tag{5-2}$$

修改后的式（5-2）符合概念的权重随其对应的节点深度的增加而减小的规律，也符合概念的权重随着概念分类的细致而减小，保证概念间的语义距离也越小的规律。

一个概念的子节点根据其细分所得，因此这一概念与其子节点的相似度要高于这一概念与其兄弟节点的相似度。假设概念 C 与其最远子节点的最短连通路径上包含的节点为 $C_1,C_2,\cdots,C_n$，它们之间的语义距离满足：$\text{weight}(C)+\text{weight}(C_1)+\text{weight}(C_2)+\cdots+\text{weight}(C_n)<\text{weight}(C)+\frac{1}{2}\text{weight}(C)+\frac{1}{2^2}\text{weight}(C)+\cdots+\frac{1}{2^n}\text{weight}(C)=(2-\frac{1}{2^n})\text{weight}(C)<4\text{weight}(C)\leqslant 2\text{weight}(\text{Parent}(C))$

说明概念 C 与其任意子节点的距离要比概念 C 与其任意兄弟节点的距离小。根据式（5-1）及 5.1.2 小节的定义可知 $\text{Dis}(C_1,C_2)=\text{Dis}(C_2,C_1)$，说明概念之间的语义距离满足对称性规律。

4. 语义相似度的计算

由上文可以得到语义距离的取值范围在 0 到 2 之间，语义相似度的取值范围为 0 到 1 之间，而且语义距离和语义相似度之间呈现减函数的关系，本书给出两者之间的转换公式：

$$\text{Sim}(C_1,C_2)=1-\sqrt[t]{\frac{1}{2}\text{Dis}(C_1,C_2)}\tag{5-3}$$

其中，t 为可调节因子。

一般来说，在本体层次树中，一个概念节点与其子节点的相似度比它的子节点与其自身的相似度要高；一个深度较大的概念节点与一个深度较小的概念节点的相似度比它们反过来相比的相似度高。即

$$\mathrm{Sim}(C_1,C_2)\begin{cases} >\mathrm{Sim}(C_2,C_1), & \mathrm{Dep}(C_1)>\mathrm{Dep}(C_2) \\ \leqslant \mathrm{Sim}(C_2,C_1), & \mathrm{Dep}(C_1)\leqslant \mathrm{Dep}(C_2) \end{cases} \tag{5-4}$$

这说明概念之间的语义相似度是不对称的。

综上所述，考虑到不对称性的问题，引入参数 α 得到概念 C_1、C_2 之间的语义相似度计算公式为

$$\mathrm{Sim}(C_1,C_2)=1-\sqrt[t]{\frac{1}{2}\alpha\times \mathrm{Dis}(C_1,C_2)} \tag{5-5}$$

其中，$\alpha=\dfrac{\mathrm{Dep}(C_2)}{\mathrm{Dep}(C_1)+\mathrm{Dep}(C_2)}$。这种计算方法将概念节点深度和宽度因素对权重的影响综合考虑，比较科学可信，5.1.4 小节通过实验来验证。

5.1.4　案例分析

本小节从 SUMO 本体片段中（其层次结构如图 5-2 所示，概念深度为 7）随机选择十组概念进行实验。把相比较的一组概念的第一个看作源概念，即供查询的信息；第二个看作目标概念，即查询请求信息。确定式（5-5）中的参数 t=9，因为 t=9 时，一对参考概念的相似度实验结果与实际的直观判断最为吻合。

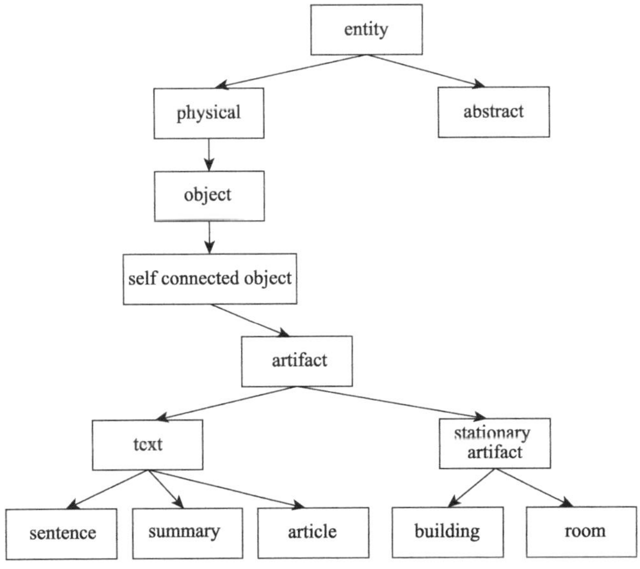

图 5-2　SUMO 本体层次结构（部分）

为了科学评价概念相似度，引入兼容度（compact）来表示实验结果和实际直观判断的吻合程度。$\text{compact} \in (0,1)$，其值越接近 1 表示实验结果和实际直观判断的吻合度越高，其值越接近 0 表示吻合度越低。设Sim_i为根据式（5-5）由实验得出的第i对概念的语义相似度，Sub_i为实际直观判断的第i对概念的语义相似度，则实验结果和实际直观判断之间的兼容度 compact 为

$$\text{compact} = 1 - \frac{1}{N}\sum_{i=1}^{N}\frac{\left|\text{Sim}_i - \text{Sub}_i\right|}{\text{Sub}_i} \tag{5-6}$$

其中，N 为实验时选择的概念对的数量；$\left|\text{Sim}_i - \text{Sub}_i\right|$表示两种方式所得的第 i 对概念的语义相似度的偏差；$\frac{\left|\text{Sim}_i - \text{Sub}_i\right|}{\text{Sub}_i}$表示实验结果与实际直观判断之间的偏离程度。

实验得到十组概念对的语义相似度结果如表 5-1 所示，表 5-1 中的 Subject 列是专家给出的相似度判断值。

表 5-1 实验结果和专家判断结果

概念	t=9	Subject
physical-abstract	0.141	0.135
physical-object	0.458	0.473
object-artifact	0.426	0.406
motion-walking	0.571	0.621
walking-motion	0.594	0.645
building-room	0.743	0.704
text-object	0.488	0.387
sentence-summary	0.772	0.695
damage-heat	0.556	0.467
injury-touch	0.422	0.438

从表 5-1 可以看出，“physical”和“abstract”、“building”和“room”两组概念的结果满足层次树中深度较大的概念之间的语义相似度也较高的规律；“physical”和“abstract”、“physical”和“object”两组概念的结果满足层次树中一个概念与其子节点的语义相似度高于与其兄弟节点的语义相似度的规律；“building”和“room”、“sentence”和“summary”两组概念的结果满足层次树中概念分类得越细致，其子节点的语义相似度越高的规律；“motion”和“walking”、“walking”和“motion”两组概念的结果满足概念间的语义相似度具有不对称性，符合一个深度较大的概念节点与一个深度较小的概念节点的相似

度比它们反过来相比的相似度高的规律。根据表 5-1 中的结果和式（5.6）计算得出实验结果和专家判断结果之间的兼容度为 86.27%，说明本书计算概念间语义相似度的方法与专家判断比较吻合。

本节简单分析了数字化知识检索的流程，介绍了各个步骤的内容，并对数字化检索涉及的概念信息进行语义表示；对检索中的语义相似度的计算方法详细说明，综合考虑影响相似度的多种因素，通过不断分析推导得到语义距离的计算方式，给出语义距离和语义相似度的函数关系，寻求两者之间的转换公式，从而得到概念间语义相似度的计算方法，并通过实验证明该方法的有效性。

5.2　基于领域本体的元搜索技术方案

前文我们提到，数字化应急预案的制订方法分为直接法、改编法和派生法三类。改编法和派生法都需要有大量相似预案或案例应用作为储备和基础。在应急知识领域，互联网无疑是一个重要的资源储备。随着互联网的进一步发展，网络的信息资源得到了极大的丰富，如何利用互联网资源是应急管理领域重要的热点问题。虽然目前已经出现了许多功能强大的搜索引擎，但由于其自身技术的限制，在领域知识查询上的查准率、查全率都不是很理想，我们通过建立领域本体库，通过检索式的有效扩展，在语义上理解用户的检索请求，从而提高检索的精确率，并借助元搜索技术充分挖掘互联网资源，进一步扩大搜索范围，提高信息的查全率、查准率，为数字化应急预案动态生成提供坚实的基础支撑。

5.2.1　元搜索方案设计

在元搜索方案设计中，我们从检索条件推理转化、元搜索引擎（meta search engine）接口设计、多级结果集的筛选和排序算法三个层次入手，给出了有效的解决思路，并通过构建原型系统加以实现和验证。据此基于应急知识领域的元搜索引擎原型系统，主要包括用户检索界面、检索扩展模块、元搜索引擎接口、多级结果集处理模块及数据存储模块。用户通过用户检索界面输入检索请求，检索扩展模块对检索请求进行处理，实现检索条件与领域知识的匹配和扩展，在与用户进行交互后，将扩展结果进行逻辑组合，并作为新的检索条件提交到元搜索引擎接口进行搜索，多级结果集处理模块对检索结果处理后，将与用户检索需求的相关结果按相关度高低顺序显示给用户。具体元搜索引擎原型系统实现方案如图 5-3 所示。

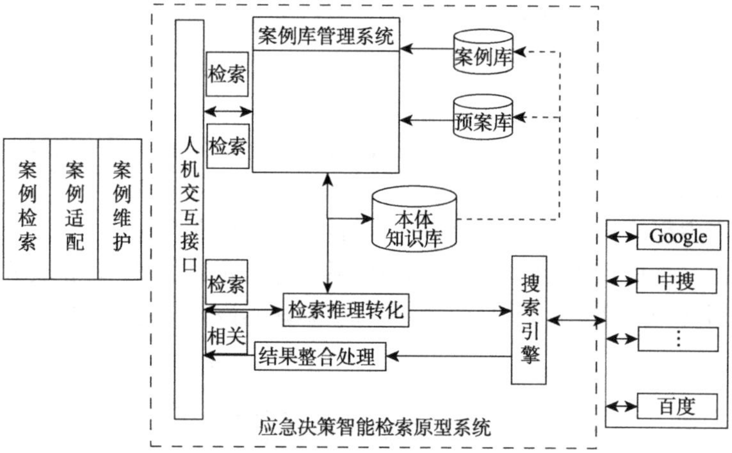

图 5-3 元搜索引擎原型系统实现方案

其核心的三个层次描述如下。

（1）检索条件推理转化主要解决：用户的检索请求提交后，通过建立的领域本体库进行推理，实现对检索条件与领域知识的匹配和关联，并将推理结果作为新的检索条件提交到元搜索引擎接口。

（2）元搜索引擎接口设计实现了两个功能：一是将处理后的检索条件针对不同的元搜索引擎进行转化，二是要对搜索引擎不能处理的检索方式进行排除，并选择一种合适的方式来匹配。元搜索引擎通过向其他独立搜索引擎发送搜索请求来处理用户的检索请求，然后把这些检索结果按照一定的方式集成在一起返回给用户。虽然元搜索扩大了检索的覆盖面，弥补了独立搜索引擎在查全率方面的不足，但其检索结果规模往往比较庞大，用户通常又缺乏足够的耐心、精力和时间去遍历检索出的所有网页，因此，检索结果的合成处理是元搜索引擎工作过程中的一个重要环节，最终检索结果中网页的排序是至关重要的。

（3）多级结果集的筛选和排序主要完成：各搜索引擎返回的检索结果作为处理的一级结果集，利用筛选算法、有效性检测算法、排序算法等构建二级结果集、三级结果集等多级结果集，最终按用户需求进行展示。这里给出了多级结果集的元搜索结果处理方法：将语义相似度引入结果处理方法中，对提取算法及排序算法进行改进；利用改进后的算法对元搜索结果进行结果提取、结果过滤、结果排序等多级处理。

5.2.2 用户检索及扩展

1. 用户检索界面

用户检索界面是系统与用户的一个接口。其主要实现三个功能：一是用户查询输入；二是检索项的显示与调整；三是检索结果的显示。用户通过浏览器输入检索请求，可以是自然语句，也可以是关键词。在对用户输入的信息进行扩展后，扩展后的检索项将显示在用户检索界面上，根据用户的鼠标选择操作及用户轮廓对检索项进行调整，并将最终的检索结果展示给用户。为了方便用户使用，检索界面尽可能方便、友好，并为用户提供领域知识的导航功能。

2. 检索扩展模块

检索扩展模块是检索系统中最重要的部分，决定了检索结果是否符合用户需求。检索扩展模块包含三个子模块。

（1）查询请求分析子模块：根据用户查询输入形式（关键词或自然语言）的不同，对查询输入进行处理，提取关键词，并代入应急领域本体中，实现检索条件与领域知识的匹配。

（2）查询扩展子模块：根据领域本体中的语义关系对检索项进行扩展，得到与检索项相关的知识，加入检索项集合。

（3）查询项调整子模块：为保证扩展结果与用户检索需求的一致性，将扩展后的检索项与用户进行交互，通过用户鼠标选择操作及用户轮廓调整检索项。

5.2.3　元搜索引擎接口

元搜索引擎接口的功能有两个：一个是转化功能，另一个是匹配功能。不同的搜索引擎有其不同的检索表达式，因此需要对其进行表达式转化。例如，在 Google 中查询表达式应为 http://www.google.com/search?q={查询内容}，而在百度中查询表达式应为 http://www.baidu.com/s?wd={查询内容}。

1. 元搜索引擎的概念

元搜索引擎是一种调用其他独立搜索引擎的引擎，它对多个独立搜索引擎进行整合、调用、控制和优化利用。元搜索引擎系统在统一的用户查询界面与信息反馈的形式下，通过共享多个搜索引擎的资源库为用户提供信息服务的系统。元搜索引擎并不像传统的搜索引擎那样有自己的数据库或搜索机器人，因此，选择元搜索引擎可以更好地处理搜索条件，即多关键词的语义关系。

2. 元搜索引擎的特点

与独立搜索引擎相比，元搜索引擎主要有以下特点。

（1）元搜索引擎提高了用户检索质量。它可以同时调度多个源搜索引擎，方便检索多个网页数据库。一般搜索引擎的检索范围仅局限于自身的数据库，各个独立的源搜索引擎因为定位关注不同，从而网页覆盖范围千差万别。同时，由于不同搜索引擎自身的网页收集范围、方式和相关度计算方法不同，同一检索表达式会得到大不相同的结果。

（2）元搜索引擎可以自动向源搜索引擎索取结果，在短时间内把多个源搜索引擎的结果返回给用户，它有效屏蔽了各个源搜索引擎的接口等实现细节，避免用户在多个搜索引擎系统之间切换及检索请求的格式转换，不仅扩大了检索的覆盖面，还提高了用户的检索效率。

（3）元搜索引擎的可扩展性强，可以实现个性化搜索。个性化搜索实现较为复杂，它可以构建用户的搜索兴趣模型，对用户的兴趣进行挖掘学习，并以此来对结果进行处理。

（4）元搜索引擎没有自己的数据库。元搜索引擎系统实现复杂度低，它是具有智能功能的中间代理，用户只需要提交一次检索请求，由元搜索引擎负责转换处理后，提交给多个预先选定的源搜索引擎。

3. 元搜索引擎的工作原理

元搜索引擎被称为搜索引擎之上的搜索引擎，它自己并不收集网站或网页信息，通常也没有自己的资源库和网络机器人。当用户检索一个关键词时，它把用户的检索请求转换成其他搜索引擎能够接受的命令格式，并行地访问多个传统的搜索引擎来检索这个关键词，然后将返回的结果进行合并、重新排序等处理后，作为自己的结果返回给用户。图 5-4 是元搜索引擎的工作原理。

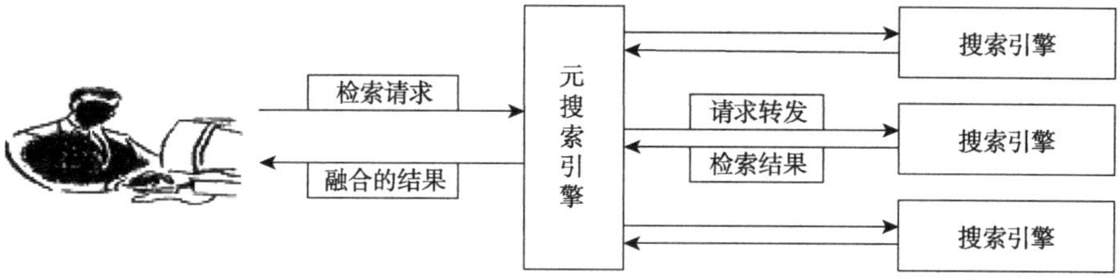

图 5-4　元搜索引擎的工作原理

元搜索引擎没有网页搜寻模块（爬虫），也无独立的索引数据库，但在检索请求提交、检索接口代理和检索结果显示等方面，都可以依据用户个性需求进行灵活扩展。例如，提交检索请求时，根据源搜索引擎的特点和技术参数，可以指定优先调用顺序，并对检索时间、检索结果数量进行控制；作为多个独立搜索引擎的检索接口，元搜索引擎有较强的字符和语法转换功能，使用户的检索请求被各具语法特点的不同的源搜索引擎接受；在显示检索结果时，元搜索引擎可以采用不同的处理技术，对检索结果排序依据、最大返回结果数量、相关度参数及优化机制等进行个性化设置。

4. 元搜索引擎的评价指标

作为一种搜索引擎，元搜索引擎也具有搜索引擎的一些基本数据指标，最主要的是查全率和查准率。

1）查全率

查全率是指信息检索系统检索到的相关文档占被检索文档集中所有相关文档的比重，可以用下面的公式计算：$R_{\text{recall}} = R / R_{\text{all}}$，其中，$R$ 为搜索到的相关文档数；R_{all} 为被检索文档集中所有的相关文档数量。一个系统的查全率越高说明它发现相关文档的能力越强。由于同时使用多个搜索引擎，相对于单一搜索引擎系统，元搜索引擎系统可以达到较高的查全率。

2）查准率

查准率是指信息检索系统检索到的所有文档中相关文档所占的比率，可以用下面的公式计算：$R_{\text{precision}} = R / D$，其中，$D$ 为检索到的文档数。一个系统的查准率越高，其检索到的信息噪声越低。检索代理机制可以针对用户的查询请求实现自动化和智能化扩展，二次陈列机制可以对原始检索结果进行再加工，重新给出相关性排列，从而使元搜索引擎系统获得比较理想的查准率。

查全率和查准率很难精确计算，因此，还可以利用以下指标评价元搜索引擎。

（1）相关度评价：检索式与用户检索需求相关度越高，检索效果越好，这是对检索扩展策略是否合理最直接的评价。

（2）对检索结果的处理能力：对独立搜索引擎返回结果的处理能力是评价元搜索引擎性能的又一重要指标。它包括结果的处理和显示。

5.2.4　多级结果集处理算法

1. 多级结果集结构

对于庞大的结果集的排序，我们需要精度更高的算法，但会耗费较多的时间。因此，将结果集进行分级，在庞大的结果集中用低级快速的算法挑选出一部分好的信息，构成较高级的结果集；在较高级的结果集中应用较高级（精度高）的算法，形成更高级的结果集，从而达到搜索精度和效率的平衡，满足用户需求。

多级结果集的处理流程如下。

（1）将各搜索引擎返回的检索结果作为处理的一级结果集。

（2）利用结果集提取算法对一级结果集进行筛选，主要根据各个搜索引擎的权重及检索词的相似度进行筛选，并将结果作为二级结果集。

（3）对二级结果集进行过滤，消除结果集中的重复记录和无效链接，并将结果进行简单排序后再对返回的网页进行一次数量约束，使返回结果集在用户可接受的范围之内，然后对于超出的记录进行删除，最后得到的记录数为

$$\text{FR} = C \times \sum_{i=1}^{N} \sum_{j=1}^{S} M_{ij} \tag{5-7}$$

其中，FR 为多级结果集的记录数；C 为一个约束型变量，其大小由结果集的大小确定；M_{ij} 为搜索引擎的结果数。

（4）对三级结果集按照基于摘要相似度的 PageRank 算法进行排序并作为最终结果集返回检索界面，展示给用户。具体流程如图 5-5 所示。

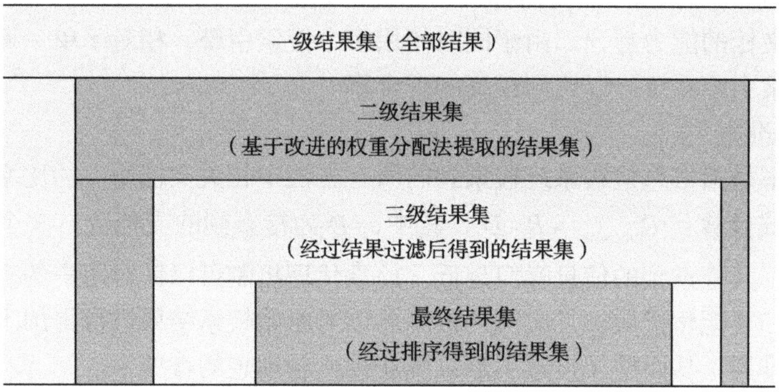

图 5-5　多级结果集示意图

2. 结果提取

元搜索引擎使用多个源搜索引擎进行搜索，检索结果的规模比较庞大，如果直接对结果进行排序，则工作量较大，影响系统效率，因此先根据一定的提取规则从多个源搜索引擎返回的结果中提取部分结果，然后将提取结果作为二级结果集。目前检索结果的提取方法主要有系统预定法、信息获取的训练集策略和权重分配法等。

系统预定法过于死板，它不仅限制从各个独立搜索引擎的结果集中提取结果的数量，也限制最终结果集的上限。训练集策略方法则要维护一个庞大的训练集，削弱了元搜索引擎无须维护大量数据这一优点。权重分配法可以更改所取结果的总数量，并利用权重使从各个搜索引擎的结果集中的提取结果各占一定比例。

本书在权重分配法的基础上进行改进，加入检索词的相似度，相似度越高表明得到的结果集越符合用户需求，具体算法如下。

不同的搜索引擎的检索结果质量和数量都有很大区别，因此筛选处理不同搜索引擎的检索结果集应采用不同的权重。设有 N 个源搜索引擎，下面是从第 i 个源搜索引擎中提取的结果数 M_{ij}：

$$M_{ij} = C_{ij} \times \left|R_{ij}\right| \times \mathrm{Sim}_j \times \omega_i \Big/ \sum_{i=1}^{N} \omega_i \qquad (5\text{-}8)$$

其中，C_{ij} 为常数，不同的结果集的数量级可能有所差别，因此可以通过 C_{ij} 这个常数进行调整，可以取 0.1、0.01 等，视不同的结果集数量进行调整。为方便起见，也可以令 $C_{11} = C_{21} = \cdots = C_{NS}$。$|R_{ij}|$表示第 i 个搜索引擎第 j 个检索词得到的结果集

的基数。Sim_j 为第 j 个检索词的相似度，由式（5-12）计算得出。ω_i 为对每个独立的源搜索引擎赋予的权重。权重 ω_i 的赋值应先对各个搜索引擎进行综合评估，根据各个搜索引擎的权威度、服务质量、查准率、查全率、用户使用度等指标，得出各个搜索引擎的权重值 ω_i，ω_i 越高搜索引擎质量越好。

3. 结果过滤

结果过滤是为了消除结果集中的重复链接和去除无效链接，保证检索结果的有效性及唯一性。

1）消除重复链接

不同的源搜索引擎的覆盖范围会有重叠，并且同一个网址在不同的源搜索引擎中排列的次序也不相同，这就造成了在返回结果中存在着重复网址的问题，因此，元搜索引擎系统必须把这些重复网址过滤掉并且进行数据整理。为了消除源搜索引擎返回的重复信息这个问题，需要建立一个临时的“网址数组”，用于存放检索结果的超级链接地址。将第一个源搜索引擎的检索结果的链接地址读入这个网址数组中，然后逐条读取第二个源搜索引擎到最后一个源搜索引擎返回结果的链接地址，比较 URL（uniform resource locator，统一资源定位符）的相似性，如果断定为相同的链接，则不把该链接存入该网址数组中。只有在确认该网址数组中没有该链接地址之后，才将其网页地址存入该网址数组中，这样就可以避免结果中存在重复内容，从而保证元搜索引擎返回结果的唯一性。

2）去除无效链接

在访问使用搜索引擎检索到的结果时，经常会遇到“找不到该页（HTTP404 Error）”的错误情况，即这样的网页是不可访问的。这种情况是搜索引擎中的索引数据库更新不及时造成的，搜索出来的信息有些已经过时，严重的甚至存在错误链接或“死链接”（DeadLink）。在结果处理过程中应该去除这些错误链接、死链接等无效链接。搜索引擎对于无效链接的消除方法主要有两个：一是减小网络机器人的漫游周期，及时更新搜索引擎的索引数据库；二是检测返回结果中的链接，对每个链接发送 HEAD（只请求页面的首部）请求，判断响应代码，如果是“404NotFound”，则删除该链接。

元搜索引擎没有自己的网络机器人，因此无法采用第一种方法。对于第二种方法，如果对每一个链接都做检测，则会消耗很多时间，使系统的整体效率下降。统计学规律表明，75%的用户只会查看搜索引擎每次检索返回的前 50 个链接结果，因此可以选前 100 个结果进行检测，删除无效链接。

5.2.5　结果排序

元搜索引擎的结果排序工作的原则是在保证效率的基础上尽可能利用一切可

用的信息以提高结果排序的质量，目的是更快速地响应用户的检索请求，把与用户检索请求最相关的高质量文档纳入结果排序的前面。

PageRank 算法是由 Google 公司首先使用，并被广泛研究的一种网页排序算法。PageRank 算法的基本思想是，如果某一个网页 T 存在一个指向网页 A 的链接，则表明网页 T 的所有者认为网页 A 是比较重要的，从而把 T 的重要性得分值 PR(T)（即网页 T 的 PageRank 值）的一部分赋予 A。A 得到的分值大小由 T 的 PageRank 值 PR(T)/C(T)①决定。因而对于页面 A，其 PageRank 值 PR(A)就是从所有指向它的页面分得的重要性分值的综合。

PageRank 算法的优点在于避免了单纯依靠文本匹配来评价页面的重要性，充分利用了 Web 模型的超链接结构来评估页面的权威性，从而提供了一种能够对 Web 资源进行客观评价的有效手段。但从该算法的核心算法可以看出，PageRank 算法是一种与查询关键词无关的静态的页面质量计算方法，算法未区分网页中的链接是否与主题相关、未判断引用与被引用网页内容上的相关性，这就有可能导致搜索结果中得分高的网页与搜索的主题相关性并不大，即出现“主题漂移”，进而影响搜索引擎的查准率。

基于摘要相关度的 PageRank 改进算法是基于相关度排序算法的一种，主要思想在于根据用户查询串与源搜索引擎搜索的结果记录中摘要信息之间的相关性来对结果进行排序，相关性大的结果排在前面。摘要排序能够解决 PageRank 算法中的“主题漂移”问题，因此本书将该方法与 PageRank 算法相结合，同时考虑网页的重要性及检索结果与用户检索的相关性，并加入搜索引擎的权重。网页的 PR 值越高，说明网页越重要；摘要相似度越高，说明网页与用户的检索需求相关性越高；搜索引擎的权重越高说明该搜索引擎中的结果越重要。排序值 PPR(A_i)的计算方法如下：

$$\mathrm{PPR}(A_i)=\omega_i\times \mathrm{Abstract\_rank}_A \mathrm{PR}(A_i) \tag{5-9}$$

其中，PPR(A_i)决定了最终的页面排序，表示第 i 个源搜索引擎中页面的排序值；PR(A_i)为页面 A_i 的 PageRank 值；$\mathrm{Abstract\_rank}_A$ 为页面 A 的摘要与查询串 i 的相似度；ω_i 为第 i 个源搜索引擎的权重，同上面提取算法式（5-8）中的权重值可以一致。PR(A_i)的计算公式如下：

$$\mathrm{PR}(A_i)=(1-d)+d\left(\frac{\mathrm{PR}(T_1)}{C(T_1)}+\cdots+\frac{\mathrm{PR}(T_n)}{C(T_n)}\right) \tag{5-10}$$

其中，PR(T_i)表示链接到页面 A_i 的 T_i 网页的 PageRank 值；$C(T_i)$为网页 T_i 的出站链接数量；d 为阻尼系数，$0< d <1$。PageRank 值的求解是一个迭代过程，它是对单个网页的排序算法，而不是对整个网站的算法。

① $C(T)$为 T 的出链数。

为了计算查询串 Q 与页面 A_i 中摘要 abstract 之间的相关度，借鉴程传鹏和王天志（2011）的自反馈式的元搜索计算方法。先计算 Q 中的每个词条与 abstract 的相关度。对于 Q 中的词条 q_i，有 q_i 与 abstract 的相关度 Rank(q_i,abstract）：

$$\text{Rank}(q_i,\text{abstract})=\sum_{k=1}^{\text{Occurence}(q_i,\text{abstract})}\ln(\text{Length}(\text{abstract}_i)/\text{Location}(q_i,k,\text{abstract})) \tag{5-11}$$

其中，Length(abstract)为 abstract 的长度；Occurence(q_i,abstract)为 q_i 在 abstract 中出现的次数；Location(q_i,k,abstract)为 q_i 在 abstract 中第 k 次出现的位置。

这样，查询串 Q 与 abstract 之间的相关度可以通过下面的公式计算：

$$\text{Abstract\_rank}(Q,\text{abstract})=\sum_{1}^{m}\text{rank}(q_i,\text{abstract})$$

5.2.6　实验分析

元搜索引擎的最终结果集是由每个源搜索引擎的结果集经过处理合并而成的，对于相同的结果集处理方式，元搜索引擎的搜索质量完全取决于每个源搜索引擎。因此，为了证实本体库的建立可以全面提高元搜索引擎的全面性和精确性，我们建立本体库对单个源搜索引擎进行实验。

本体库的建立采用 Protégé 3.2.12，使用 OWL 语言，本体的推理采用 Jena 2.0，运行平台为 WindowsXP SP2+Tomcat 5.0+J2SDK 1.5.0，源搜索引擎为 Google。用户输入查询：“重大应急预案”，如图 5-6 所示。

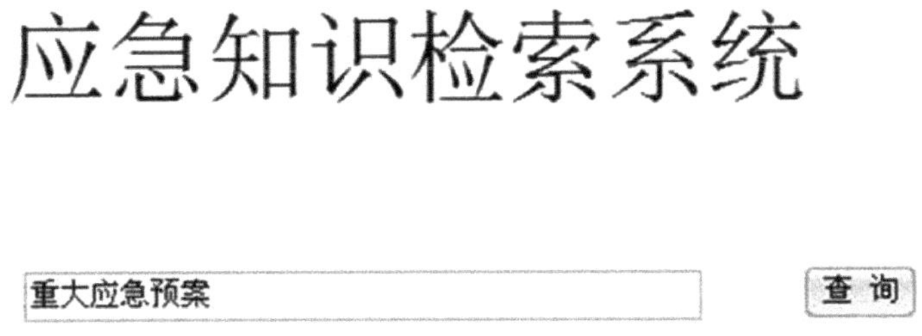

图 5-6　用户查询输入页面

对查询输入进行请求分析、扩展后将扩展概念反馈给用户，如图 5-7 所示。

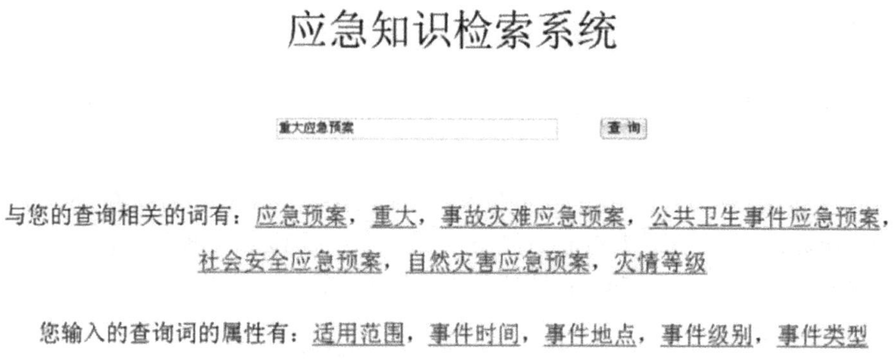

图 5-7　扩展概念反馈页面

使用 Google 对检索请求进行搜索并经过多级结果集处理后得到结果，如图5-8 所示。

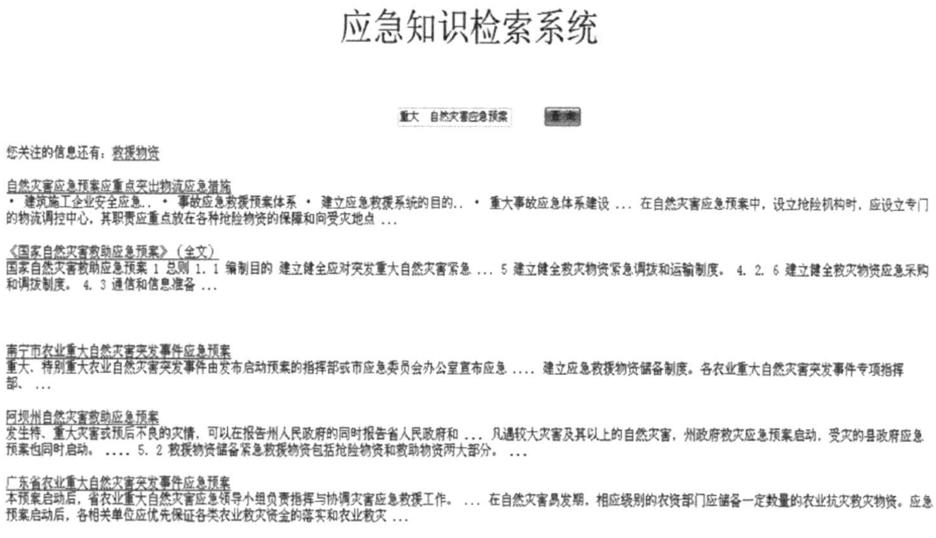

图 5-8　部分检索结果显示

应急知识检索系统共给出 500 个最终结果，且均限定在自然灾害应急预案这个范围内。当我们直接在 Google 中检索“重大应急预案”时，得到的最终结果为 4 300 000 篇，其匹配范围涉及了各种应急预案，如图 5-9 所示。

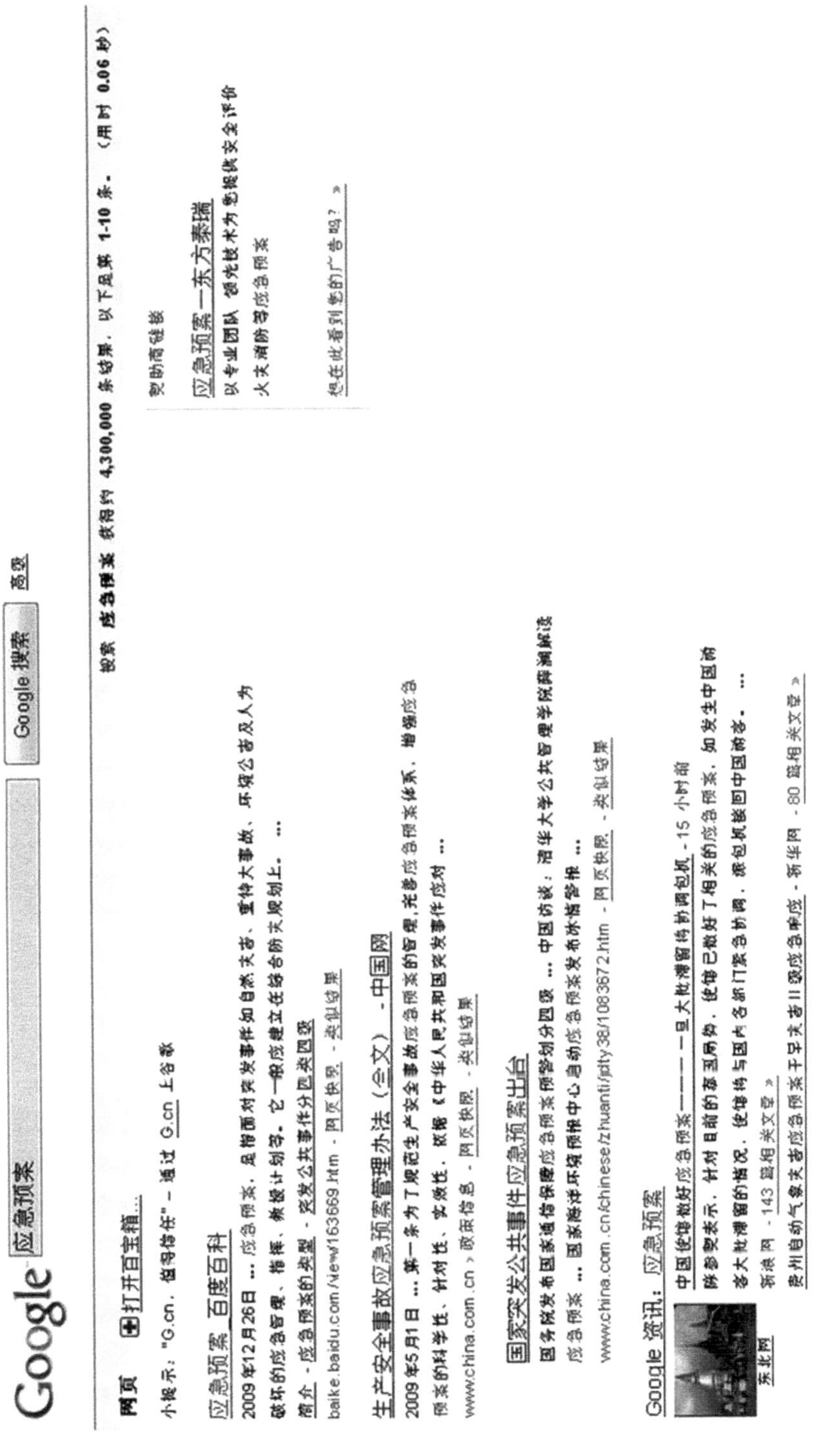

图 5-9　Google 检索页面

由以上实验结果可以证实，基于应急领域本体建立的元搜索引擎系统全面提高了元搜索引擎检索结果的全面性和精确性，并且满足了用户的个性化需求。

5.3 基于用户轮廓的检索语义扩展

在元搜索引擎中，一个准确、全面的检索式是提高查全率、查准率的关键。为了提高检索质量，必须从检索策略入手，即一方面要扩大检索范围，避免漏检，从而提高查全率；另一方面又要保证检索精度，尽量避免误检，从而提高查准率。

5.3.1 用户检索扩展

本书按照 5.2 节对元搜索引擎的评价指标描述可以得知，查全率和查准率是评价信息检索系统的重要指标，查全率是检索到的相关文档数与全部相关文档数之比，查准率则是检索到的相关文档数与检索到的总文档数之比。由马景娣（2003）关于查全率与查准率顺变关系的研究结论可知，检索策略变化引起的检索到的相关文档变化数与全部相关文档变化数之比大于检索到的相关文档数与检索到的总文档数之比时，查全率与查准率呈现顺变关系。

本书针对不同用户的检索请求进行分析，提取待扩展关键词，代入应急领域本体中进行扩展，利用语义相似度计算结果，保留语义相似度大于设定阈值的概念，最终形成扩展项集合。为了保证扩展结果与用户检索请求的一致性，可以将扩展后的检索项与用户进行交互,通过用户鼠标选择操作及用户轮廓调整检索项。最后将检索项间的语义关系转化为逻辑关系，构建扩展的检索表达式，从而加深概念的内涵，缩小或限定概念的外延。

5.3.2 基于本体的用户检索请求分析

由于应急知识的专业性及复杂性，用户很难准确地表达出各种专业词汇，在对用户检索进行扩展之前，需要对用户的检索请求进行处理，提取关键词，将提取的结果代入领域本体中进行规范化，得到规范化的概念词或概念词组。

1. 关键词检索

当用户检索输入为关键词组合时，以及当用户输入中含有“逻辑或”的显示指示标记（如“或”“或者”）时，判断关键词间的关系为“逻辑或”；当用户输入中含有“逻辑否”的显示指示标记时（如“除…之外”“非”等），判断关键词间的关系为“逻辑非”；否则为“逻辑与”关系，根据概念词间的逻辑关系及输入顺序，将用户输入表达为关键词空间 $\{q,w\}$ 的形式，其中 q 为关键词集合，w 为各关键词的权重。

2. 自然语言检索

如果用户检索输入的是自然语言时，则需对用户输入进行分词处理、词性标注，分析整个句子的句法结构。本书采用 ICTCLAS 分词系统对用户输入进行分词及词性标注等操作，提取动词和名词，得到关键词集合。

概念间的逻辑关系需要对自然语言的句法结构进行分析，分析传统的主语、谓语、宾语、定语、状语、补语六大成分与句型的关系，可以辅助获取自然语言中各概念权重，最终将自然语言表示成 $\{q,w\}$ 形式。

5.3.3　基于应急领域本体的检索扩展策略

对于集合中的每一个检索词，将其代入应急领域本体中进行匹配和扩展。本体支持下概念扩展的核心任务是一系列语义推理——同义扩展、语义蕴含、外延扩展及语义相关联想。在实际应用中，语义网络往往是比较复杂的。当对检索词扩展时，扩展出来的词汇数量会随着扩展层数的增加而急剧增加。因此，必须对扩展的深度和广度加以控制，同时保证能够找到与检索词关系最密切的扩展检索词。本书以应急领域本体作为概念空间，扩展检索概念，全面衡量概念间的各种关联，综合基于距离的概念语义相似度和基于属性的相关度两项指标，用于确定本体中概念之间的关联程度，并设定一个语义相似度阈值，筛掉小于设定阈值的概念，保留语义相似度较高的概念，形成扩展概念集合。

5.3.4　基于距离的语义相似度计算

在语言学研究中，词汇之间的距离是词汇之间的一种重要关系：一般而言，词语距离是一个在 $[0,\infty)$ 之间的实数。一个词语与其本身的距离为 0。词语距离与词语相似度之间的关系密切。在本体中，语义相似度通过概念在本体树中的语义距离进行计算，概念的语义距离与语义相似度成反比。通常认为它们是概念关系特征的不同表现形式，两者之间可以建立一种简单的对应关系。设有概念 C_1 和 C_2，定义它们之间的语义相似度为 $\mathrm{Sim}(C_1,C_2)$，语义距离为 $\mathrm{Dis}(C_1,C_2)$，则：

$$\mathrm{Sim}(C_1,C_2)=\frac{\alpha}{\mathrm{Dis}(C_1,C_2)+\alpha} \tag{5-12}$$

其中，α 为一个可调节的参数。α 的含义为：当相似度为 0.5 时的词语距离。

在层次树中，自顶向下，概念的分类由大到小，因此处于层次树中离根较远的概念间的相似度要比离根近的概念间相似度大，故概念在层次树中所处的深度是另一个需要考虑的因素。定义一个概念 C 在层次树中的深度 Dep(C)等于该概念与树根 R 的最短路径中所包括的边数，即

$$\text{Dep}(C)=\sum_{i=1}^{n}1 \tag{5-13}$$

考虑到概念深度对语义相似度的影响，在本书中令 $\alpha=\dfrac{\text{Dep}(C_2)}{\text{Dep}(C_1)+\text{Dep}(C_2)}$，则基于距离的语义相似度公式为

$$\text{Sim}_c=\frac{\text{Dep}(C_2)}{(\text{Dep}(C_1)+\text{Dep}(C_2))\times\text{Dis}(C_1,C_2)+\text{Dep}(C_2)} \tag{5-14}$$

5.3.5 基于属性的语义相似度计算

属性是描述概念的重要因素，在现实世界中，人们一般通过比较事物之间具有的属性来区别和联系不同的事物。如果两个事物有很多属性相同，则说明这两个事物很相似。因此，基于属性的语义相似度的计算模型的基本原理也就是判断两个概念对应的属性集的相似程度。

领域本体层次网络中不仅对该领域的概念及其关系进行了准确的定义，还对每个概念的属性进行了详细的描述。因此，如果两个概念拥有的相同属性越多，说明它们的语义相似度越高；同样，对于两个概念的某一个相同属性，如果其拥有相同的属性值越多，其相似度越高。用 $\text{Attr}(C_1)$ 表示概念 C_1 的属性的个数，$\text{Attr}(C_1)\cap\text{Attr}(C_2)$ 表示概念 C_1 和概念 C_2 所拥有的相同属性的个数，$\text{Attr}(C_1)\cup\text{Attr}(C_2)$ 表示概念 C_1 和概念 C_2 所拥有的属性的个数，因此，提出基于属性的语义相似度的计算模型如下：

$$\text{Sim}_{\text{attr}}=\frac{\text{Attr}(C_1)\cap\text{Attr}(C_2)}{\text{Attr}(C_1)\cup\text{Attr}(C_2)} \tag{5-15}$$

5.3.6 基于应急领域本体的语义相似度计算

综合基于距离的语义相似度计算模型和基于属性的语义计算模型，可以得到基于应急领域本体的语义相似度计算模型如下：

$$\text{Sim}(C_1,C_2)=\beta\text{Sim}_c+(1-\beta)\text{Sim}_{\text{attr}} \tag{5-16}$$

其中，β 为调节因子。

截取应急领域本体中对应急预案的描述，用本书提出的语义相似度算法可得到部分概念之间的关联度值，如表 5-2 所示。

表 5-2　应急预案与部分概念的语义相似度计算

应急预案与部分概念	语义相似度
应急预案—应急预案	0.125 0
应急预案—Thing	0.687 5
应急预案—事故灾难应急预案	0.687 5
应急预案—公共卫生事件应急预案	0.687 5
应急预案—社会安全应急预案	0.687 5
应急预案—自然灾害应急预案	0.687 5
应急预案—应急组织	0.100 0
应急预案—应急资源	0.100 0
应急预案—应急事件	0.100 0

经过以上计算后可知，“事故灾难应急预案”“公共卫生事件应急预案”“社会安全应急预案”“自然灾害应急预案”与“应急预案”语义最相似，因此将其加入扩展概念集合。另外，由于属性对概念的重要性，本书将扩展概念的属性也加入扩展属性集合，则扩展后的概念向量如下所示{（应急预案，事故灾难应急预案，公共卫生事件应急预案，社会安全应急预案，自然灾害应急预案），（适用范围，事件时间，事件地点，事件级别，事件类型）}。

5.3.7　基于用户轮廓的检索扩展项调整

不同的用户由于知识背景、偏好的不同，所需求的知识也不同。而且，随着时间的变化，其知识背景和个人偏好也不断变化。用户知识需求需要考虑用户个性化的特点及其变化。例如，用户轮廓是有效描述用户个性化信息需求的一种方法，广泛应用于信息过滤、信息检索等领域中。

本书将用户轮廓概念引入应急领域本体的知识检索扩展中，使用用户轮廓记录用户的知识水平和个人知识偏好，从中获取用户的个性化知识需求，对检索扩展项进行调整。

1. 用户轮廓的构建

借鉴文献中用户轮廓的描述方法，采用用户轮廓图描述为$U=(V,E)$。其中，$V=\{(t_i, f_i)\}$为图的顶点，t_i表示应急领域本体中的概念，f_i表示其熟悉程度；$E=\{(v_i,v_j,w_{ij})\}$为图的边，表示概念间的关联程度集合。

对用户检索进行基于应急领域本体的扩展后，将扩展后概念及属性用本体结构图的方式展示给用户，根据用户选取结果对用户轮廓图进行修改，修改规则如下。

（1）对于用户没有选取的概念/属性，说明用户对于该知识已足够熟悉，则将相关知识术语熟悉程度 f_i 设置为熟悉程度极限值。

（2）对于用户选取的概念/属性，任务用户经过检索阅读后，相应知识的熟悉程度增加，因此增加 f_i。

（3）对于新增加的概念/属性，其熟悉程度设置为熟悉程度初始值。

（4）用户同时选取的概念/属性之间关联程度增加。

2. 检索项的调整

在本书中，通过用户的鼠标选择操作获取用户反馈，对检索式进行调整，具体方法如下：对用户检索进行基于应急领域本体的扩展后，将扩展后概念及属性用本体结构图的方式展示给用户，用户用鼠标选择操作选取与自己需求相关的概念、属性，将用户选取的每一个概念或属性存入新的检索集合，对于集合中的每一项，查找用户轮廓图中与其有关联且熟悉程度小于极限值的 k 个概念/属性并加入检索项集合，得到最终检索项集合$\{C, A\}$，其中 C 为概念集合，A 为属性集合。

假设用户的职位是应急资源的调配，则对资源调配方面知识有较大的需求，将 5.3.6 小节案例的扩展结果（应急预案，重大，事故灾难应急预案，公共卫生事件应急预案，社会安全应急预案，自然灾害应急预案，灾情等级）及其属性反馈给该用户。如用户检索“自然灾害应急预案，重大”，而在用户轮廓中发现“自然灾害应急预案”与“救援物资”关联度较高，且“救援物资”熟悉程度较低，则将其加入检索项，得到最终检索项为（自然灾害应急预案，重大，救援物资），同时在用户轮廓中提高这三个检索词的用户熟悉程度，并增加“自然灾害应急预案”与“重大”的关联度。

3. 结果分析

通过设计基于应急领域本体的检索扩展策略，我们提出一种基于领域本体的语义相似度计算模型，结合基于距离的语义相似度和基于属性的语义相似度，来计算应急领域本体内部概念之间的语义相似度，并对该模型进行了验证；利用用户轮廓描述用户的个性化需求，对扩展结果进行调整，并设计了用户轮廓的学习机制。

5.4 应急预案知识检索模型构建

数字化应急预案检索依赖于情景，领域本体在其中扮演着重要的角色。第 4 章运用领域本体进行检索扩展，提升了检索的覆盖性和准确性。本节则利用领域本体构建有效的检索机制。

我们研究基于领域本体的应急预案知识检索，以知识本体模型作为应急管理决策知识框架，通过突发事件文本信息映射到本体框架的方法匹配应急管理决策知识需求，通过基于本体的应急事件文本语义空间模型，设计应急预案文本相似度计算方法。整个检索模型的构建需要依托具体案例检索机制。结合第 4 章中食品安全应急预案管理案例，构建食品安全应急管理知识本体模型作为食品安全应急管理决策知识框架，根据突发事件情景变化特性，提出情景应对的食品安全应急管理知识检索。

5.4.1　应用领域应急管理知识检索框架

我们将详细探讨基于本体的食品安全应急管理逻辑过程，并对应急管理逻辑框架中的每一模块进行分析，即如何利用本体理论构建食品安全应急管理知识本体模型，运用本体模型将与食品安全突发事件应急管理决策相关的文本书档转换成食品安全应急管理决策知识并存储于食品安全应急管理知识本体库中，在此基础上将食品安全突发事件情景信息映射到本体模型中形成语义空间模型，利用语义相似度算法在食品安全应急管理知识本体库中实现情景应对的食品安全应急管理知识检索。

食品安全突发事件应急管理分为食品安全突发事件发生之前的战备状态和食品安全突发事件发生之后的决策状态。在战备状态，食品安全突发事件需要解决的问题是从食品安全应急预案、案例及规则等海量异构信息提取数字化应急管理决策知识，并进一步对这些应急管理决策知识进行规范化表示，实现食品安全突发事件数字化应急管理，为决策人员共享应急管理决策相关知识。

在决策状态，食品安全突发事件决策制定者需要凭借系统和领域专家的知识和经验提取食品安全突发事件的情景信息，根据情景信息从高度共享的应急管理决策知识库中检索相关应急管理决策知识，辅助突发事件应急管理决策。基于以上思路，我们设计构建了基于本体的食品安全应急知识管理系统逻辑框架，如图5-10 所示。该食品安全应急知识管理系统主要包括三个层次，分别是数据存储、知识表示、知识检索与应用。

5.4.2　数据存储和知识表示

数据存储的目的是实现食品安全应急管理知识的物理存储。根据 Josefa 等（2001）提出的知识划分方法，类似地，食品安全应急管理知识可划分为显性的食品安全应急管理知识和隐性的食品安全应急管理知识。显性的食品安全应急管理知识是指以食品安全应急预案、案例及规则等存在于文本书档中的知识，这部分知识是食品安全应急管理决策知识的重要来源，是进行数据存储的基础。为了实现食品安全应急管理决策知识的有效快速检索，可以通过文本标注的方式将文本化信息标引转化为计算机可以识别、处理的数据集合。然而，通用的文本标注

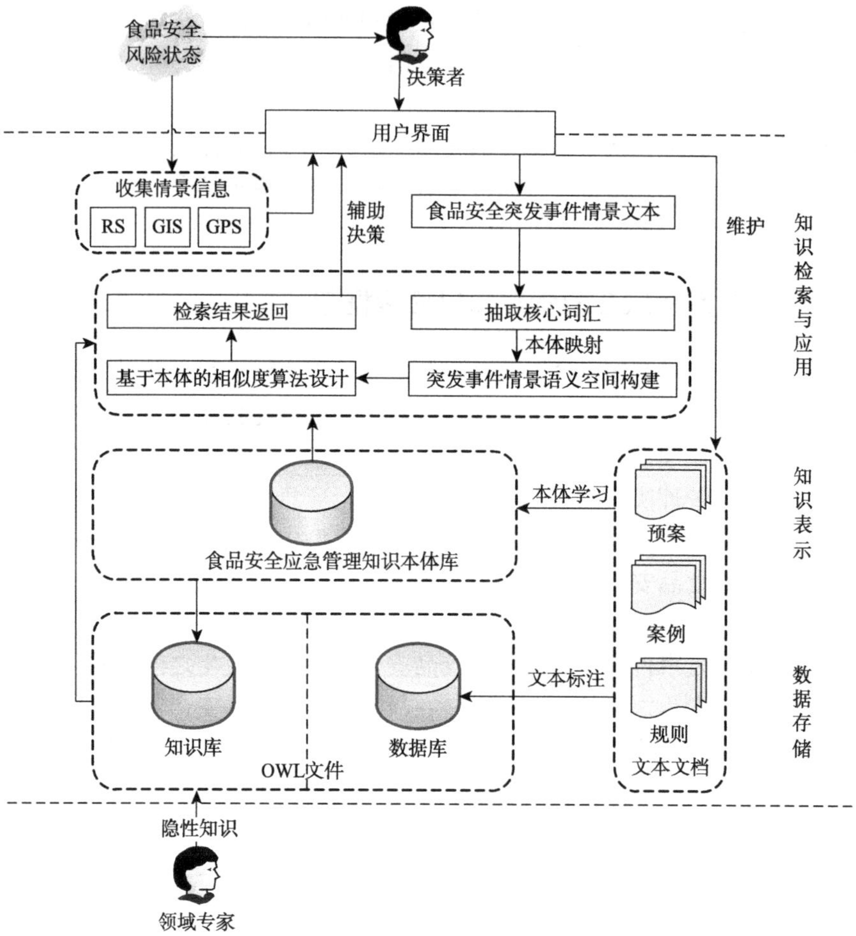

图 5-10 基于本体的食品安全应急知识管理系统逻辑框架

存储方式不能实现语义理解，同时缺乏完整的数据库管理功能。因此，为便于知识的检索，需要对知识进行二次组织，以有效提高检索查询的效率。本书中我们可通过设计食品安全应急管理本体模型与文本信息之间的映射，实现以知识表示模型为中心的应急知识的存储与检索功能。通过依靠领域专家的通力合作构建应急知识库，存储各种类型事件的专业知识，来解决隐性的食品安全应急管理决策问题。

食品安全应急管理知识表示，指的是对知识的一种描述或一组约定，是知识的形式化和符号化过程。食品安全应急管理知识表示的目的是对现有知识（包含在食品安全应急预案、案例及规则）的重新组织，以提高检索推理的效率，是连接知识物理存储与检索处理的桥梁。本书对食品安全应急管理知识表示的研究从三个子功能模块着手：一是食品安全应急管理知识的分类，在对食品安全应急管理决策过程中所涉及的知识进行归类的基础上，将异构的食品安全应急管理知识转换知识体系架构；二是食品安全应急管理本体模型的构建，在知识归类的基础上，运用本体理论构建食品安全应急管理知识本体模型；三是食品安全应急管理知识本体库的构建，运用 Protégé 软件在构建的本体模型基础上对食品安全突发事件应急管理知识进行表示，形成食品安全应急管理知识本体库。

1. 应急管理知识的分类

单纯地对食品安全应急管理决策知识的数据存储比较粗糙，不利于知识的检索应用。因此，为了有效地支持食品安全应急管理决策，我们需要对食品安全应急管理决策进行分类，为食品安全应急管理知识本体模型的构建提供指导思路。因此，根据温立等（2010）提出的基于辅助决策的应急事件本体模型，结合食品安全突发事件的自有特征，将食品安全应急管理知识分为食品安全事件情景描述知识、食品安全事件过程演化知识、食品安全事件决策制定知识、食品安全事件资源调度知识四大类，有利于运用本体理论从食品安全应急管理决策知识文本信息中提取静态和动态知识，为基于情景的食品安全应急管理决策提供支持。

2. 应急管理知识本体模型构建

目前,可形式化表征的食品安全应急管理知识主要来源于食品安全应急预案、案例及规则。无论是食品安全应急预案还是应急案例抑或决策规则，都是食品安全突发事件应急管理决策知识的显性化表示，其中包含了食品安全应急领域的基础知识，如应急组织、应急资源、事件分类分级、约束规则等。这些知识是实施应急管理、制订应急预案的通用信息，构成应急管理决策知识文本的主体。然而，这些食品安全应急管理决策知识一方面具有较强的文本重复性，另一方面文本知识语义异构现象严重，严重影响了食品安全应急管理决策知识的共享。本体论方法的出现可以有效地解决知识抽象精简描述及语义异构问题。因此，本书在对食品安全应急管理知识分类的基础上应用本体学习的方法抽取食品安全应急管理决策知识文本中的关键术语，建立食品安全应急管理知识本体模型，为食品安全应急管理决策知识共享奠定基础。

3. 应急管理知识本体库构建

食品安全应急管理知识本体模型的建立只是提供了一个食品安全应急管理知识表示的模板。为了食品安全突发事件应急知识检索匹配的需求，我们需要构建一个涵盖食品安全应急管理决策知识的知识库。基于 Protégé 3.5 在本体知识表示、存储及应用上的优点，应急管理知识本体库构建模块将在食品安全应管理知识本体模型的基础上,运用 Protégé 3.5 将包含食品安全应急管理知识的应急预案、案例及规则可视化地展现出来，并以 OWL/RDF 数据库的形式存储，形成食品安全应急管理知识库，为食品安全突发事件应急管理决策提供知识储备。

5.4.3 知识检索

知识检索的目的是根据食品安全突发事件的情景信息，从我们构建的食品安全应急管理知识本体库中检索相关知识，辅助食品安全突发事件应急管理决策。可见，食品安全应急管理知识的检索是应急知识管理的最终目的。为此，本书基于本体的食品安全应急管理知识检索从三个子功能模块着手：一是语义空间模型构建子模块，通过食品安全突发事件文本信息到食品安全应急管理知识本体模型的映射，实现食品安全突发事件应急管理知识检索的检索式扩展，构建食品安全突发事件应急管理决策语义空间模型，提高检索结果的有效性；二是相似度算法设计子模块，在食品安全突发事件应急管理决策语义空间构造的基础上，通过相似度算法计算，将食品安全突发事件与食品安全应急管理知识库中相似度高的应急管理决策知识匹配，进而辅助食品安全突发事件应急管理决策；三是情景应对的应急管理知识检索子模块，根据食品安全突发事件情景状态的变化，检索相关应急管理决策知识，直至食品安全突发事件得到控制。

1. 语义空间模型的构建

传统的潜在语义模型并不能将文本信息在领域中的语义信息充分展示出来，因此，运用传统的语义模型进行知识检索时的查准率并不高，无法满足知识检索的精准需求。语义空间模型的构建就是以构建的食品安全应急管理知识本体模型为食品安全应急管理决策知识框架，通过匹配食品安全应急管理决策知识需求构造本体的食品安全突发事件文本语义空间，为食品安全应急管理知识检索提供基础。

2. 相似度算法的设计

食品安全事件普遍具有发生的偶然性、时间的紧迫性、影响的广泛性及危害的严重性等特点，据此我们提出了食品安全突发事件应急管理决策的时效性概念。在快速响应需求条件下，决策者只会关心匹配度最高的几个结果，不可能对所有的检索结果逐一查询。因此，对检索和推理出来的结果，需要设计精度更高的算法进行优化处理，形成更高级的结果集，以供用户查看。本书中我们在食品安全突发事件语义空间模型构建的基础上，设计基于本体的语义相似度算法，有利于对检索结果进行语义相似度排序，提高检索的效率。

3. 情景应对的应急管理知识检索

由于食品安全突发事件应急管理并不是单一的过程，食品安全突发事件的状态会自发或者随着应急管理决策方案的实施发生动态演化。情景应对的应急管理知识检索解决的就是如何根据食品安全突发事件情景状态演变持续动态地检索与食品安全突发事件情景匹配的应急管理决策知识，辅助食品安全突发事件的动态管理，直至食品安全突发事件结束。

5.4.4 基于领域本体的语义空间模型构建

为了实现食品安全应急管理知识的快速和有效检索，本节根据第 4 章中的食品安全应急管理知识本体模型构建基于领域本体的语义空间模型。为了更好地理解基于领域本体的语义空间模型，做出以下定义。

定义 5-1 将食品安全应急管理知识本体模型（FS_Ontology）中的类与关系集合抽象地描述为 FS_Ontology(C,R)（即下文中的本体模型）。其中，C 为食品安全应急管理本体模型中类节点的集合，且同一层级概念节点语义相互独立；R 为食品安全应急管理属性本体模型中节点的集合，且父类与子类之间的关系具有继承性。

根据定义 5-1，任一给定类节点继承了其父类节点的所有属性，同时，该类节点的子类节点也继承了其所有属性。因此，某一类节点的父类节点和子类节点的都与该节点相关，在本体模型中语义关系也可相应地通过这种相关关系间接表示出来。为了进一步明确该层关系，给出如下定义。

定义 5-2 将食品安全应急管理本体模型中的某一类节点的父类和子类节点的集合定义为该类节点的相关类节点。

定义 5-2 是词汇语义相似度计算的基础。具体来说，对任何两个类节点而言，如果是继承关系，则它们的语义关系可通过父类与子类关系显性化地表示出来；如果是非继承关系，则它们的语义关系就可以通过找到它们共同的父类节点而显性化地表示出来。

那么，为了实现食品安全突发事件文本相似度计算，只需要解决食品安全突发事件文本信息到构建的本体模型的映射。显然，为了实现食品安全突发事件文本信息到本体模型的映射，应当先去掉食品安全突发事件文本中的停用词和虚词等，留下核心词汇，然后进行相应的本体映射。为此，给出以下定义。

定义 5-3 如果食品安全突发事件文本中的某一核心词汇与食品安全应急管理本体模型中的类节点匹配，则称该类节点为该食品安全突发事件文本核心词汇的直接相关类节点。相应地，食品安全突发事件文本中所有核心词汇在食品安全应急管理本体模型中的直接相关类节点的集合构成该食品安全突发事件文本的直接相关类节点。

定义 5-4 将食品安全突发事件文本的直接相关类节点在食品安全应急管理本体模型中的所有相关类节点定义为食品安全突发事件文本的间接相关类节点。

显然，定义 5.4 给出了文本语义相似度关键思路，是食品安全突发事件文本与构建的食品安全应急管理知识本体模型中知识匹配的关键所在。为了给出文本语义相似度计算方法，又定义了文本向量。

定义 5-5 食品安全突发事件文本的直接相关类节点和间接相关类节点组成

的集合构成食品安全突发事件文本在食品安全应急管理本体模型中的语义空间。假设食品安全应急管理知识本体模型有各类节点，则称食品安全突发事件文本语义空间各相关类节点在食品安全应急管理本体模型中的评价值为食品安全突发事件文本向量空间$\overrightarrow{S_\text{Text}}=(v_1,v_2,\cdots,v_n)$。其中，$v_i$表示第$i$个食品安全突发事件文本的相关类节点$C_i$在本体模型中的权重取值。显然，在计算文本语义相似度时，直接相关类节点权重大于间接相关类节点权重，因此，v_i可表示为

$$v_i=\begin{cases}1，C_i\text{为文本的直接相关类节点}\\ w，C_i\text{为文本的间接相关类节点（}0<w<1\text{）}\\ 0，\text{其他}\end{cases} \tag{5-17}$$

需要指出的是，构建的本体模型各层次的依赖性越大，相应地，选取的w的取值越大，是为了保证文本语义关系与本体依赖性一致。这样计算得到的文本语义相似度就会越大，这与现实情况是相符的。

5.4.5 基于本体的语义相似度算法设计

给定食品安全应急管理知识本体简化模型如图 5-11 所示，我们基于上述构建的语义空间模型设计基于本体的语义相似度算法。

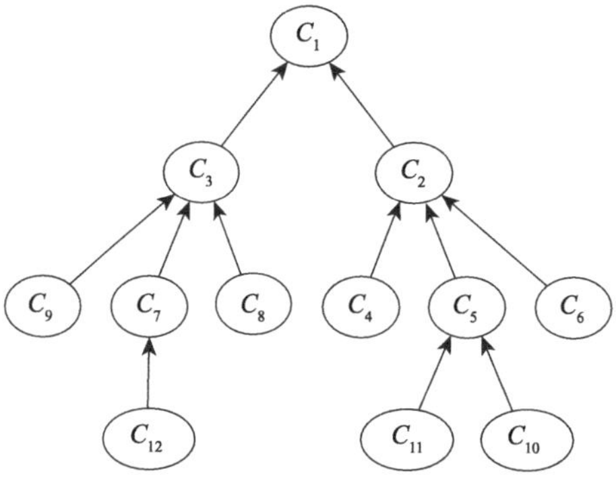

图 5-11 食品安全应急管理知识本体简化模型

由图 5-11 可知，食品安全突发事件应急管理文本向量空间可表示为$\overrightarrow{S_\text{Text}}=(v_1,v_2,\cdots,v_n)$。其中，$v_i$表示食品安全突发事件应急管理文本相关类节点$C_i$在本体模型中的权重取值。具体计算流程如下。

第一步，对于给定的两个食品安全突发事件应急管理文本，抽取的核心词汇分别记作Text_1和Text_2，分别表示为$\text{Text}_1=\{\text{word}_{11},\text{word}_{12}\}$，$\text{Text}_2=\{\text{word}_{21},\text{word}_{22}\}$。

第二步，将食品安全突发事件应急管理文本中的核心词汇Text_1和Text_2与食

品安全应急管理知识本体简化模型中的类匹配，搜寻食品安全突发事件文本的直接相关类节点，具体匹配过程如图 5-12 所示。

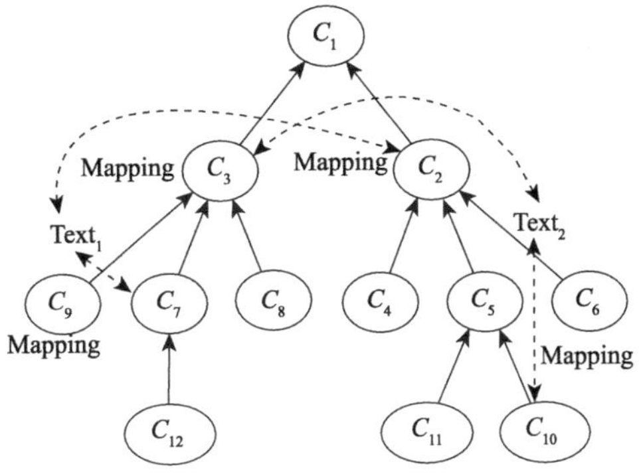

图 5-12 直接相关类节点映射

Mapping：匹配

根据图 5-12 的匹配结果，Text_1 中的核心词汇分别与食品安全应急管理知识本体简化模型中的类 C_2 和 C_7 相匹配；Text_2 中的核心词汇分别与食品安全应急管理知识本体简化模型中的类 C_3 和 C_{10} 相匹配。换句话说，C_2 和 C_7 为食品安全突发事件文本核心词汇 Text_1 的直接相关类节点，而 C_3 和 C_{10} 为食品安全突发事件文本核心词汇 Text_2 的直接相关类节点，分别记为 $S\_\text{Text}_1=\{C_2,C_7\}$，$S\_\text{Text}_2=\{C_3,C_{10}\}$。

第三步，以第二步中匹配得到的食品安全突发事件应急管理文本的直接相关类节点为起点，按照间接相关类节点定义查找食品安全突发事件文本的间接相关类节点，扩展食品安全突发事件文本的相关类节点，具体扩展过程如图 5-13 所示。

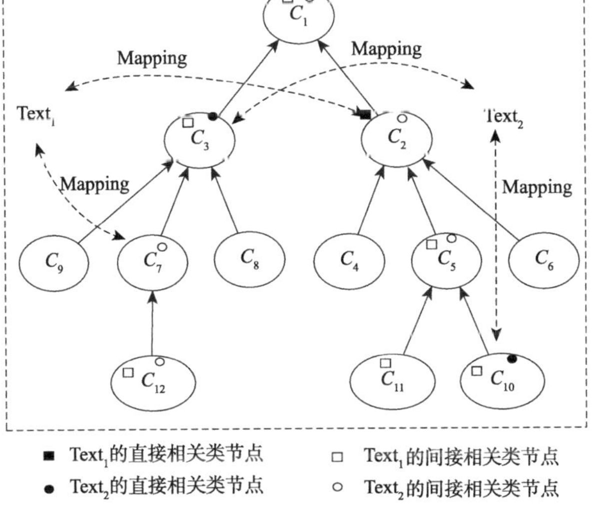

图 5-13 间接相关类节点映射

由定义 5-2 可知，C_1、C_5、C_{10}、C_{11} 为 C_2 的相关类节点，记为 $R(C_2)$；C_1、C_3、C_{12} 为 C_7 的相关类节点，记为 $R(C_7)$。因此，由定义 5-4 得，食品安全突发事件文本核心词汇 Text_1 的间接相关类节点为 $R(C_2)\cup R(C_7)=\{C_1, C_3, C_5, C_{10}, C_{11}, C_{12}\}$；同理可得，食品安全突发事件文本核心词汇 Text_2 的间接类相关节点为 $\{C_1, C_2, C_5, C_7, C_{12}\}$，具体标注如图 5-13 所示。进一步根据定义 5.5 可得到食品安全突发事件文本向量 $S\_\text{Text}_1{}'=\{C_2, C_7, C_1, C_3, C_5, C_{10}, C_{11}, C_{12}\}$，$S\_\text{Text}_2{}'=\{C_3, C_{10}, C_1, C_2, C_5, C_7, C_{12}\}$。

第四步，构造食品安全突发事件文本在食品安全应急管理本体模型中的向量空间。

由定义 5-5 可知，$\overrightarrow{S\_\text{Text}_1}=\{w,1,w,0,w,0,1,0,0,w,w,w\}$，$\overrightarrow{S\_\text{Text}_2}=\{w,w,1,0,w,0,w,0,0,1,0,w\}$。

第五步，根据向量余弦定理计算食品安全突发事件文本之间的相似度，记为 $\text{Sim}\left(\overrightarrow{S\_\text{Text}_1},\overrightarrow{S\_\text{Text}_2}\right)$，代入食品安全突发事件文本向量空间 $\overrightarrow{S\_\text{Text}_1}=\{w,1,w,0,w,0,1,0,0,w,w,w\}$ 和 $\overrightarrow{S\_\text{Text}_2}=\{w,w,1,0,w,0,w,0,0,1,0,w\}$，计算得到

$$\text{Sim}\left(\overrightarrow{S\_\text{Text}_1},\overrightarrow{S\_\text{Text}_2}\right)=\frac{\overrightarrow{S\_\text{Text}_1}\cdot\overrightarrow{S\_\text{Text}_2}}{\left|\overrightarrow{S\_\text{Text}_1}\right|\cdot\left|\overrightarrow{S\_\text{Text}_2}\right|}=\left(3w^2+w\right)\Big/\sqrt{\left(6w^2+2\right)\left(5w^2+2\right)}$$

5.4.6 基于本体的应急预案知识检索应用实例

以具体的食品安全突发事件为例，探讨 5.4.3 小节构建的基于本体的食品安全应急管理知识检索模型的应用。本书从兰州大学编制的案例知识库随机抽取两个案例相关文本片段，即湖南涟源 75 名学生疑似食物中毒事件和榆林市榆阳区某小学牛奶中毒事件。其中，湖南涟源 75 名学生疑似食物中毒事件文本片段为“2013 年 6 月 25 日晚上，涟源市某中学 75 名学生上完晚自习后出现上吐下泻及腹痛等现象。据初步调查，中毒原因可能跟学校提供的营养餐中的牛奶有关，其他地区尚无类似情况”，榆林市某小学牛奶中毒事件文本片段为“2013 年 4 月 22 日榆林市某小学发生一起学生集体食物中毒事件，中毒人数达 251 人。中毒原因是，因喝了某品牌纯牛奶（学生专用牛奶）所致，尚无扩散现象”。以常识进行判断，两个文本片段具有较高的相似性。下面将以上述两个食品安全事件文本片段为例，基于构建的本体模型，计算两个文本之间的相似度，证实设计的语义相似度算法在食品安全应急管理决策知识检索中的可用性。

第一，抽取食品安全应急管理知识本体库中类的拓扑结构中描述食品安全突发事件的相关类，包括食品安全事件（FS_Event）、食品安全事件演化过程（FS_Process）及食品安全事件情景信息（FS_Situation），具体拓扑结构如图 5-14

所示。

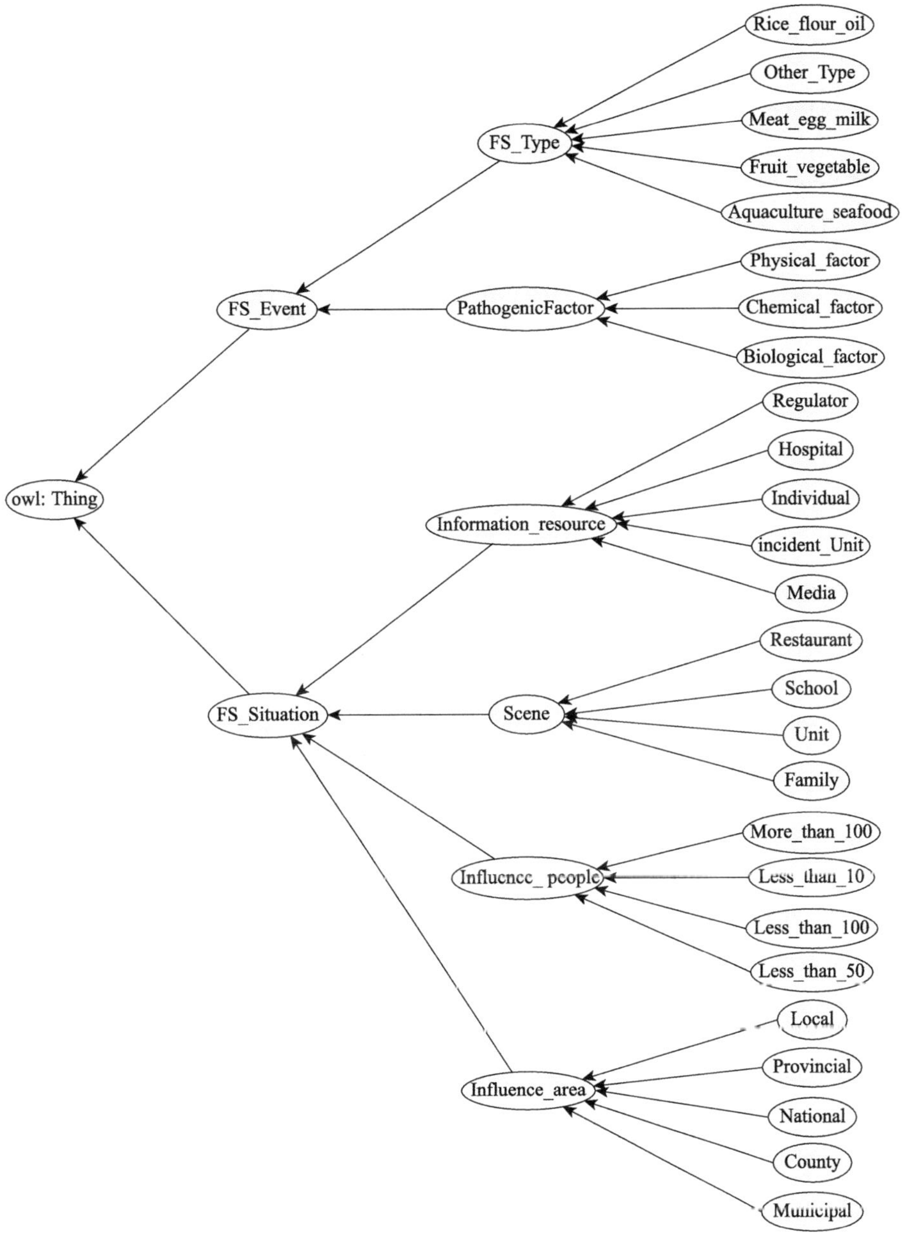

图 5-14　食品安全突发事件的相关类本体拓扑结构

第二，根据湖南涟源 75 名学生疑似食物中毒事件和榆林市某小学牛奶中毒事件文本信息描述抽取核心词汇，分别为

$$\text{Text}_1=\{中学,7人,牛奶导致,其他地区无状况\}$$

$$\text{Text}_2=\{小学,251人,学校反应,牛奶导致\}$$

匹配核心词汇 Text_1 和 Text_2 与食品安全应急管理知识本体简化模型中的类，得到其在食品安全突发事件文本的直接相关类节点和间接相关类节点，如图 5-15 所示。湖南涟源 75 名学生疑似食物中毒事件和榆林市某小学牛奶中毒事件文本信息在食品安全应急管理本体模型中的向量分别记为

$$S\_\text{Text}_1'=\{\text{Meat\_egg\_milk,School,Less\_than\_100,Local,FS\_Type,Scene,}\\ \text{Influence\_people,Influence\_area,FS\_Situation,FS\_Event,Thing}\}$$

$$S\_\text{Text}_2'=\{\text{Meat\_egg\_milk,School,more\_than\_100,Local,FS\_Type,}\\ \text{Information\_resourc,Scene,Influence\_people,Influence\_area,}\\ \text{FS\_Situation,FS\_Event,Thing}\}$$

因此，按广度优先遍历，湖南涟源 75 名学生疑似食物中毒事件和榆林市某小学牛奶中毒事件文本在食品安全突发事件的相关类本体拓扑结构图中的向量空间分别为

$$\overrightarrow{S\_\text{Text}_1}=(w,w,w,w,0,0,w,w,w,0,0,1,0,0,0,0,0,0,0,0,0,0,0,1,0,0,0,0,1,0,1,0,0,0)$$

$$\overrightarrow{S\_\text{Text}_2}=(w,w,w,w,0,w,w,w,w,0,0,1,0,0,0,0,0,0,0,0,1,0,0,1,0,0,1,0,0,0,1,0,0,0,0)$$

第三，根据 5.4.5 小节设计的相似度算法计算（根据 5.4.4 小节中对 w 取值的介绍，结合我们构建的本体模型的层次依赖性本实例中我们选取 $w=0.5$），湖南涟源 75 名学生疑似食物中毒事件和榆林市某小学牛奶中毒事件文本的相似度为

$$\text{Sim}\left(\overrightarrow{S\_\text{Text}_1},\overrightarrow{S\_\text{Text}_2}\right)=\overrightarrow{S\_\text{Text}_1}\cdot\overrightarrow{S\_\text{Text}_2}\Big/\left|\overrightarrow{S\_\text{Text}_1}\right|\cdot\left|\overrightarrow{S\_\text{Text}_2}\right|\approx 0.74$$

显然，运用我们设计的相似度算法计算所得结果与常识判断基本一致。因此，在实际食品安全突发事件应急管理决策过程中，运用该算法从我们构建的食品安全突发事件应急管理知识本体库中检索相关知识辅助应急管理决策是可行的。为了进一步突出我们设计算法的进步性，将其与关键字匹配算法对比。由

$$\text{Text}_1=\{中学,7人,牛奶导致,其他地区无状况\}$$

$$\text{Text}_2=\{小学,251人,学校反应,牛奶导致,无扩散\}$$

二者综合向量空间为$\{小学,251人,学校反应,牛奶导致,无扩散\}$。因此，得 $\overrightarrow{S\_\text{Text}_1}=\{0,0,0,1,0\}$ 和 $\overrightarrow{S\_\text{Text}_2}=\{0,0,1,1,0\}$。根据向量余弦定理得

$$\text{Sim}\left(\overrightarrow{S\_\text{Text}_1},\overrightarrow{S\_\text{Text}_2}\right)\approx 0.71$$

可见，基于本体的文本匹配算法较关键字匹配算法有所改善，如图 5-15 所示。究其原因在于，基于本体的语义文本相似度是在本体模型的基础上进行的，考虑了文本之间的语义信息，突出了文本的语义相似度。

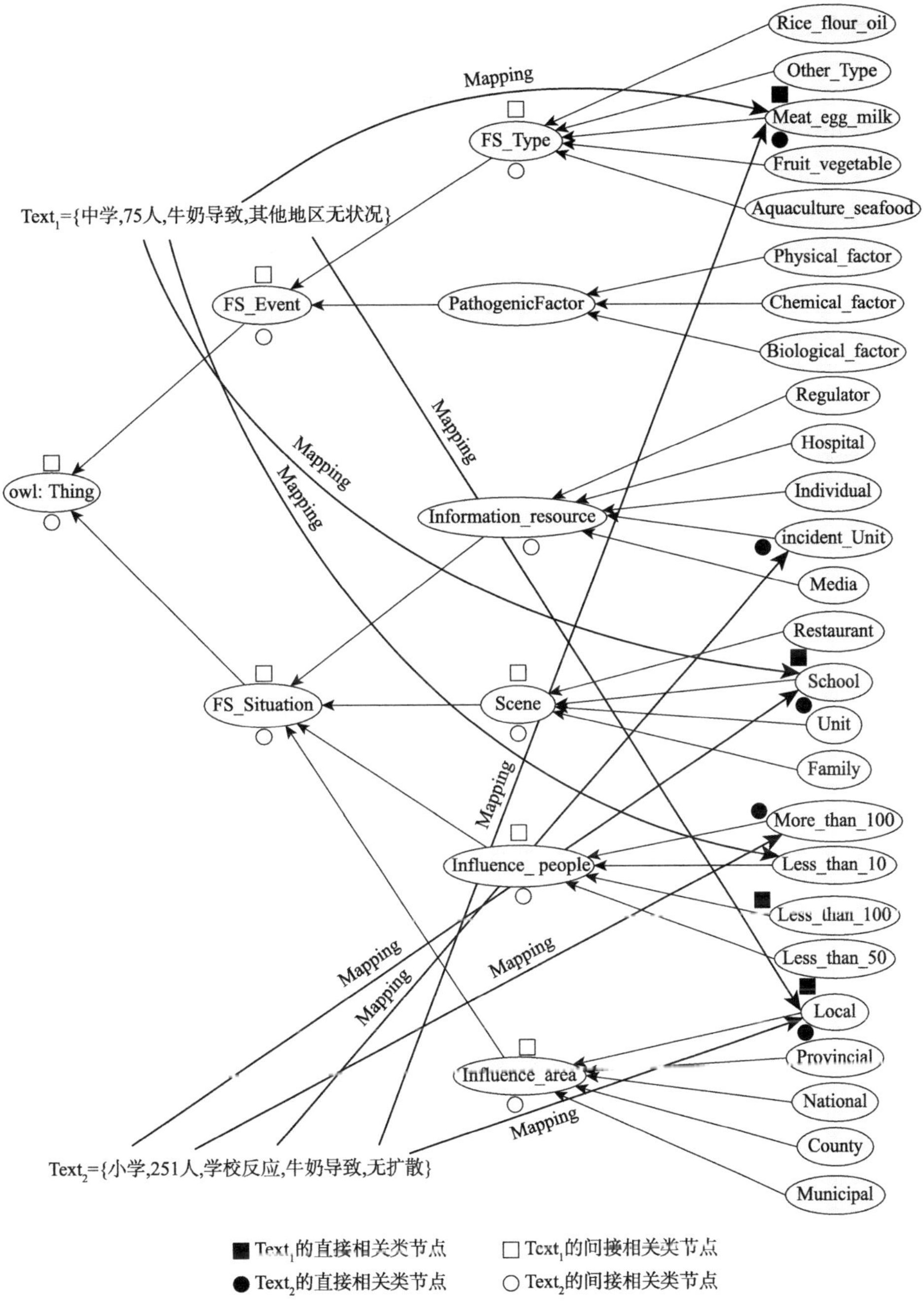

图 5-15　文本核心词汇相关节点映射

5.4.7 情景模式下应急预案知识检索

至此，基于本体的食品安全应急管理知识本体模型和基于本体的食品安全应急预案知识检索模型的构建已经完成。接下来，需要明确的就是本书研究成果的实际应用问题，因此，我们对情景应对的食品安全应急预案知识检索进行探讨，具体流程如图 5-16 所示。

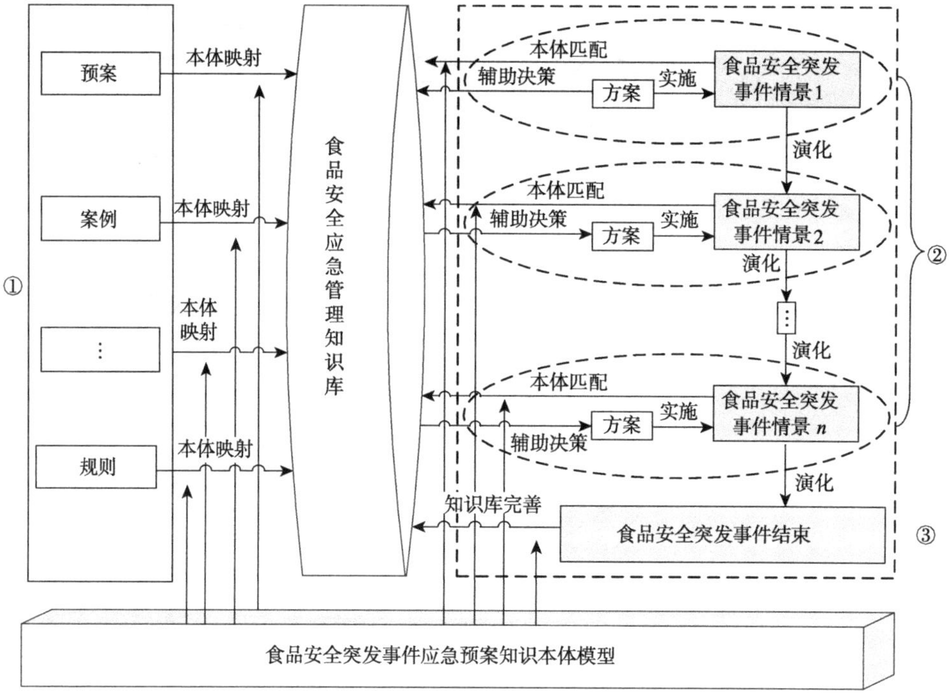

图 5-16 情景应对的食品安全应急预案知识检索模型

从图 5-16 可以看出，情景应对的食品安全应急预案知识检索大致分为三大块。

首先，面对大量的食品安全突发事件应急管理决策相关信息，包括食品安全案例、预案及规则等，应用 4.5 节中构建的应急管理知识本体模型对文本进行规范化处理，抽取并存储食品安全突发事件应急管理决策相关知识，构建并完善食品安全突发事件应急管理决策知识库。

其次，针对食品安全突发事件情景信息进行规范化描述。在此基础上，匹配突发事件情景知识和食品安全突发事件应急管理决策知识库，查找应急管理决策相关知识以辅助食品安全突发事件应急管理决策。值得注意的是，这并不是一个单一决策的过程。随着食品安全突发事件的演变，需要根据实施决策的反馈结果重新提取相关情景信息，再进行知识匹配以辅助决策，如此循环往复，直至食品安全突发事件结束。

最后，食品安全突发事件结束后，根据相关经验编制食品安全案例并按照相关食品安全突发事件应急管理知识库进行食品安全应急管理决策知识存储，更新和完善食品安全应急管理决策知识库，为后续食品安全突发事件应急管理决策提供支持。

第 6 章　基于情景感知的应急知识需求和知识推送

通过对情景的动态评估来研究知识需求，进而推送知识，这是对知识需求与情景感知的互动机制研究。每一次灾难都是一本活生生的教科书，其处理过程、措施及其相应的收效都值得我们借鉴和参考，并且在应急处置中，那些与当前突发事件情景最相似的案例知识无疑最有参考价值。

本章研究基于推送的知识需求和知识检索机制。研究工作的开展包括：利用领域本体，建立过程描述机制，设计基于符号演算的搜索机制，研究在应急系统知识语义表达基础上的知识推演；基于智能方法的应急知识检索机制，在构建潜在语义模型基础上，通过主题词链抽取方法的研究，设计检索框架构建方法，进而研究潜在语义模型下的检索式扩展和智能检索算法；设计基于领域本体的元搜索技术方案，通过建立领域本体库，进行检索式的有效扩展，并借助元搜索技术进一步扩大搜索范围，提高信息的查全率、查准率。

6.1　基于情景感知的应急知识推送框架设计

基于情景感知的应急知识推送需要解决以下两个问题：一是危机事件知识的准确表示，即对事件域涉及的相关知识有精确的表达；二是知识的有效推送，解决如何对事件的进展进行动态评估，将正确的应急处置知识根据现场的及时变化，在正确的时间、用正确的方式传递给正确的人。

我们的研究设计主要包括两个部分：一是应急知识建模及应急案例的实例化。根据本体建模的思路，结合应急领域的具体情况，通过对应急知识本体分析、概念分析与概念链接后，采用本体编辑软件实现应急知识本体的构建；其次，设计应急领域情景体系，实现情景本体化表示和与应急知识的匹配关联；最后，采用应急案例本体信息抽取方法实现应急案例的实例化，为下文情景匹配及知识推送奠定基础。

二是应急情景感知及应急知识推送实现。在应急预案触发后，应能根据气象、地理和事件规模的进展等信息对突发事件的演化、次生灾害的发生可能性及后果危险性进行分析评估，利用情景相似度算法实现相似案例的获取，进而根据推送规则推送相关案例或预案供决策者参考和决策。

6.1.1　基于情景感知的应急知识推送框架

先分析面向情景感知的知识需求产生的机制，进而在建立基于情景感知的应急知识推送框架后，给出各个组成部分的详细描述，并阐述该框架实现的关键支撑技术，包括应急知识与情景建模技术、应急知识与情景的集成技术、情景感知技术、应急知识推理规则库、情景的语义相似度评估技术及基于情景的知识推送技术；在此基础上，设计基于情景感知的应急知识推送流程。

基于情景感知的应急知识推送属于知识管理的范畴，因此必须包含知识管理的基本模块、功能和技术。综合考虑情景感知与知识推送，本书设计的推送框架包含以下内容。

1. 知识空间

知识空间由应急预案库、应急案例库、应急情景库、应急知识推送规则库及知识空间管理系统构成。应急预案库存储各类突发事件的预案知识，提供应急处置系统性的支持；应急案例库存储以往知识服务的成功经验，为本地搜索提供服务支持；应急情景库存储应急案例发生时的应急情景，并将情景与案例相关联，通过情景的语义相似度的计算关联相应的案例；应急知识推送规则库存储客户定制案例的各种优化规则，包括过滤性规则、优选规则、情景叠加规则等；知识空间管理系统负责整个知识空间内容的获取、存储、组织、管理和维护。

2. 应急情景感知

根据情景的特征可以将其分为室内和室外两类，其中室内情景主要借助摄像、手机和传真机等感知；室外情景一般通过 GIS、GPRS（general packet radio service，通用分组无线服务）及信息发布部门、互联网信息源等感知。另外有少量无法直接感知的情景则通过人工输入或经情景推理规则间接获取。

3. 决策模块

决策模块由决策者（政府相关领导与应急相关领域的专家）驱动。决策模块一方面将获取到的少量对事故定性的情景，如事故类型、事故损失等输入情景感知模块，作为情景获取的一种途径；另一方面，决策模块还要根据情景的语义相似度模块获取到的知识，进行责任分配、构建应急组织，调用应急资源，实施人员救护措施等，整体负责应急过程的正常运转。

4. 知识需求

知识需求模块将应急情景的语义相似度评估和应急知识库相结合。通过应急情景感知模块的实时反馈，调整情景的语义相似度的结果，进而形成新的知识需求，推送新的应急知识。

5. 知识推送

根据情景实时动态的变化情况，动态评估应急情景的相似度，进而生成知识需求，依据知识需求和推送规则，实现将决策所需知识实时推送给相应的应用系统或领域专家。

6. 应急过程

应急过程是经过前期情景感知、情景的语义相似度评估及知识推送后，决策者在理解突发事件、消化相应知识的前提下，参考相同或相似情景下的案例处置流程和注意事项所完成的一系列应急任务的过程。

基于情景感知的应急知识推送框架如图 6-1 所示。

6.1.2 基于情景感知的应急知识推送关键技术

在上述基于情景感知的应急知识推送框架的讨论中，我们可以看出，要实现知识空间的构建，就必须要有应急知识和应急情景建模技术；要实现集成情景的应急知识库，就必须要有应急知识与情景的集成技术；要实现情景的获取和评估就必须要有情景感知技术和情景的语义相似度评估技术；要实现基于情景的知识推送就必须要有应急知识推理规则库和基于情景的知识推送技术。接下来对这些技术方法进行介绍。

1. 应急知识和应急情景建模技术

（1）应急案例知识与情景本体概念模型。获取应急专业领域基本概念，构建应急领域本体概念模型，提供描述应急领域知识的规范和知识表示的工具。

（2）本体加工与语义标注。对应急案例与情景知识的描述、特征、属性等进行分析和抽取，借助应急本体概念模型对案例和情景进行语义分析与标注，形成具有语义关联的应急案例与情景资源元数据集合。

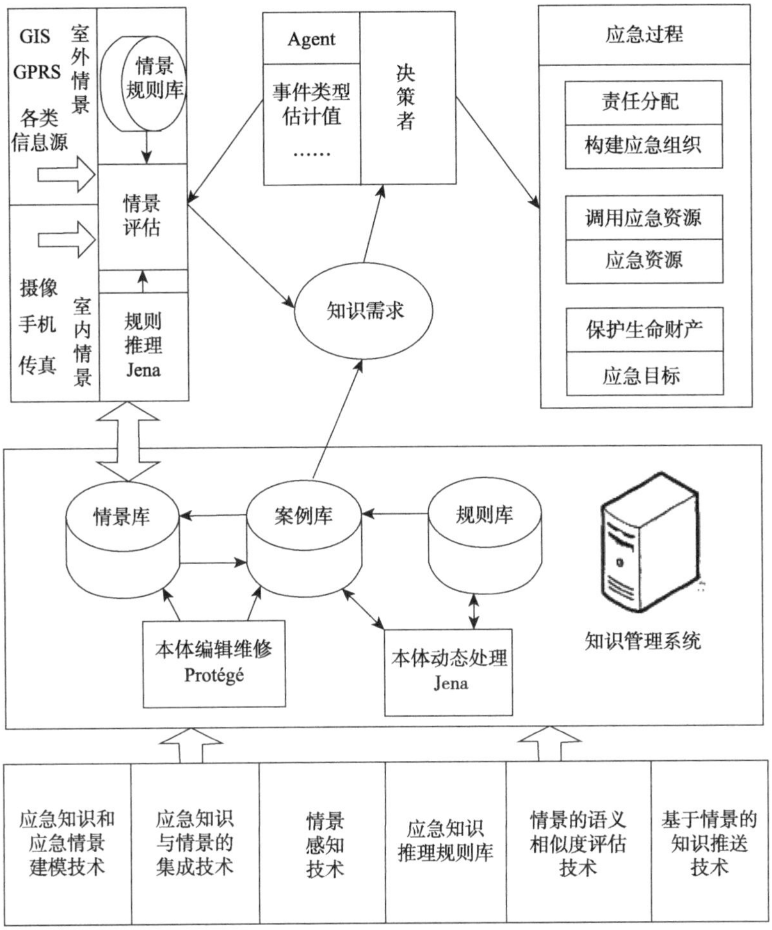

图 6-1　基于情景感知的应急知识推送框架

（3）构建基于本体的应急案例库和情景库。存储与管理标注后的应急案例和情景资源元数据，支持应急管理决策专家对情景库和案例库的并发访问与快速查询，以及控制和管理。

（4）应急案例和情景的修正与存储机制。与应急知识或情景匹配机制协同工作，根据应急案例进行问题的适应性修正，同时，由于不断积累经验和知识，若无条件保留，将无法控制案例数目的增长，需要设计相应的存储策略。

2. 应急知识与情景的集成技术

在应急案例知识与情景知识的元数据建模完成之后，作为一个完整的知识体系，需将应急案例知识与情景知识进行匹配，形成集成情景的应急知识元数据模型。这里的集成技术主要是根据两者都扩展的 SUMO 所引发的关系，利用推理机理清知识与情景的相互关系，形成清晰的框架。

3. 情景感知技术

情景感知可以由人机交互提供情景或系统自动识别感知情景。在人机交互提供情景过程中，系统通过提供一定的向导，引导用户准确地表达其当前情景并输入系统中去，从而感知用户当前的情景信息；自动识别感知情景则需要借助一定的硬件和软件环境，如手机、GIS 等来实现与计算机的交互。

4. 应急知识推理规则库

应急知识推理是利用已有的应急知识存储，依据一定的推理规则，推导出潜在的隐性知识。规则的丰富性直接决定了推理出的隐性知识的多少，因此推理规则库的构建成为推理的关键。

5. 情景的语义相似度评估技术

情景的语义相似度是案例知识推送的依据，因此其相似度评估技术自然也就成为案例匹配的关键。该技术通过分析和预处理情景知识，将事件情景与情景库中情景筛选规则过滤后的情景相匹配，根据匹配结果对情景的语义相似度排序。

6. 基于情景的知识推送技术

经过情景的语义相似度评估后，与事件相关的案例已经按情景相似度的大小进行排序，即相应的知识需求已形成。根据该知识需求，采用不同的推送模式，将知识以适当的形式推送给适当的决策者。

6.1.3 基于情景感知的应急知识推送流程设计

根据应急事件发生的情景和决策者的知识需求，找出相关的应急案例，并对相关的应急信息或知识按照一定的方式组织、存储，并能为设计人员准确地输送。这个过程即知识检索与推送过程。在这个过程中，被检索的对象是应急知识情景库。知识检索就是采用一种从语义上标引信息资源和知识文档的技术，形成知识库，再从知识库中查询所需的信息。

在应急知识管理系统中，面向知识需求的智能检索和知识推送流程如图 6-2 所示。准备工作是利用本体定义概念关联，形成系统能准确定义的问题描述，即图 6-2 中的情景库和案例库；初始问题是利用情景感知技术，依据情景本体框架获取事件的当前情景，将此情景进行相应的语义扩展，进而计算与情景库中情景的相似度，根据相似度的大小排序依次推送案例库中的关联案例，以满足当前决策的知识需求。决策者可对当前推送的知识进行评价，如果不满意可以调整各情景的权值，重新计算情景的相似度及知识推送，从而提高知识推送的准确率。图 6-2 展示了当前时刻所感知情景，进而进行的知识推送，由于突发事件的复杂性和不确定性，随着时间的推移，情景是不断转换变化的。

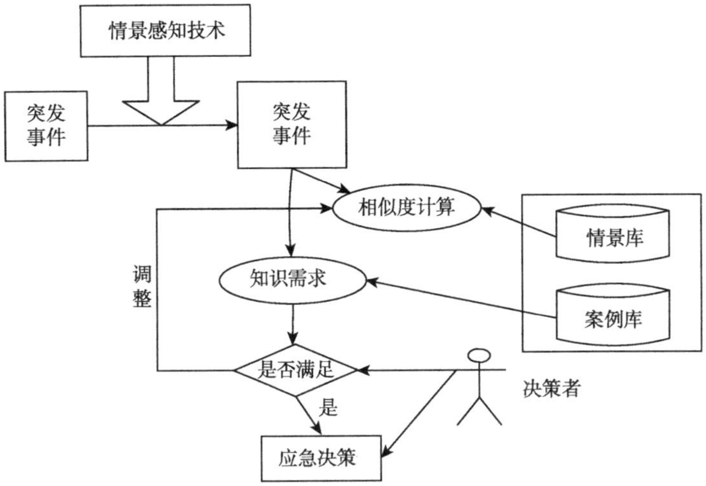

图 6-2　应急知识推送流程

（1）随着时间的推移，突发事件的信息不断增加，情景也逐渐丰富和明确，因此知识需求也逐渐清晰化、准确化。

（2）多个情景同时发生所产生的情景叠加、情景的动态演化及人为干预，都有可能产生次生灾害。因此，应急系统中应设计情景的动态感知与推理机制，从而根据当前情景的演进和变化，预测出可能产生的次生灾害，推送相应的解决知识，提前做好应对措施，减少损失。

然而，情景是随时间不断演变的，因此本书设计了情景的动态感知与知识推送的策略，如图 6-3 所示。

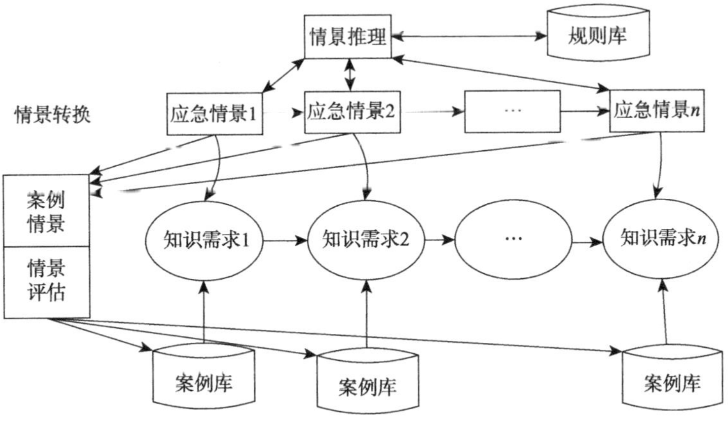

图 6-3　情景的动态感知与知识推送

由图 6-3 可知，随着时间的不断推移，系统动态感知相应情景，并根据情景规则库推理出情景的演进和变化，从而计算情景的语义相似度，推送相应知识，满足情景变化导致的知识需求。

6.2 知识需求和应急预案知识推送机制设计

基于情景感知的应急预案知识推送用于解决如何将正确的应急处置知识，根据现场情景的即时变化，在正确的时间、用正确的方式传递给正确的人。在突发事件的应急处置中，其情景不是静态的某个时刻的镜像，而是随着时间的推移而不断发展演化的，因此情景感知工作也应持续实时更新，做到动态的情景感知，实现知识实时推送以满足决策的知识需求。

基于情景感知知识推送的依据是对情景的语义相似度的评估，即对给定的情景模型与情景模型库中的情景模型之间的相似性做出评估判断。对情景的语义相似度的评估在集成情景的知识管理过程中发挥着重要作用，是基于情景的知识管理、知识推送、知识应用的基础。

对情景的语义相似度的评估，本书提出了基于规则和灰色关联度相结合的相似度评估策略，设计了基于情景感知的应急知识推送算法，并从复杂度、准确性和实用性三个角度对算法进行评价。探讨了随时间的发展，应急信息的不断收集、丰富、明确，动态感知情景的变化，通过应急管理相应的推理规则和情景的语义相似度的匹配，捕获相应的知识需求，进而利用推送模式（详见 6.2.4 小节）在正确的时间、用正确的方式传递给应急管理决策者。

6.2.1 应急情景的识别感知

情景的识别感知可以由人机交互提供情景或系统自动识别感知情景。两者之间的区别在前文情景感知技术有所提及。下文分别从人机交互和系统自动识别两个角度来研究情景感知。

1. 情景的分类

根据情景识别获取方式的不同，潘旭伟等（2007）把情景分为直接情景（direct context）和间接情景（indirect context）两大类。

直接情景：可以通过预先设置的情景传感设备直接识别获取的情景（要素），也称为感应情景（sensed context）。例如，通过天气预报获取的关于温度、雨量、雪量的报道就是直接情景。

间接情景：在直接情景信息的基础上，根据预先建立的情景模型定义的关系和约束及用户自定义规则，通过关联、推理获取得到的情景（要素）。间接情景可分为定义情景（defined context）和推理情景（deduced context）。

定义情景：在直接情景信息基础上，根据预先建立的情景模型定义的关系和约束，通过情景要素之间直接关联所得到的情景信息。例如，在识别事件类型的基础上，通过与预定义的事件类型相匹配就得到可能会引发的次生灾害。

推理情景：在直接情景信息基础上，根据预先建立的情景模型定义的关系和约束，以及用户自定义规则，通过逻辑推理所得到的情景信息。例如，根据 GIS 或 GPRS 获取到事件发生地点的维度信息，然后根据用户自定义的规则，推导出该地点的地理特征的归类。

2. 应急情景的感知

潘旭伟等（2007）为识别感知多数的情景要素，提出了直接情景识别感知和间接情景推理感知相结合的情景识别感知方法。该方法针对直接情景和间接情景不同的感知方式，通过情景传感设备识别感知直接情景。在此基础上，根据情景模型定义的关系和约束，以及用户自定义规则，通过推理感知间接情景。本书针对应急事件的实际情况，借鉴潘旭伟等（2007）提出的情景感知方法，提出了应急情景的感知方法。

1）直接情景的识别感知

通过 GIS 或 GPRS 来识别感知。这种方式借助先进的 GIS 或 GPRS 来识别感知情景信息，通过读取这些系统中的数据识别获取情景信息，主要是识别感知事件发生地点的实体情景要素信息。

如果没有现场的统计和报道，就无法获取突发事件的部分信息，如受灾人数、伤亡人数、受灾范围等，这些都必须是实时的一手资料。因此，在现场必须有专业的人员，利用先进的海事卫星电话，实时更新数据以供决策者参考，做出相应的、及时的决策。

这种方式通过与外部信息服务部门的交互直接感知情景信息，如通过统计局获取事件发生地点的人口统计信息等，通过气象中心直接获取事件发生地点过去和未来几天的天气信息。

从互联网信息源感知。在互联网时代，应急管理又多了一项信息来源。互联网便捷的信息发布平台使得大量关于突发事件的信息迅速传播，成为越来越重要的信息源。基于关键字的搜索也使得获取这些信息变得可能，但如何识别这些信息的真伪及迅速在海量信息中筛选出有价值的信息成为关键。

2）间接情景的推理感知

间接情景的推理感知采用建立在一阶逻辑（first order logic，FOL）基础上基于规则的方法（rule-based FOL method，R-FOL）实现。R-FOL 方法将情景模型中已定义的信息和识别感知的情景事实信息转化为一阶谓词三元组形式，将模型定义的关系和约束转化为推理规则，并结合用户自定义规则，通过演绎、推理寻求模型中各要素间存在的关系，推理感知更完整的情景信息。例如，可以通过 GIS

或 GPRS 感知突发事件发生地点的地理描述数据，通过知识工程师定义的推理规则来描述该地点的地理特征。其基本工作原理如图 6-4 所示。

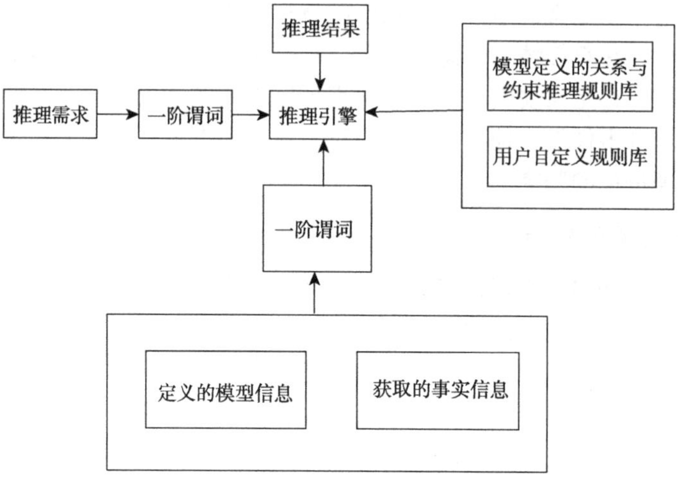

图 6-4　R-FOL 方法的基本工作原理

3）一阶谓词三元组的转化

OWL 建立在 RDF 的基础上，所有的 RDF 子句都可表达为一阶谓词三元组形式，故 OWL 中的类、属性，以及它们的实例都可以表示为一阶谓词三元组。本书的应急知识和情景都是以 OWL 描述的，因此可方便地转化为一阶谓词三元组。

4）规则库的建立

规则库由基于 OWL 构词的本体规则和用户自定义规则构成。基于 OWL 构词的本体规则是规则知识库中的主要规则，是实现多数推理的基础。OWL 本体构词主要包括类之间的关系（如 subClassOf）、等同（如 equivalentClass）、属性特性（如 TransitiveProperty）、属性类型约束（如 allValuesFrom）、基数（minCardinality）等。自定义规则是为解决用户的特定类型推理而建立的，使得该方法具备更好的适应性和可扩展性。

6.2.2　情景识别感知实例

2008 年 5 月 12 日 14 时 28 分的四川汶川地震令全国瞩目，本部分以这次地震为例，详细分析地震应急情景的感知途径与处理方法。2008 年 5 月 12 日 14 时 40 分，在地震发生后 12 分钟，中国电信汶川县分公司的员工用一部海事卫星电话发出了第一声求救信息。后来也是因为有了这部海事卫星电话，才有了空军部队到达汶川。

5・12 汶川地震及其余震区在龙门山断裂带，位于青藏高原与四川盆地的交界处，主要是理县—汶川—茂县—北川—平武—青川这一狭长区域。地震发生后，中国地震台网中心利用国家地震台网的实时观测数据速报的震级为里氏 7.8 级地震。当日，根据国际惯例，地震专家对震级进行修订，修订后的震级为里氏 8.0 级。

1. 事件类型信息的感知

应急事件类型是在事件发生后，识别事件属性，将其划归到相应的类型中，如自然灾害类、事故灾难类、公共卫生事件类、社会安全事故类等，以针对该事故类型检索相应的知识；类型之间的关系包括触发、共生等。

2. 地点信息的感知

对灾后地形、道路的图片资料获取，目前我国依靠航拍。航拍一遍很费力，晚上、雾天或雨天都不行，而且只能拍到表面。因为汶川地震后一直是阴雨天气，所以很难感知到当地的道路、重要工厂设施、地面信息，故早期的救援工作进展缓慢。

2008 年 7 月 15 日，中国预计汶川地震的死亡人数将超过 5 万人[①]，中国政府已批准外国专业人员帮助抢救幸存者，且中国递交一份请求给美国国务院，希望美国提供四川震区及其周边地区的高分辨率图像，以帮助确定受灾者方位，并识别严重损毁的道路和基础设施。7 月 16 日，美国向中国提供四川震区的卫星拍摄照片，这些高分辨率照片不但可以详细地辨认出公路、铁路、港口等，而且可以帮助确定幸存者位置。

通过互联网，可以更进一步获取地震灾区相应的地点信息，汶川县的地图坐标在北纬 30°45′～31°43′与东经 102°51′～103°44′之间；辖区面积 4 084 平方千米，森林覆盖率达 48%；海拔 1 325 米，周围有茶坪山脉、邛崃山脉等众多山体围绕；国道 213、317 线穿城而过。

汶川县位于四川盆地西北部边缘，居阿坝藏族羌族自治州东南部，东邻彭州市、都江堰市，南靠崇州市、大邑县，西接宝兴、小金县，西北和东北分别与理县、茂县相连。主要民族为汉族、羌族、藏族和回族；另外，矿产资源和动植物资源富足，卧龙自然保护区拥有宝贵的大熊猫，三江生态旅游风景区，禹、羌文化和三国文化遗址；公众危险品，如核设施的分布则需要向国家相关部门获取。

3. 天气信息的感知

根据四川省气象局的检测信息，汶川地震当天（2008 年 5 月 12 日）白天各观测站基本无明显降水过程，主要降水时段出现在 12 日汶川地震之后的夜间至 14 日清晨。其中，5 月 12 日 8 时至 13 日 8 时都江堰出现了降水量为 26.3 毫米的

① 截至 24 日 12 时 四川汶川地震已经确认 69197 人遇难[EB/OL]. http://www.gov.cn/jrzg/2008-07/24/content_1055005.htm，2008-07-24.

大雨，成都、彭州、什邡、崇庆、江油等6个站以小雨为主。5月13日8时至14日8时什邡出现了降水量为30.5毫米、崇庆37.3毫米、彭州32.9毫米的大雨，都江堰出现了降水量为21.3毫米的中雨。汶川地区的具体天气信息如表6-1所示。

表6-1 四川汶川2008年5月12~14日天气

时段		天气	降水量/毫米	气温/摄氏度
2008年5月12日	夜间	阴有阵雨	3~6	16~20
2008年5月13日	白天	阴有阵雨	6~13	20~23
	夜间	阴有阵雨	5~15	13~17
2008年5月14日	白天	阴有阵雨	0~3	17~23
	夜间	阴转多云	0	13~18
2008年5月15日	白天	多云	0	19~25

4. 人口统计信息的感知

人口统计信息（截至2008年5月12日）主要向当地或国家统计局寻求，汶川辖区面积4 084平方千米，全县6镇、8乡、126个自然村，人口10万余人；北川辖区面积2 867.83平方千米，3镇13乡（其中民族乡11个），278个村，总人口16.1万人；其他的重灾区人口统计信息同样可以获取。

5. 事件规模信息的感知

从抗震救灾指挥部了解到，据不完全统计，截至5月12日22时，四川地震灾区已发现死亡人数达到7 651人；5月13日9时33分，地震已造成9 219人死亡；截至5月13日17时地震死亡人数增至11 921人；截至5月13日18时17分汶川地震死亡人数已超过12 000人，受伤26 206人。事件的经济损失当时还无法估计；破坏特别严重的地区超过十万平方千米，受灾最严重的地区是四川省北川、什邡、绵竹、汶川、彭州等地。

6. 事件背景信息的感知

汶川地震属于突发性的自然灾害，目前，人们对于地震灾害尚无法准确预测，因此缺乏相应的预报信息；地震的影响因素包括震中距大小、震区场地条件、建筑物的质量等，汶川地震的震中在汶川县映秀镇，离汶川县较近的县（市）都成了地震的极重灾区；地震可能引发的次生灾害包括有毒有害物质的泄漏、火灾、海啸、山崩壅塞河道、扭曲破坏堤坝造成河流水库决口淹没城市等，由于汶川县地处山区，引发的次生灾害可能会有山崩壅塞河道形成堰塞湖、泥石流等；地震的余震有可能引发崩塌、落石和滑坡灾害，尤其要特别注意防范。

7. 事件发生时间信息的感知

一般来说，破坏性地震如果发生在夜间，造成的人员伤亡可能比白天更大，平均可达 3~5 倍。唐山地震伤亡惨重的原因之一是地震发生在凌晨 3 时 42 分，绝大多数人还在室内熟睡。如果地震发生在白天，伤亡人数要少得多。汶川地震发生时间就是当地的电信企业员工发出救援信号得到的，另外，地震已发生时间也是一个重要的信息，因为这个时间决定了救援的效果。

在汶川地震中的上述情景感知仅是静态的一个时刻的情形，随着时间的推移、事件的发展，情景不断发生变化，因此情景的感知工作也要持续实时跟进，做到动态情景感知，实现知识实时推送以满足决策的知识需求。

6.2.3　基于情景感知的应急知识推送算法设计

目前，案例推理常用的获取方法主要有最近相邻法、归纳推理法和知识引导法三种。但在应急响应过程中，情景信息往往不完全、不确定，而且出于动态变化中；这些案例推理的获取方法在信息不完整的情况下，通常得不到准确的结果，但准确的案例知识对于应急响应又是必不可少的。因此，本书引入适用于处理信息缺失情况的灰色关联度理论，并对其进行适应性改进，进而设计知识推送算法。

1. 灰色关联度

灰色系统理论由我国著名学者邓聚龙教授于 1982 年首次提出，灰色关联分析应运而生。在控制理论中常用颜色的深浅来形容信息的多少，用“黑”表示信息缺乏；用“白”表示信息完全；用“灰”表示部分信息清楚，另外部分信息不清楚，即信息不完全。凡是信息不完全确知的系统，都可称为灰色系统。灰色关联分析作为一种系统分析技术，是分析系统中各因素关联程度的方法，其基本思路是根据系统动态过程发展态势来判断其关联程度。灰色关联分析是为了适应灰色系统相关性分析的客观需要，通过对灰色系统动态过程发展态势的量化比较分析，把系统有关因素之间的各种关系展现在人们面前。

灰色关联分析法是分析灰色系统中各因素间关联程度的一种量化方法，是根据序列曲线几何形状的相似程度来判断灰色过程发展态势的关联程度，是一种系统分析方法。灰色关联可以是事物之间的不确定关联，也可以是系统因子之间或因子对主行为之间的不确定关联。利用灰色关联度分析法进行综合评价，不需要太多的数据，当然，如果数据太少，相关分析的误差将是无法忽略的。可以充分利用已有的白化信息减少误差。该方法实质上是关联系数的分析，优于经典的精确数学方法，突破了传统精确数学绝不容许模棱两可的约束，具有原理简单、易于掌握、计算简便、排序明确、对数据分布类型及变量之间的相关类型无特殊要求等特点，具有较大的应用实际。

定义 6-1　设 $X_0=(x_0(1),x_0(2),\cdots,x_0(n))$ 是系统特征行为序列，且

$$X_1 = (x_1(1), x_1(2), \cdots, x_1(n))$$
$$\vdots$$
$$X_i = (x_i(1), x_i(2), \cdots, x_i(n))$$
$$\vdots$$
$$X_m = (x_m(1), x_m(2), \cdots, x_m(n))$$

为相关因素序列，给定实数$\gamma(x_0(k), x_i(k))$，若实数$\gamma(X_0, X_i) = \frac{1}{n}\sum_{k=1}^{n}\gamma(x_0(k), x_i(k))$满足以下四个条件：

（1）规范性，$0 < \gamma(X_0, X_i) \leqslant 1$，$\gamma(X_0, X_i) = 1 \Leftarrow X_0 = X_i$；

（2）整体性，对于$X_i, X_j \in X = \{X_s | s = 0,1,2,\cdots,m; m \geqslant 2\}$，有$\gamma(X_i, X_j) \neq \gamma(X_j, X_i)$，$i \neq j$；

（3）偶对称性，对于$X_i, X_j \in X$，有$\gamma(X_i, X_j) = \gamma(X_j, X_i) \Leftrightarrow = \{X_i, X_j\}$；

（4）接近性，$|x_0(k) - x_i(k)|$越小，$\gamma(x_0(k), x_i(k))$越大。

则称$\gamma(x_0, x_i)$为X_i与X_0的灰色关联度，$\gamma(x_0(k), x_i(k))$为X_i与X_0在k点的关联系数，并称条件（1）~条件（4）为灰色关联四公理。

定理 6-1 设系统行为变量

$$X_0 = (x_0(1), x_0(2), \cdots, x_0(n))$$
$$X_1 = (x_1(1), x_1(2), \cdots, x_1(n))$$
$$X_i = (x_i(1), x_i(2), \cdots, x_i(n))$$
$$\vdots$$
$$X_m = (x_m(1), x_m(2), \cdots, x_m(n))$$

对于$\xi \in (0,1)$，令

$$\gamma(x_0(k), x_i(k)) = \frac{\min\limits_i \min\limits_k |x_0(k) - x_i(k)| + \xi \max\limits_i \max\limits_k |x_0(k) - x_i(k)|}{|x_0(k) - x_i(k)| + \xi \max\limits_i \max\limits_k |x_0(k) - x_i(k)|}$$

$$\gamma(X_0, X_i) = \frac{1}{n}\sum_{k=1}^{n}\gamma(x_0(k), x_i(k))$$

则$\gamma(X_0, X_i)$满足灰色关联四公理，其中ξ为分辨系数，$\gamma(X_0, X_i)$为X_0与X_i的灰色关联度。

2. 灰色关联度的改进

传统的灰色关联分析法用各特征指标的灰色关联度来表示指标的局部相似度，再将各局部相似度加权平均得到总体相似度。考虑到应急响应中各个指标的重要程度不一样，在计算局部相似度时将权重纳入比较环境的计算中，可以得到改进的局部灰色关联分析法，其表达式如下：

$$\gamma(x_0(k),x_i(k))=\frac{\min_i\min_k(w_k\left|x_0(k)-x_i(k))\right|)+\xi\max_i\max_k(w_k(x_0(k)-x_i(k)))}{(w_k\left|x_0(k)-x_i(k)\right|)+\xi\max_i\max_k(w_k\left|x_0(k)-x_i(k)\right|)}$$

在该表达式中，当计算局部相似度时，将权重 w_k 纳入 x_0 与 x_i 在第 k 个特征指标的比较环境，更加真实地反映了应急响应的实际情况，使得相似度计算更加合理。这里的关键是权重的确定，情景要素和属性的动态权重由具体情况决定，可采用以下方法确定。

（1）用户输入法。最简单的方法是让用户决定在特定情况下各情景要素和属性的重要性。为了减少这种方法给用户带来的负担，可以预定义主要的选项集合，用户通过选择其中的值来确定情景要素和属性的动态权重。但是，这种方法要求用户深刻认识特定情况下的情景，这在很多时候是比较困难的，并且这种方法需要在用户和系统之间持续地交互。

（2）自适应方法。在这种方法中，先对各情景要素和属性赋初始权重值，然后根据这些初始权重值计算情景的相似性，并依据这些相似情景将关联的知识提供给用户。观察用户选择和使用了哪些知识，确定这些知识所关联的情景模型。根据这些情景模型和用户当前情景模型，提高两者间相似度高的那些情景要素和属性的权重，而降低那些相似度低的情景要素和属性的权重。采用这种方法，情景要素和属性的权重将根据用户对知识的选择和使用而不断变化，它不需要用户与系统之间的交互。自适应方法要求在知识提供、知识选择和权重计算之间不断循环，这一方面消耗系统的大量计算能力，另一方面计算得到的权重是否反映用户当前的情况也值得怀疑，因为用户的情景可能已经发生变化。因此，这种方法在情景变化缓慢的情形下是适用的。

（3）变化跟踪法。变化跟踪法不再依赖用户显式或非显式的反馈，而是系统通过观察情景的变化动态地重新计算情景要素和属性的权重。这种方法基于这样的假设：最近变化大的情景要素和属性在当前情况下是比较重要的。因此，变化的情景要素和属性的权重得到提高，而不变的情景要素和属性的权重则相应降低。变化跟踪法的一个问题是对时间的考虑。时间的特性就是持续变化，这将使得其权重持续地升高，掩盖了所有其他情景要素和属性的重要性。为处理这种情况，要么把时间认为只是特定的间隔，要么只考虑定义的时间周期性属性，而忽略其绝对值属性。

这三种方法各有特点，决策者在进行决策时，需要根据具体情况选择合适的情景要素和属性的动态权重确定方法，可以综合使用这些方法。

6.2.4　应急知识推送元规则及推送模式设计

研究基于情景感知的应急知识推送机制，首先需要设计应急情景的语义相似度动态评估的算法，解决知识需求满足中的关键问题；其次，需要给出情景推理元规则优化知识获取结果并根据应急知识需求等级提出三种推送模式，提出基于情景感知的知识推送算法，并给出其中的关键代码；最后，从复杂度、准确性和实用性三个角度对该算法进行评价。

1. 应急情景推理元规则设计

在系统通过情景感知技术获取到目前突发事件的情景时，为了便于应急情景的语义相似度的计算和优化，需要运用情景推理元规则对该情景进行预处理。主要的推理元规则有如下三种。

（1）过滤性规则，即当案例的情景等于或不等于某值时，直接过滤掉。

（2）优化选择规则，即当前事件的某情景等于一定值时，要求筛选出来的那个案例的情景值也等于该值。

（3）情景叠加规则，即当前多个情景同时发生时，会产生新的情景。

下面分别给出这三种规则的符号表述和相关设计说明。

1）过滤性规则

符号约定如下。

（1）定义情景内容的值为：Value of Context Content $\triangleq$ VofCC。

（2）定义 R 为谓词关系符号，表示某个情景概念具有某种关系。

（3）filterWS 表示服务将直接被过滤掉，不出现在返回给用户的结果集中。

过滤性规则的元规则为 R(VofCC)→filterEP，或者¬R(VofCC)→filterEP。

元规则表达的意思是当使用者或 Web 服务的某个情景概念具有或不具有某个值时，那么该服务将直接被过滤掉，不出现在返回给用户的结果集中。例如，在地震发生时，系统在获取情景后，利用过滤性规则会有¬R(Earthquake)→filterEP，其中 R=TypeTag。

2）优化选择规则

符号约定如下。

（1）定义 Value of Context Content $\triangleq$ VofCC。

（2）定义 Value of Plan Content $\triangleq$ VofPC。

（3）定义 isChosen（plan^n）表示 n 个案例被选中（$n\in N$）。

（4）定义 R、Q_j 为谓词关系符号，其中，R 表示突发事件某个情景概念值具有某种条件；Q_j 表示案例的第 j 个情景概念的值具有某种条件（$j\in N$）。

$$R(\text{VofCC}) \to \text{isChosen}(\text{plan}^n) \wedge$$

$$\bigcap_{i=1}^{n}(Q_1)(\text{VofPC}_i) \wedge Q_2(\text{VofPC}_i) \wedge \cdots \wedge Q_j(\text{VofPC}_i),\quad n, j \in N$$

元规则表达的意思是当突发事件的某个情景概念具有某个值时，将返回一组相关的案例，其中每个服务的某些情景概念应该具有特定值。

例如，当突发事件发生地点情景值为山区时，相应的知识需求就倾向案例情景发生地点的概念值为山区、高原区域的案例。

3）情景叠加规则

符号约定如下。

（1）定义 Value of Context Content $\triangleq$ VofCC。

（2）定义 LeadtoC 表示情景叠加产生新的情景。

（3）定义 R_i 为谓词关系符号，表示突发事件第 i 个情景概念值具有某种条件：

$$\bigcap_{i=1}^{n}(R_1(\text{VofCC}) \wedge R_2(\text{VofCC}) \wedge \cdots \wedge R_n(\text{VofCC}) \rightarrow R(\text{VofCC})$$

元规则表达的意思是当有多个情景同时发生时，它们可能会组合导致新的情景发生，这就需要进一步挖掘情景内容。

例如，当情景中出现雨雪天气与温度为零下时，就容易出现道路结冰、交通不畅的情况，因此相应情景中就应推理出发生冰冻、交通受阻相关的情景值。

$$\bigcap_{i=1}^{n}(R_1(\text{rain}) \vee R_2(\text{snow})) \wedge R_3((<0)) \rightarrow R(\text{frost}) \wedge R(\text{BlockedTraffic})$$

2. 应急知识推送模式的设定

由于突发事件的紧迫性和复杂性，如果过多的知识推送给决策者反而会干扰决策效率和效果，针对应急知识需求的特性和知识的重要程度，本书设计了三种知识推送的方式，即紧急推送、温和推送及保护推送。这三种推送方式的选择可以由设定情景灰色相似度阈值或案例知识条数确定。

紧急推送是级别最高的，它在动态感知情景变化后发现新的合适知识时立即把知识推送给决策者，并以醒目的标示予以提醒。

温和推送是在发现新的合适知识时把知识的概要发送给决策者，并在知识推送中设定的时间发送消息。

保护推送仅仅是给决策者发送消息，告知有其需要的知识，而并不显示知识的内容或概要。这种划分知识推送等级的方式同时解决了知识推送方式和知识推送时机的问题，既可以避免过量信息对决策者的干扰，又不遗漏有用信息。

3. 基于情景感知的应急知识推送算法设计

知识的推送算法包括了情景感知、情景匹配、知识关联和推送模式选取的全过程，是应急知识管理的关键所在。本部分在前文的基础上，设计基于情景感知的应急知识推送算法，如图 6-5 所示。

该算法的关键代码如图 6-6 和图 6-7 所示。

```
F（EK1，EK2，EK3）//返回应急案例知识集合，EK1 表示紧急推送知识，EK2 表示温和推送知识，EK3 表示保护推送知识。
{
NumofResults=推送案例的阈值或者案例个数；//设定案例推送的阈值个数
IntervalofTime=设定情景感知间隔；//情景感知的时间间隔 EventType.TypeTag：=当前事件的类型；
For 当前事件类型的情景体系的每个情景指标
获取当前事件的相应情景指标；
根据事件类型获取案例知识库并实例化解析获取其情景指标体系；
For 案例知识库仍有未标记案例
{
计算当前事件和案例的情景灰色相似度；对该案例进行标记；从大到小排序灰色相似度；
}
根据 NumofResults 和本体关联相应案例知识；实例化解析案例知识并以相应模式推送；
}
```

图 6-5　情景感知的应急知识推送算法

4. 基于情景感知的知识推送算法评价

本书设计的基于情景感知的知识推送算法，采用情景作为主要衡量指标、改进的灰色相似度为衡量方法，将感知到的当前情景与案例库中的情景进行相关匹配，实现案例知识的关联，进而利用推送元规则优化关联结果，根据用户设定的阈值采用不同方式推送案例知识，辅助决策。

（1）降低了复杂度。根据本书提出的知识推送算法，情景匹配被限定在相应类型的案例库中，相对于对知识库的遍历检索，复杂度明显降低。

（2）提高了准确性。本书提出的基于情景感知的知识推送算法，获取的案例均是当前情景下的同类型事件，故其处理方法、处理思路及产生的后果都是值得参考和借鉴的，提高了知识获取的准确性。

```
for(Iteratorit=c.listSuperClasses();it.hasNext();)
{
OntClasssp=St( OntClass)it.next();
ringstr=c.getModel().getGraph()
.getPrefixMapping().shortForm(c.getURI())
+"'ssuperClassis";String
strSP=sp.getURI();try{
str=str+":"+strSP.substring(strSP.indexOf('#')+1);
System.out.println("Class"+str);
}
catch(Exceptione){
}
}
```

图 6-6　获取当前事件类型的父类

```
Public static void get Instance(On t Model model){
String NS="http://www.owl-ontologies.com/ee.owl#";
OntClassexpert=model.getOntClass(NS+"Expert");
System.out.println(expert.getLocalName());ExtendedIteratorit=expert.listInstances();while(it.hasNext()){
Individualoi=(Individual)it.next();System.out.println(oi.getLocalName());
for(Iteratoripp=expert.listDeclaredProperties();ipp.hasNext();)
{
OntPropertyp=(OntProperty)ipp.next();
System.out.println("associatedproperty:"+p.getLocalName()+
":"+oi.getPropertyValue(p));
}
```

图 6-7　案例知识实例获取代码

（3）增强了实用性。由于决策时危机事件正在发生，无法确定事件的相关信息，而事件的情景信息则可以实时获取，相对以往的基于案例推理的知识获取方法，本书提出的基于情景感知的知识推送算法实用性更强。

对于应急预案、应急事件、应急组织、应急资源等知识，我们可以利用应急领域知识进行表示和描述。但领域本体的构建不仅包括时间、空间、资源、组织、人员、角色等，应急领域知识的表示还是一个循序渐进、不断完善的过程，同时还需要表达过程信息。我们在构建顶层本体的基础上，构建了领域本体，从而实现了本体的共享、继承和复用，使得应急领域的本体模型更加开放和完善。例如，应急事件是指从发现警情到接警、调度、警情汇总移交的过程，应急事件通过结构化方式表示后可以为决策者提供决策的经验和方法等，在顶层本体中并没有直接可以对事件进行定义的方法。我们用现实世界物体所发生的一系列变化，即时空模型来描述事件，包括发生的一系列变化，每个过程包含的开始时间、结束时间、发展地点等，考虑到过程的演化性，我们借助情景模型来进行表示。我们在一个情景概念中引入状态变量（State）和动作变量（Action）等相关要素，情景是与时间相关的，描述的是在某个时间点上的物体的状态和动作。对于状态和动作之间引起和被引起关系我们可以采用规则集（R）来表示。我们引入推理机制，对上述构建完成的应急领域本体，借助 RacerPro 推理机对本体模型分别进行一致性检测、概念推理和概念分类。经过推理后我们对模型进行修正和改善，不仅可以发现许多类结构的错误，还可以推理出一些暗含的类结构和概念。

这样就构建了知识推送的基础，知识需求建立在问题域的感知上，情景信息及情景过程的描述为此提供了推送依据。同时，通过对以往突发事件的应急管理决策案例分析，情景—应对模式使应急预案和案例能够直接面向应用，决策层在制定决策之前会掌握三类传统的知识，即 Know-what、Know-where、Know-when。具体参考 4.3.2 小节。这三方面的知识（形式化定义参考论文成果）正是应急情景体系的元素所能提供的信息，应急管理决策者将依据此三类信息及情景演化信息建立推理机制。在推理机制中，情景知识推送与应急预案内容匹配规则起着重要的作用，同时，应急救援是一个动态过程，情景体系中情景因素指标的内容在不同时段不尽相同，应急管理决策实施的救援行动也会稍有差异，这也丰富了推理的内涵。

6.3 潜在语义模型中的检索式扩展研究

随着数字化应急预案数量的快速增长和应用的不断深入，用户检索也不断向智能化方向发展。用户的检索需求常常出现主题词不规范、主题词无法覆盖所有主题词形式等情景。为实现应急管理决策中知识的有效推送，帮助决策者准确定位需要的知识和信息，进一步明确其检索需求，我们运用潜在语义模型对检索式扩展进行研究。在分析检索式扩展相关文献的基础上，首先阐述检索式扩展的基本思路和构想，利用 SOM 网络提取应急领域词汇的语义特征，并在映射上形成聚类；其次，建立 CI 指标，提出最优聚类数量的判定方法，从而进一步确定聚类边界；再次，通过抽取专业检索式扩展词的具体步骤，提出用于改进检索的框架构建方案；最后，通过实验对该检索式扩展模型和检索框架的有效性进行验证。

6.3.1　用户检索需求分析

面对复杂多变的环境，决策者往往难以快速、准确地定位所需要的知识和信息。一方面是由于决策者使用的原始检索式不够准确，没有使用领域的专业词语；另一方面是由于决策者可能并不清楚自己真实的检索需求。利用原检索词的上下位概念对原始检索式进行扩展，通过构建知识网络帮助决策者更准确地描述检索需求，提高检索的准确度，以实现应急管理决策中需求知识的有效推送，从而为应急管理决策提供有效的支持。

现有的检索式扩展方法无法有效地满足应急管理决策在不确定性、复杂性、时效性等方面的要求。一方面，决策者使用的初始检索式往往不能够准确表达自身的检索需求，检索式扩展就是要找到比原始检索式更准确的词语，以帮助决策者准确描述自己的真实意愿。然而，依赖外部词典无法对应急领域词汇及其语义进行有效表达，必须建立专业的领域词典，构建应急领域的语义词空间，从而使得扩展的词语更专业、更准确。另一方面，在复杂多变的突发环境下，决策者有时对自身的检索需求并不明确，扩展的检索式还应该能够搭建专业领域的检索框架，以帮助决策者进一步明确和改进自身的检索需求，从而准确定位需要的应急知识和信息。

6.3.2　检索扩展模型的建立

我们试图研究基于应急领域本体的查询扩展策略，通过知识网络，结合 5.3 节研究思路，提出一种基于领域本体的语义相似度计算模型，结合基于距离的语义相似度和基于属性的语义相似度，用于计算领域本体内部概念之间的语义相似度，利用用户轮廓描述用户的个性化需求。这部分工作不仅可以对扩展结果进行调整，还可以通过设计用户轮廓的学习机制进一步强化和完善。

1. 模型构建的基本思路

用于检索扩展的词语不仅要比原始检索词更专业、更准确，还应该帮助决策者搭建专业领域的检索框架、改进检索需求。为此，我们建立了应急领域的检索式扩展模型，基本思路如下。

首先，利用应急领域的潜在语义模型获取语义，以对词语之间、预案之间的相关程度进行度量。

其次，确定应急领域词语的语义特征聚类，获取检索扩展词。利用 SOM 网络抽取领域词语的语义特征，在映射上形成未知聚类。设计专门的方法找到未知聚类的边界，并确定最优的聚类数量，从而提取用于检索扩展的词语。这些词语比原始检索词更准确、更专业。

最后，抽取应急预案信息特征，搭建专业的检索框架。利用 SOM 网络抽取应急预案含有的潜在信息特征，抽取相应的特征词语，搭建基于特征词语的检索框架。检索框架中的特征词语能够引导决策者改进检索需求，准确定位需求的知识和信息。

2. 基于 SOM 获取检索扩展词

应急领域的潜在语义模型中，领域的潜在语义特征信息被强化，而语义的“噪声”信息被弱化。然而，潜在语义空间中的词语和应急预案仍然以高维度表示，其语义结构和关系仍然没有显现出来，必须进一步分析数据以便揭示隐藏在数据中的固有模式。

本书使用 SOM 网络挖掘隐藏在数据中的固有模式，将多维的领域词语 $\text{word}_i=(x_{i1},x_{i2},\cdots,x_{im})$ $(i=1,2,\cdots,m)$映射到 neu 个神经元 $\text{neural}_j=(\omega_1,\omega_2,\cdots,\omega_{\text{neu}})$ $(j=1,2,\cdots,\text{neu})$。通过对 SOM 网络的训练，语义相近的词语被聚集在一起，而这 neu 个神经元是这些词语的聚集中心，它们反映了领域词语的语义特征。每一个神经元对应着若干个具有相同语义特征的领域词语，用这些神经元作为领域词语的语义特征中心，不仅进一步去除了噪声，而且将领域的语义特征进一步凸显出来。

一个词语对应一个特定的神经元，一个神经元同时对应多个具有相同语义特征的领域词语。可以根据与原始检索词对应的神经元，找到与原始检索词具有相同语义特征的其他词语。然而，由于具有相同的语义特征，这些词语并不比原始检索词更准确。因此，本书试图寻找与原始检索词在特征语义上相近，但又并不完全相同的词语，最直接的途径就是在这些神经元的基础上形成聚类。

在使用聚类提取检索式扩展词的过程中，影响目标词语选择的主要因素是聚类数量和聚类边界，而不是聚类方法本身。检索式扩展词所属的类别是与原始检索词所在类别相近的类别，要找到这个相近的类别需要确定合适的聚类数量；这个相近类别的聚类中心词就是要寻找的检索式扩展词，要找到这个聚类中心词需要确定合适的聚类边界。现有的各种聚类方法，多专注于聚类的过程及相似度的计算方法，在聚类的数量和聚类边界的控制方面研究较少。

确定了聚类的数量，聚类的边界也就相应确定。不同的聚类方法得到的聚类数量是不同的，有时相同的聚类方法也可能得到不同的聚类数量。对于某个特定的聚类方法，如果能够设计一个关于聚类数量的评价指标，就可以通过评价指标来判断最优的聚类数量，从而确定聚类的边界。

为了说明情况，本章为典型的层次聚类方法建立聚类数量的评价指标。层次聚类方法先对每一个词语向量形成聚类，然后计算全部聚类的距离，再将两个最近距离的聚类进行合并，重复这一过程直到剩下最后一个聚类。层次聚类方法的聚类数量评价指数如下：

$$\mathrm{CI}_t=\frac{1}{\mathrm{NC}_t}\left(\frac{d_t-d_{t-1}}{(d_{t+1}-d_t)(d_{t-1}-d_{t-2})}\right)=\frac{1}{\mathrm{NC}_t}\left(\frac{\Delta d}{\Delta d_{t-1}\Delta d_{t+1}}\right) \tag{6-1}$$

其中，CI_t表示聚类第 t 阶段的评价指数；NC_t为第 t 阶段的聚类合并完成前的剩余聚类数量；d_t为第 t 阶段将被合并的两个聚类中心间的距离；d_{t+1}、d_{t-1}和d_{t-2}分别为 $t+1$ 阶段、$t-1$ 阶段和 $t-2$ 阶段合并的聚类之间的距离。CI 指数衡量 t 阶段与 $t-1$ 阶段的聚类距离的差、前一阶段的距离差及后一阶段的距离差三者之间的相对差异，并用剩余聚类数量 NC 来标准化。CI 指数是聚类分离程度的度量，CI 指数越大，表明当前 NC 个聚类的分离程度越高，NC 的值也越接近最优的聚类数量。因此，最大的指数值 CI_t对应的 NC_t值，就是最优的聚类数量。

3. 检索式扩展词的提取

前文已经将多维的领域词语 $\mathrm{word}_i=(x_{i1},x_{i2},\cdots,x_{in})$ $(i=1,2,\cdots,m)$ 映射到 neu 个神经元 $\mathrm{neural}_j=(w_1,w_2,\cdots,w_n)$ $(j=1,2,\cdots,\mathrm{neu})$，同时应用聚类的方法在映射上形成了最优数量的聚类。对于给定的初始检索词 qw 及 $\mathrm{WORD}=\{\mathrm{word}_1,\mathrm{word}_2,\cdots,\mathrm{word}_m\}$，提取相应的检索式扩展词的步骤如下（图 6-8）。

（1）如果初始检索词 $\mathrm{qw}\in\mathrm{WORD}$，转（3）；否则转（2）。

（2）使用最接近 qw 的专业词语 $\mathrm{qw}^*\in\mathrm{WORD}$，令 $\mathrm{qw}=\mathrm{qw}^*$。

（3）搜索 SOM 网络中对应于 qw 的语义特征神经元 neuralqw。

（4）搜索神经元 neuralqw 对应的聚类，确定该聚类中包含的其他 r 个语义特征神经元$\{\mathrm{neural}^{(1)}\mathrm{qw},\mathrm{neural}^{(2)}\mathrm{qw},\cdots,\mathrm{neural}^{(r)}\mathrm{qw}\}$。

（5）从神经元 $\mathrm{neural}^{(i)}\mathrm{qw}(i=1,2,\cdots,r)$中提取 $u(u=1,2,\cdots)$个特征中心词语，这 $r\times u$ 个特征中心词语构成检索式扩展词的候选词集合。

（6）从候选词集合中选择若干词语作为检索式扩展词。

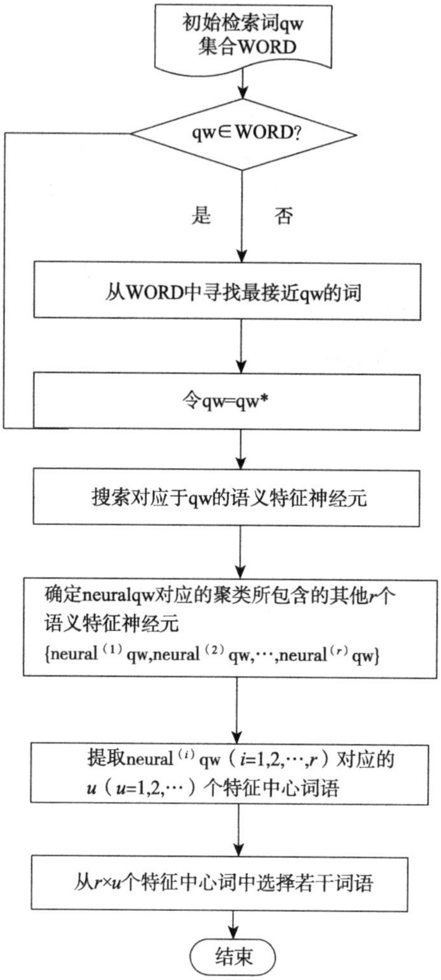

图 6-8　提取检索式扩展词流程

6.3.3　基于特征词语构建检索框架

在复杂多变的突发环境下，决策者有时对自身的检索需求并不明确，专业的检索框架能帮助决策者明确和改进自身的检索需求，满足检索需求。这里的检索框架，是指不同类型的检索词语的集合。检索框架中的词语并非在语义上相近的词语，而是在结构上相互联系的词语。应急预案涉及事件信息、时间、人员安排、资源调配等多方面信息，一个好的检索框架能够提供与这些信息高度相关的检索式扩展词，引导决策者明确需求并改进检索，从而准确定位信息。

检索的目的是找到应急预案及其包含的相关知识，因此本书从应急预案中提取检索框架（图 6-9）。

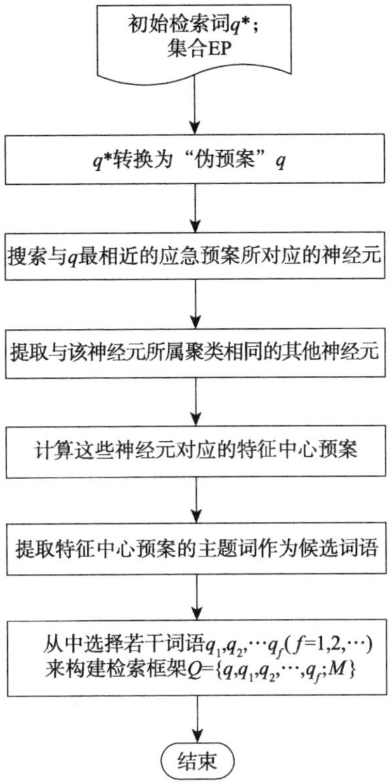

图 6-9　检索框架构建流程

首先，同样使用 SOM 网络提取预案空间的特征信息，将多维的预案 ep_i (i=1,2,⋯,m) 映射到 ne 个神经元 neural_j (j=1,2,⋯,ne)。

其次，在映射（神经元）上形成聚类，根据式（6-1）确定最优的聚类数量，同时确定聚类边界。

再次，将初始检索词 q^*转换为“伪预案”q 以计算与应急预案的相似度。搜索与 q 最相近的应急预案所对应的神经元，提取与该神经元所属聚类相同的其他神经元。

最后，计算这些神经元所对应的特征中心预案，将这些中心预案的主题词或关键词作为检索框架的候选词语，从中选择若干词语 $q_1,q_2,\cdots,q_f$（f=1,2,⋯）来构建检索框架 $Q=\{q,q_1,q_2,\cdots,q_f;M\}$，其中 M 为运算符集合。

6.3.4　实验设计与分析

1. 实验分析

使用 5 642 × 338 的“词—预案”原始矩阵 X，在此将 X 记为 X_0。在足够说明情况的前提下，词语局部权重选用原始词频法、WIDF 函数法和 TFIDF 函数法，词语和预案文本的全局权重依照潜在语义模型中的权重计算方法确定，分别构造加权矩阵 X_1、X_2 和 X_3。

SOM 网络映射模型采用经典的 Kohonen 模型（图 6-10），神经元构成二维的拓扑结构，采用欧式距离，分类阶段学习速率设置为 0.9，收敛阶段学习速率设置为 0.02，调整领域半径设为 1。使用典型的层次聚类方法，使用式（6-1）确定最优的聚类数量。

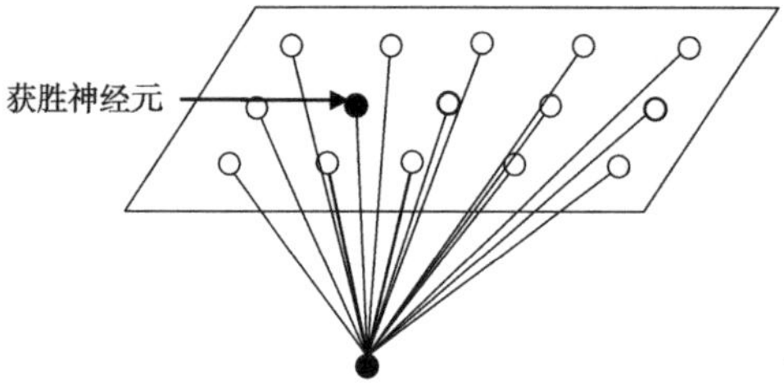

$$\text{word}_i = (X_{i1}, X_{i2}, \cdots, X_{in})$$

图 6-10　Kohonen 模型

为方便实验，直接使用专业词语“火灾”作为实验的初始检索词，则有检索式 qw=q=(0,⋯,0,'火灾',0,⋯,0)。下面进行检索式扩展，并构建检索框架。

2. 检索式扩展词的获取

此次实验的词语数量达到 5 642，因此 SOM 网络采用 25×25 二维平面网格，训练后的 625 个神经元代表了应急领域词语的 625 个语义特征。在这些神经元的基础上形成聚类。从结果来看，对矩阵 X_0 进行加权后，应急领域词汇的语义特征被凸显，类别特征较为明显。相比原始词频法，WIDF 函数法和 TFIDF 函数法具有更加鲜明的类别特征，对语义特征进行区分的能力更强。

由式（6-1）计算的 CI 指数，在 X_0 空间中，最高 CI 指数对应的聚类数量为 11，因而最优聚类数量为 11。在 X_1、X_2 和 X_3 中，最优聚类数量分别为 5、12 和 2。从结果来看，WIDF 函数法（X_2）的聚类效果较好。

以 qw=（0,⋯,0,'火灾',0,⋯,0）为原始检索式进行检索，令 u=1，得到扩展的检索词语，如表 6-2 所示。在进行检索词语扩展时，我们对最优聚类数量进行了细微的调整：由于较大的几个 CI 指数的值相差较小，我们分别选取最大的 5 个 CI 指数对应的聚类数量作为最优聚类数量的候选，然后选择其中聚类数量值最大的作为最优聚类数量。表 6-2 显示了检索式扩展词的获取结果，可以看出，WIDF 函数法（X_3）的效果较好。

表 6-2　检索式扩展词获取结果

词空间	最优维度 k	聚类数量	检索式扩展词
X_0	168	450	森林，火灾，危险，生物，联动，我省，直接，金融，委员会
X_1	208	174	森林，火灾，县级，危险，生物，财产，趋势，直接，金融
X_2	178	306	森林，火灾，防火，扑火，特大，扑救，火场，护林
X_3	188	395	森林，火灾，救助，危险，生物，财产，趋势，我省，直接，专项

3. 检索框架的构建

此次实验的应急预案数量只有 338 篇，因此 SOM 网络采用 9×9 二维平面网格，在这些神经元的基础上形成聚类。在检索框架构建中，所有词语均转换为“伪预案”进行计算，由于 WIDF 函数法和 TFIDF 函数法的局限性，这里只对 X_0 和 X_1 进行分析。从实验结果来看，加权后类别特征较为明显，应急预案之间的潜在语义结构被凸现出来。

图 6-11 和图 6-12 给出了聚类数量的 CI 指数。可以看出，在 X_0 和 X_1 中，最优聚类数量分别为 6 和 3。显然，最优数量的数值结果不太理想，但可以看出，其他较大的 CI 指数对应的聚类数量可以作为最优聚类数量的候选值。因此我们同样选取最大的 5 个 CI 指数对应的聚类数量作为候选，然后选择其中数值最大者作为最优聚类数量。

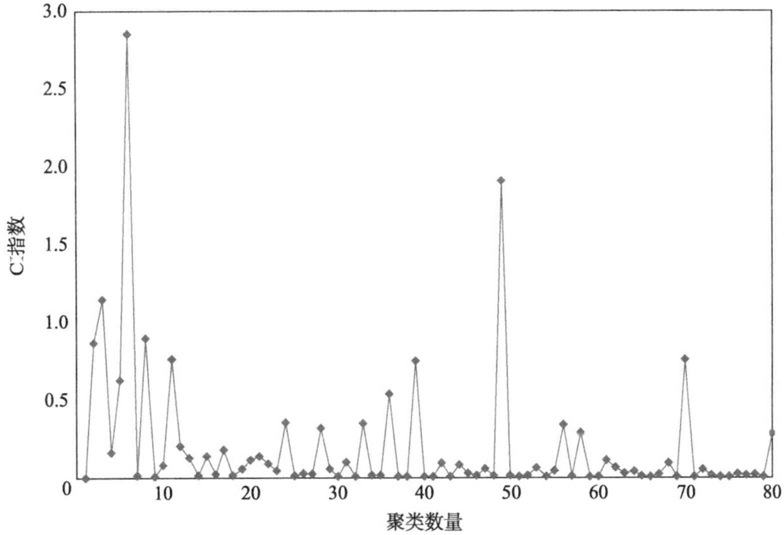

图 6-11　检索框架构建中的 CI 指数—X_0（k=128）

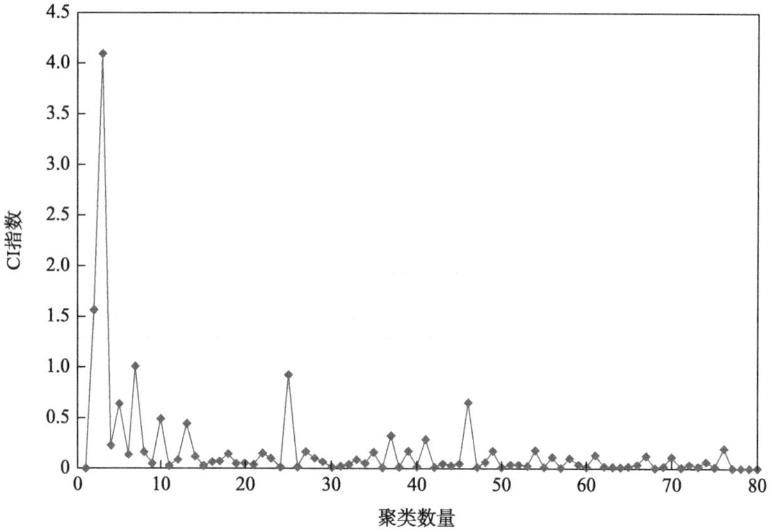

图 6-12　检索框架构建中的 CI 指数—X_1（k=168）

以 q=（0,…,0,'火灾',0,…,0）为原始检索式，得到检索框架的候选词语（表 6-3）。

表 6-3　检索框架构建实验结果

词空间	最优维度 k	聚类数量	检索式扩展词
X_0	128	49	火灾，工作，牧业，应急，动物，穿衣，过冬，灾害，雨雪，通信，支出，保障，人员，食品，失衡，维护，征购，卫生，形象，消息，高温，灾害，料及，事故
X_1	168	46	火灾，组织，异常，市场，事件，工作，应急，争购，牧业，储备粮，动物，除雪，救灾，截获，农业，灾害，停电，电网，民政厅，雨雪，通信，人员，文物，食品，卫生，科技，支出，保障，形象，高温，事故，气象，海上，震情，地震，新闻

从表 6-3 可以看出，加权后检索框架的候选词语涵盖应急预案的更多方面，能够初步提供较多信息，引导决策者改进检索。从 X_1 对应的候选词语中，手动挑选具有代表性的词语填充检索框架可以改进检索式。例如，选择 q_1=(0,…,0,'组织',0,…,0)，q_2=(0,…,0,'人员',0,…,0)，q_3=(0,…,0,'通信',0,…,0)，q_4=(0,…,0,'高温',0,…,0)，q_5=(0,…,0,'电网',0,…,0)等，可以构建检索框架 $Q=\{q,q_1,q_2,q_3,q_4,q_5;M\}$。

第 7 章　基于流程建模的应急响应动态生成机制研究

我们在本章研究基于流程（工作流技术）的应急响应和处置方案生成机制。由于突发事件的情景信息随着救援行动的开展也在不断地发生着变化，我们研究有效表示救援过程的分阶段流程模型。按照应急突发事件发展顺序，将应急过程概念划分为应急监测、应急预警、应急响应、应急保障、后期处理五个部分。

通过基于工作流建模的应急响应动态生成机制，我们尝试设计应急知识管理的业务流程模型构建的框架。对应急响应业务流程的需求及流程进行描述和分析；使用 CPN Tools 工具，基于着色 Petri 网对各环节流程进行模型构建，并对模型进行详细分析。结合特重大火灾事故应急响应业务流程实例进行模型分析，利用 CPN Tools 对其相关行为属性进行验证，证明了所构建的模型不仅在逻辑上是有效的，而且是行为良好的，并运用随机 Petri 网工具进行性能分析。我们结合动态变化的问题环境，研究 Petri 网的柔性建模，运用模型的柔性变更技术实现动态的有效处置方案。

在一般情况下，突发事件的发生瞬间，危害程度提升至最大。伴随着受灾群众的自救活动，危害程度得到一定的缓解，但是毕竟自救能力有限，并且通过应急响应和应急保障行动的展开，灾害的危害程度也将呈现迅速下降趋势，一直到应急响应结束后进行后期处理工作。从情景—应对模式方面讲，应急监测属于整个过程的情景信息收集，出现异常情景信息时，导致应急预警，根据情景信息进行状态转移和工作流构建，应急响应与应急保障是在决策者掌握了大局的情景信息下所做的决策，根据建立的应急情景体系及模型，将情景信息进行形式化表示，决策者依据情景信息制定相应的应急响应，形成情景—应对模式中的协同合作模型。

7.1 基于着色 Petri 网的应急预案流程化建模

对应急预案的业务流程进行研究，进而对应急响应过程中各阶段的问题和细节进行建模和分析，是对应急预案流程静态特性的描述。对一个复杂系统流程进行建模必须考虑到其各个单元的可理解，以及可定量估算性，因此对应急预案流程化建模需要考虑以下两个问题：一是能准确地反映系统的特性，即要求流程模型必须能真实反映应急预案流程的工作机理，必须能使有关领域、人员共同接受和理解；二是将复杂问题简单化，即在不降低建模能力的前提下，增强模型的抽象功能，降低其复杂度。

7.1.1 应急预案业务流程模型构建与分析框架设计

应急预案事先定义了启动该预案的条件及处置的原则、应急组织结构、应急资源及事件处置流程。通过分析应急预案可以看出，预案解决了 Know-what、Know-why、Know-when、Know-where、Know-who，以及部分 Know-how 的知识，可以提供给决策者应对的静态信息，却无法具体清楚、准确地表述应急管理的整个流程、结果及相关经验，不利于决策者对全局的把握和对处置结果的评估。我们引入应急预案的形式化描述，将现实世界中的应急业务流程抽象出来，用一种形式化、计算机可处理的方式来表示，构建预案流程模型，反映系统的静态特性。在模型建立后，利用一种驱动运行的机制对系统的动态特性进行仿真分析和性质验证，同时从定量方面对模型进行性能分析和评价。

1. 应急预案业务流程模型构建与分析框架

正如前文中提到的，本书主要就基于 Petri 网的应急预案业务流程模型构建和分析进行研究，属于 Petri 网与系统建模结合实现的过程。需要先提出基于 Petri 网的模型构造方法及分析验证技术等。因此，在综合考虑应急预案业务流程特点与 Petri 网建模理论的前提下，本书设计模型构建与分析框架包含以下组成部分。

1）应急预案业务流程需求分析

根据突发事件的分类，应急预案可以分为自然灾害类应急预案、事故灾难类应急预案、公共卫生事件类应急预案和社会安全事件类应急预案，并且每类预案还面向不同的对象及由不同的原因造成；除此之外，每个应急预案本身也涉及多个方面和层次的内容，因此对各级各类应急预案进行统一的业务流程模型构建是一个非常复杂的过程。在对流程进行分析建模之前，必须对各类应急预案进行分析总结，提炼出应急处置工作的共性和原则等。

2）业务流程设计

根据对各级各类应急预案内容的分析和提取，从信息处理的角度研究应急预案的业务流程，可将应急预案分成预警、应急响应和处置、后期处置三大流程，其中还可以继续细分若干个子流程，通过层次建模的方法对应急预案的业务流程进行分析。本书在 7.1.2 小节和 7.1.3 小节讨论该部分内容。

3）着色 Petri 网模型构建

在业务流程设计的基础上，利用着色 Petri 网的层次化建模方法，在应急预案业务流程模型构建原则的指导下，首先构造出系统流程的整体模型，再利用自顶向下的开发方法逐步对模型进行精化。着色 Petri 网层次模型的构建在 7.1.4 小节进行分析。

4）模型实例分析与性质验证

在应急预案层次化业务流程模型构建完成的基础上，引入相关类型应急预案实例进行分析，并利用着色 Petri 网的创建分析工具 CPN Tools 的状态空间分析工具对模型进行全状态空间分析，在此基础上对模型的行为属性进行验证分析，从而证明应急预案业务流程逻辑上的合理性。对于这个问题，本书在 7.1.4 小节予以讨论。

5）模型性能评价分析

在完成模型定性分析之后，我们要考察工作流程的性能，深入地分析评价与应急工作相关的主要性能指标，从而评价流程的优劣，如库所繁忙和空闲的概率等。对模型进行性能评价分析必须在前期模型构建、合理性验证工作完成之后进行，根据实际应急处置案例的相关数据，为模型引入随机时间，从而将变迁的激发实施与时间信息较自然地联系起来，如图 7-1 所示。在此基础上，采用马尔可夫随机过程评价方法从定量方面对模型进行性能指标评价和分析。

2. 应急预案业务流程模型构建原则与思路

由于应急预案涉及的内容过多，其业务流程比较复杂，涉及大量信息的描述，在对其构建模型时考虑如下的设计原则。

（1）自顶向下的分层建模原则。为了避免模型构建的复杂性，本书采用类似结构化程序设计中“自顶向下，逐步求精”的模型设计方法，即将复杂、大的问题划分为小问题，找出问题的关键、重点所在，然后用精确的思维定性、定量地去描述问题。在自顶向下的开发模式中，可将一个着色 Petri 网分解为多个足够小和易于细化的模型，称为子模型。在层次着色 Petri 网中，替代变迁和融合库所一起提供了将着色 Petri 网分解为子模型的强大能力。本书首先建立系统业务流程的整体抽象模型，从宏观上把握应急预案业务流程的全貌；其次，在整体模型中利

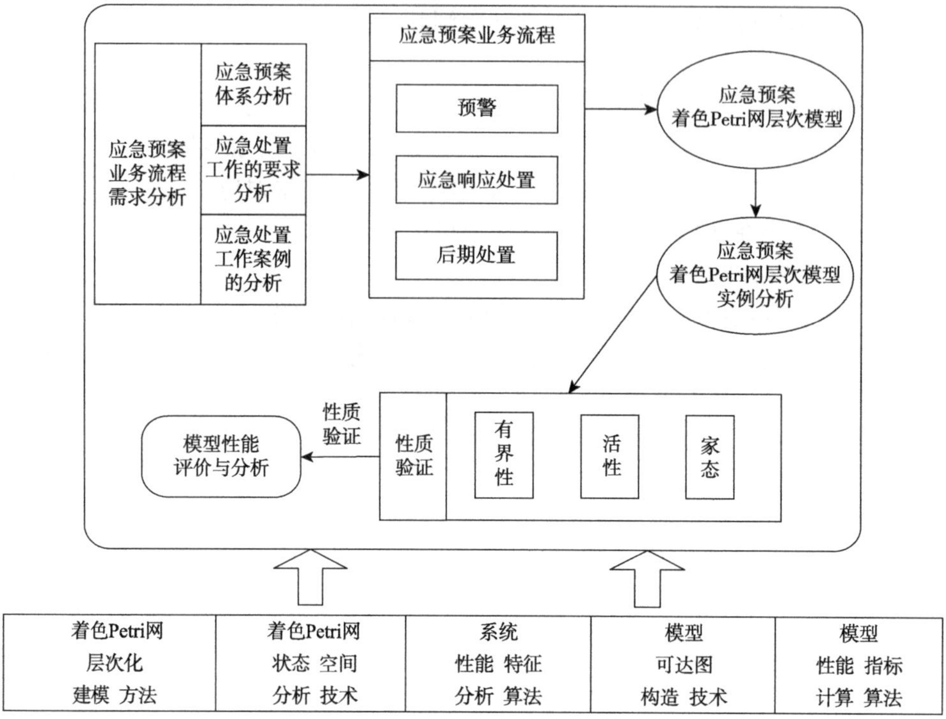

图 7-1 模型的构建与分析框架

用着色 Petri 网中替代变迁的概念，将子处理流程分别抽象出来，直到所有的子系统都可以用着色 Petri 网简单方便地建模。直观意义上来说，就是将整体抽象的系统分解为子系统，拆分为多个构建块，每一个细分的构建块关联对应一个独立的页面，以对流程进行更为详细的描述。

（2）充分整合原则。在整个突发事件处理过程中，需要多方面的协助和支持，应急指挥工作就需要发挥统一而整体的功效。在设计流程模型之前，基本工作之一就是要将应急预案里涉及的内容进行充分整合，以保证整个流程相对高度统一、有效配合、快速反应，形成应对突发事件的整体合力。因此，本书在整合各项应急工作时，着重突出在应急过程中占主导地位的环节，包括预警、应急响应和处置及后期处置三个重要流程，本书以下内容都基于这三个环节的业务流程进行讨论和分析。

（3）模型简化原则。由于应急预案涉及的类型很多，每一类型的救援调度决策过程都十分复杂，一般的建模方式无法详细表示各业务模型的关系，可能还会使模型的复杂性大大增加。本书利用着色 Petri 网的“颜色”特性，将系统中表示相同行为特征的元素归于一个库所节点或一个变迁节点，大大简化流程模型的结构。

在模型构建完成后，需要对模型进行性质验证。此时我们利用着色 Petri 网的构建分析工具 CPN Tools 生成和分析模型的状态空间，通过状态空间分析报告中状态空间信息和相关属性信息实现对模型的验证分析。在完成对模型进行定性分析的基础上，对模型的性能评价研究是预案流程化研究的又一个重要的研究内容，模型性能评价研究主要考察工作流程的性能，其重点在于分析一些主要性能指标。本书利用随机 Petri 网在系统性能评价中的应用技术，结合应急业务流程处理的特点，给出基于 Petri 网的应急预案业务流程模型的性能分析算法，并对案例模型进行分析评价。

7.1.2　应急预案业务流程需求分析

1. 应急预案业务流程需求来源

本章主要以突发公共事件总体应急预案体系为背景，对应急预案的业务功能进行需求分析和描述，对相关业务流程进行分析和设计，主要以应急处置工作为重点。本小节内容对应急预案业务流程需求来源做简单介绍。

1）突发公共事件应急预案体系分析

为了加强应急体系建设和应急管理工作的重要性，国家把保障人民群众利益和生命财产安全作为应急管理的首要任务，贯彻居安思危、预防为主的方针，国务院和各省级政府有力地推动了全国突发公共事件应急预案制订、修订工作的开展。国家突发公共事件应急预案体系主要包括两大类：一是国家突发公共事件总体应急预案、专项应急预案和部门应急预案；二是各省（区、市）突发公共事件总体应急预案、专项应急预案和部门应急预案，专项应急预案又包括自然灾害、事故灾难、公共卫生事件和社会安全事件四大类，应急预案作为对突发事件应急响应知识的总结，对指导应对突发性紧急事件有很大的指导作用。纵观收集到的 8 000 多套国内应急预案，尽管应急预案随事故类型和影响范围而异，但各类非常规突发事件应急预案一般都由类似的要素组成。一般情况下应急预案包括 8 个方面的内容。

（1）突发公共事件范围和分类分级，包括预案体系的构成和工作原则。

（2）应急组织机构和职责，包括应急处置队伍的指挥和专家组的作用。

（3）突发公共事件检测与预警，包括预测与预警系统、预警级别及信息发布。

（4）突发公共事件信息报告，包括信息的收集、分析和通报。

（5）突发公共事件应急处置，包括先期处置，分级响应、指挥协调、现场救助和应急结束。

（6）应急保障措施，主要包括财力保障、医疗卫生、物资保障、交通运输、通信与信息、人员防护、社会治安等。

（7）恢复与重建，包括善后处置、调查评估和恢复工作。

（8）应急预案监督与管理，包括预案演练、培训教育、责任与奖惩及预案更新等。

本书主要以上述内容中应急预警、应急响应、后期处理等几部分工作为主要研究对象，展开流程分析的工作。

2）应急处置工作的要求分析

由于不同类型突发事件具有不同的特点，相应的应急处置工作的要求也不尽相同，但总体来说包括以下几个要求。

（1）迅速启动应急响应。突发事件的发生就在分秒之间，而且很多突发事件不仅发生突然而且扩散迅速，瞬时就有可能造成巨大的危害。因此，必须对突发事件做出最快速的响应，及时迅速地组织和实施应急救援，尽可能避免和减少损失。

（2）准确有效地开展救援工作。突发事件可能由各种原因造成，也极有可能造成众多人员伤亡和其他较大社会危害。因此，在发生事件时应在迅速、及时的基础上，准确有效地从各方面开展各项应急处置工作，做到速度和效率的统一。

（3）各组织部门协调统一，每一个类型突发事件的应急救援都是一项涉及面广、专业性强的工作，靠某一个部门是很难完成的。因此，必须在短时间内把各方面力量组织起来，形成统一的救援指挥部门，在指挥部门的统一指挥下，各部门密切配合，协同工作。

3）应急处置工作案例的分析

应急管理是研究一项综合性很强的工作，仅仅研究专业应急知识和方法是远远不够的。只有将专业的应急管理知识和技巧与实践分析相结合，才能从中总结出一般性的规律。本书对应急预案业务流程的建模分析也借鉴了已经发生的各类事件案例的处置过程，从中汲取应急预案应对突发事件的经验和教训，从而全面把握各级各类突发事件应急预案。

2．应急预案业务流程分析

根据上述对应急预案流程需求来源的分析，应急预案总体业务流程如图 7-2 所示。

当突发事件发生后，应急指挥平台统一接警，并对事件信息及事件发生的环境信息进行记录。对事件信息进行初步综合判断和分析后，确认事件的类型、事件发生地点和严重程度，确定事件级别。在进行先期处置的同时，及时将情况报告给上一级应急指挥中心。相关部门迅速了解事件现场情况后，果断采取应急工作措施，立即启动应急机制，指挥相关单位迅速调集人员、装备赶赴现场，投入救援工作。并在必要时请有关专家参与应急处置指挥和现场指导。

在应急指挥中心的统一协调下，各有关部门各司其职，实施救援和事件处理，并将事件现场情况及时反馈给应急指挥中心，以便应急指挥中心能够及时修正救

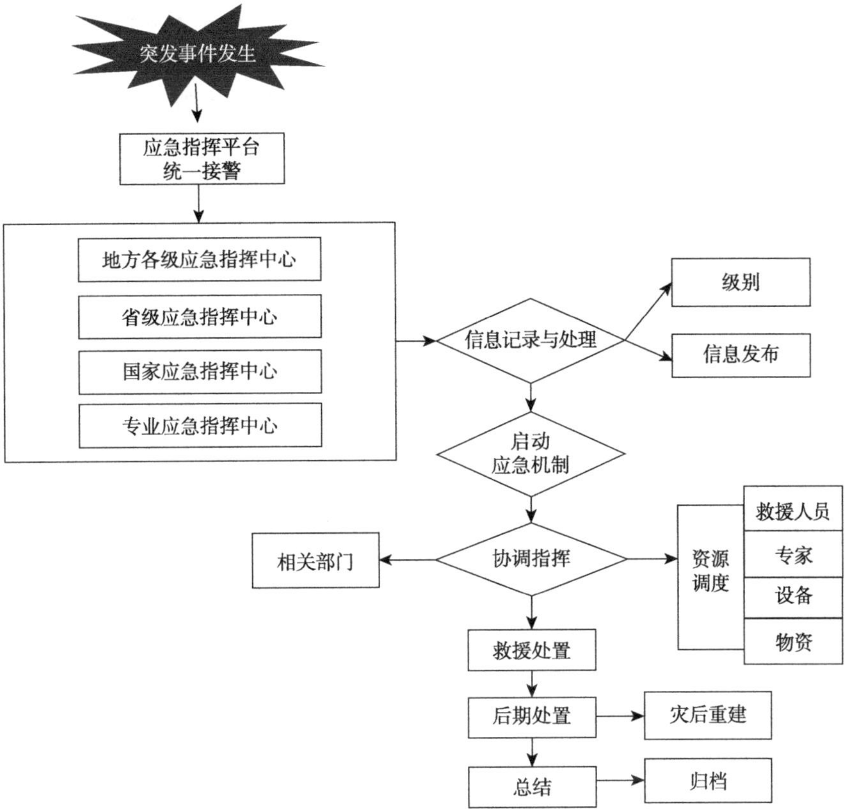

图 7-2　应急预案总体业务流程

援方案。在现场救援结束后，迅速全力组织安置和救助受灾群众，进行现场有害物质的清理，并按照国内突发公共事件新闻报道工作的有关要求，协调组织采访和新闻发布工作。

在应急状态结束后，进入突发事件后期处置阶段。后期处置主要包括灾后重建、组织社会救助及保险等工作，并将整个应急处置情况总结归档，为下一次同类型突发事件的应急处置工作提供参考。

7.1.3　应急预案主要业务流程设计

对应急预案进行建模是一个极其复杂的过程，其复杂性主要表现在以下三个方面。

（1）应急预案分为多种类型，包括自然灾害类、事故灾难类、公共卫生事件类、社会安全事件类等，其中每一大类还包含各种子类型；并且根据各省（区、市）的情况不同，各级人民政府及相关部门还分别制订了本行政区域内的应急预案；除此之外，根据可能的事故后果的影响范围及应急方式，突发事件应急预案还可分为各种级别。每种类型、级别的应急预案分别适用于不同情况，并各自具有不同特点，因此不利于统一的形式化建模。

（2）应急预案涉及的内容比较多，包括人员资源的配置、各部门之间的配合、组织结构的确定、责任部门的分配等多方面的内容，增加了建模的难度。

（3）目前学术界还没有建立应急预案的理论框架，对于一个编制完成的应急预案，经常利用演习的方式来检验应急预案的可操作性及正确性。但是，预案的演习不能完全验证应急预案的适用性和正确性，而且在实际应急响应中很难完全按照应急预案执行规定的操作指令，因此根据应急预案的内容很难深入地对应急业务流程进行分析及形式化的描述。

为了简化建模过程，突出重点内容，本书结合实际突发事件案例的分析，对应急预案内容中处置工作的基本流程进行建模，提炼出各级各类预案及各类事故救援工作中共性的内容。不考虑组织结构及责任部门的分配等内容，只是从信息处理的角度研究应急预案的基本业务流程，因此从应急处置流程的四个子流程，即预警流程、专家决策流程、应急救援处置流程及后期处置流程对应急预案业务流程进行分析。

1. 预警流程

预警流程是突发事件发生并接到报警后启动应急管理工作的第一道程序，通过及时的信息上报和通告、快速的先期处置及预案启动等来达到及时有效地控制事态的蔓延扩散，减少人员伤亡和财产损失的目的。因此，预警工作是否完善直接影响救援处置及事故影响程度。图 7-3 是应急预案业务流程中的预警流程。

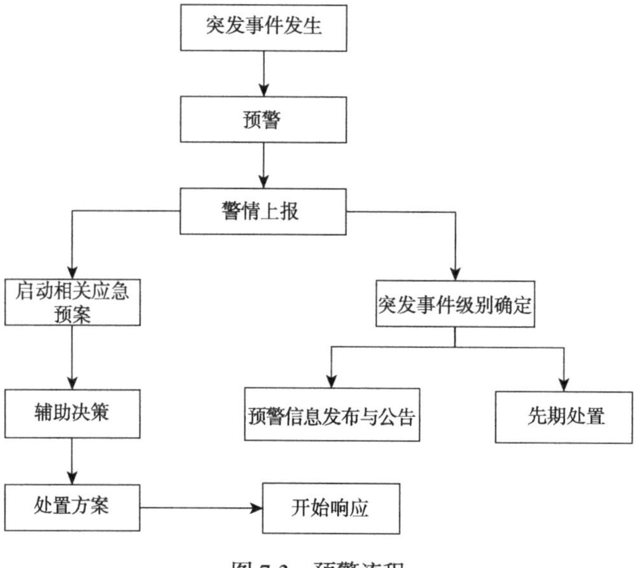

图 7-3　预警流程

（1）预警。预警环节主要是完成对各种形式报警事件的接收，并形成统一格式的接警处理。其主要包括预警事件的事件内容、时间和准确地址等信息。

（2）警情上报。完成突发事件信息的上报，主要包括现场态势、人员伤亡、周边环境影响等情况。上报对象为相关事件专项应急指挥部，为进一步的应急响应工作提供决策支持。

（3）突发事件级别确定。警情上报后，各相关部门根据突发事件的性质，可能造成的人员伤亡和财产损失的数量，受事件影响的范围等，按照特别重大、重大、较大及一般四个等级确定突发事件级别，并交由各级政府及行政部门签发和发布。

（4）预警信息发布与公告。预警信息的发布、调整和解除可通过广播、电视、报刊、通信、信息网络、警报器、宣传车或组织人员逐户通知等方式向居民提供紧急事件的态势及预防信息。对老、幼、病、残、孕等特殊人群及学校等特殊场所采取特别针对及有效的通告方式。

（5）先期处置。本环节要求当地政府及突发事件相关部门迅速调集人力、物力，尽快判明事件性质和危害程度，及时采取相应的处置措施，全力控制事态的发展，减少财产损失和社会影响，并及时将有关事态发展情况向上级应急指挥中心报告。

（6）启动相关应急预案。根据事件的不同性质和级别，迅速启动相关应急预案。

（7）辅助决策。本环节主要是完成突发事件警情分析、预案分析、态势分析及发展趋势预测、专家讨论，最终生成方案。图 7-4 是预警流程中的辅助决策子流程。

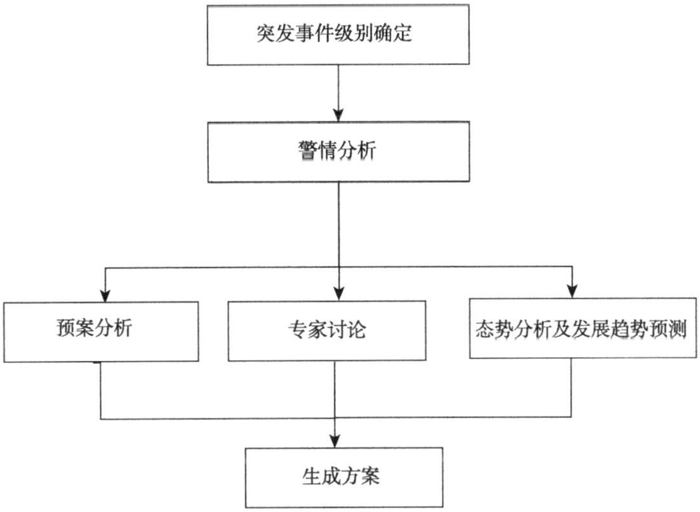

图 7-4　辅助决策子流程

图 7-4 中各模块的具体含义如下。

警情分析：对突发事件的时间、地点、原因及突发事件性质、周围环境进行分析。

预案分析：对相关的应急预案进行分析，并根据应急预案对突发事件进行分析，为行动方案的形成提供有效的指导和规范。

态势分析及发展趋势预测：根据突发事件现场的实时监控和发展信息，对事件的性质、人员伤亡情况进行分析，以及对事态的发展趋势做出预测。

专家讨论：迅速召开相关领域专家的讨论会议，以应急预案内容及事态发展情况和趋势为基础，进行讨论和商定，快速制订解决方案。

生成方案：根据以上分析和讨论，最终生成事件的解决方案。

2. 应急响应和处置流程

应急响应和处置阶段是在突发事件发生并已经预警后，各项现场应急救援和管理活动的展开，图 7-5 为该阶段的业务流程。

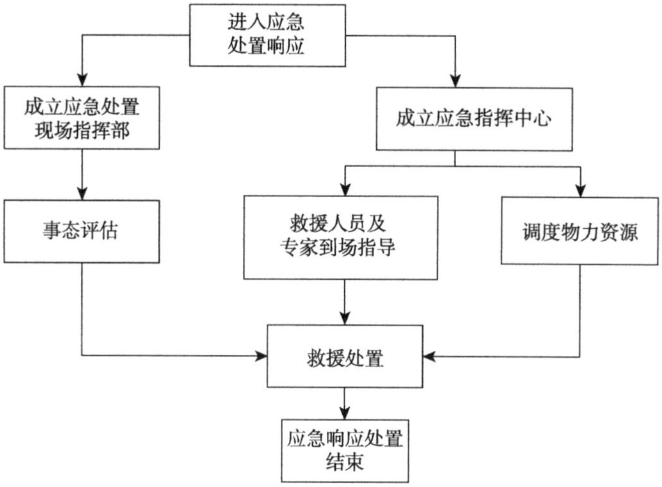

图 7-5　应急响应和处置流程

（1）成立应急处置现场指挥部。非常规突发事件发生后，应成立应急处置现场指挥部，省级应急指挥中心相关领导、突发事件所在地应急指挥中心负责人员及相关人员和相关专家，迅速赶往事发现场，负责或参与指挥决策、参谋作业和信息保障等工作。

（2）事态评估：应急处置现场指挥部和工作人员根据现场救援工作进展情况完成对突发事件态势的评估，并根据人力、物力等具体情况分析是否需要扩大应急预案的可行性和必要性。

（3）救援处置：在应急指挥中心的统一调度指挥下，开展应急处置工作，听取专家意见，并协调相关成员单位开展救援工作。

3. 后期处置流程

应急响应和处置工作完成以后，需要进行一系列的善后救助工作。图 7-6 是应急预案业务流程中的后期处置流程。

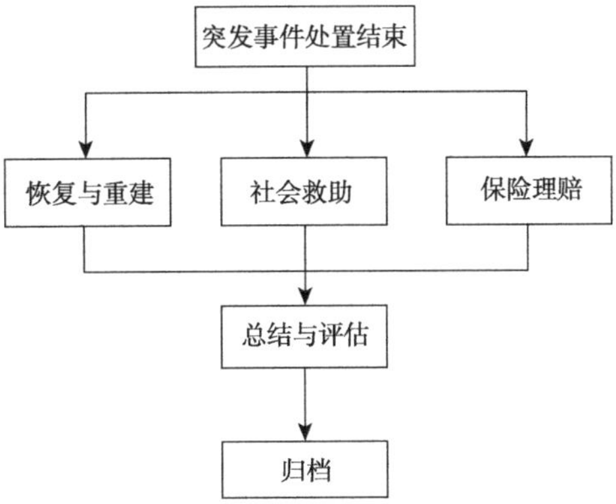

图 7-6　后期处置流程

（1）恢复与重建。灾害事故发生后，各级政府和有关部门应迅速采取措施，救济救助灾民，恢复正常的经济社会秩序。恢复重建子流程具体包括如下几个方面（图 7-7）。

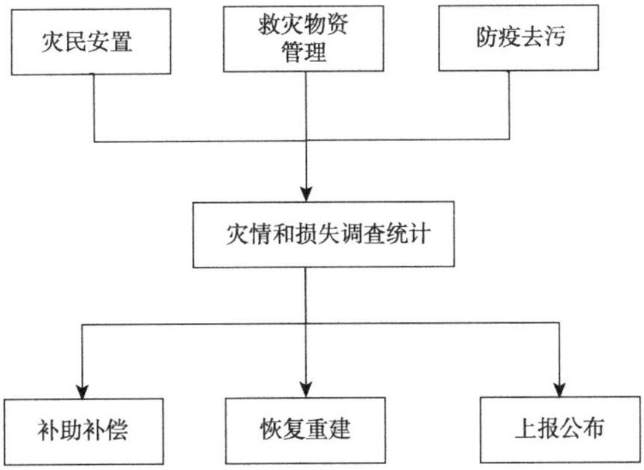

图 7-7　恢复重建子流程

灾民安置：该环节主要完成灾民安置工作，确保灾民的基本生活，并做好灾民及其家属的安抚工作。

救灾物资管理：完成救灾物资的接收、发放、使用与管理工作。

防疫去污：完成灾害事故现场的消毒与疫情的监控工作。

灾情和损失调查统计：及时展开调查统计灾害事件影响范围和受灾程度等工作，正确评估、核实灾害事件所造成的损失情况，以便向社会公布。

补助补偿：对突发事件中的伤亡人员、应急处置工作人员，以及紧急调集、征用有关单位及个人的物资，按规定给予抚恤、补助或补偿。

恢复重建：在对受灾情况、重建能力及可利用资源评估后，尽快完成灾后重建和生产、生活的恢复工作。

上报公布：对调查统计的损失情况及受灾程度向上级部门和社会公布。

（2）社会救助。根据救灾工作需要，本环节完成组织动员全社会各界开展救灾捐赠活动，并按有关规定负责管理捐赠物资的接收、分配、运输、发放工作。

（3）保险理赔。保险机构在第一时间对突发事件造成的损失进行评估、审核和确认，依法抓紧时间进行理赔，并鼓励灾害事件责任单位、各级政府、保险公司和群众积极参与灾害事件保险。

（4）总结与评估。在所有的工作结束后，应急管理办公室及时组织评估调查工作，进行全面总结与评估。

（5）归档。将总结评估工作进行归档。

7.1.4 基于着色 Petri 网的应急预案流程化建模

1. 整体流程

在上述基于流程建模的原则讨论中，我们建立基于着色 Petri 网的应急预案整体业务流程模型，如图 7-8 所示。在此基础上利用着色 Petri 网中的层次化概念——替代变迁来对每一个子流程逐步精化。

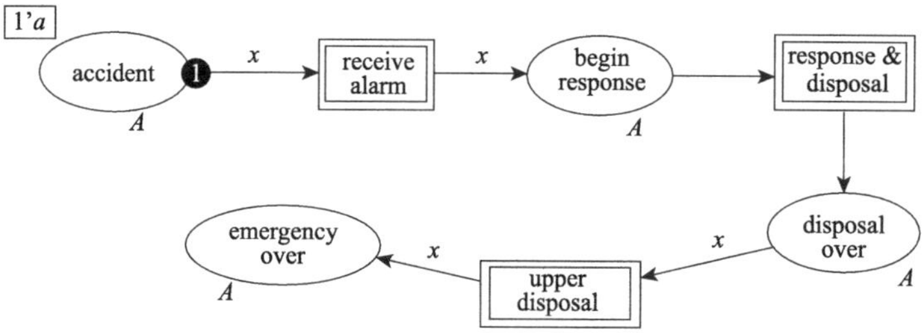

图 7-8 基于着色 Petri 网的应急预案整体业务流程模型

1）模型描述

根据前文对应急预案主要业务流程的分析，整体业务流程主要包括预警、应急响应和处置、后期处置三个主要流程。我们运用着色 Petri 网理论根据方案设计，建立基于着色 Petri 网的应急预案业务抽象逻辑处理流程的整体模型，随后用替代变迁表示这三个子流程，便于后面对子流程进一步地细化。如图 7-8 所示，receive alarm、response & disposal、upper disposal 三个替代变迁分别表示预警、应急响应和处置、后期处置三个阶段。由于应急预案表示的是对突发事件的处置计划，因而在整体业务流程中，所有事故被染成一种颜色；为模拟模型的运行，设置库所 accident 的初始标识，如旁边的圆圈所示（图 7-8）。模型中另三个库所 begin response、disposal over 和 emergency over 表示的是突发事件当前所处的状态：开始应急响应和处置，应急响应和处置结束、整个应急工作结束三个状态。

2）声明颜色集及变量

如图 7-9 所示，颜色集 A 用来代表突发事件，用 a 标识，其维度为 1 和 0，即 1 表示有突发事件发生，0 代表无突发事件发生。为了方便后面对模型进行仿真分析，此处将库所 accident 的初始标识标为 1。变量 x 属于颜色集 A。

▼ Declarations

▼ colset A =with a;

▼ var x：A;

图 7-9　整体业务流程模型颜色集及变量声明

3）模型的库所与变迁的说明

模型的库所与变迁说明见表 7-1。

表 7-1　整体流程着色 Petri 网模型的库所与变迁说明

库所	颜色集	说明	变迁	说明
accident	A	突发事件	receive alarm	预警
begin response	A	开始应急响应和处置	response & disposal	应急响应和处置
disposal over	A	应急响应和处置结束	upper disposal	后期处置
emergency over	A	整个应急工作结束		

2. 预警流程

如前文所述，预警流程主要完成的是警情上报、突发事件级别确定、先期处置及辅助决策等问题。如图 7-10 所示，模型中仍有一个替代变迁 expert decision，用来表示辅助决策流程，随后会在子模型中详细表示该过程的业务流程。

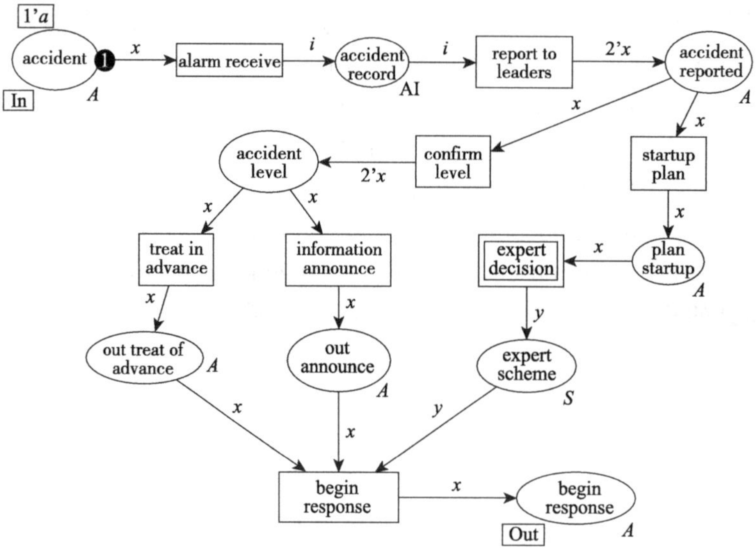

图 7-10 基于着色 Petri 网的应急预案接警业务流程模型

1）模型描述

库所 accident 仍然表示各种预警突发事件，因此还是染上同一种颜色 A，并通过变量 x 的不同绑定来表示不同突发事件的发生。在预警的同时记录下突发事件信息，用库所 accident record 表示，然后报告给上级指挥部门，用变迁 report to leaders 表示；随后根据突发事件信息记录确定突发事件级别，用库所 accident level 表示，同时启动相关应急预案；确定突发事件级别后立刻启动先期处置，用变迁 treat in advance 表示，并对外通告相关信息，用变迁 information announce 表示；启动相关应急预案的同时进入辅助决策子流程，从而产生专家解决方案 expert scheme，随即进入应急响应和处置流程。

2）声明颜色集和变量

如图 7-11 所示，颜色集 A 表示各类预警突发事件；枚举颜色集 AI 表示突发事件信息，并看成一类资源，用 ai 标识；同样枚举颜色集 S 表示辅助决策流程生成的专家决策方案，用 s 标识，同样视为一类资源来处置。变量 x、i、y 分别属于颜色集 A、AI 和 S。

▼ Declarations
- ▼ val n=4;
- ▼ colset A=with a;
- ▼ colset AI=with ai;
- ▼ colset S=with s;
- ▼ var x: A;
- ▼ var i: AI;
- ▼ var y: S;

图 7-11 预警业务流程模型颜色集和变量声明

3）预警流程模型的库所与变迁说明

预警流程着色 Petri 网模型的库所与变迁说明见表 7-2。

表 7-2　预警流程着色 Petri 网模型的库所与变迁说明

库所	颜色集	说明	变迁	说明
accident	*A*	突发事件	receive alarm	预警
accident record	AI	突发事件信息	report to leaders	向上级部门报告
accident reported	*A*	突发事件已上报	confirm level	确定突发事件级别
accident level	*A*	突发事件已确定级别	startup plan	启动相关应急预案
out treat of advance	*A*	突发事件完成先期处置	treat in advance	先期处置
out announce	*A*	突发事件完成信息通报	information announce	对外通告信息
plan startup	*A*	突发事件启动相关应急预案	expert decision	专家决策
expert scheme	*S*	专家解决方案	begin respond	开始应急响应和处置
begin response	*A*	突发事件开始进入应急响应和处置		

3. 辅助决策子流程

图 7-10 中替代变迁 expert decision 的详细子流程如图 7-12 所示。该阶段主要通过预案分析、专家讨论、态势分析及发展趋势预测，综合生成一个辅助决策的计划方案，用以指导应急响应和处置工作。

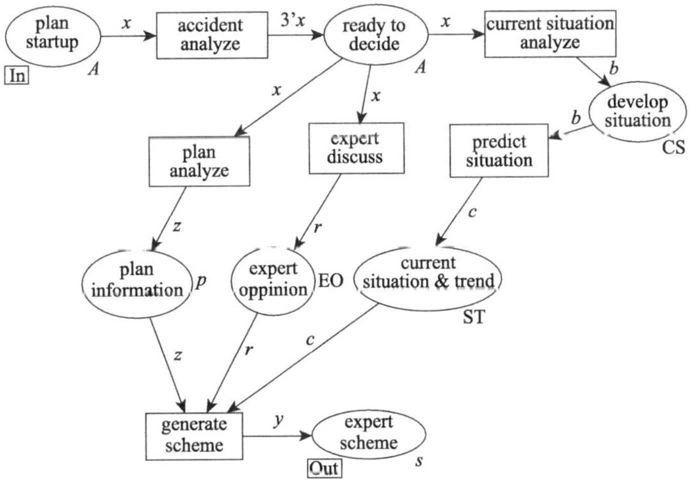

图 7-12　基于着色 Petri 网的应急预案辅助决策子流程模型

In表示入口；Out表示出口

1）模型说明

启动相关预案之后，先对突发事件进行简单分析，用变迁 accident analyze 表示。随后进入决策阶段，包括预案分析，用变迁 plan analyze 表示；专家讨论用变迁 expert discuss 表示，以及对态势及发展趋势进行分析，分别用变迁 current situation analyze 和 predict situation 表示。之后根据这三者的分析结果生成方案，用变迁 generate scheme 表示。

2）声明颜色集和变量

如图 7-13 所示，颜色集 A 表示突发事件，CS 表示突发事件现在的发展态势，用 cs 标识，看成一类资源；颜色集 P 表示相关应急预案信息，EO 表示专家的讨论意见，ST 表示突发事件态势及发展趋势，分别用 p、eo 和 st 标识；颜色集 S 表示生成的决策方案，用 s 标识。变量 x、b、c、z、r 和 y 分别属于颜色集 A、CS、ST、P、EO 和 S。

```
▼ Declarations
  ▼ colset A=with a;
  ▼ colset CS=with cs;
  ▼ colset P=with p;
  ▼ colset EO=with eo;
  ▼ colset ST=with st;
  ▼ colset S=with s;
  ▼ var x: A;
  ▼ var b: CS;
  ▼ var c: ST;
  ▼ var z: P;
  ▼ var r: EO;
  ▼ var y: S;
```

图 7-13　辅助决策子流程模型颜色集和变量声明

3）辅助决策子流程模型的库所与变迁说明

辅助决策子流程着色 Petri 网模型的库所与变迁说明见表 7-3。

表 7-3　辅助决策子流程着色 Petri 网模型的库所与变迁说明

库所	颜色集	说明	变迁	说明
plan startup	A	突发事件已启动相关应急预案	accident analyze	突发事件分析
ready to decide	A	开始决策	current situation analyze	现场态势反馈
develop situation	CS	突发事件发展态势	plan analyze	预案分析
plan information	P	相关应急预案信息	expert discuss	专家讨论
expert opinion	EO	专家意见	predict situation	发展趋势预测
current situation & trend	ST	突发事件态势及发展趋势	generate scheme	生成方案
expert scheme	S	专家意见		

4. 应急响应和处置流程

图 7-14 表示的是基于着色 Petri 网的应急预案应急响应和处置流程模型。应急响应和处置阶段是应急预案业务流程中的核心部分，完成现场救援处置工作。

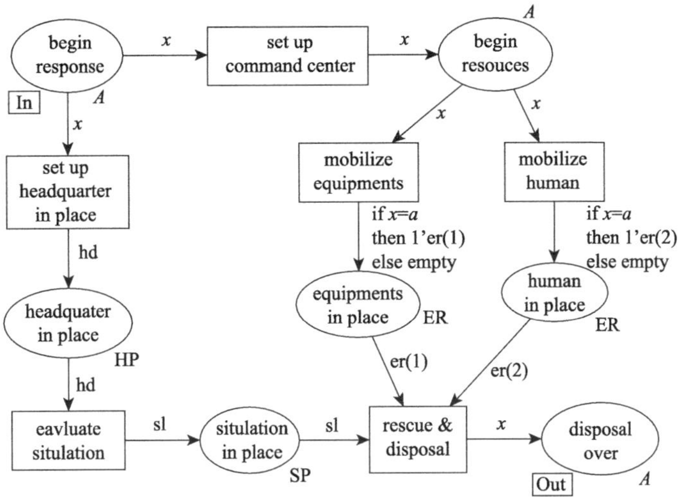

图 7-14　基于着色 Petri 网的应急预案应急响应和处置流程模型

1）模型描述

突发事件进入应急处置响应阶段后，同时成立应急处置现场指挥部和应急指挥中心，分别用变迁 set up headquarter in place 和变迁 set up command center 来表示；应急处置现场指挥部在组织救援工作的同时，实时对现场突发事件情况发展态势的监督评价，以及判断是否需要扩大应急预案，用变迁 evaluate situation 来表示；应急指挥中心负责组织相关部门调度人力、物力资源，以支持救援处置工作，分别用变迁 mobilize human 和变迁 mobilize equipments 来表示；最后一起进入救援处置工作，用变迁 rescue & disposal 来表示。

2）声明颜色集和变量

如图 7-15 所示，为了描述该流程的功能，需要定义四种颜色集。颜色集 A 表示不同类型的突发事件，用 a 来标识；HP 表示应急处置现场指挥部，颜色集 SP 表示现场评估的态势，分别用 hp 和 sp 表示；这里着重强调枚举颜色集 ER，ER 表示资源，用 er 标识，这里设定应急救援处置过程中需要调度两种资源，用 n−2 表示，ER 的不同取值即代表不同的资源种类，er（1）表示物力资源，er（2）表示人力资源。变量 x、hd 和 sl 分别属于颜色集 A、HP 和 SP。

```
▼ Declarations
  ▼ val n=2;
  ▼ colset A=with a;
  ▼ colset HP=with hp;
  ▼ colset SP=with sp;
  ▼ colset ER=index er with 1,2,…,n;
  ▼ var x: A;
  ▼ var hd: HP;
  ▼ var sl: SP;
```

图 7-15　应急响应和处置流程模型颜色集和变量声明

3）应急响应和处置流程模型的库所与变迁说明

应急响应和处置流程着色 Petri 网模型的库所与变迁说明见表 7-4。

表 7-4 应急响应和处置流程着色 Petri 网模型的库所与变迁说明

库所	颜色集	说明	变迁	说明
begin response	*A*	突发事件开始进入应急处置响应	set up headquarter in place	成立应急处置现场指挥部
headquarter in place	HP	应急处置现场指挥部	set up command center	成立应急指挥中心
situation in place	SP	突发事件现场态势	evaluate situation	事态评估
plan information	*P*	相关应急预案信息	mobilize human	救援人员及专家到场指导
begin resources	*A*	开始调度资源	mobilize equipments	调度物力资源
equipments in place	ER	资源（物力）	rescue & disposal	救援处置
human in place	ER	资源（人力）		
disposal over	*A*	应急响应处置结束		

5. 后期处置流程

应急后期处置主要是在完成应急响应和处置工作后，完成相关的恢复与重建、总结与评估等的工作。如图 7-16 所示，模型中的替代变迁 resume & reconstruct 表示的是恢复与重建子流程，同样随后会在子模型中详细描述恢复与重建的业务流程。

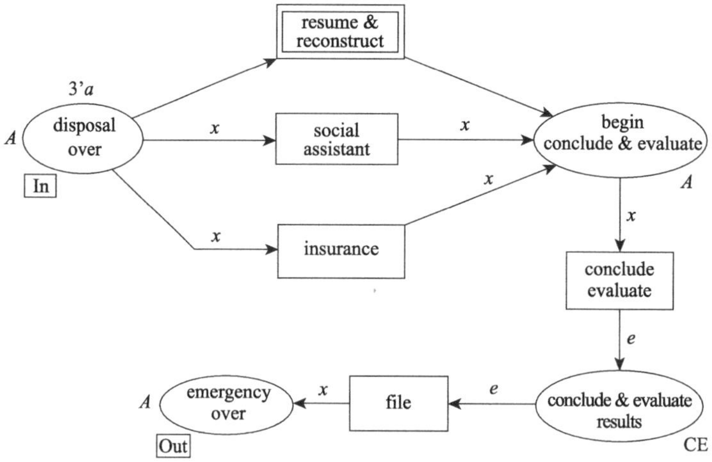

图 7-16 基于着色 Petri 网的应急预案后期处置流程模型

1）模型描述

库所 disposal over 表示的是应急响应和处置过程结束后的突发事件，因此还是染上颜色 *A*，并开始进入后期处置阶段。在后期处置阶段，同时开展恢复与重建、社会救助及保险理赔等工作，分别用变迁 resume & reconstruct、social assistant 和 insurance 表示；随后进入总结与评估阶段，该阶段主要组织调查评估，用变迁 conclude evaluate 表示，并对突发事件的应急处置情况做出详尽的报告，报告用库所 file 表示；报告归档后整个后期处置过程结束，用库所 emergency over 表示。

2）声明颜色集和变量

如图 7-17 所示，颜色集 *A* 表示突发事件。颜色集 CE 表示对突发事件应急工作总结与评估的结果，用 ce 标识，变量 *e* 即属于该颜色集。

▼ Declarations
　▼ colset *A*=with *a*;
　▼ colset CE=with ce;
　▼ var *x*：*A*;
　▼ var *e*：CE;

图 7-17　后期处置流程模型颜色集和变量声明

3）后期处置流程模型的库所与变迁说明

后期处置流程着色 Petri 网模型的库所与变迁说明见表 7-5。

表 7-5　后期处置流程着色 Petri 网模型的库所与变迁说明

库所	颜色集	说明	变迁	说明
disposal over	*A*	应急响应结束事故	resume & reconstruct	恢复与重建
begin conclude &evaluate	*A*	事故开始总结评估	social assistant	社会救助
conclude &evaluate results	*A*	总结评估结果	insurance	保险理赔
emergency over	*A*	后期处置结束	conclude evaluate	总结与评估
			file	归档

6. 恢复与重建子流程

图 7-16 中替代变迁 resume & reconstruct 的详细子流程如图 7-18 所示。该阶段主要完成灾民安置、防疫去污等工作，并进行灾情和损失调查统计，在此基础上进行补助补偿和恢复重建工作。

1）模型说明

启动恢复与重建工作后，相关部门应当迅速采取措施，做好灾民安置工作，以尽快恢复正常的经济社会秩序，用变迁 victims allocation 表示；还要做好救灾物资管理工作，确保灾民的基本生活，用变迁 material management 表示；卫生部门还要完成现场的防疫去污工作，用变迁 epidemic prevention 表示。随后立即开展灾情和损失调查统计工作，以便及时进行恢复与重建、上报公布及补助补偿工作，分别用变迁 resume & reconstruct、assistant & compensate 及 announce 表示。

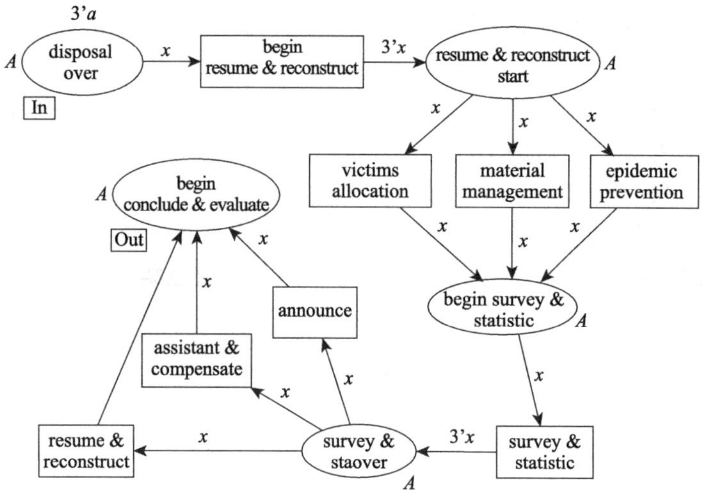

图 7-18　基于着色 Petri 网的应急预案恢复与重建子流程流程模型

2）恢复与重建子流程模型的库所与变迁说明

恢复与重建子流程着色 Petri 网模型的库所与变迁说明见表 7-6。

表 7-6　恢复与重建子流程着色 Petri 网模型的库所与变迁说明

库所	颜色集	说明	变迁	说明
disposal over	*A*	突发事件已启动相关应急预案	begin resume & reconstruct	启动恢复与重建
resume & reconstruct start	*A*	突发事件进入恢复与重建	victims allocation	灾民安置
begin survey & statistic	*A*	突发事件开始灾情和损失调查统计	material management	救灾物资管理
survey & staover	*A*	突发事件调查统计结束	epidemic prevention	防疫去污
begin conclude & evaluate	*A*	突发事件开始总结与评估	begin survey & statistic	开展灾情和损失调查统计
			resume & reconstruct	恢复重建
			assistant & compensate	补助补偿
			announce	上报公布

我们根据应急预案体系内容、应急处置工作要求及案例的分析结果，对应急预案业务流程的需求分析进行描述，在此基础上给出了应急预案的流程设计，对预警、应急响应和处置、后期处置三个流程，以及这三个流程中涉及的子流程进行了详细的描述。随后使用 CPN Tools 工具，对各流程进行基于着色 Petri 网模型的构建，并对模型进行了详细分析和描述，对其中用到的 CPN ML 语言和模型中各库所和变迁做了详细解释，为预案动态生成提供了基础支撑。

7.2　应急预案面向决策推理的修正机制

在构建的应急预案和案例表示结构基础上，进行有效的应急案例检索，如何将获取的应急方案通过合适的推理机制进行调整，以更加符合实际的决策需求就是需要我们进一步研究的问题。本章主要研究 CBR（case-based reasoning，基于案例推理）方法中案例修正及案例学习等在应急方案生成中的实现方式，并通过食品安全应急方案的实例来演示生成过程。

7.2.1　食品安全应急方案的修正

方案的修正指的是对相似案例进行修正以获取新案例解决方案的过程。能够进行修正的相似案例必须满足两个条件：一是目标案例及源案例之间的相似度必须大于相似度阈值；二是该相似案例的方案经过一定的评价方法判断存在不适用的情况。本节主要研究案例的修正如何进行，即食品安全应急方案的自修正方法。

在对食品安全应急目标案例进行检索之后，可获取到相似度足够高的案例，并将应急方案作为重要参考。根据 CBR 方法的内容，如何对食品安全应急方案进行修正，使其更加贴近实际的食品安全事件是实现应急方案生成的重要环节。

案例修正因其对领域知识的高度需求，一直以来是 CBR 方法中的一个难点问题。在大多数的研究中，案例修正并没有一个通用的方法，相当一部分案例修正采用人机交互的方式用人工进行修正，但这在一定程度上影响了决策系统的效率，而且一旦系统用户缺乏领域知识，则较难对应急处置方案合理地修正。为了实现食品安全应急方案的自动生成，本书结合食品安全应急案例表示的特点，利用差异驱动的方式来进行案例的修正，以通过案例库中案例所蕴含的知识来对案例进行初步的修正，以实现食品安全应急方案的自动生成。

目前主要有以下常用的案例修正方法。

（1）替代修正。其不改变案例解的结构，只修正对应的相应参数。

（2）结构化修正。该方法通过相应的修正规则，对案例解进行增加、删除等操作。

（3）组合式修正。当检索不到符合相似度阈值的案例时，可将案例拆分成若干个属性集，分开进行检索，并将其结果组合返回。

根据食品安全事件应急案例的表示结构，因其多不涉及定量参数，故本书将采用结构化修正和组合式修正相结合的方法，在检索到符合条件的相似案例之后进行案例的修正。需要注意的是，因为本书中设计的食品安全应急方案由多个解元素组成，这实际上也是运用替代修正来实现某一解元素的调用和激活。在修正的过程中，如何获取修改规则、具体如何修改都是案例修改模块不可规避的问题，这些也是本节要讨论的重点内容。

7.2.2　基于差异特征的食品安全应急方案修正算法

在食品安全事件应急方案生成中，对案例的修正实际上可以看作一系列修正操作的叠加，案例之间的关系可以用数学关系式表示为

$$C'=\alpha_n \times \alpha_{n-1} \times \cdots \times \alpha_2 \times \alpha_1 \times C \tag{7-1}$$

其中，C 为满足相似度阈值的相似案例；C' 为适用于目标案例的解决方案；α_i 为一系列修正算子，用于表示对相似案例的修正操作。在本书中对应急方案的修正操作可以定义为一系列修正规则。

对于具体的修正规则，目前可以由专家利用领域知识提前设置，也可通过对实际修正情况进行记录的方法。在修正规则的获取上，本书将粗糙集引入，利用其知识约简的功能，进行应急方案修正规则的抽取，从已存在的案例库中挖掘隐含的修正规则。采用基于差异特征的案例自修正方法，将相似案例中不满足相似度要求的特征值作为规则的前提条件，将应急方案的修正作为结论动作，实现食品安全事件之间的差异到应急方案的修正之间的转变。食品安全应急方案的修正流程如图 7-19 所示。

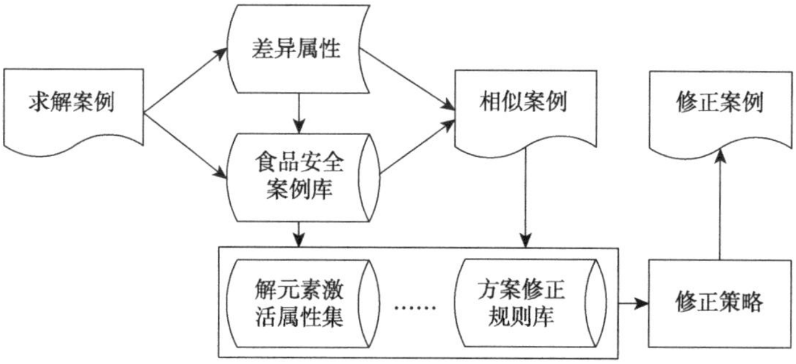

图 7-19　食品安全应急方案的修正流程

根据图 7-19，在进行案例修正时首先根据检索算法在食品安全案例库中获得相似案例集；其次，通过与最相似案例的对比获取差异属性；再次，将差异属性作为规则的前提条件，在食品安全案例库中挖掘相关的修正规则，对每个解元素形成相应的解元素激活属性集及方案修正规则库；最后，通过修正规则，对相似案例的应急处置方案进行相应的调整，即可得到修正完成的食品安全应急方案。

为了实现案例的修正，先给出差异特征及相似案例匹配空间的相关定义。

定义 7-1　相似案例集 $\mathrm{Retrs}(z)=\{u \in U \mid \mathrm{Retr}(u,z)\}$，其中 u 表示案例库，z 为

等待决策的目标案例，Retr(u,z)表示根据案例 z 的决策属性检索所得的相似案例 u。

定义 7-2　α 水平 Ω 匹配空间 $\mathrm{RetrS}_{\alpha}(\Omega)=\{u\in U \mid \mathrm{Retr}_{\alpha}(u,z)\}$，其中 Ω 表示匹配时所用到的属性空间。

定义 7-3　对于每个特征 $a_j(j=1,2,\cdots,m)$，定义特征 a_j 相似度要求范围 $V_j=\{\alpha_j,\beta_j\}$，$0<\alpha_j<\beta_j\leqslant 1$，若 $\mathrm{Sim}_j(u,z)\subseteq V_j$，则称 a_j 为相似度特征属性，若 $\mathrm{Sim}_j(u,z)\not\subset V_j$，则称 a_j 为差异特征属性。

定义 7-4　对于 $u\in \mathrm{Retrs}(z)$，根据相似度范围，定义 $\mathrm{DiffAttr}(u,z)=\{a_j\in C \mid \mathrm{sim}_j(u,z)\subseteq V_j\}$ 为案例间的差异属性集。

下面应用粗糙集理论来定义差异属性对于解元素的冗余性。

定义 7-5　对于食品安全知识表达系统 S，有 $P\subseteq C$，$Q\subseteq D$，$R\subseteq P$，由正域的定义，若 $\mathrm{Pos}_P(Q)=\mathrm{Pos}_{P-R}(Q)$，则称 R 对 Q 是冗余的，记作 $\mathrm{Surp}_P(R,Q)$。当 $Q=\{d\},d\in D$，$R=\{a\},a\in C$，则称属性 a 对于解元素 d 是冗余的，记作 $\mathrm{Surp}_C(a,d)$。

定义 7-6　定义解元素的非冗余属性空间 $\Omega_{d_i}=\overline{\Omega_n}$，其中 $\Omega_n=\{a\in C \mid \mathrm{Surp}_C(a,d)\}$。

根据上述定义，不难证明若差异属性与非冗余属性之间存在交集，则可根据所得属性集进行应急案例的修正。针对食品安全案例表达特点及求解模式，则对应的应急方案修正步骤如下。

步骤 1：根据输入条件进行检索，若检索到满足相似度阈值的案例，转入步骤 3，否则转入步骤 2。

步骤 2：将条件属性根据解元素划分为若干属性集，分别判断目标案例在各个属性集上与案例库的相似程度，若对于各个属性集均存在 $\mathrm{RetrS}_{\alpha}(\Omega)$，则进行组合调整，否则转入步骤 6。

步骤 3：根据检索到的案例，判断目标案例与源案例之间的差异属性，若存在，则构建差异属性集 DiffAttr(u,z)，并转入步骤 4，否则转入步骤 6。

步骤 4：根据 DiffAttr(u,z)，依次选取解元素 d_i，若 $\mathrm{DiffAttr}(u,z)\cap\Omega_{d_i}\neq\varnothing$，则根据相应修正规则对该解元素进行结构性修正，否则进行空调整。

步骤 5：若所有解元素均判断完毕，则转入步骤 6，否则 i=i+1，转入步骤 4。

步骤 6：采用人机交互的方式进行调整，结束。

7.2.3　基于粗糙集的食品安全应急案例修正规则挖掘

在上文所述的修正方案中，主要需要解决的问题包括非冗余属性集及相应修正规则的获取。关于非冗余属性集，可以采用基于粗糙集的知识约简方法来实现，本小节主要讨论食品安全应急案例修正规则的获取。

1. 相关定义

关于修正规则的获取，可采用人机交互的方式，由专家对食品安全事件中的应急处置方案进行相应的修正，并且将这些修正作为修正规则存储在修正规则库中。在领域知识缺乏的时候，想要获取修正规则，除了人机交互的方式，还可以对现有的案例库通过数据挖掘的方式提取可以应用于修正的规则，并将其存储在规则库中。本书将粗糙集理论引入，来进行修正规则的提取。

粗糙集理论用于规则挖掘的基本原理是通过属性的约简，约简冗余的决策属性并归纳出决策规则。需要说明的是，食品安全应急案例虽存在信息不完备的情况，但不完备信息系统规则的抽取复杂度较高，且有些数据的缺失对决策规则的影响较大，故本书先将不完备信息补齐，再进行规则的抽取。这里继续引用上文关于粗糙集的定义，并增加如下定义。

定义 7-7 在决策表 S 中，对于 $\forall x \in U$，用 d_x 表示决策规则，即 $d_x = \mathrm{des}([x]_C) \Rightarrow \mathrm{des}([x]_D)$，$d_x(a)$=$f(x,a)$，$a \in C \cup D$。

$[x]_y = \{y{:}y \in U, y = \mathrm{ind}(p)\}$，其中，$\mathrm{ind}(p)$ 可以理解为对象 x 根据属性集 P 所划分的等价类；$\mathrm{des}([x]_C)$ 表示等价类 $[x]_C$ 中所包含的与结论属性相对应的属性子集及其取值；$\mathrm{des}([x]_D)$ 表示等价类 $[x]_D$ 所包含的与前提属性相对应的属性子集及其取值。

定义 7-8 对于决策表 S，对于决策规则 d_x，有 $[x]_C \subseteq [x]_D$，若 $\forall r \in C$，有 $[x]_{C-r} \not\subset [x]_D$，则称 r 为 d_x 的核值属性，即 r 在 d_x 中是不可省略的。故对于实例 X 的属性值的值核即所有属性值简化的交集。

2. 基于分辨矩阵的规则获取算法

关于属性值的约简，学者进行了广泛的研究，目前主要采用的多为启发式知识约简及基于分辨矩阵的方法。由于实际食品安全应急案例复杂度较高，又因解元素激活属性集的获取可以用分辨矩阵来计算得出，故本书利用分辨矩阵进行属性值的约简，具体证明这里不做讨论。完备决策表的分辨矩阵定义如下。

定义 7-9 有完备决策表 S，用 $f(x,a)$ 表示对象 x 上 a 属性的值。m_{ij} 表示矩阵中第 i 行 j 列的值，定义完备决策表 S 的相对分辨矩阵为

$$m_{ij} = \begin{cases} \left\{ a \in A \middle| f(x_i,a) \neq f(x_j,a) \right\} & f(x_i,a) \neq f(x_j,a) \\ \varnothing \quad 其他 & \end{cases} \tag{7-2}$$

在分辨矩阵中，若对应的元素不为空，则对于某一属性 a 来说，只要在约简后仍保证矩阵中不出现空值，即规则不会发生冲突，则该属性是可省的。为了便于算法描述，再定义如下函数。

定义 7-10 对象 x_i 与 U 中其他案例的差异函数可表示为 $\delta(x_i = (\{m_{ij} \big| x_i \neq x_j,$

$x_j \in U\})$。

对于上述函数，若包含元素值越少，表示其对于分类越重要，则可根据属性对决策的重要程度逐一判断其是否可省，即可得到属性值的约简及核，具体步骤如下。

步骤 1：根据定义 7-9 构造分辨矩阵 M 。

步骤 2：对分辨矩阵 M 通过布尔运算，得出决策表的核属性及冗余属性。

步骤 3：在分辨矩阵对应的各个元素中，将冗余属性删除，得到分辨矩阵 M' 。

步骤 4：对应 M' 中的对象 x_i ，根据其对应第 i 列的元素值个数，将元素进行排序，得到序列 $\delta(x_i)$ ，并转向步骤 5；若所有对象均计算完毕，转向步骤 6。

步骤 5：根据序列 $\delta(x_i)$ 逐一判断，若将其删去会出现新的空值，则该属性不能舍去，判断结束转到步骤 4。

步骤 6：将各对象对应的属性值约简输出，即得到该知识系统的决策表。在规则抽取的过程中，利用分辨矩阵的构造，不仅可以较为有效地提取决策系统中的规则，还可以将属性约简的结果作为解元素 d 的非冗余空间。根据差异属性判断哪些解需要修正，再根据抽取到的规则对该解进行相应的修正，即可实现修正的目的。

7.2.4　实例及演示

1．案例选取

下面以简化的食品安全应急案例决策系统来演示相应解元素的非冗余空间及规则获取，根据案例库中包含的 10 个案例进行推演，属性及属性值对应符号如表 7-7 所示。其中，上报信息来源 $a \in \{$ A=个人,B=监管部门,C=媒体,D=事故发生单位,E=医疗机构$\}$；发生场所 $b \in \{$ A=餐饮,B=家庭散发,C=学校,D=集体单位,E=重大活动现场$\}$；初步影响人数 $c \in \{$ A=1~10 人,B=11~50 人,C=50 人以上$\}$；是否有病重或死亡 $d \in \{$ A=有,B=无$\}$；可疑问题环节 $e \in \{$ A=加工人,B=销售,C=生产,D=流通$\}$；初步影响范 $f \in \{$ A=局部,B=区县,C=市级,D=省级,E=全国$\}$。将表 7-7 中的数据采用 Rosetta 软件补齐，并以是否停业整顿、是否向媒体报道相关进展及是否溯源作为解元素，可得总的决策表，如表 7-7 所示。

表 7-7　修正规则抽取决策

案例	上报信息来源 a	发生场所 b	初步影响人数 c	是否有病重或死亡 d	可疑问题环节 e	初步影响范围 f	是否停业整顿 des_1	是否公开通报 des_2	是否溯源 des_3
u_1	E	C	B	B	A	A	0	0	0
u_2	D	A	E	B	A	A	1	0	0
u_3	E	B	D	A	B	B	1	1	1
u_4	B	B	B	B	A	E	0	0	1
u_5	B	A	A	B	B	D	0	1	1

续表

案例	上报信息来源 a	发生场所 b	初步影响人数 c	是否有病重或死亡 d	可疑问题环节 e	初步影响范围 f	是否停业整顿 des_1	是否公开通报 des_2	是否溯源 des_3
u_6	E	B	B	B	C	E	0	0	1
u_7	C	A	D	A	A	C	0	1	1
u_8	C	B	B	B	C	D	0	0	1
u_9	A	B	B	A	B	B	1	1	0
u_{10}	A	A	B	A	B	A	1	0	0

选取 des_1 来获取决策规则，以 a~d 作为条件属性，des_1 作为决策属性，根据定义可得修正规则抽取分辨矩阵，如表 7-8 所示。

表 7-8　修正规则抽取分辨矩阵

案例	u_1	u_2	u_3	u_4	u_5	u_6	u_7	u_8	u_9	u_{10}
u_1	∅									
u_2	*abc*	∅								
u_3	*bcdef*	∅	∅							
u_4	∅	*abcf*	*acdef*	∅						
u_5	∅	*acef*	*abcdf*	∅	∅					
u_6	∅	*abcef*	*cdef*	∅	∅	∅				
u_7	∅	*acdf*	*abef*	∅	∅	∅	∅			
u_8	∅	*abcef*	*acdef*	∅	∅	∅	∅	∅		
u_9	*abcdef*	∅	∅	*adef*	*abcdf*	*adef*	*abcef*	*adef*	∅	
u_{10}	*abcde*	∅	∅	*abdef*	*acdf*	*abdef*	*acef*	*abdef*	∅	∅

由于分辨矩阵中没有势为 1 的元素，故选取出现频率最高的属性 a 先加入约简，接着将包含 a 属性的元素全部删除，根据 m_{31} 及 m_{63} 将属性 c 加入约简，并将包含 c 属性的元素全部删除。此时分辨矩阵为空，则可得到决策表的属性约简为 $\{a,c\}$，并将其作为解激活元素。

其次，根据属性约简进行属性值的约简。在分辨矩阵中，将 $\{a,c\}$ 以外的属性删除并将分辨矩阵的上三角补齐，可得约简后的分辨矩阵，如表 7-9 所示。

表 7-9　约简后的分辨矩阵

案例	u_1	u_2	u_3	u_4	u_5	u_6	u_7	u_8	u_9	u_{10}
u_1	∅	*ac*	*c*	∅	∅	∅	∅	∅	*ac*	*ac*
u_2	*ac*	∅	∅	*ac*	*ac*	*ac*	*ac*	*ac*	∅	∅
u_3	*c*	∅	∅	*ac*	*ac*	*c*	*a*	*ac*	∅	∅

续表

案例	u_1	u_2	u_3	u_4	u_5	u_6	u_7	u_8	u_9	u_{10}
u_4	∅	ac	ac	∅	∅	∅	∅	∅	a	a
u_5	∅	ac	ac	∅	∅	∅	∅	∅	ac	ac
u_6	∅	ac	c	∅	∅	∅	∅	∅	a	a
u_7	∅	ac	a	∅	∅	∅	∅	∅	ac	ac
u_8	∅	ac	ac	∅	∅	∅	∅	∅	∅	a
u_9	ac	∅	∅	a	ac	a	ac	∅	∅	∅
u_{10}	ac	∅	∅	a	ac	a	ac	a	∅	∅

结合表 7.7 及表 7.9，逐一根据每条规则来进行 0 属性值约简。

对于 u_1，经过约简的 $\delta(x_1)=\{c\}$，即值约简前提为 c。

对于 u_2，经过排序及约简之后的 $\delta(x_2)=\{ac\}$，即值约简前提为 a 或 c。

对于 u_3，经过排序及约简之后的 $\delta(x_3)=\{a,c\}$，即值约简前提为 a 和 c。

同理，可得 u_4~u_{10} 的值约简前提分别为：a、a 或 c、ac、a、a、a、a。由此可得经过约简后的决策规则，如表 7-10 所示。

表 7-10　约简后的决策规则

案例	a	c	des_1	案例	a	c	des_1
1	*	C	0	5’	*	A	0
2	D	*	1	6	C	B	0
2’	*	E	1	7	C	*	0
3	E	B	0	8	C	*	0
4	B	*	0	9	A	*	1
5	B	*	0	10	A	*	1

将重复行删除，即可得到表 7-10 的最小约简规则：$a_A \vee a_D \vee c_E \rightarrow des_1=1$；$a_B \vee a_C \vee a_D \vee c_A \vee c_C \vee a_E c_B \rightarrow des_1=0$。同样地，对于 des_2，可得其约简为 $\{a,b,c\}$，最小约简规则为：$a_E \vee b_B \vee c_A \vee c_D \vee a_A b_B \vee a_B b_A \rightarrow des_2=1$；$a_D \vee b_C \vee a_B b_B \vee a_B c_B \vee a_E b_B \vee a_C c_B \vee a_E c_D \vee b_A c_B \rightarrow des_2=0$。对于 des_3，可得其最小约简为 $\{f\}$，最小约简规则为：$f_B \vee f_C \vee f_D \vee f_E \rightarrow des_3=1$；$f_A \rightarrow des_3=0$。根据抽取出的最小修正规则，即可根据差异属性对应急处置方案进行修正。

2. 食品安全应急案例修正演示

本书根据简化的食品安全应急案例表示模型，设计了两个目标案例来进行案例修正的演示，以实现食品安全事件中应急方案的生成，具体案例如下。

（1）案例一（结构化修正）。某市市场监督管理部门于某日上报一则有关地沟油的信息，该市近期有多家饭店存在使用地沟油的情况，已有 5 人在进食之后出现了不适，尚无危重病例。经初步调查地沟油由该市某一生产加工点生产，企业无流通记录，经询问可能发往省内其他市县。

根据案例一抽取案例的表示，其中上报信息来源为“监管单位”，发生场所为“餐饮场所”，初步影响人数为“5 人”，是否有病重或死亡为“无”，可疑问题环节为“生产”，初步影响范围为“省级”。根据案例库的匹配，检索出案例 u_8 为其最相似案例并满足相似度阈值，其对应的应急方案为：{立即调查问题食品流向}。两者条件属性对比如表 7-11 所示。

表 7-11　目标案例一与相似源案例条件属性

案例	上报信息来源 a	发生场所 b	初步影响人数 c	是否有病重或死亡 d	可疑问题环节 e	初步影响范围 f
案例一	B	A	B	B	C	D
u_8	C	B	B	B	C	D

从表 7-11 可以看出，两案例中差异属性 $\mathrm{DiffAttr}(u_8,z)=\{a,b\}$，根据前文的修正规则挖掘可知 $\Omega_{\mathrm{des}_1}=\{a,c\}$，$\Omega_{\mathrm{des}_2}=\{a,b,c\}$，$\Omega_{\mathrm{des}_3}=\{f\}$；因 $\mathrm{DiffAttr}(u_8,z)\cap\Omega_{\mathrm{des}_1}\neq\varnothing$，$\mathrm{DiffAttr}(u_8,z)\cap\Omega_{\mathrm{des}_2}\neq\varnothing$，$\mathrm{DiffAttr}(u_8,z)\cap\Omega_{\mathrm{des}_3}\neq\varnothing$，故对解元素 1 和解元素 2 进行相应调整。以 $a=B$、$c=A$ 作为前提条件，根据前文抽取的修正规则进行规则匹配，可知：

对于 des_1：没有相匹配规则，进行空调整。

对于 des_2：$a_B b_A\rightarrow\mathrm{des}_2=1$，激活解元素 2，即“通过媒体进行相关报道”。

由此可得该案例实际的应急方案为：通过媒体进行相关事件的报道，提醒民众注意；立即调查地沟油流向，以严格控制该类问题的发生。

（2）案例二（组合调整）。2003 年 7 月，安徽阜阳一位农民向有关部门投诉，称其女儿因服用一种名为“×圣”的奶粉之后，身体发育畸形，并出现明显的浮肿现象。经证实该情况属实，且该奶粉仍在安徽阜阳市场上流通。

根据案例二抽取案例的表示，其中上报信息来源为“个人”，发生场所为“家庭散发”，初步影响人数为“1 人”，是否有病重或死亡为“无”，可疑问题环节为“加工”，初步影响范围为“市级”。经过信息检索，案例库中没有符合相似度阈值的案例，则对其进行组合调整。

由解元素对应的属性约简结果，假设条件属性划分为三个子集，分别为：$\Omega_1=\{a,b\}$，$\Omega_2=\{c,d\}$，$\Omega_3=\{e,f\}$，其中 Ω_1、Ω_2、Ω_3 交集为空，并且可以分激活相应的解元素 des_1、des_2、des_3。在此基础上依据属性集对条件属性的划分，分别利用 Ω_1、Ω_2、Ω_3 在案例库中进行检索，查找在属性集上满足相似度阈值的案例。经过检索可知对应属性集中满足阈值的案例为 $\mathrm{RetrS}_\alpha(\Omega_1)=\{u_9\}$，$\mathrm{RetrS}_\alpha(\Omega_2)=\{u_5\}$，

$\text{RetrS}_{\alpha}(\Omega_3)=\{u_7\}$。相应地，$u_9$ 对应的属性 a 和属性 b 激活解元素 des_1，u_5 对应的属性 c 和属性 d 激活解元素 des_2，u_7 对应的属性 e 和属性 f 激活解元素 des_3。

由此可以得到案例二的应急方案为：责令奶粉加工企业立即停止生产；积极通过媒体报道事件进展以控制舆论；同时立即查明产品流向，并进行相应的召回工作。

以上两个简化案例演示了食品安全事件中应急方案从输入到输出的全过程。在进行案例修正之后，系统将所得方案提交给用户，若满足评价则可进行方案实施，若不满足则进行相应的人工调整，此时应将调整规则进行记录，用于未来的案例修正过程之中。

7.2.5　应急案例的学习和维护

1. 食品安全应急案例的学习

在食品安全应急案例库建立初期，所建立的案例库往往不够全面，这时候就需要建立一定的案例学习机制。案例学习是案例库不断学习新的案例并且将旧案例进行改进的过程，在食品安全应急案例库中，即将现有案例库中没有的知识不断进行更新，使系统有着更多解决问题的“经验”，使之能够更为有效地生成应急处置方案，应对各类食品安全问题。

但若是无条件地将新输入的应急案例保存至案例库，则案例库将日趋庞大从而影响系统运行速度及推理效率，故必须解决案例学习中的两个问题：一是输入案例是否为新的知识；二是新的知识是否有更新的价值。只有满足这两个条件的案例才可以作为合理的案例保存至食品安全应急案例库中。

因案例学习不是我们讨论的重点所在，故在此仅提出案例学习方法的一个思路：对于主动新增的案例（即包含应急处置方案的案例），计算新增案例与案例库中案例的相似度，当该案例的相似度满足给定阈值时，就可以认为该案例为新的知识，直接将新案例添加至案例库；对于查询解决方案的案例（即只包含问题描述但尚无应急处置方案的案例），根据现有案例库组合案例的应急处置方案，在人工交互确认方案之后，将该案例连同生成的方案保存至案例库即可。食品安全应急案例的学习，也可作为案例库维护的一个方面，其与案例推理生成并不同时进行，因此对食品安全应急方案的生成效率不会造成影响。

2. 食品安全应急案例库维护

在食品安全应急案例库中，因为收集的案例结构性较低，故在初始案例库中一般会存在冗余或不一致的案例。为了提高食品安全应急方案的生成效率，需要定期对案例库进行维护，以实现食品安全应急案例库的“经验总结”。在本书设计的食品安全应急案例库中，根据案例检索及推理方法的设计，案例库维护主要包含以下两方面的内容。

一是根据案例检索与修正中的数据挖掘，利用数据挖掘的方法，更新案例库索引、调整特征属性权重，并且更新解元素的非冗余属性库及相应的修正规则。以上内容的更新，可以在案例库进行了新案例学习之后，也可以根据系统的使用情况，对案例库进行定期或实时更新，以保证案例推理的动态性及自适应性。

二是案例库中案例的处理，同样采用数据挖掘的方法，利用聚类等操作判断其中的冲突及垃圾案例，并对其进行相应的删除或修改，同时根据案例库的变化，更新与案例直接相关的属性权重、检索索引等方面的内容。

至此我们根据 CBR 方法较为完整地研究了食品安全应急方案的生成机制，在此基础上可以建设相应的食品安全应急管理决策系统，以真正实现食品安全应急方案的自动生成。

7.3 数字化应急预案动态生成机制研究

应急预案作为应对突发事件而预先制订的有关计划或者方案，提供了突发事件处置的基本规则，是突发事件应急响应和全程管理的操作指南。数字化应急预案强调的是应急管理工作的流程化、自动化及预案的制订和执行实现规范化、可视化。数字化应急预案通过结构化的处理，包括预案的使用目的、使用条件、使用范围、应急信息发布、应急预警、应急指挥与领导机构、响应条件、响应步骤、应急恢复、后勤保障、应急责任与处罚等多个方面对预案的全要素进行管理，试图自动生成数字化的应急处置方案，实现自动触发事件处置过程，并成为指导应急管理人员行动的指南。

7.3.1 数字化应急预案体系分析

非常规突发事件的应急管理决策问题涉及的领域多而杂，需要集合众多领域的专家，因此要求决策者具备全局、多领域的经验知识以做出精确决策。但决策者将经验知识与常规性的应急预案相结合做出应对决策在实践中存在两个问题：一是时间问题，应对非常规突发事件时往往受到较短的时间约束，越早做出决策越有可能抑制事件的恶化发展；二是准确性问题，依靠经验知识做出的决策正确性存在一定风险，而决策的好坏直接关系到应急管理的成败。研究事件发生后的数字化应急预案实时生成有着重要理论和实践意义。

据此，我们需要分析突发事件情景的演化过程，根据非常规突发事件情景演化模型，构建基于情景的数字化应急预案生成系统。为了更清晰地分析系统动态变化特征，我们采用变结构 Petri 网理论描述这一系统构建和分析过程。

如前文所述，应急预案体系主要针对自然灾害、事故灾难、公共卫生事件和社会安全事件四大类突发事件，启动时往往不能仅依靠一类或一项预案，应根据事件的具体情景，联合启动多项、多领域的应急预案，这一过程可以理解为多项不同类型应急预案融合生成新的实时应急预案的过程。同时，对各类各项应急预案进行概括，应急预案的主要内容框架结构可归纳如图 7-20 所示。应急预案主要包括总则、组织体系、运行机制、应急保障、监督管理和附则，其中组织体系、运行机制和应急保障是应急预案的核心部分。常规应急预案只是对这三方面分别进行概括性阐述，并在事件发生前制订不具备事件情景针对性的解决方案。在本节，我们需要根据事件情景特征，将这三方面进行融合动态生成应急解决方案。

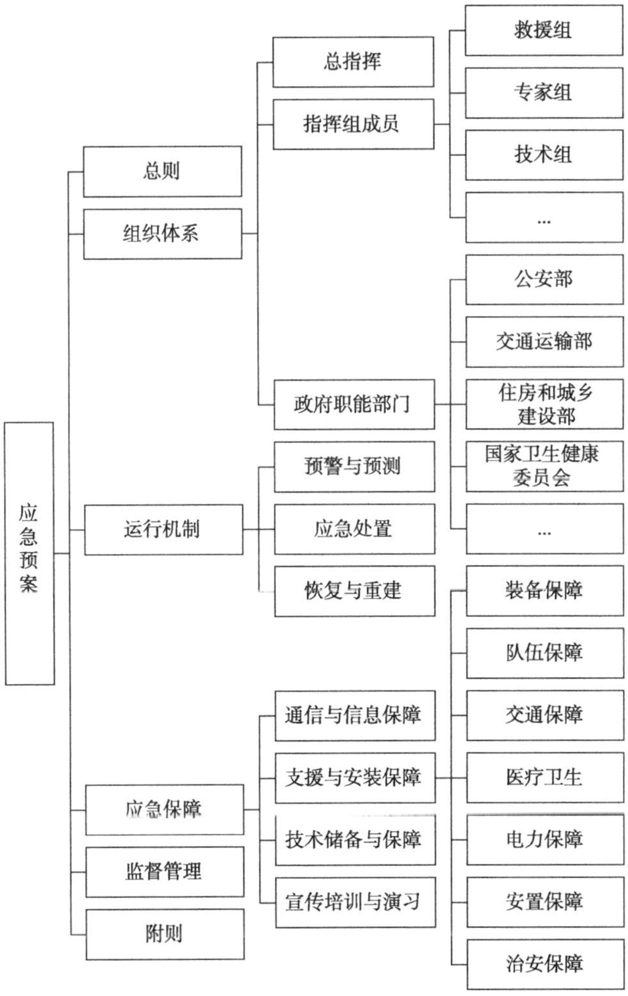

图 7-20　应急预案的主要内容框架结构

7.3.2 基于变结构 Petri 网的应急预案生成模型

在对数字化应急预案进行概念界定和特征分析的基础上，我们对数字化应急预案的生成过程进行分析，并采用变结构 Petri 网理论构建基于情景的数字化应急预案生成模型。

1. 数字化应急预案动态生成过程分析

数字化应急预案的生成发生在突发事件爆发后，本质是根据突发事件情景演化生成所对应的一系列实时的应对实施活动。一个应对实施活动的内容结构可以片段化分解为目标、操作、角色、受体四个部分，对应图 2-5，可理解为“为实现……目标，某角色对某受体进行……操作”，如图 7-21 所示。

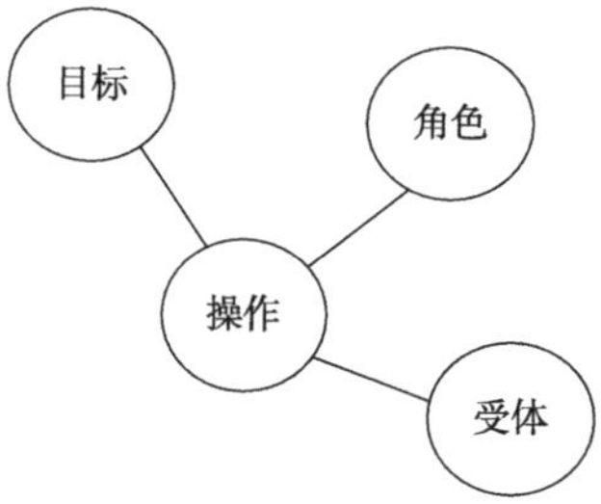

图 7-21 应对实施活动的基本结构

其中，目标、操作、角色、受体在第 2 章有详细描述，这里不予赘述。应对实施活动的结构划分，是将活动内容抽象成若干个知识片段及各知识片段之间的关联。可以看出，实时的应对实施活动生成的本质是知识片段的重组，一系列根据情景演化而实时生成的应对实施活动构成了动态生成的数字化应急预案。数字化应急预案生成的核心过程是基于结构划分的应对实施活动知识片段的重组，其系统动态性则通过情景演化引起的知识片段重组的结构变化表征。加入情景对象的应对实施活动结构就是“情景—应对”式数字化应急预案的生成模板(图 7-22)。

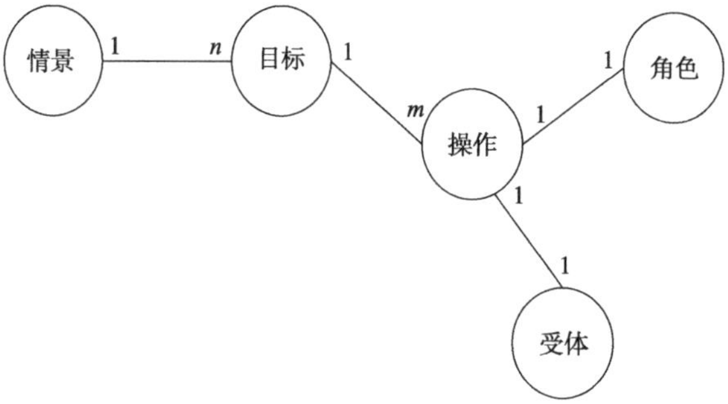

图 7-22 数字化应急预案结构模板

由图 7-22 可知，情景与目标之间的关系是 1∶n，表示一个情景对象可以与 n 个目标对象相关联，同理，目标与操作之间的关系为 1∶m，表示一个目标可以对应 m 个操作对象，而操作与角色、操作与受体之间是一一对应的关系。数字化应急预案的生成系统存在五类对象，分别为情景、目标、操作、角色和受体，此处的情景对象可理解为进行情景演化推理后的情景。根据代表事件演变规律和发展趋势的情景，确定所有应对实施活动目标，关联组合操作、角色、受体等知识片段，这一过程即数字化应急预案的生成，如图 7-23 所示。

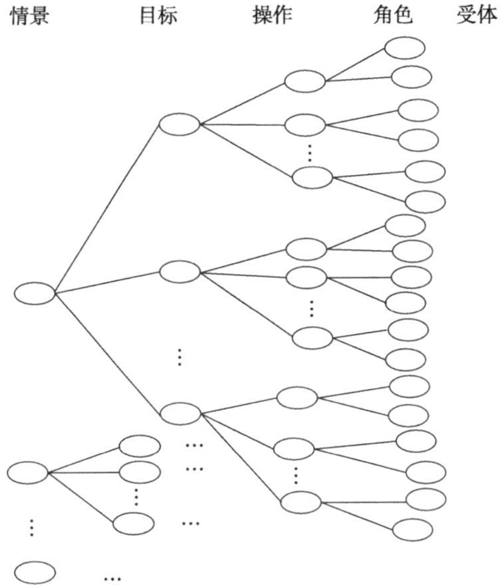

图 7-23　数字化应急预案生成系统示意

数字化应急预案生成系统的动态结构变化可能是由系统中对象的增减引起的，也可能是各对象之间关联关系的变化引起的。

我们对情景演化模型的结构、面向对象模糊 Petri 网模型的构建、模型初始化及模型验证等领域进行研究，在此基础上，关联情景演化系统中的情景对象与应对实施活动系统中各对象、分析数字化应急预案生成系统动态变化过程将是研究重点。

2. 基于变结构 Petri 网的生成系统模型构建

基于情景演化模型中某一情景的数字化应急预案变结构 Petri 网模型包括情景对象 Q_i、目标对象 M、操作对象 C、角色对象 R 和受体对象 A。情景 Q_i 的生成系统变结构 Petri 网模型中 N_s 为非常规突发事件中情景对象的总数目。其系统初始模型定义为 $S_0=(O_0,R'_0,\Sigma_0,L_0,M_{0,0})$，$O_0=(O_0,M_0,C_0,R_0,A_0)$，$R'_0=(R'_{Q_0M_0},R'_{M_0C_0}$ $R'_{C_0R_0},R'_{C_0A_0})$，$G_0=(G_{Q_OM_0},G_{M_0C_0},G_{C_0R_0},G_{C_0A_0})$，$M_{0,0}=(\mathrm{MM}_{0,0},\mathrm{SM}_{0,0})$。

情景对象 Q_i 有 l 个输入信息库所和 n 个输出信息库所（与其他存在信息传递关系的情景对象之间的输出信息库所未列出），每一个输出信息库所存在着一条与目标对象 M 相关联的输出弧，并通过门变迁 G_M 及一条输入弧与目标对象 M 传递信息。

对于目标对象 M，每一个目标对象可以与 $n_i(i=1,2,\cdots,m)$ 个操作对象 C 相关联，其中 m 为基于情景 Q_i 的目标对象 M 的个数。目标对象 M 存在 $\sum_{i=1}^{m} n_i$ 个输出信息库所，每个输出信息库所存在一条指向操作 C 的输出弧，并通过门变迁 G_{C_M} 向操作对象 C 传递信息。

对于操作对象 C，每一个操作对象与角色对象 R、受体对象 A 之间存在一一对应的信息传递关系，且角色对象 R 通过门变迁 $G_{R_{C_M}}$ 接收来自操作对象 C 的信息，受体对象 A 通过门变迁 $G_{A_{C_M}}$ 接收操作对象 C 发送的信息。

7.3.3 数字化应急预案生成系统模型分析

对数字化应急预案生成进行系统模型的构建，我们引入系统变结构算法，分析生成系统模型的动态特征。

1. 系统结构变化算法

从面向对象的角度考虑，系统可以理解为互相联系的各种实体对象构成的一个集合。采用面向对象 Petri 网方法，可定义系统 S 为 $S=(O,R)(O=(O_i,\quad i=1,2,\cdots,I))$，$O_i$ 为实体对 i 的面向对象 Petri 网模型，I 代表对象的总个数，R 代表各对象间的信息传送关系。在系统的 Petri 网模型中，O 和 R 从总体上决定了系统的结构，系统的动态特征主要由系统的结构变化表示，即系统构成要素 O 和 R 的变化。我们将结构能够动态改变的面向对象 Petri 网模型称为 OPEN-CS。

在 OPEN-CS 方法中，系统的结构变化可以是系统中 O 的增加或减少、不同面向对象 Petri 网之间的 R 的变化两类原因引起的。下文将分别对这两种结构变化算法进行阐述。

1）系统中 O 的增加或减少

在研究系统对象的增减过程前，先给出以下假定条件。

（1）当前经过 k 次变化的系统 $S_K=\{O_k,R_k,\Sigma_k,L_k,M_{k,0}\}$。

（2）第 k+1 次系统变化的系统状态标识 $M_{k,s}:M_{k,s}=(\mathrm{MM}_{k,s},\mathrm{SM}_{k,s})$，其中 $\mathrm{MM}_{k,s}=\sum_{i=1}^{I_k}\mathrm{MM}_{ki,s}$，$\mathrm{SM}_{k,s}=\sum_{i=1}^{I_k}\mathrm{SM}_{ki,s}$，$\mathrm{MM}_{k,s}$、$\mathrm{SM}_{k,s}$ 分别为系统在第 k+1 次变化前的对象 O_{ki} 的所有信息库所和状态库所的集合。

（3）系统增加的对象 $O_k^{\text{ad}}:O_k^{\text{ad}}=(O_{ki}^{\text{ad}},\ i=1,2,\cdots,I_k^{\text{ad}})(O_k^{\text{ad}}\notin O_k)$，$O_{ki}^{\text{ad}}$ 为第 k+1 次变化中第 i 个增加的对象，I_k^{ad} 则表示此次变化中增加的对象的总数。系统增加对象的同时，与增加的对象相连的信息传递关系也将被添加到系统中。增加的信息传递关系为 R_k^{ad}：$R_k^{\text{ad}}=\begin{pmatrix} R_{kij},\ i,j=1,2,\cdots,I_k \\ i\neq j,\quad O_{ki}\vee O_{kj}\subseteq O_k^{\text{ad}} \end{pmatrix}$。

（4）系统减少的对象 O_k^{re}：$O_k^{\text{re}}=(O_{ki}^{\text{re}},\ i=1,2,\cdots,I_k^{\text{re}})(O_k^{\text{re}}\subseteq O_k)$，$O_{ki}^{\text{re}}$ 为第 k+1 次变化中的第 i 个减少的对象，I_{ki}^{re} 则表示减少的对象的总数。系统减少对象的同时，和减少的对象相连的信息传递关系会同时剔除。剔除的信息传递关系为 R_k^{re}：$R_k^{\text{re}}=\begin{pmatrix} R_{kij},\quad i,j=1,2,\cdots,I_k \\ i\neq j,\quad O_{ki}\vee O_{kj}\in O_k^{\text{re}} \end{pmatrix}$。

（5）与增加的 O_k^{ad} 和减少的 O_k^{re} 相对应，增加或减少的子色集分别为 Σ_k^{ad} 和 Σ_k^{re}，此时的子色集不包含信息传递关系 R 的子色集。

将经历第 $k+1$ 次变化之后的系统表示为 $S_{k+1}=(O_{k+1},R_{k+1},\Sigma_{k+1},L_{k+1},M_{k+1,0})$，则 S_{k+1} 与 S_k 相比，有

（1）$O_{k+1}=(O_k-O_k^{\text{re}})\bigcup O_k^{\text{ad}}$；

（2）$R_{k+1}=(R_k-R_k^{\text{re}})\bigcup R_k^{\text{ad}}$；

（3）$\Sigma_{k+1}=(\Sigma_k-\Sigma_k^{\text{re}})\bigcup \Sigma_k^{\text{ad}}$；

（4）$M_{k+1,0}=M_{k,s}-M_{k,s}^{\text{re}}+M_{k,s}^{\text{ad}}$；

（5）$G=(G_k-G_k^i)\bigcup G_k^{\text{ad}}$，其中，$G_k^i$ 表示因为传递关系 O_k^{re} 的剔除而被孤立的门变迁；G_k^{ad} 表示因为增加 O_k^{ad} 而新增的门变迁。由此，需对输入、输出逻辑关系做如下变动：$\forall g\in G_{k+1}\begin{bmatrix} L_{k+1}(.g^{k+1})=\vee/\wedge((.g^k-.g^{\text{kre}})\bigcup .g^{\text{kad}}), \\ L_{k+1}(.g^{k+1})=\vee/\wedge((g.^k-g.^{\text{kre}})\bigcup g.^{\text{kad}}) \end{bmatrix}$，$.g^k$ 和 $g.^k$ 分别表示在变化前通过输出、输入连接弧与门 g 相连的输出、输入信息库所，$.g^{\text{kre}}$ 和 $g.^{\text{kre}}$ 分别表示原先通过输出、输入连接弧与门 g 相连的随着变化中对象 O_k^{kre} 的移出而被移出的输出、输入信息库所，$.g^{\text{kad}}$ 和 $g.^{\text{kad}}$ 分别表示变动时因为对象 O_k^{kad} 的增加而新增的经由输出、输入连接弧与门 g 连接的输出、输入信息库所。

2）不同面向对象 Petri 网之间的 R 的变化

修改不同面向对象 Petri 网之间的信息传递关系可分为增加信息传递关系集合和减少信息传递关系集合两部分，先给出研究的假定条件。

（1）当前系统 $S_k:S_k=\{O_k,R_k,\Sigma_k,L_k,M_{k,0}\}$。

（2）第 $k+1$ 次系统变化的系统状态标识 $M_{k,s}:M_{k,s}=(\text{MM}_{k,s},\text{SM}_{k,s})$。

（3）将增加和减少的 R 的子色集分别表示为 Σ_k^a 和 Σ_k^r，此处包含对象增减

引起的信息传递关系改变的子色集。

（4）增加的信息传递关系集合 $R_k^a: R_k^a = \bigcup_{i,j=1,i\neq j}^{I_k} R_{kij}^a \ (R_{kij}^a \not\subset R_{kij})$。

（5）减少的信息传递关系集合 $R_k^r: R_k^r = \bigcup_{i,j=1,i\neq j}^{I_k} R_{kij}^r \ (R_{kij}^r \not\subset R_{kij})$。

将经历第 $k+1$ 次变化之后的系统表示为 $S_{k+1} = (O_{k+1}, R_{k+1}, \Sigma_{k+1}, L_{k+1}, M_{k+1,0})$，对于 S_{k+1}，有

（1）$R_{k+1ij} = (R_{kij} - R_{kij}^r) \cup R_{kij}^a = (OA_{k+1ij}, G_{k+1ij}, IA_{k+1ij}, E_{k+1ij})(i,j=1,2,\cdots,I_k,\ i\neq j)$，其中，$OA_{k+1ij} = (OA_{kij} - OA_{kij}^r) \cup OA_{kij}^a$，$OA_{kij}^a$ 和 OA_{kij}^r 表示增加和减少的由对象 O_{ki} 的 OM_i 至 G_{kij} 的输出连接弧。

$IA_{k+1ij} = (IA_{k+1ij} - IA_{kij}^r) \cup IA_{kij}^a$，$IA_{kij}^a$ 和 A_{kij}^r 表示增加和减少的由对象 O_{ki} 的 G_{kij} 至 IM_i 的输入连接弧。

E_{k+1ij} 有两种确定方式，一种是表达式内容的变化，表示为 $E_{k+1ij} = (E_{kij} - E_{kij}^{\mathrm{rm}}) \cup E_{kij}^{\mathrm{am}}$，另一种是表达式的加入或移出，表示为 $E_{k+1ij} = (E_{kij} - E_{kij}^r) \cup E_{kij}^a$。

$G_{k+1ij} = (G_{kij} - G_{kij}^r) \cup G_{kij}^a$，$G_{kij}^a$ 和 G_{kij}^r 分别为 O_{ki} 和 O_{kj} 之间增加、被孤立的门变迁。

（2）$\Sigma_{k+1} = (\Sigma_k - \Sigma_k^r) \cup \Sigma_k^a$。

（3）$G_{k+1} = \bigcup_{i,j=1,i\neq j}^{I_{k+1}} G_{k+1ij}$。

（4）输入、输出逻辑函数做如下变化：$\forall g \in G_{k+1} \begin{bmatrix} L_{k+1}(.g^{k+1}) = \vee/\wedge((.g^k - .g^{\mathrm{kr}}) \cup .g^{\mathrm{ka}}), \\ L_{k+1}(g.^{k+1}) = \vee/\wedge((g.^k - g.^{\mathrm{kr}}) \cup g.^{\mathrm{ka}}) \end{bmatrix}$，

其中，$.g^k$ 和 $g.^k$ 分别表示在变化之前通过输出、输入连接弧和门 g 相连的输出、输入信息库所；$.g^{\mathrm{kr}}$ 和 $g.^{\mathrm{kr}}$ 分别表示将剔除的经由输出、输入连接弧与门 g 流通的输出、输入信息库所；$.g^{\mathrm{ka}}$ 和 $g.^{\mathrm{ka}}$ 分别表示增加的经由输出、输入连接弧与门 g 流通的输出、输入信息库所。

（5）$O_{k+1} = O_k - O_k^i (O_k^i \subset O_k)$，其中，$O_k^i$ 表示系统中由于传递关系的变化而孤立出来的一组对象子集，即 $\forall O_{ki} \in O_k^i : [(R_{kij},\quad j=1,2,\cdots,I_k,\quad j\neq i) = \varnothing]$。

（6）$I_{k+1} = I_k - I_k^i$，其中，I_k^i 表示被孤立对象的数目。

（7）$M_{k+1,0} = M_{k,s} - M_{k,s}^i - M_{k,s}^r + M_{k,s}^a$，其中，$M_{k,s}^i$ 为被孤立对象 O_k^i 的标识，$M_{k,s}^r$ 和 $M_{k,s}^a$ 分别表示系统变动后全部库所中增添和减少的托肯。

在分析具体系统变动过程中，可以是上述一种变化，也有可能同时涉及两种类型的结构变化。因此，在修改 OPN-CS 的结构时需要运用到上述两种算法，这

种情况下，我们先对信息传递变化进行分析，再运用对象增减相关的算法。

2. 基于情景演化的生成系统模型的动态性分析

在 7.3.2 小节中我们构建了基于情景的数字化应急预案生成系统变结构 Petri 网模型，该模型图示中的情景对象 Q_i 含有 n 个输出信息库所，输出的信息为模糊推理得到的情景演化路径上的状态库所对应的命题。对于非常规突发事件而言，情景是随时间变化着的，情景的变化将引起情景演化路径的改变，而新的情景路径意味着即将发生信息传递的输出信息库所集合中元素的变化。新的输出信息库所集合将对应新的目标对象集合，从而引起后续关联的操作对象、角色对象和受体对象的变化，这一变化过程即数字化应急预案生成系统的动态变化。

将第 k 次变化后的系统模型定义为：$S_k=(O_k,R'_k,\Sigma_k,L_k,M_{k,0})$，其中 $Q_k=(Q_k, M_k,C_k,R_k,A_k)$，$R'_k=(R'_{Q_kM_k},R'_{M_kC_k},R'_{C_kR_k},R_{C_kA_k})$，$G_0=(G_{Q_kM_k},G_{M_kC_k},G_{C_kR_k},G_{C_kA_k})$，$M_{k,0}=(\mathrm{MM}_{k,0},\mathrm{SM}_{k,0})$。

数字化应急预案生成系统变结构 Petri 网模型的结构变化包含对象的增减变化及信息传递关系变化两类。从模型的角度看，生成系统的动态变化直接体现为信息传递路径的改变。从系统应用角度看，这种动态变化体现的是应对实施活动序列的变化，即数字化应急预案的变化。

第 8 章　数字化应急预案的评估

8.1　数字化应急预案评估

非常规突发事件发生的突然性、破坏的严重性和潜在的危害性往往对人们的生命和财产安全造成巨大的损失，制订科学完善的应急预案是应对和处置突发事件的有效手段，能将由灾害造成的损失降到最低，而对应急预案进行准确评估则更为重要。研究应急预案的事前、事中和事后评估方法，建立适合非常规突发事件的应急评估指标体系和评估方法，针对评估结果，研究有效的应急预案调整反馈机制，从而实现应急预案的版本控制和预案编制的演进管理。

8.1.1　评估的概念

应急预案评估是指预案管理部门委托有关专家按照一定的程序运用科学的方法从内容和形式上对应急预案的科学性、可行性、有效性、完备性等进行综合评价的过程。一般在应急预案编写完成后，预案管理部门要对应急预案进行评估和审核，通过之后再发布，这是静态应急预案的评估模式，时间没有那么紧迫，与突发事情的临时情景的变化结合得不紧密。动态应急预案在静态应急预案的基础上根据突发事件的具体情景生成，对其评估往往距离突发事件的发生节点很接近，又有学者根据动态应急预案在事件发生后尚未实施和发生后已经实施对其评估分为应急预案的实施前评估、实施中评估和实施后评估。

8.1.2　评估的过程

突发事件可以分为孕育、发生、发展、演化和消亡等不同的阶段，在每一个阶段都有不同的内在机理和逻辑。因此，应急管理对应于突发事件的不同阶段也有不同的任务。在突发事件发生前，要做好风险评估、事件监测及预警；在突发事件发生后，要迅速掌握突发事件信息，展开救援和应对；在突发事件结束后，则要做好损失评估及恢复重建等工作。

1978 年美国全国州长联合会（National Governors Association，NGA）的应急准备项目最终报告提出了应急管理的四个阶段，即减灾（reduction）、准备（readiness）、响应（response）、恢复（recovery），如图 8-1 所示。

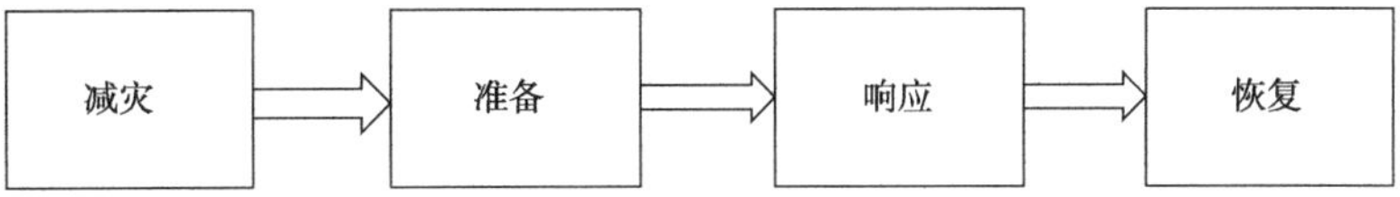

图 8-1　应急管理阶段

一般而言，从时间角度可以将应急管理分为事前、事中和事后三个阶段，突发事件的发生和结束是一个平衡状态被破坏到新平衡状态的形成。对应急预案的评估就是评价其科学性和有效性等，其目的就是发现应急预案中存在的问题并进行优化和改进。建立科学的应急预案评估指标体系是对数字化应急预案进行合理评估的首要工作。应急响应阶段，即事中阶段，是应急管理的核心，主要包括四个阶段，即信息获知阶段、有效反应阶段、重点应对阶段和快速恢复阶段。突发事件在整个发展过程中会表现出不同的特点，因此各个阶段分别有其不同的应对措施。在这四个阶段之前，还应有预测预警、风险的识别与评价阶段；在快速恢复阶段之后，还应该有全面恢复阶段，以获得系统新平衡状态的阶段。

8.1.3　评估的准则

应急预案制订的目的和预案对处理突发事件的作用决定了对其评估的出发点。有关学者在进行应急预案评估的研究时，充分考虑了应急预案的完备性和可行性等方面的要求。应急预案评估的准则和应急预案编制的准则之间要有很好的相通性和一致性，因此，应急预案的评估一般应该遵守以下几个方面的准则。

1. 符合性准则

应急预案中的内容应当符合国家相关法律法规的要求。例如，我国有关生产安全的应急预案内容要符合《中华人民共和国安全生产法》《建筑工程安全生产管理条例》《危险化学品安全管理条例》等法律法规的相关规定，并参考其他诸如洪涝、火灾、泥石流等灾害的法律法规。

2. 完备性准则

应急预案的完备性是指预案内容应包含实施应急处置过程中所需要的全部基本信息。主要体现在以下方面：一是应急功能完备。应急预案应明确相关部门需要履行的应急响应、应急准备、应急救援职能。二是应急过程完备。应急过程一般分为应急预防阶段、应急响应阶段、应急处置阶段、应急恢复阶段，重大突发事件的应急预案至少包括以上四个阶段。三是适用范围完整。应急预案的适用范围应阐述除了在本区域内发生突发事件时应启动应急预案，还要说明其他区域发生突发事件时，也可能作为应急预案的启动条件。

3. 针对性准则

针对性准则主要是从应急预案是否针对突发事件的类别、社会经济的影响、灾情级别等关键因素进行评估。具体来说，应急预案的制订要针对突发事件的重大危险源、重点岗位和地点、存在薄弱的环节。

4. 科学性准则

应急处置是具有很强科学性的工作,科学性主要体现在应急预案的组织体系、预防预警机制、应急响应、应急处置方案是否有效合理。另外，还包括指导思想的科学性，应急预案应该根据党和国家的政策和法律法规，在正确认识灾害内部机理的基础上制订而成。

5. 规范性准则

应急预案中包含的基本信息要有利于读取和使用，不能干扰应急预案执行的有效性。这就要求应急预案的信息易于查询、语言通俗易懂、层次结构清晰。由于面临的突发事件类型多种多样，其影响区域和范围也各不一样，应急预案管理部门在合理组织实施各类应急预案时应该根据不同类型的突发事件或者灾害的特点和具体情景进行。

6. 可行性准则

应急预案中提供的内容和方案应该是可操作的。突发事件发生时，相关组织和人员按照应急预案的规定可以有序、迅速地开展应急救援行动，减少突发事件带来的损失和影响后果。为确保应急预案的可行性，应急过程中的关键信息要详细且系统地描述。

8.2 数字化应急预案评估指标体系构建

8.2.1 构建指标体系的意义

科学合理的评估指标体系是对应急预案有效评估的基础，评估指标体系的合理性与应急预案评估的准确性有很大的关系。应急预案评估指标体系是从多个侧面对应急预案的内容进行分析,结合突发事件诱发的内部机理和应急预案的特点，避免现有指标体系的不足，构建反映应急预案内容的评估指标。

8.2.2　指标体系的层次结构

细分量化的评估指标体系是对数字化应急预案综合评估的必要前提，指标的细分量化可以将数字化应急预案的抽象化评估问题转化为具体问题，通过分析应急预案的结构和内容使评估过程可操作化。在选取一定的评估指标后，为了保证指标体系的规范化，需要先建立合理的指标层次结构。每一层级的指标都有共性，遵循一定的评估准则，图 8-2 建立的指标层次结构根据评估目标确定每一层级指标要遵循的评估准则，以此为原则构建一级指标，然后在一级指标的基础上建立二级指标。

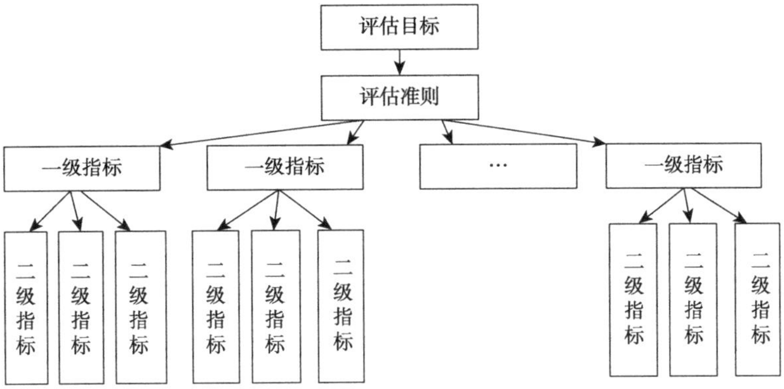

图 8-2　指标层级结构

8.2.3　数字化应急预案实施前评估指标体系

对应急预案实施前的评估主要是从应急预案的内容、结构、构成要素、编制原则等方面来进行。目前大多数是组织专家用科学的方法对应急预案要素的合理性和有效性进行评估，属于定性分析。本书以《突发事件应急预案编制》为基础，以《突发事件应急预案评审指南》为指导，按照应急预案评估准则来构建应急预案实施前评估指标体系。指标体系中的各要素充分覆盖应急预案的各方面内容，贯穿应急处置的过程，结合大量应急预案的评估思路和经验，一级指标从方案的及时性（B_1）、受灾程度的匹配性（B_2）、预防预警的有效性（B_3）、资源调度的合理性（B_4）、物资保障的充分性（B_5）5 个方面来构建，在一级指标的基础上再细分，构建 16 个二级指标。指标体系如表 8-1 所示。

表 8-1　应急预案实施前评估指标体系

	一级指标	二级指标
应急预案实施前评估指标体系	方案的及时性 B_1	救援物资到达时间 C_{11}
		救援人员到达时间 C_{12}
		信息发布间隔时间 C_{13}
		应急响应时间 C_{14}
	受灾程度的匹配性 B_2	受灾人员 C_{21}
		经济损失 C_{22}
	预防预警的有效性 B_3	级别监控 C_{31}
		灾情预警 C_{32}
		防控防范引导 C_{33}
	资源调度的合理性 B_4	救灾资源调度 C_{41}
		医疗资源调度 C_{42}
		生活物资调度 C_{43}
	物资保障的充分性 B_5	通信保障 C_{51}
		医疗保障 C_{52}
		物资保障 C_{53}
		资金保障 C_{54}

一级指标要从应急预案的宏观层面来衡量，把握应急预案编制的科学性、内容的完整性、构成要素的完备性、预案的可行性，在指标里主要体现在具有明确的突发事件分级、资源的合理布局、预警功能、资源保障。下面对一级指标进行分析。

1. 方案的及时性

在其他条件确定的情况下，应急信息的发布越及时，更新速度越快，应急响应时间越短，救援人员和物资到达得越迅速，说明方案的实施效果越明显，反之，效果就越差。

2. 受灾程度的匹配性

在其他条件确定的情况下，受灾人员的数量、经济损失的程度与方案中既定的描述情景越接近，说明方案与实际的受灾程度越匹配。

3. 预防预警的有效性

在其他条件确定的情况下，对灾情的预警越提前，对灾害级别的监控越准确，引导民众的防控防范使得损失越小，说明方案的预防预警越有效。

4. 资源调度的合理性

在其他条件确定的情况下，救援资源的消耗越少，成本越低，救援效果越明显，说明资源调度越合理。

5. 物资保障的充分性

在其他条件确定的情况下，救灾所需的通信保障、医疗保障、物资保障等越充足，能保证救灾所需的物资，说明物资保障越充分。

应急预案的二级指标着重衡量预案中各个模块内容的科学性和合理性。内容的科学性和合理性指具有明确的情景、主体、客体、目标、可行的措施，各组织的职责与分工。二级指标是对一级指标的细化，以便可以定性地描述和测量，为下一阶段的评估模型构建提供基础的要素。例如，从救援物资、救援人员、信息发布、应急响应方面的时间维度来细化方案的及时性。其他二级指标的详细情况见表 8-1。

8.2.4 数字化应急预案实施中评估指标体系

对应急预案实施中的评估主要针对应急预案与突发事件的匹配程度进行，相应评估指标体系的构建主要包括突发事件与应急预案之间的匹配性、有效性和灵活性 3 个方面。本书将 3 个方面作为一级指标来对应急预案是否匹配进行评估。并在一级指标的基础上再进行细分，构建 12 个二级指标，具体如表 8-2 所示。

表 8-2 二级指标

一级指标	二级指标
匹配性	突发事件类型
	突发事件级别
	突发事件中死亡人数
	突发事件中受伤人数
	突发事件中经济损失
有效性	突发事件发生地点
	突发事件发生天气
	突发事件发生的社会环境
	突发事件发生的经济环境
灵活性	处置过程是否可调整
	人员分配是否可调整
	资源分配是否可调整

8.2.5 数字化应急预案实施后评估指标体系

对于应急预案实施后的评估主要从应急预案的科学性、完备性、灵活性、可行性和有效性五个方面入手。

1. 科学性

应急预案的科学性体现在预案内容的科学性，因此二级指标对预案内容、形式、人员分配和方法制定方面进行评估，这些方面的内容越合理说明该应急预案的科学性越高。

2. 完备性

应急预案的完备性体现在应急预案考虑的情况是否完备，所设计的应急过程是否完整，因此二级指标对应急过程中的组织功能结构、组织管理结构、资源保障、涵盖范围等方面进行评估，应急预案对这些方面的设计越全面，说明应急预案的完备性越高。

3. 灵活性

应急预案的灵活性体现在预案的设计是否考虑到现场情况的变化而留出了变化调整的余地，因此二级指标对应急过程中的人员调配、处置方法、资源消耗等方面进行评估。

4. 可行性

应急预案的可行性体现在应急预案能否在应急过程中很好地被执行，因此二级指标对应急过程中是否进行合理安排、抢救工作是否及时快速、资源保障是否及时高效等方面进行评估。

5. 有效性

应急预案的有效性体现在突发事件处理完之后，依据应急预案进行的救援工作是否挽救了人民的生命和财产,救援工作是否遵循预案的指导科学有序地完成，资源的消耗是否合理这些问题上。

我们主要对实施过程和实施效果两个方面进行描述，指标体系如表 8-3 所示。

表 8-3 应急预案实施后评估指标体系

应急预案实施后评估指标体系	一级指标	二级指标
实施过程评估	应急资源的有效性	应急资源是否完备
		能否满足应急任务的需求

续表

应急预案实施后评估指标体系	一级指标	二级指标
实施过程评估	应急资源的有效性	能否保证资源及时供应
		资源调配是否合理
	应对措施的有效性	应对措施是否完善
		救援操作是否合乎逻辑
		救援人员是否专业
实施效果评估	经济损失程度	
	生命财产损失程度	

8.3　数字化应急预案实施前评估

根据应急管理的全生命周期，实施前评估主要涉及应急管理的响应阶段，那么响应阶段主要有哪些工作呢？有学者认为响应是在事件即将发生前、发生期间或紧随发生后，为挽救生命、减少财物和环境破坏等采取的各种行动；还有学者认为应急响应是为搜救失踪或受伤人员、抢救财产、转移人员避免新的危害发生而采取的一系列紧急处置行动，灾情应急管理的研究重点是搜救或转移人员、监测预警和控制新的灾害隐患、灾害成因等。

《中华人民共和国突发事件应对法》第四章“应急处置与救援”中，对于应急响应做了如下具体规定。

（1）组织营救和救治受害人员，疏散、撤离并妥善安置受到威胁的人员以及采取其他救助措施。

（2）迅速控制危险源，标明危险区域，封锁危险场所，划定警戒区，实行交通管制以及其他控制措施。

（3）立即抢修被损坏的交通、通信、供水、排水、供电、供气、供热等公共设施，向受到危害的人员提供避难场所和生活必需品，实施医疗救护和卫生防疫以及其他保障措施。

（4）禁止或者限制使用有关设备、设施，关闭或者限制使用有关场所，中止人员密集的活动或者可能导致危害扩大的生产经营活动以及采取其他保护措施。

（5）启用本级人民政府设置的财政预备费和储备的应急救援物资，必要时调用其他急需物资、设备、设施、工具。

（6）组织公民参加应急救援和处置工作，要求具有特定专长的人员提供服务。

（7）保障食品、饮用水、燃料等基本生活必需品的供应。

（8）依法从严惩处囤积居奇、哄抬物价、制假售假等扰乱市场秩序的行为，稳定市场价格，维护市场秩序。

（9）依法从严惩处哄抢财物、干扰破坏应急处置工作等扰乱社会秩序的行为，维护社会治安。

（10）采取防止发生次生、衍生事件的必要措施。

如果对这十条措施进行简单归类，我们可以看出其中（1）、（5）、（6）、（7）属于受灾人员、物质财产的救援，（2）、（4）、（8）、（9）、（10）属于对突发事件及其衍生灾害的控制，而（3）则属于对受损公共设施的快速恢复。

从这些分析我们可以看出，应急管理相应阶段的核心工作是人员和物质财产的挽救，以及事态的控制和干预，此外公共设施的快速抢修和生活必需品的供应也是重要的工作内容。要做到这些，就需要对应急预案与突发事件是否匹配进行评估，完成应急预案的实例化。只有与突发事件相匹配的应急预案，才可以在突发事件中及时有效地挽救生命、减少财产损失和环境破坏等。

诸多因素在应急预案的评估过程中需要考虑，而这些因素又大多具有较强的模糊性且分别属于不同的层次，我们为了准确描述应急预案各个评估指标包含的模糊信息，引入模糊评估方法对边界不清、不易定量的因素进行量化，使其更加符合客观实际。我们将方案的及时性、受灾程度的匹配性、预防预警的有效性、资源调度的合理性、资源保障的充分性 5 个方面作为应急预案的一级评估指标，结合一级指标基础上的 16 个二级评估指标构建应急预案实施前评估指标体系，运用专家咨询法、层次分析法和模糊综合评估法相结合的方法，提出模糊综合评估模型，综合定性和定量分析，从单因素和多因素角度对应急预案进行科学全面的评估，单因素体现细节方面，多因素体现整体方面。实例分析显示该模型的可行性，可以得到有效的结论，对应急预案的评估和改进、完善有一定的指导意义。

8.3.1　建立模糊综合评估模型

1. 建立模糊集合

建立评估对象集合。将某个突发事件应急预案的一级评估指标（方案的及时性、受灾程度的匹配性、预防预警的有效性、资源调度的合理性、物资保障的充分性）作为评估对象建立评估因素集合，用 $X=\{X_1,X_2,X_3,X_4,X_5\}$ 表示。

建立评估评语集合。我们将专家对各指标的评语划分为 4 个等级，构成评语集合，用 $V=\{v_1,v_2,v_3,v_4\}=\{优,良,中,差\}$ 来表示，以衡量被评估的应急预案在相应指标上的质量。

2. 制定评估隶属矩阵

以上指标虽然能获得确定的评语，但评估结果有较强的模糊性。因此，需要对评语和各级指标量化，使评估结果的模糊性变得清晰。利用专家咨询法，也叫德尔菲法，选择若干专家按照二级指标对应急预案逐一打分，专家并不会事先商量而给出一致的意见，从而使评估结果更具客观性，将所打的百分制分数按照表 8-4 划分等级，再对打分结果进行归一化处理后得到二级指标对应不同评语的隶属度，得到评估对象集合中 X_j 对评语集合 V 的隶属向量 $R_j=\{r_{j1},r_{j2},r_{j3},r_{j4}\}$， $j=1,2,3,4$ 。$r_{jn}(n=1,2,3,4)$ 的取值按以下方法：收集专家组评分结果得到评估指标 X_j 有 v_{j1} 个 v_1 打分结果， v_{j2} 个 v_2 打分结果， v_{j3} 个 v_3 打分结果， v_{j4} 个 v_4 打分结果。其中，

$r_{j1}=\dfrac{v_{j1}}{\sum v_{jn}}$ ， $r_{j2}=\dfrac{v_{j2}}{\sum v_{jn}}$ ， $r_{j3}=\dfrac{v_{j3}}{\sum v_{jn}}$ ， $r_{j4}=\dfrac{v_{j4}}{\sum v_{jn}}$ ， $\sum v_{jn}=v_{j1}+v_{j2}+v_{j3}+v_{j4}$ 。

表 8-4　评估等级对应

评语	优	良	中	差
百分制范围	90~99	80~89	70~79	60~69
中位数	95	85	75	65

3. 确定指标权重

各级评估指标在数字化应急预案的指标体系中的重要性不尽相同，合理确定各指标的权重是对数字化应急预案科学评估的关键，因此需要通过量化指标权重的大小以描述其重要程度。现阶段确定应急预案评估指标的权重有三类方法，即主观赋权法、客观赋权法和组合赋权法。主要根据专家的经验和能力，主观性比较强的是主观赋权法；利用数学方法侧重数学分析计算指标权重的是客观赋权法，但其忽视人的主观能动性；为解决前两者单独使用时所产生问题的就是组合赋权法。我们将综合使用主观赋权法中的专家咨询法和层次分析法来确定指标的权重。

层次分析法是用层次结构的形式使复杂问题简单化，因其拥有简洁、系统和实用等优点而受到广泛关注和应用，也是一种常用的主观赋权法。运用层次分析法需要定性与定量分析相结合来综合考虑每个因素，为每层的指标赋权之后要构造两两比较的判断矩阵，通过计算单层次权重和一致性指标来检验、判断矩阵的一致性，这样使得指标权重的准确性得以提高，进而保证应急预案评估结果的可靠性。一致性的检验方法具体步骤如下。

（1）一致性指标 $C\cdot I$ 的计算。设判断矩阵 $C=(x_{ij})_{n\times n}$ 的 n 个特征根分别为 $\lambda_1,\lambda_2,\cdots,\lambda_n$ ，由 C 是正反矩阵可以得出 $x_{ii}=1(i=1,2,\cdots,n)$ ，判断矩阵 C 的迹为 $\mathrm{tr}C=\sum_{i=1}^{n}x_{ii}=n$ ，根据矩阵 C 的特征值之和等于矩阵的迹能够推出 $\lambda_1+\lambda_2+\cdots+\lambda_n=n$ ，令 $\lambda_{\max}=\lambda_1$ ，判断矩阵 C 满足一致性要使除 $\lambda_{\max}$ 之外的特征值为 0。

$$C \cdot I = \frac{\lambda_{\max} - n}{n-1} = \frac{\left|\sum_{i=2}^{n} \lambda_i\right|}{n-1}$$

其中，n 为单层指标数，也是矩阵 C 的阶数。$C \cdot I$ 越小，矩阵越接近一致性，否则越偏离一致性。$C \cdot I$ 等于 0 则矩阵具有完全一致性。

（2）平均随机一致性指标 $R \cdot I$ 的计算。阶数越大，单一的一致性指标 $C \cdot I$ 越难判断矩阵的一致性，因此需引入平均随机一致性指标 $R \cdot I$。用随机方法构造判断矩阵，接着多次计算一致性指标，取算术平均值。本书利用各阶判断矩阵的平均随机一致性指标值，这些值是在重复计算 500 次以上得到的，如表 8-5 所示。

表 8-5 平均随机一致性指标值

阶数	1	2	3	4	5	6	7	8
$R \cdot I$	0	0	0.52	0.89	1.12	1.26	1.36	1.41
阶数	9	10	11	12	13	14	15	
$R \cdot I$	1.46	1.49	1.52	1.54	1.56	1.58	1.59	

（3）一致性比率 $C \cdot R$ 的计算。通过计算 $C \cdot I$ 与 $R \cdot I$ 的比值作为检验一致性的判断依据。

$$C \cdot R = \frac{C \cdot I}{R \cdot I}$$

当 $C \cdot R < 0.1$ 时，则判断矩阵满足一致性要求，可以接受权重的计算结果。

专家组除了对应急预案的各项二级指标打分外，还需结合实际情况对同一级指标的重要性程度打分，即分别对 5 个一级指标和每个一级指标中的二级指标的重要性打分。另外，本书的每层二级指标最多有 4 个，故把重要性程度的分数范围控制在 $[1,5]$，分别对应{不重要,不太重要,重要,比较重要,很重要}。

4. 选择评估指数

单一评估是对数字化应急预案中某个因素或某个对象进行分析；综合评估是依据众多的单一评估结果而获得对数字化应急预案的整体评估。完成对应急预案的科学评估要选择最匹配的评判函数，确定评判函数 $f:[0,1]^m \to R$（全体实数）。f 是一个 m 个自变量都属于 $[0,1]$ 的 m 元函数，对应函数值可取任意实数，表示为：$d = f(z_1, z_2, L, z_n)$，$z_i \in [0,1]$，$i = 1,2,L,n$，$d \in R$。三种常用的评判函数从不同层面衡量被评估应急预案的效果，即综合型评判函数把数字化应急预案的各层指标综合考虑在内；优选型评判函数在权重的取值范围内选择特征指标最大的作为评判指标；去劣型评判函数与优选型评判函数相反，在同样的情况下选择特征指标最小的作为评判指标，选用这种评判函数的应急预案需要各项特征指标都高才能保证评判指标高。三种评判函数的公式如下。

（1）综合型：$d=\sum_{i=1}^{n}a_i z_i$，一般$\sum_{i=1}^{n}a_i=1$，$a_i\geqslant 0$。

（2）优选型：$d'=(b_1\wedge z_1)\vee(b_2\wedge z_2)\vee L\vee(b_n\wedge z_n)$。

（3）去劣型：$d''=\bigwedge_{i=1}^{n}Z_i^{c_i}$，$c_i>0$。

其中，$i=1,2,L,n$，a_i、b_i、c_i表示各因素加权后的权重。

对应急预案评估时要选择合适的评判函数，评判函数要符合一定的光滑性和连续性等条件。综合型评判函数能表示模糊矩阵的乘积，即$\tilde{d}=\tilde{A}\cdot\tilde{R}$，其中$\tilde{d}$为对预案进行模糊综合评估的结果，$\tilde{A}$为模糊评估因素权重向量，$\tilde{R}$为从$X$到$V$的一个模糊关系矩阵，其元素$r_{ij}$表示专家按第$i$个指标做出第$j$种等级评估的打分结果。对$\tilde{d}=A_i\cdot R_{y_i}$进行归一化处理后就表示$y_i\left(i=1,2,3,4,5\right)$对$V$的隶属度向量，表示为$R_z=\left(d_1,d_2,d_3,d_4,d_5\right)^{\mathrm{T}}$。同理，记$\tilde{d}=A\cdot R_z=\left(\tilde{b}_1,\tilde{b}_2,\tilde{b}_3,\tilde{b}_4\right)$，归一化处理后记为$R=\left(b_1,b_2,b_3,b_4\right)$，表示$Z$对$V$的隶属度向量。

8.3.2　数字化应急预案实施前评估实例分析

以某市安全生产事故动态应急预案 P 为例，运用上述模糊综合评估模型对应急预案进行评估。选择 10 个专家对各二级指标进行打分，将专家打分结果作为 5 个一级指标单因素打分的隶属度，归一化处理后得到隶属度表（表 8-6）。例如，对一级指标方案的及时性 B_1 中各二级指标的打分结果归一化处理后得到的数据如表 8-6 所示。

表 8-6　隶属度表

二级指标	评语			
	优	良	中	差
救援物资到达时间	0.50	0.35	0.15	0.00
救援人员到达时间	0.35	0.40	0.15	0.00
信息发布间隔时间	0.55	0.15	0.25	0.05
应急响应时间	0.25	0.35	0.35	0.05

1. 单因素评估

根据隶属度表建立单因素评估矩阵R_j如下：

$$R_1=\begin{pmatrix}0.50 & 0.35 & 0.15 & 0.00\\ 0.35 & 0.40 & 0.15 & 0.10\\ 0.55 & 0.15 & 0.25 & 0.05\\ 0.25 & 0.35 & 0.35 & 0.05\end{pmatrix},\quad R_2=\begin{pmatrix}0.40 & 0.25 & 0.30 & 0.05\\ 0.35 & 0.40 & 0.15 & 0.10\end{pmatrix},$$

$$R_3=\begin{pmatrix}0.50 & 0.25 & 0.20 & 0.05\\0.25 & 0.45 & 0.20 & 0.10\\0.15 & 0.40 & 0.35 & 0.10\end{pmatrix},\quad R_4=\begin{pmatrix}0.30 & 0.55 & 0.15 & 0.00\\0.25 & 0.40 & 0.30 & 0.05\\0.15 & 0.50 & 0.35 & 0.00\end{pmatrix},$$

$$R_5=\begin{pmatrix}0.15 & 0.30 & 0.40 & 0.15\\0.25 & 0.30 & 0.35 & 0.10\\0.20 & 0.25 & 0.50 & 0.05\\0.35 & 0.20 & 0.25 & 0.20\end{pmatrix}$$

运用层次分析法中 1~9 标度法对各二级指标的重要性打分结果进行标度，并得到权重计算结果如下

$$A_1^*=\begin{pmatrix}1 & 1 & 1 & 2\\1 & 1 & 2 & 2\\1 & \frac{1}{2} & 1 & 1\\\frac{1}{2} & \frac{1}{2} & 1 & 1\end{pmatrix},\quad A_2^*=\begin{pmatrix}1 & 2\\\frac{1}{2} & 1\end{pmatrix},\quad A_3^*=\begin{pmatrix}1 & 3 & 4\\\frac{1}{3} & 1 & 2\\\frac{1}{4} & \frac{1}{2} & 1\end{pmatrix},$$

$$A_4^*=\begin{pmatrix}1 & 1 & 3\\1 & 1 & 4\\\frac{1}{3} & \frac{1}{4} & 1\end{pmatrix},\quad A_5^*=\begin{pmatrix}1 & \frac{1}{2} & 1 & \frac{1}{3}\\2 & 1 & 1 & 2\\1 & 2 & 1 & 3\\3 & \frac{1}{2} & \frac{1}{3} & 1\end{pmatrix}$$

对于一级指标方案的及时性B_1，根据专家组的打分运用层次分析法得到其二级指标的权重向量为：$A_1=(0.32,0.33,0.20,0.15)$，其中最大特征值$\lambda_{\max}=4.22$，$R\cdot I=0.89$，$C\cdot I=0.03$，一致性比率$C\cdot R=0.034<0.1$，满足一致性。将$A_1$与评估矩阵$R_1$代入综合型评判函数公式，得到专家对于方案的及时性$B_1$的打分结果：$B_1=A_1\times R_1=(0.4230,0.3265,0.2000,\ 0.0505)$。按照相同的方法可以得到$B_2=(0.3835,\ \ 0.2995,0.2505,0.0665)$，$B_3=(0.3805,0.3225,0.2225,0.070)$，$B_4=(0.2580,0.4720,\ 0.2460,0.0240)$，$B_5=(0.1530,\ 0.3010,0.4510,0.0950)$。将以上结果按照评估等级换算表换算成百分制，则得到$B_1'=86.22$，$B_2'=82.32$，$B_3'=85.23$，$B_4'=84.64$，$B_5'=78.31$。$A_2=(0.67,0.33)$，$A_3=(0.60,\ 0.25,0.15)$，$A_4=(0.40,0.48,0.12)$，$A_5=(0.16,0.28,0.36,0.20)$。在 16 个二级指标中根据数据权重的大小，可以看出对应急预案的评估结果影响较大的前 3 个指标为受灾人员$C_{21}(0.67)$，级别监控$C_{31}(0.60)$，医疗资源调度$C_{42}(0.48)$，故应急预案的制订和应急救援首先要认真落实这 3 个指标方面的工作。从最后的分数可以看出专家对B_1的评分在 5 个一级指标中最高，说明该应急预案P在方案的及时性方面做得比

较完善。受灾程度的匹配性、预防预警的有效性、资源调度的合理性 3 个一级指标的评分结果也较高，说明应急预案 P 在这 3 个方面的工作也比较好。物资保障的充分性得分低于 80，评估结果属于中，说明应急预案 P 在这方面的处理还不尽理想，有待完善。

2. 多因素评估

综合 5 个一级指标的评估结果作为二级指标评估的矩阵，对整个应急预案做出综合评估，建立多因素评估矩阵，在方案既定的情况下，非常规突发事件自身的级别高低有差异，则数字化应急预案的实施效果也有差别，因此在应急预案的评估环节中要将突发事件的级别对评估指标加权。

运用 1~9 标度法对各一级指标的重要性打分结果进行标度，并得到权重计算结果，如下所示：

$$A^* = \begin{pmatrix} 1 & 2 & 2 & 2 & 3 \\ \frac{1}{2} & 1 & \frac{1}{2} & 1 & 2 \\ \frac{1}{2} & 2 & 1 & 2 & 2 \\ \frac{1}{2} & 1 & \frac{1}{2} & 1 & 2 \\ \frac{1}{3} & \frac{1}{2} & \frac{1}{2} & \frac{1}{2} & 1 \end{pmatrix}$$

根据专家组的打分运用层次分析法得到针对应急预案 P 的一级指标的权重向量为 $A=(0.35,0.16,0.24,0.15,0.10)$，其中最大特征值 $\lambda_{\max}=5.09$，$R \cdot I=1.12$，$C \cdot I=0.02$，一致性比率 $C \cdot R=0.018<0.1$，满足一致性。将权重向量 A 与多因素评估矩阵 R 代入综合型评判函数，得到对应急预案 P 的模糊综合评估结果向量 B，即

$$B=A \cdot R=(a_1,a_2,a_3,a_4)\begin{pmatrix} r_{11} & \cdots & r_{1n} \\ \vdots & & \vdots \\ r_{m1} & \cdots & r_{mn} \end{pmatrix}=(b_1,b_2,\cdots,b_n)=(0.355\,8,0.340\,5,0.245\,5,0.058\,2),$$

将所得结果 B 按照评估等级换算表换算成百分制可得 $B'=84.939$，说明专家对应急预案的总体评估结果得分为 84.939，等级为良。其中，35.58%的专家认为该应急预案 P 非常完善，34.05%的专家认为该应急预案比较完善；94.18%的专家认为该应急预案的可行性和有效性是可以接受的，是比较合格的应急预案，只有 5.82%的专家认为该应急预案较差，还需进一步改进。由一级指标权重向量可以看出，对应急预案的综合评估影响最大的指标是方案的及时性，因此要提高应急预案的应急水平和评估结果首先要确保应急救援方案的及时性。

8.4 数字化应急预案实施中评估

8.4.1 数字化应急预案实施中评估指标体系

数字化应急预案实施中的评估与实施前和实施后的评估有所不同。其实质是对已有的应急预案与现实情况进行耦合性的评估并进行相应的实例化。陈安等（2010）基于应急管理全生命周期，提出了从可缓减性、可救援性、可恢复性三个方面对应急预案进行实施中评估，构建了相应的评估模型。但是他们提出的方法更偏向于应急预案对突发事件解决程度的评估，并没有体现出已有应急预案与事件本身在应急过程中是否匹配。本书提出一种对已有应急预案与突发事件的应急过程匹配程度的评估方法，通过将已有应急预案实例化，来评估其匹配程度，从而做出相应的决策。

对应急预案与突发事件的应急过程匹配程度进行评估，要先构建相应的评估指标体系。本书将突发事件与应急预案之间的匹配性、有效性和灵活性三个方面作为一级指标来对应急预案是否匹配进行评估,并在一级指标的基础上进行细分,构建 12 个二级指标。

在构建了相应的指标体系之后，再对应急预案与现场情况的匹配程度进行评估及实例化。对应急预案匹配度的评估和实例化主要包括以下几个步骤。

1. 信息的获取

突发事件现场情况信息的获取是应急预案实施中评估的基础，只有根据这些现场情况信息，我们才能将之与应急预案进行匹配度评估。根据所构建的评估指标体系，突发事件现场情况信息的获取主要获得 9 个二级指标所代表的信息，这是后面一系列过程的数据基础。

2. 过程的映射

在获取了所需要的现场情况信息之后，我们需要在这些信息反映的应急过程与应急预案之间进行映射。应急过程映射是从应急过程 p_1 到应急预案 p_2 的一个总体映射过程，它保存了过程的层次结构和语义关系，并详细指出了 p_1 和 p_2 之间的重叠部分。建立应急过程的映射，一方面可以寻找替代过程，即通过相似性计算，当两者的相似度大于一定阈值时，认为两个过程是可替代的，通过寻找替代过程，当某一过程因为某些因素不可行时，可以用它的替代过程代替，避免因为某一过程的不可实施耽误整个应急响应过程的实施；另一方面，应急过程的映射是应急过程匹配的基础，后续操作都需要在建立两个过程之间的映射关系以后方可进行。

3. 过程的匹配

应急过程匹配就是寻找两个过程的共同点，也就是核心过程的寻找过程。当多个过程均具有子过程或活动时，我们可以认为该子过程或活动是核心过程，也可以说是关键过程。寻找核心过程，主要有以下两方面的作用。

（1）核心过程既然由多个过程共有，其重要性不言而喻，如果其无法顺利进行，将严重影响后续工作的开展，因此对于核心过程，在应急响应过程，我们可以花更多的人力、物力和财力去保障它的顺利进行，提高应急响应的速度和效率。

（2）核心过程是具有同一主题的一系列过程的交集，在数字化应急预案自动生成过程中，通过知识检索，检索出与当前情景相关的应急过程以后，经过应急过程的匹配，找出这些过程的核心过程。

4. 实例化

在将应急过程与应急预案进行匹配之后，得到原有过程的语义差异与语义交叉点。下一步就是根据这些语义差异与语义交叉点对应急预案进行实例化。实例化的方式主要有以下两种：一是直接对这些过程进行合并，从而完成对应急预案的实例化；二是先求出核心过程，再将核心过程与该事件某些特有的应急过程进行合并，同样也可以完成对应急预案的实例化。

8.4.2　信息获取

在突发事件的应急过程中，其现实情况不是静态的某个时刻的镜像，而是随着时间的推移，情况不断改变与演化，因此信息的获取工作也要持续实时跟进。信息获取要符合以下几个原则。

1. 充分发挥人机交互的优势

根据人工智能的最新研究，只有借助人脑的辅助才能最大化机器的智能。因此，我们在设计应急系统情景感知的过程中也应当充分发挥人机交互的优势，在计算机无法实现最优评判的情景要素上，借助人脑争取实现较为准确的感知。

2. 尽可能自动识别感知多数的情景要素

为实现基于情景感知的知识管理，需要在应急知识创造、编辑和应用的时候感知情景。如果这些情景都依赖人机交互来感知的话，无疑会大大加大知识工程师和决策者的工作量，会影响他们使用的积极性。因此，在应急知识创造、编辑和应用的时候应尽可能多地自动识别感知多数的情景，将识别感知的情景与应急知识、检索匹配条件相集成，从而提升知识管理的水平。

3. 应实现情景要素的不同细化处理

如果对所有的情景要素都实现细化处理，不仅投资巨大，而且过于细化不重要的情景要素还会导致整体情景要素重要性的偏失。不同的应急事件类型，不同的发生地点，关注的重点情景要素各异。因此，情景感知应能针对重点要素实现相应的细化处理，从而更加准确地处理知识。

4. 借助推理技术，间接感知情景要素

应急情景包含的要素很多，由于技术和现实情况的局限，部分应急要素无法直接感知，但这些要素对于知识管理又是非常必要的，可以借助人工智能的推理技术，间接得出情景要素。

5. 实现情景的动态跟进感知

突发事件由于突发性、复杂性和不确定性，情景因素不断处于动态变化中，情景的变化导致知识的需求随之发生变化。因此，情景感知应能做到实时动态感知情景，一旦情景变化引发新的知识需求，应急系统就应做出相应的知识推送。

在满足以上原则的基础上，可以通过以下几个方式来获取信息。

1）通过 GIS 或 GPRS 来获取

这种方式是借助先进的 GIS 或者 GPRS 来获取突发事件的现场情况信息，通过读取这些系统中的数据识别、获取现场情况信息，主要是获取突发事件现场的实体情景要素信息。例如，事件发生地点的重要工厂，如军工厂、化工厂、电厂等；重要的设施，如机场、通信光缆、大型油气管线、水库等设施的分布图。这些工厂、设施的分布应急管理决策者必须重点考虑，从而确保事件发生时和发生后能够进行快速反应和指挥决策，更好地保障通信、交通运输，以及避免重大次生灾害的发生。

2）通过现场人员报道获取

突发事件的部分信息如果没有现场的统计和报道是无法获取的，如受灾人数、伤亡人数、受灾范围等。这些都必须是实时的一手资料，因此在现场必须有专业的人员，利用先进的卫星电话等通信工具，实时更新数据以供决策者参考，做出相应的、及时的决策。

3）从相应信息源获取

这是通过与外部信息服务部门的交互直接获取现场情况信息，如通过气象中心直接获取事件发生地点过去和未来几天的天气信息；通过统计局获取事件发生地点的人口统计信息等。

4）从互联网上获取

在互联网时代，应急管理又多了一项信息来源。互联网便捷的信息发布平台使得大量关于突发事件的信息迅速传播，成为越来越重要的信息源。基于关键词的搜索也使得获取这些信息变得可能，但如何识别这些信息的真伪及迅速在海量信息中筛选出有价值的信息是这一方式适用的关键。

8.4.3　应急过程的映射

在获取了突发事件的现场信息之后，就需要将这些现场信息所反映的应急过程与应急预案进行映射。其中，应急过程映射是在两个过程（概念或关系）之间发现语义对应关系的过程。将应急过程的结构作为对象，可以用对象之间的“态射”实现本体的映射。应急过程映射是应急过程匹配的基础。

定义 8-1（应急过程映射）　设有两个应急过程 P 和 P'，$P=\left(O, M, H^{C}, \text{rel}, R\right)$，$P'=\left(O', M', H^{C'}, \text{rel}', R'\right)$，应急过程的映射可定义为态射函数 (f, g)：$P \to P'$，其中 f：$O \to O'$ 和 g：$M \to M'$ 满足下列条件：①如果 $(O_1, O_2) \in H^{C}$，则 $\left(f(O_1), f(O_2)\right) \in H^{C'}$；②如果 $(O_1, O_2) \in \text{rel}(R)$，则 $\left(g(O_1) g(O_2)\right) \in \text{rel}'\left(g(R)\right)$。

上述条件①的态射保持了对象的层次结构，条件②的态射保持了对象之间的关系。下面通过例子说明利用范畴论进行应急过程映射的具体情况。

如图 8-3 所示，定义两个应急过程 P_1 和 P_2，(f, g):$\{x_0, x_1, x_2, x_3\} \times \{r_1, r_2\} \to \{y_0, y_1, y_3\} \times \{s_1, s_2\}$ 是它们之间的一个态射。由态射可得过程映射：$x_0 \mapsto y_0$，$x_1 \mapsto y_1$，$x_2 \mapsto y_1$，$x_3 \mapsto y_2$，$r_1 \mapsto s_1$，$r_2 \mapsto s_2$。这些映射保留了应急过程的层次结构，如在过程 P_1 中，x_1 和 x_2 是 x_0 的子过程，相应地，在 P_2 中，$f(x_1)$、$f(x_2)=y_1$ 是 $f(x_0)=y_0$ 的子过程。同时，这些映射也保留了子过程之间的关系，如过程 P_1 中的 $r_1(x_0, x_3)$ 与 P_2 中的 $g(r_1)\left(f(x_0), f(x_3)\right)=(s_1, y_0, y_1)$ 形成映射。

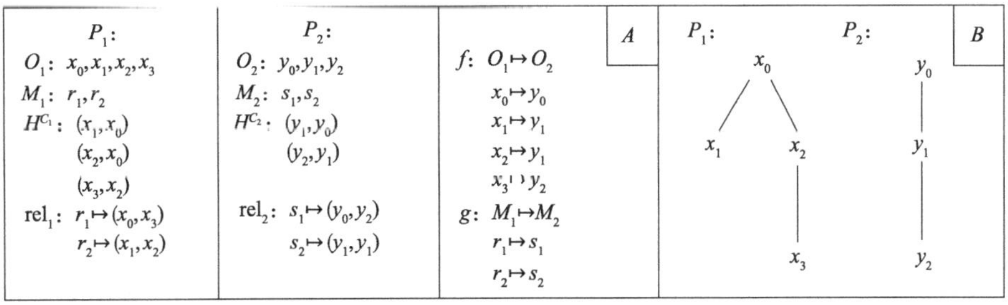

图 8-3　应急过程映射

8.4.4　应急过程的匹配

在将现场信息所反映的应急过程与应急预案进行映射之后，得到了两个过程之间的关系，下一步就是将这些应急过程进行匹配。通过匹配，发掘多个应急过程之间的相同之处，即共同的子过程；通过匹配，得出的新应急过程是原有过程间的交集。下面利用范畴论中极限的拉回性质实现应急过程的匹配。拉回关联了由两个态射连接的三个对象：$P_1 \to P \leftarrow P_2$，P_1 和 P_2 是要匹配的两个本体，P 是连接这个匹配的载体。

定义 8-2（拉回） 设有应急过程 P、P_1、P_2，态射(f_1, g_1)：$P_1 \to P$ 和(f_2, g_2)：$P_2 \to P$，过程 P' 和态射$(f_1, g_1)'$：$P' \to P_1$ 和$(f_2, g_2)'$：$P' \to P_2$ 是过程 P_1 和 P_2 的拉回，并满足下列条件：①$(f_1, g_1)\circ(f_1, g_1)' = (f_2, g_2)\circ(f_2, g_2)'$；②对任意其他过程 P'' 和态射$(f_1, g_1)''$：$P'' \to P_1$ 和$(f_2, g_2)''$：$P'' \to P_2$，存在唯一的态射(f, g)：$P'' \to P'$ 使得$(f_1, g_1)'\circ(f, g) = (f_1, g_1)''$，$(f_2, g_2)'\circ(f, g) = (f_2, g_2)''$。如图 8-4 所示。

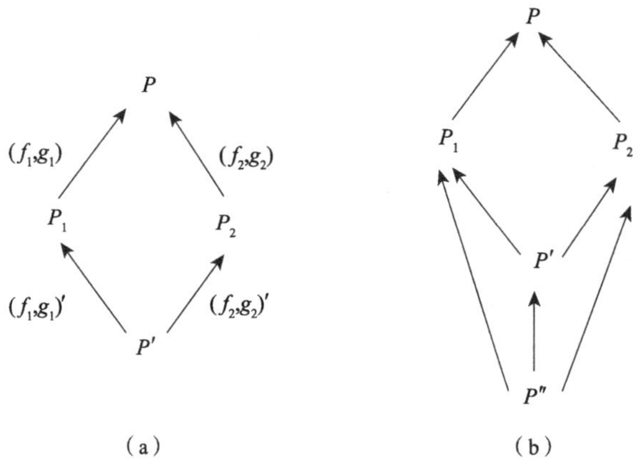

图 8-4　拉回示意

定义 8-2 中，条件①确保了 P' 中所包含的 P_1 和 P_2 中的所有信息语义上是相等的。条件②说明 P' 是更大的本体，能够被结构化为：如果存在另一本体 P'' 也包含 P_1 和 P_2 交集的所有语义信息，那么通过态射 $P'' \to P'$ 与 P' 匹配。

拉回算法就是通过 f_i 寻找 P 中拥有相同语义信息的 P_i 的子过程 p_i。遍历所有子过程，先添加一个新过程到 P''，利用 f_i' 连接过程 p_i。$f_i \circ f_i'$ 确保了 P 是 P_1 和 P_2 的语义交集。P' 是 P 的一个子集，$H^{C'}$ 是 H^C 的一部分，同理，M'、rel' 和 R' 也如此。

下面以 8.4.3 小节中的 P_1 和 P_2 为例，说明利用拉回算法寻找它们交集的过程。我们需要定义一个新过程 P，作为 P_1、P_2 的态射(f_1, g_1)和(f_1, g_1)的值域（如图8-5 中的 A 所示）。这些态射和 P_1、P_2 中的子过程通过 O 进行匹配，过程 P' 是 P_1 和 P_2 关于 P 的交集，x_0 和 y_0 是相同概念，用 z_0 表示$\left(f_1'(x_0) = z_0, f_2'(y_0) = z_0\right)$，$x_2$ 和 y_1、x_3 和 y_2 也是相同概念，分别用 z_1 和 z_2 表示$\left(f_1'(x_2) = z_1, f_2'(y_1) = z_1, f_1'(x_3) = z_2, f_2'(y_2) = z_2\right)$。同样地，$r_1$ 和 s_1 相似，用 u_1 表示。生成新的应急过程 P' 及态射

$(f_1',\ g_1')$ 和 $(f_2',\ g_2')$，如图 8-5 中的 B 所示。

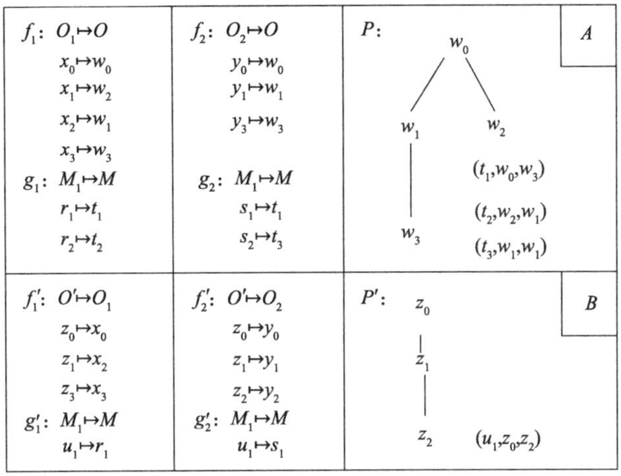

图 8-5　应急过程匹配

8.4.5　实例化

在上文将现场信息所反映的应急过程与应急预案之间进行匹配之后，得到了它们之间的语义差异和语义交叉点。利用这些语义差异和语义交叉点，我们可以通过合并或者是寻找核心过程来实现应急预案的实例化，从而对已有应急预案和现场情况进行评估。

应急过程合并是在应急过程映射和匹配的基础上，将 n（$n \geqslant 2$）个相关的应急过程统一合并成一个新的应急过程，新过程是这 n 个过程的并集，不仅包含了原来 n 个过程的语义相似部分，也包含了语义不同的部分。本书利用范畴论中余极限的外推性质来实现应急过程的合并。极限和余极限是一个对偶过程，将余极限中所有的箭头取相反方向，就构成了极限，在一个外推图中，反向调整所有箭头的方向，就构成了拉回图。

定义 8-3（推出）　如图 8-6 所示，设有应急过程 P、P_1、P_2，态射 (f_1, g_1): $P \to P_1$ 和 (f_2, g_2): $P \to P_2$，过程 P' 和态射 $(f_1, g_1)'$: $P_1 \to P'$ 是过程 P_1 的外推，过程 P' 和态射 $(f_2, g_2)'$: $P_2 \to P'$ 是过程 P_2 的外推，并满足下列条件：①$(f_1, g_1)' \circ (f_1, g_1) = (f_2, g_2)' \circ (f_2, g_2)$；②对于任意其他过程 P'' 和态射 $(f_1, g_1)''$: $P_1 \to P''$，P'' 和态射 $(f_2, g_2)''$: $P_2 \to P''$，存在唯一的态射 (f, g): $P' \to P''$ 使得 $(f, g) \circ (f_1, g_1)' = (f_1, g_1)''$，$(f, g) \circ (f_2, g_2)' = (f_2, g_2)''$。

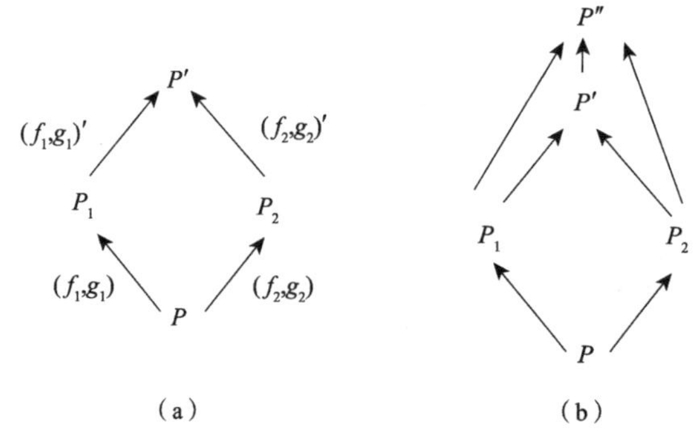

图 8-6 推出示意

定义 8-3 中的条件①说明，给定 P 中的一组子过程和关系 (o, m)，在 P' 中，$(f_1, g_1)' \circ (f_1, g_1)$ 和 $(f_2, g_2)' \circ (f_2, g_2)$ 是等价的，因此 P_1 中的 $(f_1(o), g_1(m))$ 和 O_2 中的 $(f_2(o), g_2(m))$ 在 P'' 中堆叠。事实上，成对的映射确保了 P_1 和 P_2 的所有组件可以映射到 P 中。因此，P 是在 P_1 和 P_2 的可能堆叠某些子过程的基础上的融合。条件②说明，如果还存在另一个本体 P''，能扮演同样的作用，那么 P' 也能通过态射 (f, g)：$P' \to P''$ 进行匹配。

外推作为余极限的重要概念，它描述了在可交换图中，由两个映射连接的四个对象之间的关系。从 P 到 P_1 和 P 到 P_2 的映射描述了 P 中的概念和关系在 P_1 和 P_2 中该如何理解与解释。虽然映射后包含了两个过程的所有内容，但是 P_1 和 P_2 的相同或相似子过程在 P' 中堆叠起来，以一个子过程表示。从 P_1、P_2 映射到 P' 的过程描述了 P_1 和 P_2 中的子过程如何和 P' 的子过程关联。

下面结合应急过程的特征，给出利用外推实现应急过程合并的算法。设 $P = (O, M, H^C, \text{rel}, R)$，$P_i = (O_i, M_i, H^C{}_i, \text{rel}_i, R_i)$（其中，$i$=1,2），$P$ 是 P_1 和 P_2 的语义交集，合并后应急过程的范畴结构为 $P' = (O', M', H^{C'}, \text{rel}', R')$。初始条件 $P' = P\varepsilon = \{\varnothing, \varnothing, \varnothing, \perp, \perp\}$ 是一个空过程，$\varnothing$ 表示集合为空，$\perp$ 表示函数（这里是 f_i'，g_i'）在所有的域内无定义。在图 8-7 的步骤（1）中，对 O 中的每一个概念 o 在 O' 中相应增添一个新过程 o'，o' 由 $f_i(o)$ 定义，因此，态射 f_i' 被相应地定义，即 $f_i(o)$ 和新增过程 o' 之间建立映射，这是由步骤（1）的第 3 行、第 4 行实现的。f_i' 和 f_i 的复合 $f_i' \circ f_i$ 保证了 P' 中的每一个过程都是 P_1 和 P_2 的交集。这样，通过步骤（1）就将 P_1 和 P_2 中相同的 2 个过程作为 P' 中的一个新过程。接着，步骤（2）和步骤（3）将 P_1 和 P_2 中其余的概念也添加到 P' 中。最后，步骤（4）和步骤（5）将层次关系 H_1^C 和 H_2^C 增添到 $H^{C'}$ 中。由于态射是保持结构的，$f_i' \circ f_i$ 保证了 $H^{C'}$ 是包含 H_i^C 的，它也保证了 P' 是子过程的外推，且集合最

小，任何其他能替代 P' 的集合均较大，如图 8-7 所示。集合 M' 、rel′ 和 R' 的定义方法同理类推。

算法：外推

输入：(f_1,g_1)：$P \to P_1$.　　(f_2,g_2)：$P \to P_2$

输出：(f_1',g_1')：$P_1 \to P'$，(f_2',g_2')：$P_2 \to P'$

初始条件：$P'=P\varepsilon, f_i'=\perp, g_i'=\perp$

（1）For all $o \in O$

　　O'：$=O' \cup o'$, where $o' \in (O_1 \cup O_2)$

　　f_1'：$=f_1' \cup f_1(o) \mapsto o'$

　　f_2'：$=f_2' \cup f_2(o) \mapsto o'$

（2）For all $o \in O_1$　that is not in the image of f_1

　　O'：$=O' \cup o$

　　f_1'：$=f_1' \cup f_1(o) \mapsto o$

（3）For all $o \in O_2$　that is not in the image of f_2

　　O'：$=O' \cup o$

　　f_2'：$=f_2' \cup f_2(o) \mapsto o$

（4）For all $(c,d) \in H_1^C$

　　$H^{C'}$：$=H^{C'} \cup (f_1(c), f_1(d))$

（5）For all $(c,d) \in H_2^C$

　　$H^{C'}$：$=H^{C'} \cup (f_2(c), f_2(d))$

图 8-7　外推算法

仍以上例中的应急过程 P_1 和 P_2 为例，说明怎样从 P_1 和 P_2 中创建一个新的过程 P' 来集成它们的概念和关系。先定义一个新过程 P，态射 (f_1,g_1)：$P \to P_1$ 和 (f_2,g_2)：$P \to P_2$ 仅包含它们的语义交集。设过程 $P=(\{w_0,w_1\},\{w_1,w_0\},\{t_1,w_0,w_1\})$，态射 (f_1,g_1)：$P \to P_1$ 和 (f_2,g_2)：$P \to P_2$ 定义为：$f_1{:}w_0 \longmapsto x_0, w_1 \longmapsto x_3, g_1{:}v_1 \longmapsto r_1, f_2{:}w_0 \longmapsto y_0, w_1 \longmapsto y_2, g_2{:}v_1 \longmapsto s_1$。由上述算法，先将 P_1 和 P_2 中相同的部分（即 P）加入 P' 中，再逐一添加其余的子过程及它们的关系，最终得出外推过程 $P'=(\{z_0,x_1,x_2,y_1,z_1\},\{u_1,u_2,u_3\},\{(z_0,x_1),(z_0,x_2),(z_0,y_1),(x_2,z_1),(y_2,z_1)\},\{(u_1,z_0,z_1),(u_2,x_1,x_2),(u_3,y_1,y_1)\})$，其中，态射 (f_1',g_1')：$P_1 \to P'$ 和 (f_2',g_2')：$P_2 \to P'$ 定义为：$f_1'{:}x_0 \longmapsto z_0, x_1 \longmapsto x_1, x_2 \longmapsto x_2, x_3 \longmapsto z_1$，$g_1'{:}r_1 \longmapsto u_1, r_2 \longmapsto u_2$，$f_2'{:}y_0 \longmapsto z_0, y_1 \longmapsto y_1, y_2 \longmapsto z_1$，$g_2'{:}s_1 \longmapsto u_3, s_2 \longmapsto u_1$。如图 8-8 所示，其中箭头表示它们之间的映射。

将多个应急过程合并为一个新的过程，新过程既要保留原有过程的交集，也要保留过程间的差异，这样的新过程有多个，而通过外推得出的过程是这些过程总的最小集合，即最简洁的应急过程。通过应急过程的合并，在突发事件发生以后，根据需求检索出已有的应急过程片断，通过合并这些片段，得出适应该突发事件的应急响应过程，从而完成对应急预案的实例化。

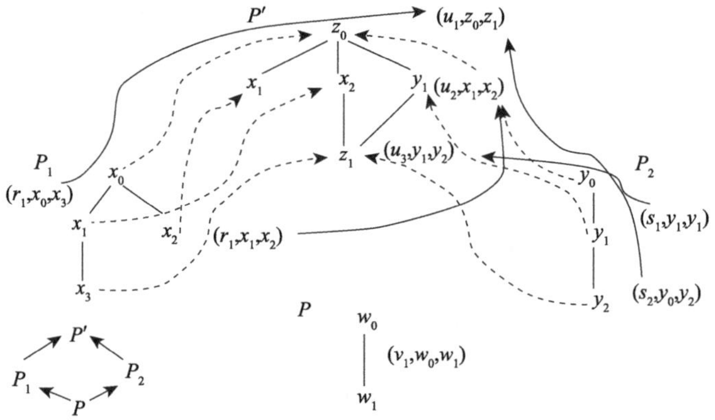

图 8-8　应急过程合并示意

- - - -➤表示 f 映射；——➤表示 g 映射

8.4.6　应急预案实施中评估实例分析

在上文已经提到，应急预案实施中评估其实是对已选应急预案与现实情况的耦合性的评估，并对应急预案进行相应的适应性修改。下面以森林火灾类案例为例，说明评估的过程。

假设根据知识检索，表 8-7~表 8-11 是已经检索出的与该突发事件情景相关的 4 个应急过程知识片断。表 8-7 是火灾类应急处置过程模板，为了描述方便，分别用字母标记。由于篇幅有限，本书省略应急过程的部分内容，只考虑核心的应急处置过程。

表 8-7　火灾类应急处置过程模板

过程	标记	过程	标记
指挥与协调	P_1	火情会商	P_{11}
		应急部署	P_{12}
		现场督导	P_{13}
		技术咨询	P_{14}
		综合调度	P_{15}
		后勤保障	P_{16}
		请求支援与扩大应急	P_{17}
		信息报告	P_{18}
应急处置	P_2	综合协调	P_{21}
		社会动员	P_{22}
		抢险救援与医疗救护	P_{23}
		火灾扑救	P_{24}
		人群疏散	P_{25}
		生活保障	P_{26}
		交通管制	P_{27}
		治安警戒	P_{28}
		应急通信保障	P_{29}

表 8-8 江苏省某县森林火灾应急处置过程片断

过程	具体应急处置过程	对应标记
指挥与协调	扑火前线指挥部组织火灾现场侦察，掌握火场及周围的具体情况	P_{11}
	指定扑火作战计划	P_{12}
	计算所需扑救力量，合理划分扑火战区，进行具体分工，组织指挥扑火战斗	P_{12}
	掌握扑火过程，并根据火灾现场变化情况适时调整扑火力量	P_{12}
	做好火灾现场后勤物资保障的分配与落实	P_{16}
	做好火灾现场扑救人员的安全避险工作，严防人员伤亡事故发生	P_{13}
	向本级森林防火指挥部随时报告火灾现场情况，及时传达，落实上级的指示和命令	P_{18}
	火灾扑灭后，组织力量消除残火，并派人看守火灾现场，严防死灰复燃	P_{13}
应急处置	迅速组织力量扑灭火灾，抢救受伤人员和将被困人员移至安全区，并组织对受伤者的救治	P_{23}
	采取开辟防火隔离带措施，防止火势蔓延	P_{24}
	对局部地区实施交通管制，切实维护火灾地区社会治安秩序	P_{27}
	若需征用社会物资、设备、交通工具时，一般情况下先报批后实施，紧急情况下可先实施后报批	P_{21}

表 8-9 某工厂火灾应急处置过程片断

过程	具体应急处置过程		标记
应急处置	火灾发生后灭火措施	发现者向消防大队报警，同时逐级向工厂灭火、应急和疏散指挥部报告	P_{18}
		生产总调度室负责通知指挥部领导和相关小组	P_{12}
		本岗位人员和单位义务消防队立即利用现有消防设施、消防器材灭火，同时采取关阀断料、切断电源、停车等措施	P_{12}
		消防大队到达火灾事故现场以后，按照救人第一的原则，立即展开火情侦察，搜救伤者和被困人员并转移到安全地带	P_{24}
		根据不同的着火部位和燃烧物质采取相应的灭火措施	P_{24}
		重点部位的生产装置发生火灾后，消防大队根据火灾情况，按照“集中兵力打歼灭战”的指导思想，采取先控制、后消灭的灭火战术原则，应用堵截包围、上下合击、内外夹攻、穿插分割、逐片消灭的灭火战术方法	P_{24}
	生产区域人员紧急疏散、撤离	紧急状态下事故现场人员的撤离由单位领导下达	P_{25}
		首先根据岗位作业证对现场人员进行清点并撤离	P_{25}
		如有人员短缺，采取积极营救，同时报应急救援指挥部采取营救措施	P_{25}
		非事故现场人员的紧急疏散，由工厂应急救援指挥部下达疏散指令，向非扩散区撤离	P_{25}
		在事故现场进行抢救的消防大队、现场操作工及应急救援指挥部的相关人员撤离前后应向应急救援指挥部报告事故救援情况及人员清点情况	P_{25}
		若火灾事故难以控制和扩大，由工厂应急指挥部向县、市消防部门报告，并组织事故发生地相邻人员向非扩散区撤离	P_{25}

续表

过程	具体应急处置过程		标记
应急处置	公众聚集场所人员紧急疏散、撤离	公众聚集场所包括：职工医院、职工俱乐部、职工公寓、幼儿园、演播厅等	P_{25}
		公众聚集场所发生火灾后，工厂灭火和应急、疏散指挥部使用广播对火场进行紧急广播，通知人员安全疏散	P_{25}
		在广播中，告诉需要疏散人员：要听从疏散引导人员指挥，保持镇静，不要慌张，就近找一些毛巾等棉织物，用水淋湿捂住口、鼻，根据疏散引导人员所引导的方向或疏散指示标志所指的方向撤离	P_{25}
		公众聚集场所发生火灾后，对于弱势群体、行为能力差或已经受伤、中毒需要紧急救护的人员，要由疏散引导人员首先进行疏散	P_{25}
		在安全疏散时间内，考虑到可能发生的各种困难，采取救援措施，将需要帮助、救护的人员引导、疏散到安全场所	P_{25}
		按照应急预案的分工安排，各负其责、各司其职、沉着冷静、迅速果断地利用器械、工具、装备等帮助被救人员	P_{25}
		对于关键设备、信息资源和贵重物品、文物档案等便于携带物品，在情况允许的条件下，在疏散中转移保护	P_{25}

表 8-10　湖南省森林火灾应急处置过程片断

过程	具体应急处置过程	标记
指挥与协调	指挥长主持召开省防汛防台抗旱指挥部成员会议，会商火情，部署应急救援工作	P_{11}
	副指挥长带领相关成员单位领导组成的现场督导组和有关专家组成员，赴火灾现场设立省扑火前线指挥部，统一组织指挥扑救火灾	P_{12}
	省防汛防台抗旱指挥部成员单位按照职责分工和省人民政府指示精神及省防汛防台抗旱指挥部要求，落实相关应急救援措施，配合省扑火前线指挥部开展工作；省防火部门每1小时报告一次情况	P_{12}
	根据火灾发展态势，如果火情升级，省防汛防台抗旱指挥部向国家提出支援申请，指挥长赴火场协调设立国家扑火前线指挥部，其他部门启动相关应急预案，省人民政府统一领导应急救援工作	P_{17}
应急处置	传达并督促落实国家防汛防台抗旱指挥部、省人民政府关于火灾应急救援的指示精神	P_{21}
	拟订并实施扑火作战方案，迅速组织力量扑救火灾	P_{24}
	转移安置灾民，救治受伤人员，妥善处理伤亡人员家属安抚工作，协调解决扑火工作中的困难	P_{23} P_{25}
	采取措施保护重要设施和居民房屋安全，严防发生人员伤亡事故	P_{26}
	制订人工增雨方案，实时实施人工增雨作业，调派飞机实施空中灭火	P_{24}
	组织实施相关地区的交通管制，维护社会治安秩序	P_{27}
	按照省人民政府统一部署，与相关部门联动开展应急救援工作	P_{21}
	及时向省防汛防台抗旱指挥部反馈火场信息，协调解决扑救工作中的困难	P_{21}
	向省防汛防台抗旱指挥部提出申请增援和扩大应急等建设	P_{21}

表 8-11　某镇森林火灾应急处置过程

部门/人员	具体应急处置过程	标记
镇人民政府和镇森林防火指挥部	直接与起火的村委会联系，掌握火场准确情况（即起火原因、起火地点、起火时间、火场面积、火场指挥和扑救人员数量情况、火场气象情况、进入火场道路情况、火场要求等），并做好参谋等工作	P_{12}
	立即向镇森林防火指挥部领导汇报并做好记录	P_{18}
	保证道路、通信畅通，直至灭火结束	P_{16}
镇森林防火指挥部正、副指挥长	立即做出正确的分析研究，并发布命令。组织包括指挥部领导和有关镇人民政府领导、防火指挥部人员参加的扑火队赶赴现场	P_{12}
	指挥长或一名副指挥长应在镇人民政府办公室坐镇指挥，并派出一名副指挥长赶赴火场，配合有关村委会共同指挥扑救工作	P_{13}
	在需要时应召开指挥部成员临时会议，做出应急准备措施，成立临时救灾办事机构	P_{12}
	明确分工，落实责任。需要时应成立包括支持协助、后勤保障、火灾查处、善后处理四个领导小组，并由一名领导成员带队，实行领导责任制	P_{15}
	做好有关部门密切配合工作	P_{15}
	做好扑救调配指挥工作（包括森林消防队、火灾相邻乡镇、林场扑火队、民兵应急分队等），派出第二、第三梯队的扑救队伍	P_{15}
火场前线指挥员	全面了解和掌握火场地形地貌、交通道路分布、森林分布、气象情况、火场面积、火灾蔓延方向等	P_{21}
	做好扑火人员安全知识宣传教育工作	P_{22}
	及时做出对扑火力量的合理调整，包括灭火器具调整	P_{21}
	根据火场情况，做出正确扑救方案	P_{24}
	及时通报火场情况，火灾扑灭后，做好火场清理和留守人员工作安排，防止复燃	P_{21}
	指挥员应自始至终坚守岗位指挥，并与指挥部和有关领导小组联系，解决有关支援和调配工作	P_{21}

从前面的分析可知，应急过程的重组，要先寻找各个过程之间的映射关系，如表 8-7 所示的过程，可以作为中间过程，通过其来连接各个过程，建立它们之间的映射关系。例如，在表 8-8 描述的过程“扑火前线指挥部组织火灾现场侦察，掌握火场及周围的具体情况”和表 8-10 描述的过程“指挥长主持召开省防汛防台抗旱指挥部成员会议，会商火情，部署应急救援工作”都属于“指挥与协调”部分“火情会商”的内容。

通过建立映射关系，可以根据不同的需要对这些应急过程进行不同的处理，包括应急过程的相似性计算、利用拉回算法实现核心过程的提取、利用外推算法实现应急过程的合并等。

例如，以“应急处置”的“人群疏散”部分内容为例，表 8-8~表 8-11 都有所涉及，可以将所有的关于人群疏散的措施集中在一起，按照相关规则合并在一起，并根据对应的情景做一定的修改，生成新的应急过程。关于“人群疏散”内容，表 8-9 的描述最为详细，它虽然不是针对森林火灾事件的，但是也可以作为我们生成森林火灾类应急预案“人群疏散”部分提供借鉴和指导。通过合并处理以后的“人群疏散”措施如下。

（1）按照应急预案的分工安排，各负其责、各司其职、沉着冷静、迅速果断地利用器械、工具、装备等帮助被困人员撤离。

（2）人员清点。

（3）非事故现场人员撤离。

（4）事故现场工作人员撤离。

（5）在撤离过程中对弱势群体、受伤群众要重点考虑。

（6）在撤离过程中，对于关键物品和物件，如条件允许，进行转移。

（7）在撤离过程中，可通过广播等方式告知需要撤离人员相关的撤离信息，包括紧急防护措施、撤离路线等。

8.5 数字化应急预案实施后评估

从应急预案的内容、结构、构成要素、编制原则等方面进行数字化应急预案实施前评估，可以保证应急预案编制的科学性、构成要素的完备性和可行性。但是，实施前评估的结果好并不代表其实施效果也好。因此，应急预案的实施效果也是对数字化应急预案进行评估的重要部分。应急预案实施后评估对应急预案的实施过程和实施效果进行评估不仅可以有效避免效果不好的应急预案在应急救援中重复使用，造成重复性的损失，也可以发现应急预案中存在的问题，及时对应急预案进行修改和完善，提高应急预案的可用性。

8.5.1 数字化应急预案实施后评估工作过程

建立数字化应急预案实施后评估指标体系，对应急预案的实施过程和实施效果进行评估，并分析应急预案中存在的问题，结合实施前评估结果和实施后评估结果对应急预案进行修正，评估指标体系如图 8-9 所示。

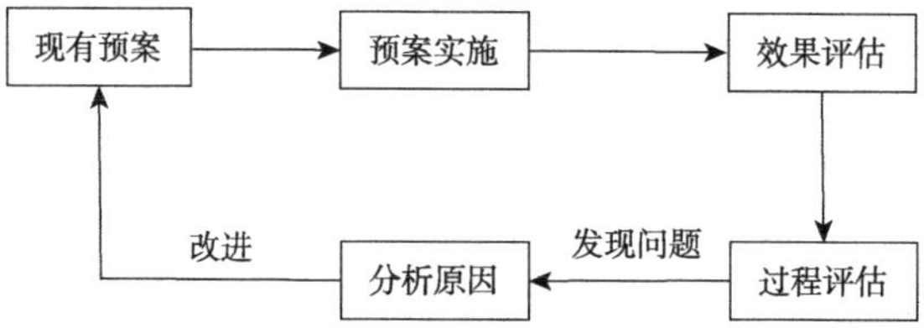

图 8-9　评估指标体系

8.5.2　实施效果评估

根据已建立的数字化应急预案实施效果评估指标，请不同的应急预案专家进行评估。然而，在对数字化应急预案实施效果进行评估时，会因为信息不完备、不完全确知而产生一些灰色问题，为了解决这一问题从而能够对实施效果进行定量化评估，张英菊（2017）采用了一种把灰色系统理论与层次分析法相结合的方法，即灰色多层次评估方法，在实施效果评估中引入灰色多层次评估方法，建立基于灰色多层次评估方法的应急预案实施效果评估模型。这一方法可以将不同专家对同一应急预案的评估结果转换成一个描述不同灰类程度的权向量，然后进一步进行单值化处理，从而得到应急预案实施效果的综合评估结果。

8.5.3　实施过程评估及分析

对应急预案实施后的效果进行评估,其目的就是发现应急预案中存在的问题，分析其原因，从而对现有的应急预案进行改进和完善。因此，我们还需要对实施过程进行评估和分析。

例如，在应急预案实施过程中出现资源未能满足需求的情况时，需要分析其原因。于瑛英（2014）借鉴了项目管理中的理论，提出使用网络计划的方法来描述应急预案实施过程，进而分析救援操作过程逻辑顺序的合理性及预案实施步骤中出现的问题和原因，在网络图的基础上分析出关键路径。同时，于瑛英（2014）提出了资源保障率的概念，用以分析资源难以在有效时间内到达的情况下对当前资源布局下的突发事件控制程度。

资源保障率用来描述给定时间内资源供给和资源需求之间的关系，其中，给定时间是指控制突发事件的有效时间。假设我们用网络计划的形式来描述某个突发事件的应对过程，那么资源的需求量和供给量就是影响突发事件整体控制程度的关键。我们用资源保障率来衡量时间控制程度，保障率为 100%表示应对突发事件所需资源能够得到满足。分析应急预案实施过程的网络计划图，可以得出哪些步骤资源保障率低，是哪类资源不足造成的。

8.5.4　数字化应急预案实施后评估指标体系

对数字化应急预案实施后评估是一个不断迭代、持续的过程，通过对应急预案的一次次打分评估来对应急预案进行完善，从而使其能更好地处理突发事件。

1. 评估指标体系的构建原则

对数字化应急预案进行实施后评估，首要工作是建立一个科学合理的评估指标体系，而评估指标体系的构建不是主观性的空想，它需要遵照一定的原则来进行。建立某项应急预案评估指标体系，是要在对所属领域知识充分了解的基础上，秉承科学性、系统性、可操作的原则。在一般性的应急预案评估体系中，评估指标体系的建立在遵循以上原则的基础上，还需要遵循下列原则。

（1）全面性原则。全面性是根据评估目的，从多角度、全方位选取评估指标，使其能够全面反映评估问题本身，也可以反映指标体系的详细程度。

（2）可行性原则。选取的评估指标应不仅仅满足全面，同时应满足可行性。可行性是指所选取的指标可以度量或者可以评估，并且数据易得、真实可靠。

（3）代表性原则。评估应急预案的有效性时，由于评估问题本身的复杂性限制，我们不能选择所有的因素作为评估指标，故选择的少数指标需要具有能够代表全局的特性。

（4）独立性原则。指标体系构建的目的就是全面准确地对应急预案进行评估，但过于冗余的指标体系会增加评估问题的难度，从而影响评估效果，因此，拟定的评估指标应在尽可能全面的基础上减少重复和交叉，保证指标的实用性。

（5）目的性原则。目的性就是指评估指标的选取要从评估目的出发，也就是说要明确选取的指标是针对应急预案编辑的完整性、科学性，还是针对应急预案实施的时效性、经济性。

2. 评估指标体系的建立过程

评估指标体系的设计是一个“抽象—具体—系统”的辩证逻辑思维过程，人们对应急预案的认识过程在逐步深化，评估目标的理解在逐步深刻，因此评估指标的选取也应随之逐步完善，最终形成科学化、系统化的体系结构。本书将应急预案实施效果评估指标体系的建立过程分为四个部分，分别为前期的理论准备、评估指标的初步选取、指标体系的完善和评估指标的精选。

1）前期的理论准备

要充分学习应急预案领域内的知识，对应急预案的评估问题有一定深度和广度的认识，然后要大量收集材料，对所要评估的问题甚至是相关领域内现有评估指标体系的基本情况全面掌握。同时，选定所评估问题领域内有一定知识沉淀且经验丰富的专家，为指标体系建立奠定基础。

2）评估指标的初步选取

本书在基础理论准备的基础上，依靠选定领域内的专家、学者，针对所评估应急预案的内容及评估目的，结合经验知识并兼顾评估指标制定的各项原则，罗列提出评估指标，从而对评估指标体系进行初步确定。

3）指标体系的完善

评估指标体系要满足完备性、合理性指标确立原则，初步选取的评估指标是否能够全面地反映所评估的问题及评估过程中指标的可行性都有待研究，因此，对于初步选取的评估指标需要依据评估问题的自身特点，从评估目的入手，进一步对评估指标的全面性、可行性进行分析，补充、修改初选评估指标，使其能够全面客观地反映评估问题。

4）评估指标的精选

经过完善后的评估指标体系一般能够满足多角度、全面性反映评估问题的基本要求，但是所选指标并不一定都是科学的和必要的，在指标体系中可能会存在评估指标重复冗余的情况，这样势必会增加评估问题的复杂性，影响评估的准确性，因此本书在指标初步完善的基础上，依据专家的量化评分，采用灰色聚类数据分析方法，对指标进行精选，从而使之臻于完善，优化评估指标体系结构。

3. 评估指标体系筛选

数字化应急预案实施后评估主要是对应急预案的实施效果进行评估，就是从其实施后所产生的效果出发，反向探讨应急预案在整个应急过程中所发挥的作用。为了对应急预案的实施效果进行全面、客观的评估，选取的评估指标既要反映应急预案的实施效果，又要体现应急预案对于应急过程的指导和帮助。因此，评估指标的选取应该体现出应急预案在应急准备工作的规定、应急救援工作的指导、人民生命和财产的挽救及灾后秩序恢复的帮建等几个方面所发挥的作用。

1）指标体系评估

基于此，本书从应急预案编制内容的科学性和完备性，应对突发情况的灵活性，应急预案执行时的可行性及应急救援的有效性方面对实施效果进行评估。该指标体系从应急预案的科学性、完备性、灵活性、可行性和有效性五个方面对应急预案实施后的效果进行评估，评估具体要求在 8.2.5 小节做过详细介绍，此处不予赘述。

2）二级评估指标细化

二级评估指标是根据最终突发事件的处理情况分析应急预案在应急过程中作用的发挥情况。具体的一级指标和二级指标如表 8-12 所示。

表 8-12　二级指标

一级指标	二级指标
科学性	应急预案内容是否符合客观实际
	应急预案形式是否规范
	人员分配是否科学
	方法制定是否按照事态发展的客观规律
完备性	组织功能结构是否健全
	组织管理结构是否健全
	资源保障是否完善
	应对措施涵盖范围是否全面

续表

一级指标	二级指标
完备性	应急预案针对的措施是否广泛
	实施细则是否周全
灵活性	人员是否能够依据突发情况灵活调配
	处置方法是否能够灵活应对突发情况
	资源消耗是否能够灵活处置
	应急处置工作是否针对应急工作发展的规律设置
可行性	应急处置工作是否依据实际情况合理安排
	应急抢救工作是否快速及时
	资源保障是否及时高效
	费用的合理性
有效性	应急救援后挽救人民生命是否达到预期目标
	应急救援后挽救人民财产是否达到预期目标
	应急救援行动是否在应急预案指导下科学、有序完成
	应急救援行动中资源消耗是否科学合理

3）指标体系筛选

经过初步选取，指标体系完善后，在评估指标体系中仍不可避免地带有指标冗余情况，评估指标越复杂，评估过程就越复杂，同时对于评估结果的准确性也会造成严重影响。因此，需要对所选指标进行科学性、独立性分析。本书在指标初选的基础上对所选指标进行精选，去除冗余，降低评估难度。指标精选的方法一般有两种：一种方法是依靠评估专家在本专业领域的经验知识，对评估指标进行筛选分析，去除内容对于评估结果不重要的次要指标，合并内容相近的类似指标，以精简指标体系，这种方法往往主观性较强，缺乏科学依据，在评估过程中各指标的权重也很难界定；另一种方法是从定量分析的角度出发，以多名专家对指标的重要性、评估相关性进行的量化评估基础，通过指标的数理分析，确定指标优劣，最终确定评估指标体系。

8.5.5 数字化应急预案实施后评估实例分析

在前面我们已经描述了应急预案实施前及实施中评估，这里我们讲述应急预案实施后评估。实施后评估又可细分为过程评估和效果评估。过程评估指的是对应急预案实施的过程中，针对应急预案被执行情况进行的综合评估，考察应急预案对于应急响应速度、应急指挥的帮助程度。效果评估指的是应急预案实施后的效果反应（响应）情况，以应急预案实施是否达到预定目标为标准，评估应急预案的有效性。

1. 过程评估

应急预案实施后评估与实施前评估一样，都遵循一般综合评估问题的基本过程：首先，进行理论准备，确定评估对象，明确评估目的；其次，选择或构建评估指标体系，确定评估方法；最后，进行综合评估并分析评估结果，评估结果达到预期评估目的，评估问题结束，否则继续修正指标体系或构建新的评估模型进行重复评估，直到达到预期评估目的为止，具体评估流程如图 8-10 所示。

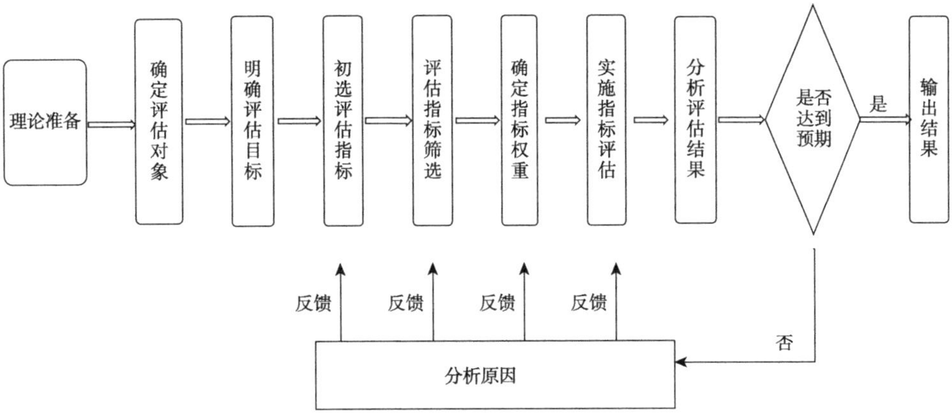

图 8-10 评估流程

在对应急预案是否达到预期进行评估时，本书引入应急预案成熟度模型，来对应急预案是否能够达到预期做出评估。

应急预案成熟度模型借鉴了软件设计中的 CMM（capability maturity model，能力成熟度模型），CMM 由美国卡内基梅隆大学软件工程研究所首次提出，经过不断完善和修改，于 1993 年 2 月发表了软件 CMM 1.1 版。CMM 将软件过程的成熟度分为五个等级，具体如图 8-11 所示。

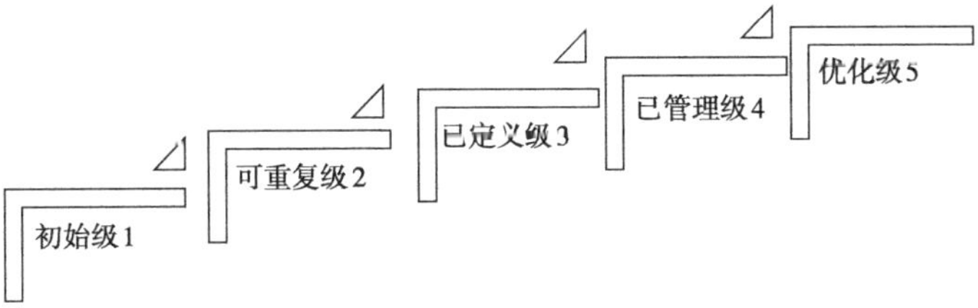

图 8-11 软件过程的成熟度

其中五个等级的主要特征如下。

（1）初始级：工作无序，管理无章，开发项目成效不稳，产品的性能和质量依赖于个人能力和行为。

（2）可重复级：建立了基本的管理制度和规程，初步实现标准化，变更均依法进行，做到基线化。新项目的计划和管理基于过去的实践经验，具有重复以前成功项目的环境和条件。

（3）已定义级：开发过程实现了标准化、文档化，建立了完善的培训制度和专家评审制度，项目的质量、进度和费用均可控制，全部技术活动和管理活动稳定实施。

（4）已管理级：建立了产品和过程定量的质量目标，建立了过程数据库，实现了项目产品和过程的控制，可预测过程和产品质量趋势，预测偏差及时纠正。

（5）优化级：集中精力采用新技术、新方法改进过程，具有依据有效的过程统计数据，分析得出最佳方法的能力。它为那些想改进软件过程能力的软件机构描述了一种改进的途径，描述了具有某个成熟度级别软件机构所具有的主要特征。

CMM 作为软件开发的管理工具和理念能有效地加强软件开发管理，提高软件质量，对于应急预案质量的评估和管理也有着较强的借鉴意义。其与应急预案成熟度评估有相同的地方，也有不同的地方。两者都是基于过程的改进模型，能够有效促进应急预案的改进过程，同时 CMM 是一个规范化、制度化的模型，这也符合应急预案的制订原则。但是两者之间又有一些不同：CMM 强调的是通过对过程的质量管理达到提高效率、降低风险和提升质量的目标；应急预案由于应急处置过程的特殊性和急迫性，其评估主要是在事前及事后进行，因此在构建应急预案成熟度模型时需要进行适当调整。

在应急预案成熟度模型中，采用五级（初始级、已管理级、已定义级、可预测级、优化级）成熟度等级模型，在每级中设置相应的关键过程域和关键过程。具体过程如下所示。

（1）初始级：突发事件的处置混乱无序；缺乏健全的应急管理制度；在突发事件发生以后，应急组织管理、人员分配、资源保障等过程混乱；对应急处置的效果依赖于决策者的决策，一旦主要决策者离开或是做出了错误的决策，对突发事件的处置就容易出现问题，突发事件的处置效果不具有可靠的稳定性。

（2）已管理级：处置制度化，建立了基本的处置制度和规程；突发事件发生后的组织管理、人员分配、资源保障等过程能做到有章可循；应急处置流程基本固定，不依赖于个别决策者的决策；应急处置的效果比较稳定，过去成功的经验可以在新的突发事件发生时重复实践，达到经验规范处置的目标。

（3）已定义级：对突发事件的应急处置过程均实现标准化管理；建立了完善的专家评审制度；突发事件的应急处置过程能够稳定实施；突发事件的处置效果能控制在一个稳定的范围内；事件应急处置中的决策者和参与人员对自己的岗位和职责有明确的理解，达到了制度化规范处置的目标。

（4）可预测级：建立了应急处置效果的量化目标，实现了应急过程的可量化管理；实现了对突发事件的处置效果的预测评估，如有偏差，则可以在事后做出分析调整，达到精细化处置的目标。

（5）优化级：可以采用新的应急管理理论和方法对应急预案进行改进；拥有能及时识别应急处置过程中的薄弱环节并加以改进的手段，预防应急处置过程中可能出现的问题；根据有效的统计数据进行分析，能使突发事件发生后的组织管理、人员分配、资源保障等方面达到最优化配置，保证应急处置效果。

2. 效果评估

前文我们已经描述了应急预案实施后评估指标体系的构建过程，在此不予赘述。有了一个科学合理的评估指标体系之后，我们就需要根据该指标体系对应急预案进行实施后评估。在评估过程中，一些关键问题直接制约甚至决定着评估结构的准确性，我们必须予以妥善处理。在一般评估问题中，明确评估要素、确定评估指标、选取评估方法等都是评估过程的关键环节，但在应急预案实施效果的评估中，除了要妥善处理以上问题外，还要就专家对评估问题的作用进行着重研究，甚至在一些条件下，专家作用是制约评估效果最关键的因素。

一般情况下，在应急预案实施后，其实施效果的好坏在无有效数据支撑的情况下，只能依赖有关专家的意见，同时一些评估方法的应用同样依赖专家作用，毫不夸张地说，专家意见贯穿于评估过程的始终，甚至在某些环节专家意见起到决定性作用，如图 8-12 所示。

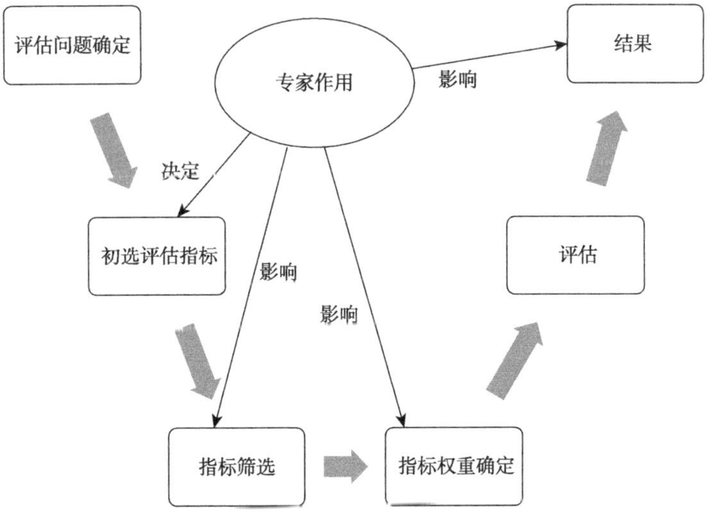

图 8-12　专家作用

专家作用的实现需要有与之相适应的调查研究方法的支撑，这里主要采取德尔菲法与选定专家进行互动沟通，模型运算中的数据来源依赖专家评分。在评估准备阶段，专家意见对于指标初选具有决定性作用，在确定初步选取指标后，以问卷调查或其他形式，充分征求专家对所选指标的相关重要性及实施效果的评估意见，为便于定量分析，可尽量选取量化评分方式。这里采用问卷评分方式，汇总评估数据，定义评分矩阵。

明确了专家在评估过程中的作用之后，就可以开始对应急预案进行评估。这里我们使用模糊综合评估法来对应急预案进行评估。模糊综合评估法是一种基于模糊数学的综合评标方法。模糊综合评估法的基本思想是利用模糊线性变换原理和最大隶属度原则，考虑与被评估目标相关的各个因素，先从最低级层次的各个因素进行综合评估，再依次向上，直到最高的目标层，进而得出最终的评估结果。模糊综合评估法根据模糊数学的隶属度理论把定性评估转化为定量评估，即用模糊数学对受到多种因素制约的事物或对象做出一个总体的评估。它具有结果清晰、系统性强的特点，能较好地解决模糊的、难以量化的问题，适合各种非确定性问题的解决。

1）确定评估等级及其相应标准

给出评语集 $V=\{V_1,V_2,V_3,V_4,V_5\}$={优,良,中,差,不及格}，评估等级分为 4 级。本书采用问卷评分的方式来获取专家的评估数据，因此不同评估等级对应的百分之区间如表 8-13 所示。

表 8-13　百分之区间

评估等级	优	良	中	差	不及格
百分之区间	90~99	80~89	70~79	60~69	小于 60

2）确定权重

确定权重的方法主要分成主观和客观两类方法。主观方法主要包括层次分析法、最小平方和法、二项系数法等；客观方法主要包括熵权法、变异系数法、多目标规划法等。由于本书采用德尔菲法，通过向突发事件的参与人员和相关专家发放问卷来获得他们对应急预案实施情况的看法，难免会有一定的主观性，为了使各项指标的权重确定更加客观，本书结合实际情况采用熵权法来确定各项指标的权重。

熵权法的原理顾名思义是根据样本数据的信息熵来确定各项指标权重的方法。根据香农的信息论，熵表现了一个评估对象的不确定性，不确定性越大，熵就越大。根据这一特点，我们可以用熵来判断指标的离散程度。某个指标的数据的离散程度越大，对综合评估的影响程度也就越大，那就应该被赋予越高的权重。例如，某个指标下的数据的值都相等，那该指标对综合评估的影响就为 0，那这个指标的权重就为 0。运用熵权法确定权重一般要经过如下几个步骤。

步骤 1：确定指标体系。在上文中已经构建了应急预案实施后评估指标体系。

步骤 2：数据预处理。将所获取数据中的异常数据、冗余数据等进行剔除。

步骤 3：归一化处理。由于不同数据的量纲有可能是不同的，在进行计算前，要先统一数据的量纲。对于正向指标和负向指标，处理的方法也不相同。

假设有 s 个样本，评估体系有 r 个指标，则 x_{tp} 为第 t 个样本在第 p 项指标的值（$t=1,2,3,\cdots,s$；$p=1,2,3,\cdots,r$），具体计算方法如式（8-1）和式（8-2）所示。

$$\text{正向指标：}\quad a_{tp}=\frac{x_{tp}-\min\left\{x_{1p},x_{2p},\cdots,x_{sp}\right\}}{\max\left\{x_{1p},x_{2p},\cdots,x_{sp}\right\}-\min\left\{x_{1p},x_{2p},\cdots,x_{sp}\right\}} \tag{8-1}$$

$$\text{负向指标：}\quad a_{tp}=\frac{\min\left\{x_{1p},x_{2p},\cdots,x_{sp}\right\}-x_{tp}}{\max\left\{x_{1p},x_{2p},\cdots,x_{sp}\right\}-\min\left\{x_{1p},x_{2p},\cdots,x_{sp}\right\}} \tag{8-2}$$

步骤 4：计算第 t 个样本在第 p 项指标所占的比重。

$$p_{tp}=\frac{x_{tp}}{\sum\limits_{t=1}^{s}x_{tp}} \tag{8-3}$$

其中，$t=1,2,3,\cdots,s$；$p=1,2,3,\cdots,r$。

步骤 5：计算第 p 项指标的熵值。

$$e_p=-k\sum_{t=1}^{s}p_{tp}\ln\left(p_{tp}\right) \tag{8-4}$$

其中，$k=\dfrac{1}{\ln(n)}$；$t=1,2,3,\cdots,s$；$p=1,2,3,\cdots,r$。

步骤 6：计算信息熵的冗余度。

$$d_p=1-e_p \tag{8-5}$$

其中，$p=1,2,3,\cdots,r$。

步骤 7：计算各项指标权重。

$$w_p=\frac{d_p}{\sum\limits_{p=1}^{r}d_p} \tag{8-6}$$

其中，$p=1,2,3,\cdots,r$。

最后可以得到各项指标的权重向量 $W=\left\{w_1,w_2,w_3,\cdots,w_p\right\}$。

3）建立模糊关系矩阵

通过向突发事件的参与人员及相关专家发放问卷，可以获得这些专业人员对于所选指标的打分情况，将每一个打分分别对应到相应的评估区间中，就可以得到每个指标中各个评估间的隶属度关系，接着分别对评估集中的各个评估做出单因素评估，即可得到模糊评估矩阵 R。

$$R_k = \begin{bmatrix} \dfrac{\tilde{R}_k}{C_{k1}} \\ \dfrac{\tilde{R}_k}{C_{k2}} \\ \vdots \\ \dfrac{\tilde{R}_k}{C_{kt}} \end{bmatrix} = \begin{bmatrix} r_{11}^k & r_{12}^k & \cdots & r_{1p}^k \\ r_{21}^k & r_{22}^k & \cdots & r_{2p}^k \\ \vdots & \vdots & & \vdots \\ r_{t1}^k & r_{t2}^k & \cdots & r_{tp}^k \end{bmatrix}$$

其中，$r_{ij}^k\left(k=1,2,3,\cdots,n;\quad i=1,2,3,\cdots,t;\quad j=1,2,3,\cdots,p\right)$表示在第 k 个因素中第 i 个指标对第 j 级评语的隶属度。

对于定性指标，其对第 j 级评估的隶属度，即该指标在该级别评估的比例。具体计算公式如下：

$$r_{ij} = \frac{s_{ij}}{N} \tag{8-7}$$

其中，s_{ij} 表示第 i 个指标中属于第 j 级评估的数量；N 为评估的总数量。

4）确定模糊合成算子

确定了模糊关系矩阵之后，就要将模糊关系矩阵和各个指标的权重向量进行合成，在这一过程中，不同的合成算子突出的侧重点也不相同，目前常用的合成算子的具体计算公式如下所示：

$$M(\wedge,\vee)\text{算子：}\ B_k = V_{j=1}^{t}\left(w_j \wedge r_{jk}\right) = \max_{1\leqslant j\leqslant t}\left\{\min\left(w_j, r_{jk}\right)\right\},\ k=1,2,3,\cdots,p \tag{8-8}$$

$$M(\cdot,\vee)\text{算子：}\ B_k = V_{j=1}^{t}\left(w_j, r_{jk}\right) = \max_{1\leqslant j\leqslant t}\left\{w_j, r_{jk}\right\},\ k=1,2,3,\cdots,p \tag{8-9}$$

$$M(\wedge,\oplus)\text{算子：}\ B_k = \sum_{j=1}^{t}\min\left(w_j, r_{jk}\right),\ k=1,2,3,\cdots,p \tag{8-10}$$

$$M(\cdot,\oplus)\text{算子：}\ B_k = \sum_{j=1}^{t} w_j, r_{jk},\ k=1,2,3,\cdots,p \tag{8-11}$$

其中，$\wedge$ 表示取小；$\vee$ 表示取大；$\cdot$ 表示相乘；$\oplus$ 表示相加。

在模糊综合评估过程中，不同的算子有不同的特点，有的算子突出主要因素的影响，有的算子则是全面考虑各个因素的影响，这四种算子在模糊综合评估中的具体特点如表 8-14 所示。

表 8-14　模糊合成算子及特点

特点	算子			
	$M(\wedge,\vee)$	$M(\cdot,\vee)$	$M(\wedge,\oplus)$	$M(\cdot,\oplus)$
体现权重作用	不明显	明显	不明显	明显

续表

特点	算子			
	$M(\wedge,\vee)$	$M(\cdot,\vee)$	$M(\wedge,\oplus)$	$M(\cdot,\oplus)$
综合程度	弱	弱	强	强
利用 R 的类型	不充分	不充分	比较充分	充分
类型	主因素突出型	主因素突出型	加权平均型	加权平均型

本书采用德尔菲法，通过向专业人员发放问卷来获得专业人员对应急预案实施后评估的看法，因此难免会有一定的主观性。在选择模糊合成算子的时候，需要重点突出权重作用和模糊评估矩阵的信息。经过综合考虑，本书选择 $M(\cdot,\oplus)$ 作为模糊合成算子，即 $B_k = W \cdot R_k$ 。其中 B_k 是对评估对象进行模糊综合评估的结果，是模糊评估因素的权重向量，R_k 是模糊关系矩阵，其中的元素 R_{jk} 表示第 j 个指标的得分在第 k 种评估等级中的评估结果，对 $B_k = W \cdot R_k$ 进行归一化处理后表示为 $B = (B_1, B_2, B_3, \cdots, B_K)^{\mathrm{T}}$ ，表示 B 对各等级评估的隶属度向量。

5）构建模糊综合评估模型

确定了指标权重、模糊关系矩阵和合成算子之后，就是构建模糊综合评估模型对评估对象进行评估，根据上文所构建的指标体系，本书构建多层次模糊综合评估模型。

（1）一级模糊综合评估。将各二级指标的模糊关系矩阵与其相对应的权重向量进行合成计算，得到二级指标对于评估等级的隶属度向量，具体计算公式如下：

$$D_k \triangleq (d_{k1}, d_{k2}, d_{k3}, \cdots, d_{kt}) = (w_{k1}, w_{k2}, w_{k2}, \cdots, w_{kt}) \cdot \begin{bmatrix} r_{11}^k & r_{12}^k & \cdots & r_{1p}^k \\ r_{21}^k & r_{22}^k & \cdots & r_{2p}^k \\ \vdots & \vdots & & \vdots \\ r_{t1}^k & r_{t2}^k & \cdots & r_{tp}^k \end{bmatrix} \quad (8\text{-}12)$$

（2）二级模糊综合评估。根据一级模糊综合评估得到的隶属度向量，构建级指标 A 的模糊关系矩阵，具体计算公式如下：

$$R = \begin{bmatrix} D_1 \\ D_2 \\ D_3 \\ \vdots \\ D_n \end{bmatrix} = \begin{bmatrix} d_{11} & d_{12} & \cdots & d_{1p} \\ d_{21} & d_{12} & \cdots & d_{2p} \\ \vdots & \vdots & & \vdots \\ d_{n1} & d_{n2} & \cdots & d_{np} \end{bmatrix} = \begin{bmatrix} r_{11} & r_{21} & \cdots & r_{1p} \\ r_{21} & r_{22} & \cdots & r_{2p} \\ \vdots & \vdots & & \vdots \\ r_{n1} & r_{n2} & \cdots & r_{tp} \end{bmatrix} \quad (8\text{-}13)$$

则评估对象对于评估等级的隶属度向量 D 由一级指标 A 的权重向量 W 与 R 合成计算得到，具体计算公式如下：

$$D=\left(d_1,d_2,d_3,\cdots,d_n\right)=\left(w_1,w_2,w_3,\cdots w_n\right)\cdot\begin{bmatrix} r_{11} & r_{12} & \cdots & r_{1p} \\ r_{21} & r_{22} & \cdots & r_{2p} \\ \vdots & \vdots & & \vdots \\ r_{n1} & r_{n2} & \cdots & r_{tp} \end{bmatrix}=W\cdot R \quad (8\text{-}14)$$

这样我们就得到了应急预案在科学性、完备性、灵活性、可行性和有效性等方面的评估隶属度向量及应急预案整体的评估隶属度向量。从而可以根据这些对该应急预案在哪些方面还不够完善、还需要调整做出分析。例如，在应急预案的可行性上，专家的打分普遍都不高，那就需要对可行性中各个指标进行分析，如是不是资源保障不够及时高效，通过分析应急预案实施过程的网络计划图，可以得出哪些步骤资源保障率低，是哪类资源不足造成的。如果是地区资源不足，则需要返回实施前评估对资源布局进行评估；如果是资源调度不合理，则需要分析应急指挥体系职责是否明确、信息传递是否及时等，对应急体系的合理性重新评估。

总之，对数字化应急预案实施后评估工作需要与实施前评估相结合，实现应急预案从制订到实施再返回修正再制订的动态评估过程，进行应急预案的版本更新，为未来应对突发事件提供有效参考。

参考文献

卜风贤. 2005. 中国古代的灾荒理念[J]. 史学理论研究，（3）：29-39.

曹立，吴明晖，应晶. 2004. 基于网格的城市应急联动中心方案设计研究[J]. 计算机应用研究，（10）：61-63.

陈安，李季梅，陈宁. 2010. 应急管理中“可减缓性”评价模型及应用[J]. 科技促进发展，（3）：54-59.

陈俊良，王长春，陈超. 2011. 基于情景的装备发展战略环境分析方法[J]. 系统工程理论与实践，31（9）：1816-1824.

程传鹏，王天志. 2011. 一种自反馈式元搜索系统的设计[J]. 中原工学院学报，22（4）：68-71.

邓去特. 1960. 中国救荒史[M]. 北京：三联书店.

范维澄. 2005. 突发公共事件应急信息系统总体方案构思[J]. 信息化建设，（9）：11-14.

范维澄，袁宏永. 2006. 我国应急平台建设现状分析及对策[J]. 信息化建设，（9）：14-17.

付加锋，刘小敏. 2010. 基于情景分析法的中国低碳经济研究框架与问题探索[J]. 资源科学，32（2）：205-210.

高珊，张剑岚，董存祥，等. 2010. 应急资源本体模型研究[J]. 计算机应用研究，27（4）：1349-1351，1369.

韩正强，邓景毅. 2011. 基于极值理论的干扰聚集系统突发事件风险分析[J]. 中国乡镇企业会计，（1）：26-29.

韩智勇，翁文国，张维，等. 2009. 重大研究计划“非常规突发事件应急管理研究”的科学背景、目标与组织管理[J]. 中国科学基金，（4）：215-220.

侯鑫. 2010. 基于本体的设计重用技术研究及其在 CAFD 中的应用[D]. 哈尔滨工业大学博士学位论文.

黄卫东. 2007a. 基于环境感知的应急管理知识需求研究[J]. 四川大学学报（工程科学版），（S1）：182-186.

黄卫东. 2007b. 运用智能技术提升电信服务业客户感知[J]. 电信技术，（1）：83-86.

黄卫东，丁秋林. 2006. 基于工作流技术的中心局作业建模与仿真[J]. 吉林大学学报（信息科学版），24（6）：661-666.

黄卫东，李旻茜. 2013. 数字化应急预案知识模板存储的设计与实现[J]. 计算机技术与发展，（4）：115-118，194.

黄卫东，李铁. 2010. 应急决策中基于时态知识的不确定性推理[J]. 信息与控制，39（4）：502-506.

黄卫东，童喆，刘寅卯. 2013. 基于着色 Petri 网的情景演化应急预案流程建模[J]. 信息与控制，42（4）：492-498，505.

黄卫东，王有远，谢强，等. 2007. 基于本体的设计知识检索研究[J]. 中国机械工程，（21）：2566-2569.

黄卫东，谢强，丁秋林. 2007. 产品设计中基于本体理论的知识管理研究[J]. 信息与控制，（5）：573-577.

黄卫东，谢强，丁秋林. 2007. 基于动态调度和任务委派的多型号产品并行研发能力管理[J]. 武汉大学学报（工学版），（1）：120-126.

黄卫东，谢强，丁秋林. 2008. 基于 ART-2 神经网络的设计知识需求研究[J]. 机械科学与技术，127（3）：399-404.

黄卫东，杨继东. 2011. 云计算环境下应急知识共享机制研究[J]. 情报理论与实践，34（12）：78-81.

黄卫东，殷学杰. 2016. 基于模糊综合评价模型的应急预案评估研究[J]. 经营与管理，（5）：131-135.

吉小东，汪寿阳，李振涛. 2006. 一种基于聚类分析的多阶段情景生成方法[J]. 系统工程理论与实践，（7）：11-17，32.

姜卉，黄钧. 2009. 突发事件分类与应急处置范式研究[J]. 中国应急管理，（7）：22-25.

寇纲，李仕明，汪寿阳，等. 2012. 序言——突发事件应急管理[J]. 系统工程理论与实践，（5）：I0001-I0004.

李红臣，邓云峰，刘艳军. 2006. 应急预案的形式化描述[J]. 中国安全生产科学技术，（4）：29-34.

刘铁民，李雪. 2008. 基于情理社会环境的组织内部关系网络特征及管理[J]. 中国人力资源开发，（2）：16-19.

刘彦祖. 2010. 基于本体的知识管理系统语义网服务框架[J]. 情报探索，（11）：98-101.

刘寅卯，黄卫东. 2011. 数字化预案中词空间表达和潜在语义分析[J]. 中国公共安全（学术版），（3）：47-51.

马景娣. 2003. 查全率—查准率间存在顺变关系的数学证明[J]. 情报科学，（1）：27-29.

潘旭伟，顾新建，王正成，等. 2007. 集成情境的知识管理方法和关键技术研究[J]. 计算机集成制造系统，（5）：971-977，983.

申俊义，杜冬霞，谢红薇. 2008. 应急预案数字化系统的研究与实现[J]. 科技情报开发与经济，18（36）：105-108.

沈宇，黄卫东. 2008. 基于领域本体的元搜索技术研究[J]. 信息通信，（2）：17-20，39.
谭浩，徐迪. 2018. 基于情境的产品交互设计思维研究[J]. 包装工程，39（22）：12-16.
唐攀，王红卫，王喆，等. 2011. 一种应急预案本体模型及其应用研究[J]. 计算机应用研究，28（11）：4160-4165，4170.
汪季玉，王金桃. 2003. 基于案例推理的应急决策支持系统研究[J]. 管理科学，（6）：46-51.
王昊，苏新宁. 2011. 基于CSSCI本体的知识检索服务平台构建及应用[J]. 现代图书情报技术，（3）：22-29.
王宁，王延章. 2007. 应急管理体系及其业务流程研究[J]. 公共管理学报，4（2）：94-99，127.
王强，田涛，李军，等. 2009. 自然灾害风险与中国应急管理制度[J]. 中国农业大学学报（社会科学版），26（3）：161-170.
王文俊，刘昕鹏，罗英伟，等. 2005. 应急事件Ontology语义模型及其应用[J]. 计算机工程，（10）：10-12，44.
王文俊，孟凡阔，王月龙，等. 2006. 基于本体的应急预案研究[J]. 计算机工程，（19）：170-172.
温立，周书民，王延章. 2010. 基于辅助决策的应急事件本体模型研究[J]. 情报杂志，29（2）：131-134.
吴俊. 2006. 突发公共事件社会应急机制的构成框架[J]. 统计与决策，（13）：54-57.
肖磊，李仕明，张晓军. 2009. 新兴技术下的情景规划法及其应用[J]. 技术经济，28（1）：19-22，47.
谢红薇，胡坤，余雪丽. 2007. 应急系统中不确定时态知识表示及其推理[J]. 计算机工程，33（4）：182-183，186.
谢红薇，袁占花，张晓波，等. 2005. 基于本体论的应急系统知识表示的研究[J]. 计算机工程与应用，（13）：41-43.
谢红薇，周慧，李娟莉. 2006. 基于应急案例本体的信息抽取的模型及应用[J]. 电脑开发与应用，（2）：46-48.
谢明凤，孙新. 2012. 基于本体知识管理的远程个性化网络学习系统模型研究[J]. 中国电化教育，（11）：47-53.
解光军，范海秋，操礼程. 2004. 一种量子神经计算网络模型[J]. 复旦学报（自然科学版），（5）：700-703.
薛京生，孙济洲，杨国强，等. 2006. 基于应急事件响应的模糊聚类分析算法[J]. 计算机工程.（1）：201-203.
薛澜，钟开斌. 2005. 突发公共事件分类、分级与分期：应急体制的管理基础[J]. 中国行政管理，（2）：102-107.
杨继东，黄卫东. 2011. 物联网在应急领域的应用分析[J]. 中国公共安全（综合版），（Z1）：150-152.
姚国章. 2006. 全球突发公共事件及其应急管理新发展[J]. 电子政务，（6）：6-14.

于瑛英. 2014. 基于应急管理过程的资源需求分析[J]. 工业安全与环保，40（9）：47-50.
于振明，郭亚军，付俊岭，等. 2012. 基于情景可控的非负变权组合预测模型及应用[J]. 控制与决策，27（4）：627-631.
云红艳，徐建良，郭振波，等. 2014. 海洋生态本体建模[J]. 计算机应用，34（4）：1105-1108.
曾伟，周剑岚，王红卫. 2009. 应急决策的理论与方法探讨[J]. 中国安全科学学报，19（3）：172-176.
翟丹妮. 2008. 数字化预案系统的功能分析[J]. 中国公共安全（综合版），（11）：102-107.
翟丹妮. 2009. 数字化预案系统的功能分析研究[J]. 中国公共安全（学术版），（Z1）：49-52.
翟丹妮，黄卫东. 2011a. 应急处置体系总体架构的研究[J]. 江苏科技信息，（12）：38-40.
翟丹妮，黄卫东. 2011b. 基于案例的应急决策支持方法研究[J]. 中国公共安全（学术版），（4）：42-45.
翟丹妮，黄卫东. 2011c. 基于语义网的应急案例知识表示研究[J]. 情报杂志，30（8）：120-123，158.
翟丹妮，黄卫东. 2011d. 应急案例的框架表示方法研究[J]. 计算机技术与发展，21（7）：9-12.
詹承豫，顾林生. 2007. 转危为安：应急预案的作用逻辑[J]. 中国行政管理，（5）：89-92.
张海波，童星. 2015. 中国应急管理结构变化及其理论概化[J]. 中国社会科学，（3）：58-84，206.
张华清. 2014. 国语[M]. 济南：山东画报出版社.
张建华，刘仲英. 2002. 案例推理和规则推理结合的紧急预案信息系统[J]. 同济大学学报（自然科学版），（7）：890-894.
张介明. 2009. 我国古代对冲自然灾害风险的“荒政”探析[J]. 学术研究，（7）：122-127，160.
张静. 2003. 基于 GIS 的海面溢油控制与清除智能决策支持系统研究[D]. 大连海事大学硕士学位论文.
张瑞玲，王文斌，王秀峰，等. 2009. 实例驱动的自适应本体学习[J]. 计算机工程与应用，45（28）：31-34.
张文秀，朱庆华. 2011. 领域本体的构建方法研究[J]. 图书与情报，（1）：16-19，40.
张英菊. 2017. 基于改进灰色多层次评价的应急预案实施效果评价模型[J]. 湘潭大学自然科学学报，39（1）：114-118.
赵呈领，黄志芳，万力勇，等. 2014. 基于初中物理课程的学科领域本体库构建研究[J]. 电化教育研究，35（8）：64-70，94.
赵道致，李华，朱先民，等. 2008. 基于 SUMO 的应急专项领导小组组织模型[J]. 未来与发展，29（6）：48-50，11.
郑德俊，赵倩，朱毅华. 2013. 内容分析法与情景分析法的综合集成应用研究——以面向企业危机预测为例[J]. 图书情报工作，57（13）：119-126.

仲秋雁，郭艳敏，王宁，等. 2012. 基于知识元的非常规突发事件情景模型研究[J]. 情报科学，30（1）：115-120.

朱恒民，黄卫东. 2008. 基于算法适用知识的挖掘算法选择交互系统[J]. 南京邮电大学学报（自然科学版），28（6）：65-68.

Aitken A，Humiston T，Patel J. 2007. Dynamic planning and execution[C]. Proceedings of the International Conference on Integration of Knowledge Intensive Multi-Agent Systems.

Allen E E，Norris J L，John D J，et al. 2010. Comparison of Co-temporal modeling algorithms on sparse experimental time series data sets[C]. Proceedings IEEE International Symposium on Bioinformatics and Bioengineering.

Anderson A I，Compton D，Mason T. 2005. Managing in a dangerous world—the national incident management system [J]. Engineering Management Review（S0360-8581），33（3）：3-9.

Canos J H, Alonso G, Jaen J. 2004. A multimedia approach to the efficient implementation and use of emergency plans[J]. IEEE Multimedia，11（3）：106-110.

Chung P W H，Cheung L. 2003. Knowledge-based process management—an approach to handling adaptive workflow[J]. Knowledge-Based Systems，16（3）：149-160.

Conklin C. 2006. The new framework for domestic incident management—the national incident management system and national response plan[C]. 1st Joint Emergency Preparedness and Response/Robotic and Remote Systems Topical Meeting，Salt Lake City.

Dai W H，Su L H，Liu X Y. 2010. Dynamic monitoring and emergency response system for environment protection[J]. Advanced Materials Research，113/116：571-574.

Diniz V B, Borges M R S, Gomes J O, et al. 2005. Knowledge management support for collaborative emergency response[C]. Proceedings of the Ninth International Conference on Computer Supported Cooperative Work in Design，2：1188-1193.

Donoho D L，Johnstong I M. 1992. Maximum-entropy and the nearly black object[J]. Journal of the Royal Statistical Society Series B-Methodological，54（1）：41-81.

Finlay P N. 1998. Steps towards scenario planning[J]. Engineering Management Journal，8（5）：243-246.

Georgiev M，Mladenov G M. 1986. Polaron on theory of the F-F′ conversion in alkali-halides[J]. Journal of Physics and Chemistry of Solids，47（8）： 815-824.

Gershuny J. 1976. The choice of scenarios[J]. Pergamon，8（6）：496-508.

Gilbert A L. 2000. Using multiple scenario analysis to map the competitive futurescape：a practice-based perspective[J]. Competitive Intelligence Review，11（2）：12-19.

Goldsby H J，Sawyer P，Bencomo N，et al. 2008. Goal-based modeling of dynamically adaptive system requirements[C]. 15th Annual IEEE International Conference and Workshop on the Engineering of Computer Based Systems Belfast.

Graglia G, Artibani V, Muscinelli R. 2007. A benchmark of integrated technologies for civil protection emergencies[C]. IEEE Aerospace Conference Proceedings: 1-11.

Grathwohl M, Beuvron F D B D, Rousselot F. 1999. A new application for description logics: disaster management[C]. Proceeding of the International Workshop on Description Logics'99, Linkoping.

Green L V, Kolesar P J. 2004. Improving emergency responsiveness with management science[J]. Management Science, 50: 1001-1004.

Gruber T R. 1993. A translation approach to portable ontology specifications[J]. Knowledge Acquisition, 5 (2): 199-220.

Guo Y H, Lu X H, Liu Y. 2006. A research of emergency decision support system based on case-base[J]. Control & Automation, 22 (8): 148-150.

Harrald J, Jefferson T. 2007. Shared Situational Awareness in Emergency Management Mitigation and Response[C]. Proceedings of the 40th Annual Hawaii International Conference on System Sciences: 23-32.

Hernández J Z, Serrano J M. 2001. Knowledge-based models for emergency management systems[J]. Expert Systems With Applications, 20 (2): 173-186.

Hoogendoorn M, Jonder C M. 2005. Formal modeling and compar-ing of disaster plans[C]. Proceedings of the 2nd International ISCRAM Conference, Piscataway: 97-107.

Huang W D, Li Y, Zhai D N. 2010. The research based on ontology annotations of the structured elements of the emergency plan[C]. Proceedings of 2010 the 3rd International Conference on Computational Intelligence and Industrial Application.

Huang W D, Liu Y M, Chen H J. 2010.Semantic lexicon construction in emergency domain based on SOM[C]. 2010 International Conference on E-Product E-Service and E-Entertainment, Henan.

Huang W D, Qiang X. 2009. Research on the process modeling of petri nets-based products collaborative design[C]. 2009 WRI World Congress on Computer Science and Information Engineering, 2: 76-80.

Huang W D, Wei K, Tong Z, et al. 2010. Research on context-based knowledge representation in emergency domain[J]. Biomedical Engineering and Informatics, 7: 2953-2957.

Huang W D, Yang J D, Jia Z, et al. 2011. Study on construction of emergency plan ontology model[C]. Proceedings of 2011 2nd World Congress on Computer Science and Information Engineering.

Huang W D, Zhu H M, Wang C L, et al. 2009. Research on Emergency Knowledge Retrieval Mechanism based on Domain Ontology[J]. Global Congress on Intelligent Systems, 4: 212-216.

Huang W D, Zhu J G, Yao G Z. 2008. Application research of knowledge management on dynamic emergency response with CBR[J]. Journal of Computational Information Systems, 4 (1): 263-270.

Huang W D, Zhu X W, Su Q L. 2010. Research on application of personal credit scoring based on BP-logistic hybrid algorithm[C]. 2010 International Conference on Computer Application and System Modeling, 4: V4735-V4739.

Huss W R, Honton E J. 1987. Alternative methods for developing business scenarios[J]. North-Holland, 31（3）: 219-238.

Jennex M E. Modeling emergency response systems[C]. 2007. 40th Annual Hawaii International Conference on System Sciences.

Kakabadse N K, Kouzmin A, Kakabadse A. 2001. From tacit knowledge to knowledge management: leveraging invisible assets[J]. Knowledge and Process Management, 8（3）: 137-154.

Kinjo M, Sato S, Nakajima K. 2006. A study on learning algorithm for a quantum neural network[C]. Proceedings of the International Joint Conference on Neural Networks.

Li X, Liu G, Ling A H. 2008. Building a practical ontology for emergency response systems[C]. Proceedings of the 2008 International Conference on Computer Science and Software Engineering, Wuhan.

Li X Y, Luo C L. 2009. Framework of the emergency management system for the mass emergency basing on preplan[C]. 2009 International Conference on Management Science & Engineering, Moscow.

Linna P, Leppaniemi J, Soini J, et al. 2009. Harmonizing emergency management knowledge representation[C]. Proceedings of 2009 Protland International Conference on Management of Engineering & Technology, Portland.

Liu W Y, Fang K T. 2006. Using IDEF0/petri net for ontology-based task knowledge analysis: the case of emergency response for debris-flow[C]. Proceedings of the 39th Annual Hawaii International Conference on System Sciences, 4: 76 -87.

Maisel A. 2003. A new therapy for the treatment of heart failure[J]. Cardiovascular Toxicology, 3（1）: 37-42.

Mietzner D, Reger G. 2005. Advantages and disadvantages of scenario approaches for strategic Foresight[J]. International Journal of Technology Intelligence and Planning, 1（2）: 220-239.

Mitra P, Murthy C A, Pal S K. 2002. Unsupervised feature selection using feature similarity [J]. IEEE Trans. on Pattern Analysis and Machine Intelligence, 24（3）: 301-312.

Miyawaki M, Yamashiro Z, Yoshida T. 1999. Fast emergency pre-emption systems（FAST）[C]. 1999 IEEE/IEEJ/JSAI International Conference on Intelligent Transportation Systems, Tokyo.

Mors A T, Valk J, Witteveen C. 2005. An event based task Framework for disaster planning and decision support[C]. Proceedings. of the 2nd International ISCRAM Conference, Brussels.

Oryang D D. 2002. Probabilistic Scenario Analysis（PSA）: a methodology for quantitative risk assessment[A]. NAPPO PRA Symposium.

Papavassiliou G，Ntioudis S. 2002. Business process knowledge modeling：method and tool[C]. Proceedings of the 13th International Workshop on Database and Expert Systems Applications.

Perez A G，Benjamins V R. 1999. Overview of knowledge sharing and reuse components：ontologies and problem-solving methods[C]. Proceedings of the IICAI99 workshop on Ontologies and Problem Solving Methods（KRRS）.

Quaranta N，Demartini A，Bellasio R，et al. 2002. A decision support system for the simulation of industrial accidents[J]. Environmental Modeling & Software，（17）：497-504.

Raman M，Ryan T，Olfman L. 2006. Knowledge management system for emergency preparedness：an action research study[J]. System Sciences，2：37-48.

Rogova G L，Scott P D，Mudiyanur R. 2006. Reasoning about situations in the early post-disaster response environment[C]. 9th International Conference on Information Fusion，Florence.

Romberg H. 1955. Thermodynamics and kinetics of petro genesis[J]. Special Paper of the Geological Society of America，62：431-448.

Sanjay J，McLean C. 2003. A framework for modeling and simulation for emergency response[C]. Proceedings of the 2003 Winter，1：1068-1076.

Santos E，Nguyen H. 2003. Empirical，evaluation of adaptive user modeling in a medical information retrieval application[C]. User Modeling 2003，Johnstown.

Schramm K W. 1987. A multi-media compartment model to estimate the fate of lipophilic compounds in plants[J]. Chemosphere，16（10/12）：2653-2663.

Smirnov A，Pashkin M，Shilov N，et al. 2007. Context-aware operational decision support information fusion[C]. 10th International Conference on Information Fusion，Quebec.

Sotoodeh M. 2007. Ontology-based semantic interoperability in emergency management[D]. Columbia：University of British.

Strehl A，Ghosh J. 2002. Cluster ensembles—a knowledge reuse framework for combining partitioning[C]. Proceedings of the 18th National Conference on Artificial Intelligence，Menlo Park：AAAI Press：93-98.

Symons L C，Pavia R，Hodges M. 2005. Emergency response in national marine sanctuaries[C]. Proceedings of MTS/IEEE，1：345-351.

Tang M，Xiao S D，Lian W M. 2010. An architecture concerning the intelligent reasoning rule for process planning[J]. Fuzzy Systems and Knowledge Discovery，2：977-981.

Tecuci G，Boicu M，Hajduk T，et al. 2007. A Tool for training and assistance in emergency response planning[C]. 40th Annual Hawaii International Conference on System Sciences，Waikoloa.

Thomas R. Gruber. 1993. A translation approach to portable ontology specifications[J]. Knowledge Acquisition，5（2）：199-220.

Turoff M. 2002. Past and future emergency response information systems[J]. Communications of the ACM，45：38-43.

Vyrostová A, Homolová V, Pecha J, et al. 2008. Phase evolution in P92 and E911 weld metals during ageing[J]. Materials Science and Engineering，480（1）：289-298.

Wang H M. 2003. Contingency planning：emergency preparedness for terrorist attacks[C]. IEEE 37th Annual 2003 International Carnahan Conference.

Wang W J，Dong C X，Yang P. 2009. Ontology modeling of emergency plan systems[J]. Fuzzy Systems and Knowledge Discovery，2：290-294.

Wang W J, Wang Y L, Meng F K, et al. 2005. The semantic annotation of emergency event cases[C]. Proceedings of the First International Conference on Semantics，Knowledge and Grid.

Wen H，Gu G N，Dai X L，et al. 2009. An OWL-based knowledge representation framework for searching semantically emergency preplan[C]. 2009 ISECS International Colloquium on Computing，Communication，Control and Management，Sanya.

Wiboonrat M，Kosavisutte K. 2008. Optimization strategy for disaster recovery[C]. 4th IEEE International Conference on Management of Innovation and Technology，Bangkok.

Wilkins D E，DesJardins M. 2001. A call for knowledge-based planning[J]. AI Magazine，22（1）：99-115.

Ye X，Ma J F，Li H. 2009. Research on the description and design model of the emergency organization system[J]. Service Systems and Service Management，（7）：540-544.

Zhang G Q，Deng G S，Chen T B. 2003. Case-based incident management system[C]. IEEE，1：432-436.

Zhang T B，Peng Q W. 2010. Generation method for emergency decision support rules of power systems based on formal plan[J]. Automation of Electric Power Systems，34（22）：67-69，84.

Zhong Q Y，Wang H，Y X. 2008. The model representation in emergency management system[C]. IEEE/WIC/ACM International Conference on Web Intelligence and Intelligent Agent Technology，3：223-226.

Zhu H M，Huang W D，Zheng H S. 2007. Method for discovering actionable rule[J]. International Conference Fuzzy Systems and Knowledge Discovery，1：397-401.

中国科学院科学出版基金资助出版

“十二五”国家重点图书出版规划项目
材料科学技术著作丛书

碳质中间相理论与应用

王成扬　著

科学出版社
北京

内 容 简 介

本书是著者及其研究团队三十多年来在碳质中间相理论与应用研究方面部分工作的总结。主要内容包括：稠环芳烃的液相炭化理论、碳质中间相的形成机理、中间相沥青基炭材料的可控制备等。书中从稠环芳烃液相炭化的物理化学角度系统阐述了均相成核和非均相成核碳质中间相的形成和形态发展规律，提出了碳质中间相形成和形态发展的"颗粒基本单元构筑"理论，完善了沿用已久的由国外学者提出的传统理论对中间相结构形成过程的解释。

本书可供从事炭素材料研究、制造与应用工作的科学技术人员参考，也可作为高等院校相关专业本科生、研究生的教学参考书。

图书在版编目(CIP)数据

碳质中间相理论与应用/王成扬著. —北京：科学出版社，2015
("十二五"国家重点图书出版规划项目：材料科学技术著作丛书)
ISBN 978-7-03-045750-9

Ⅰ.①碳… Ⅱ.①王… Ⅲ.①碳-材料科学 Ⅳ.①TB321

中国版本图书馆 CIP 数据核字(2015)第 225207 号

责任编辑：杨向萍 裴 育 / 责任校对：桂伟利
责任印制：赵 博 / 封面设计：蓝正设计

科学出版社出版
北京东黄城根北街 16 号
邮政编码：100717
http://www.sciencep.com
固安县铭成印刷有限公司印刷
科学出版社发行 各地新华书店经销
*
2015 年 10 月第 一 版 开本：720×1000 1/16
2025 年 2 月第七次印刷 印张：28 3/4
字数：556 000

定价：198.00 元

(如有印装质量问题，我社负责调换)